ÉCOLOGIE NUMÉRIQUE

TOME 2

La structure des données écologiques

DEUXIÈME ÉDITION

CHEZ LE MÊME ÉDITEUR

Dans la même collection :

Voir page 4 de couverture.

Autres ouvrages :

INTRODUCTION AUX MODÈLES MATHÉMATIQUES EN BIOLOGIE, par E. JOLIVET. *Actualités scientifiques et agronomiques de l'INRA.* 1983, 152 pages.

LA RÉGRESSION. Nouveaux regards sur une ancienne méthode statistique, par R. TOMASSONE, E. LESQUOY et Cl. MILLIER. *Actualités scientifiques et agronomiques de l'INRA.* 1983, 184 pages.

PROCÉDURES DE TRI. Programmes en Basic et en Pascal, par R. GUIHUR. *Méthodes + Programmes.* 1983, 192 pages.

STRATÉGIE D'ÉCHANTILLONNAGE EN ÉCOLOGIE, par S. FRONTIER. *Collection d'écologie.* 1982, 512 pages.

MODÈLES DYNAMIQUES DÉTERMINISTES EN BIOLOGIE, par J.-D. LEBRETON et C. MILLIER. 1982, 208 pages.

PROBLÈMES D'ÉCOLOGIE : STRUCTURES ET FONCTIONNEMENT DES ÉCOSYSTÈMES LIMNIQUES, par M. LAMOTTE et F. BOURLIÈRE. 1983, 264 pages.

ANALYSE TYPOLOGIQUE. Théories et applications, par J.-L. CHANDON et S. PINSON. 1981, 264 pages.

SÉRIES D'OBSERVATIONS IRRÉGULIÈRES, par R. AZENCOTT et D. DACUNHA-CASTELLE. *Techniques stochastiques.* 1984, 200 pages.

EXERCICES ET PROBLÈMES RÉSOLUS DE RECHERCHE OPÉRATIONNELLE, par ROSEAUX.
- Tome 1. — Graphes, leurs usages et leurs algorithmes. Chemins, ordonnancements, flots, transports, problèmes logiques. 1983, 320 pages.
- Tome 2. — Phénomènes aléatoires en recherche opérationnelle. 1983, 216 pages.

GRAPHIQUES DE GESTION. Programmes en Basic sur micro-ordinateur et traceur, par D. CHARPENTIER. *Méthode + Programmes.* 1983, 176 pages.

L'ACCÈS EN LIGNE AUX BASES DOCUMENTAIRES, par A. DEWEZE. *ABC des langages.* 1983, 176 pages.

INTRODUCTION A L'ANALYSE DE L'ESPACE, par M.-F. CICÉRI, B. MARCHAND et S. RIMBERT. 1977, 173 pages.

COLLECTION D'ÉCOLOGIE

13

ÉCOLOGIE NUMÉRIQUE

TOME 2

La structure des données écologiques

par

Louis LEGENDRE

Professeur titulaire
Département de biologie
Université Laval, Québec

et

Pierre LEGENDRE

Professeur titulaire
Département de sciences biologiques
Université de Montréal

Deuxième édition, revue et augmentée

MASSON
Paris New York Barcelone
Milan Mexico Sao Paulo

PRESSES DE
L'UNIVERSITÉ DU QUÉBEC
Québec, Canada

1984

La première édition de cet ouvrage a été encouragée par une subvention accordée au titre de la coopération franco-québécoise.

HISTOIRE DE LA PUBLICATION

Écologie numérique – Première édition française: Masson, Paris, et les Presses de l'Université du Québec, 1979.

Numerical Ecology – Revised and expanded translation, English: Elsevier Scientific Publishing Company, Amsterdam, 1983.

Écologie numérique – Deuxième édition française, revue et augmentée: Masson, Paris, et les Presses de l'Université du Québec, 1984.

ISBN : 2-225-80133-9 (MASSON)
ISBN : 2-7605-0252-X (PUQ)
ISSN : 0335-7473

MASSON S.A.	120, Bd Saint-Germain, 75280 Paris Cedex 06
MASSON PUBLISHING U.S.A. Inc.	133 East 58 th Street, New York, N.Y. 10022
MASSON S.A.	Balmes 151, Barcelona 8
MASSON ITALIA EDITORI S.p.A.	Via Giovanni Pascoli 55, 20133 Milano
MASSON EDITORES	Dakota 383, Colonia Napoles, 03810 Mexico D.F.
EDITORA MASSON DO BRASIL Ltda	Rua Dr Cesario Motta Jr. 61, 01221 São Paulo S.P.

TABLE DES MATIÈRES

(contents see page VII)

SOMMAIRE DU TOME 1

CONTENTS

CHAPITRE 7

LA MESURE DE LA RESSEMBLANCE

7.0. – LA BASE DU GROUPEMENT ET DE L'ORDINATION

Depuis trois quarts de siècle, des écologistes ont quantifié leurs observations, dans le but de mesurer la ressemblance entre les objets de l'étude (les échantillons) ou entre les variables qui servent à les décrire (espèces ou autres descripteurs). Les mesures d'association, en mode Q entre objets ou en mode R entre descripteurs (section 7.1), forment l'étape de base, sinon l'étape unique du traitement numérique des données écologiques : en effet, il peut arriver que le simple examen de la matrice d'association permette d'élucider la structure et de répondre aux questions posées.

Ce chapitre présente une revue des principales mesures d'association à la disposition de l'écologiste. Les trois types de coefficients d'association sont présentés à la section 7.2 et les mesures appartenant à chacun des types – similarité, distance et dépendance – sont décrites aux sections 7.3 à 7.5. Enfin, pour aider l'écologiste à s'y retrouver dans ce foisonnement d'indices, la section 7.6 résume les critères qui doivent guider le choix d'un coefficient, sous la forme de clefs d'identification. Le praticien qui ne désire pas nécessairement connaître toute la théorie de l'association pourra consulter directement cette section, après s'être familiarisé avec la terminologie (sections 7.1 et 7.2), et se référer si besoin est aux paragraphes des sections 7.3 à 7.5 qui décrivent les mesures qui l'intéressent.

La mesure des ressemblances entre objets ou entre descripteurs permettra, aux chapitres suivants, de procéder au groupement de ces objets ou descripteurs (chap. 8) ou à leur ordination dans un espace de dimension réduite (chap. 9). Le groupement des objets (ou des descripteurs) est une opération par laquelle on trouve une ou plusieurs partitions de ces objets (ou descripteurs) en suivant des règles préétablies d'agglomération ou de division. L'ordination consiste plutôt à placer les objets (ou les descripteurs) par rapport aux axes d'un espace à une ou plusieurs dimensions : on se sert alors souvent de la position relative des objets ou des descripteurs les uns par rapport aux autres pour les grouper. Ces deux opérations sont conduites sur des matrices d'association telles que décrites dans les sections qui suivent.

7.1. – ANALYSES Q ET R

Comme l'avait noté Cattell (1952), la matrice de données de l'écologiste peut être étudiée sous deux angles : ou bien on s'intéresse aux rapports entre objets, ou bien aux relations entre descripteurs. Ces deux types d'analyse reposent sur des mesures d'association différentes, qui sont décrites à la section suivante (7.2). La mesure de la dépendance entre des descripteurs est réalisée au moyen de coefficients du genre corrélation, comme le r de Pearson : ce type d'étude de la matrice de données est qualifié par conséquent d'analyse R. Par opposition, on appelle analyse Q une étude de la matrice des données écologiques qui est basée sur l'association entre les objets (fig. 2.2).

Cattell (1966) a observé que l'on peut étudier le bloc tridimensionnel de données (objets × descripteurs × temps : fig. 7.1) sous d'autres aspects. Il a ainsi défini six types d'analyse :

O : entre les temps (ou moments), pour l'ensemble des descripteurs (un seul objet) ;
P : entre les descripteurs, pour l'ensemble des temps (un seul objet) ;
Q : entre les objets, pour l'ensemble des descripteurs (un seul moment) ;
R : entre les descripteurs, pour l'ensemble des objets (un seul moment) ;
S : entre les objets, pour l'ensemble des temps (un seul descripteur) ;
T : entre les temps, pour l'ensemble des objets (un seul descripteur).

La présentation des coefficients d'association, au cours du présent chapitre, se limitera aux deux types de base, soit les mesures Q (entre les objets tels que définis avant l'échantillonnage) et les mesures R (entre les variables aléatoires observées comme résultat de l'échantillonnage).

On effectue les études en mode O à l'aide des mesures de type Q (par exemple, à la section 11.7). De même, les études en mode P sont habituellement réalisées à l'aide des coefficients ordinaires du type R. Cependant, lorsque l'échantillonnage est structuré en une série temporelle, les études P requièrent le recours à des coefficients R spéciaux, qui seront étudiés en détail au chapitre 11 (covariance et corrélation avec retard, cospectre, cohérence). De la même façon, les études en mode R où l'échantillonnage dans l'espace impose une structure d'interrelations aux échantillons s'effectuent à l'aide des coefficients d'autocorrélation spatiale exposés à la section 11.8.

On a plus rarement recours aux études S et T, en écologie. Lorsqu'elles ont lieu (surtout en autoécologie), les comparaisons en mode S sont réalisées à l'aide des mêmes coefficients qu'en mode P, puisque le problème est analogue à la comparaison de deux descripteurs le long d'un axe temporel : le "descripteur y à la station x_1" et le "descripteur y à la station x_2". Finalement, bon nombre de problèmes de type T se résolvent à l'aide des tests d'hypothèse statistique pour données appariées. On peut, dans d'autres cas, considérer que les deux moments à comparer définissent deux descripteurs (comme on l'a fait en mode S) ; les coefficients ordinaires du type R peuvent alors être employés pour résoudre des problèmes T.

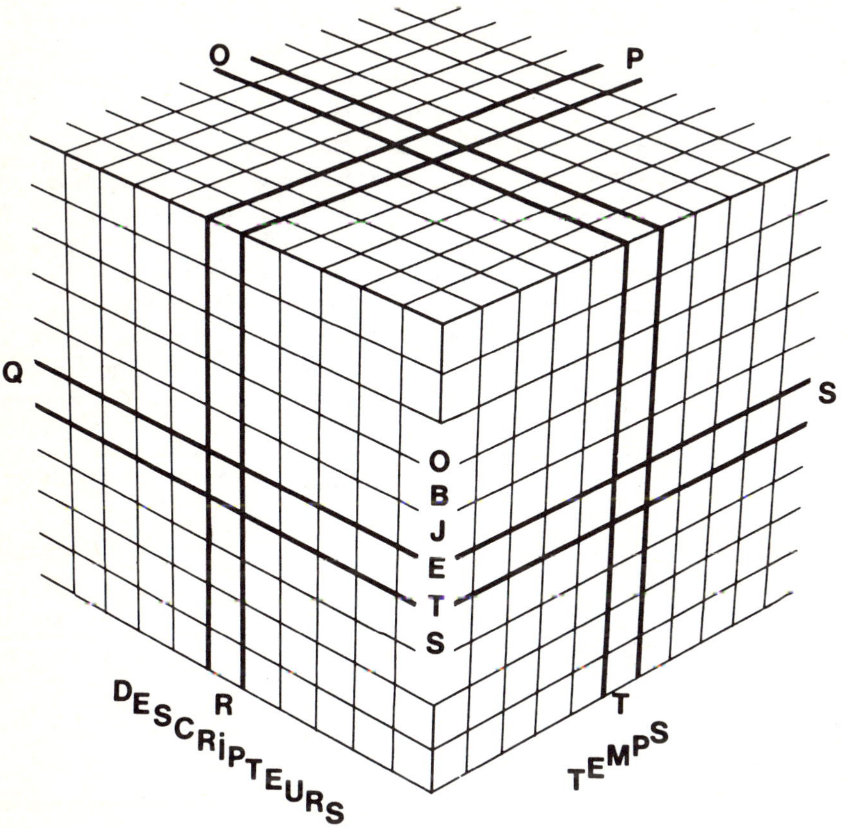

Figure 7.1 – Le bloc tridimensionnel des données écologiques (objets x descripteurs x temps). Adapté de Cattell (1966).

Or, il n'est pas toujours évident qu'une étude donnée soit de type Q ou R et une certaine confusion existe dans la littérature, à savoir si ces termes doivent s'appliquer à la matrice de départ ou au but de l'analyse. On verra par exemple au chapitre 9 que l'analyse en composantes principales, réalisée à partir d'une matrice de dispersion entre descripteurs, permet d'effectuer une ordination des objets aussi bien que des descripteurs. Pour éviter toute confusion, on qualifiera ci après d'*analyse Q* toute étude de la matrice des données de l'écologiste qui commence par le calcul d'une *matrice d'association entre les objets* et d'*analyse R* toute étude qui implique d'abord le calcul d'une *matrice d'association entre descripteurs*. C'est ainsi qu'au chapitre 9, pour obtenir une ordination des objets dans un espace de dimension réduite, on pourra utiliser la méthode R des composantes principales, ou encore faire en mode Q une analyse en coordonnées principales ; on notera avec intérêt que ces deux modes d'analyse mènent à des résultats comparables, même si en général les résultats des analyses Q et R ne sont pas réductibles les uns aux autres.

Suivant l'usage proposé par Williams & Dale (1965), on appellera aussi *espace A* l'espace des attributs (descripteurs) dans lequel les objets peuvent être placés les uns par rapport aux autres, selon la position qu'ils occupent sur les différents axes de cet espace que sont les descripteurs. Par exemple, on peut situer des échantillons dans l'espace A dont les axes sont les abondances des différentes espèces qu'on y rencontre. Les espaces de dimension réduite obtenus par les analyses de type factoriel, dans lesquels on place les objets, sont ainsi des espaces A. Inversement on appellera *espace I* (espace des individus ou objets) le cadre de référence dans lequel les objets forment les différents axes par rapport auxquels les descripteurs sont positionnés. On pourrait par exemple placer les espèces dans l'espace I, dont les axes sont les différents échantillons. Cette représentation est beaucoup plus artificielle puisque, dans l'espace I, les valeurs sur les axes $\mathbf{x}_j$ sont des valeurs y_{ij} (section 2.1), donc des descriptions des descripteurs observés. La figure 7.2 présente des exemples d'espaces A et I.

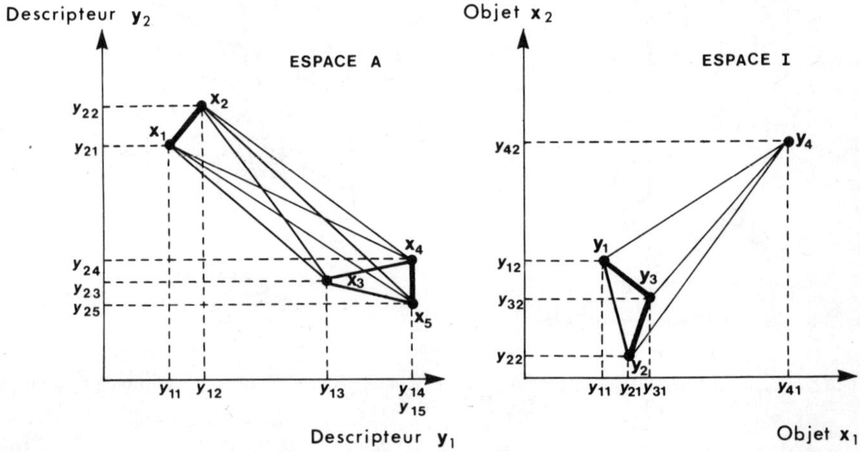

Figure 7.2 – A gauche, représentation de cinq objets dans un espace A de deux descripteurs. La largeur des traits unissant les objets est proportionnelle à leur degré de ressemblance quant aux deux descripteurs considérés, soit leur proximité dans l'espace A. De même, à droite, représentation de quatre descripteurs dans un espace I.

Le nombre de dimensions que l'on peut représenter sur un graphique est évidemment limité à 2 ou éventuellement 3 mais, comme on le verra à la section 7.4, il est possible de baser sur de tels modèles des mesures de distance entre objets ou entre descripteurs, à partir d'autant de dimensions que nécessaire.

Il existe enfin certaines méthodes qui permettent l'analyse de tout le bloc tridimensionnel de données, plutôt que de tranches particulières de ce bloc. On pourra se référer aux auteurs suivants pour ces méthodes, qui ne seront pas présentées en détail ci-dessous : Williams & Stephenson (1973), Williams *et al.* (1982), Cailliez & Pagès (1976), Marcotorchino & Michaud (1979) et Kroonenberg (1983). D'autre part, et quoiqu'il puisse être intéressant de disposer les objets dans un espace A, ou les descripteurs dans un espace I, en vue d'en visualiser le groupement, le chapitre 8 exposera comment les méthodes de groupement permettent de se dégager des contraintes métriques de tels espaces : on peut procéder ainsi au groupement sans espace de référence, ce qui permet d'utiliser les deux dimensions disponibles sur un graphique pour illustrer d'autres aspects du groupement, par exemple l'arbre des différentes partitions successives des objets en groupes.

7.2. – LES COEFFICIENTS D'ASSOCIATION

On aborde généralement le problème de la ressemblance d'objets ou de descripteurs en condensant d'abord toute (ou la partie pertinente de) l'information de la matrice des données de base, sous la forme d'une matrice carrée d'association entre les objets ou entre les descripteurs. Cette matrice est la plupart du temps symétrique. C'est à partir de cette matrice d'association que l'on procédera, aux chapitres 8 et 9, au groupement ou à l'ordination des objets ou des descripteurs. Il faut cependant réaliser que, en corollaire, *la structure que révèle la technique d'analyse est celle de la matrice d'association et pas nécessairement celle de toute l'information que recèle la matrice des données de base.* Ceci montre bien l'importance qu'aura pour la suite de l'étude le choix d'une mesure d'association appropriée. Ce choix se fait en fonction des critères suivants :

– la nature du travail en cours, qui détermine en quoi consiste la ressemblance,et par conséquent la structure écologique, que l'on cherche à exprimer par la matrice d'association ;

– les contraintes mathématiques qu'imposent les différentes mesures disponibles, ainsi que les propriétés requises par les méthodes d'analyse auxquelles la matrice d'association sera soumise ;

– il faudra aussi considérer les problèmes de calcul et choisir de préférence une méthode déjà programmée, ou encore la mesure la plus facilement programmable.

Le chercheur a, en principe, entière liberté de définir toute mesure d'association, qui lui semble adaptée au phénomène écologique à dégager, et la mathématique n'impose en pratique que peu de contraintes à ce choix. C'est pourquoi un très grand nombre de coefficients d'association sont disponibles dans la littérature, certains d'intérêt général, d'autres définis en fonction de problèmes particuliers. Les auteurs suivants présentent des revues de certains coefficients : Cole (1949, 1957), Goodman & Kruskal (1954, 1959, 1963), Dagnelie (1960), Sokal & Sneath (1963), Williams & Dale (1965), Cheetham & Hazel (1969), Sneath & Sokal (1973), Clifford & Stephenson (1975), Orlóci (1975, 1978), Daget (1976), Blanc *et al.* (1976), Gower (1984a).

Dans la présentation qui suit, on utilisera *association* comme terme général, désignant l'ensemble des mesures ou des coefficients utilisés pour mesurer la ressemblance ou la différence, suivant l'usage proposé par Orlóci (1975). Pour les études en mode Q, on opposera les coefficients de *similarité** aux coefficients de *distance,* alors qu'en mode R les coefficients de *dépendance* entre descripteurs sont tous du type similarité. Les mesures de similarité prennent leur valeur *maximum* pour deux objets identiques et leur valeur *minimum* pour deux objets complètement différents ; les distances obéissent à la loi inverse. La figure 7.2 illustre bien la différence entre ces deux types de mesures : la longueur des traits entre les points est une mesure de leur distance, alors que l'épaisseur de ces mêmes traits, qui diminue avec l'éloignement des objets, est proportionnelle à leur similarité. Le cas échéant, il sera cependant toujours possible de transformer les similarités en distances, ne serait-ce qu'en calculant leur complément : en effet, pour une mesure de similarité qui varie entre 0 et 1, comme c'est souvent le cas, on peut définir une distance $D = 1 - S$ ou $D = \sqrt{1 - S}$ ou encore $D = \sqrt{1 - S^2}$ par transformation circulaire.

Les trois sections qui suivent présentent les coefficients utiles en écologie. La discussion des critères qui doivent guider le choix d'un coefficient constitue la section 7.6.

7.3. – MODE Q : COEFFICIENTS DE SIMILARITÉ

La classe de coefficients la plus prolifique dans la littérature est celle des coefficients de similarité. Ces coefficients sont utilisés pour mesurer l'association entre *objets.* Contrairement à la plupart des coefficients de distance, les mesures de similarité ne sont jamais des métriques (section 7.4), puisqu'on peut toujours trouver deux objets A et B plus semblables entre eux que la somme de leurs similarités avec un troisième objet C éloigné d'eux. Les similarités ne pourront donc pas être utilisées pour positionner les objets les uns par rapport aux autres dans un espace métrique. On se sert habituellement d'une matrice de similarités comme base des modèles de groupement (chapitre 8), quoique plusieurs programmes acceptent indifféremment une matrice de distances ou de similarités.

Les coefficients de similarité ont d'abord été développés pour des données binaires, du type présence-absence ou oui-non, puis généralisés aux données à descriptions multiples quand les ordinateurs en ont permis l'utilisation. Une autre grande dichotomie des coefficients de similarité concerne le traitement du double zéro, qu'il convient de discuter tout d'abord.

Le problème du double zéro se pose en relation avec les différents types de descripteurs que l'on utilise en écologie. Les coefficients *symétriques* donnent à un descripteur, représenté par la description *zéro* pour les deux objets, la même valeur comparative qu'à toute autre variable : ces coefficients doivent être utilisés dans tous les cas où la description *zéro* est une base valide de comparaison de deux objets. Ceci exclut donc les descripteurs où *zéro* signifie "absence d'information",

* Le dictionnaire ROBERT (1971) définit *similitude* comme la relation unissant deux choses exactement semblables et *similarité* comme le caractère des choses similaires. Le terme le plus approprié pour qualifier les coefficients d'association est donc *similarité.*

ainsi que les descripteurs d'abondance d'espèces. Par exemple, de savoir que deux lacs en hiver ont 0 mg/L d'oxygène dans l'hypolimnion indique quelque chose quant à leur similarité physico-chimique, alors que l'absence de rorquals bleus de ces deux mêmes lacs n'indique rien du tout. En général, l'absence d'une espèce de deux stations d'échantillonnage ne peut être interprétée comme une indication de ressemblance : la niche de cette espèce peut fort bien être présente dans l'un des deux lacs, mais occupée par une espèce de remplacement. L'absence peut aussi être liée au cheminement de la dispersion de l'espèce, ou à des variations stochastiques. Enfin, l'absence d'une espèce dans deux échantillons peut résulter de contraintes physiologiques ou écologiques très différentes. Dans tous ces cas, il vaut mieux ne considérer comme indication de ressemblance que la présence ou l'abondance des espèces.

Une situation très fréquente en écologie est celle où, par exemple, 50 espèces ont été récoltées dans une série d'échantillons, incluant plusieurs échantillons très appauvris qui ne contiennent qu'un petit nombre d'espèces, presque toutes différentes : l'inclusion des doubles zéros dans la comparaison ferait attribuer une très haute valeur de similarité aux différentes paires de ces échantillons très appauvris, ce qui ne décrirait pas adéquatement la situation. Ce problème devient d'autant plus important que l'on travaille dans des communautés plus riches en espèces, où la probabilité de présence de la plupart des espèces dans un échantillon donné est faible, si bien que la majorité des comparaisons d'espèces pour une paire d'échantillons sont du type double zéro. Pour les descripteurs d'abondance d'espèces, il convient donc en général d'employer un coefficient *asymétrique* qui ne compte pas la double absence comme indicatrice de ressemblance. La présence d'une espèce dans un seul des deux échantillons y est par contre traitée comme une différence entre les échantillons.

Les tableaux 7.III et 7.IV (p. 48 et 49) résument l'utilisation des différentes mesures de similarité.

1. – *Coefficients binaires incluant les doubles zéros*

Dans le cas le plus simple, la similarité de deux échantillons est établie sur la présence ou l'absence de certaines qualités dans les deux échantillons. Ces descripteurs binaires peuvent être des variables du milieu, ou des espèces dans la seconde sous-section. Les observations peuvent être résumées dans un tableau de fréquences 2 × 2 tel que :

		OBJET x_1		
		1	0	
OBJET x_2	1	a	b	$a+b$
	0	c	d	$c+d$
		$a+c$	$b+d$	$n=a+b+c+d$

où a est le nombre de descripteurs pour lesquels les deux objets sont codés 1, d est le nombre de descripteurs qui codent les deux objets à 0, alors que b et c sont les nombres de descripteurs pour lesquels les deux objets sont codés différemment ; n est le nombre total de descripteurs. Une façon naturelle d'établir la similarité des deux objets consiste à compter le nombre de descripteurs qui codent les objets de façon semblable et à diviser par le nombre total de descripteurs :

$$S_1(\mathbf{x}_1, \mathbf{x}_2) = \frac{a + d}{n}$$

Cette mesure est le *coefficient de simple concordance* ("simple matching coefficient" en anglais) de Sokal & Michener (1958). En employant ce coefficient, on suppose qu'il n'y a pas de différence entre double-0 et double-1, comme par exemple quand n'importe laquelle des deux descriptions du descripteur pourrait indifféremment être codée 1 ou 0. Une variante de cette mesure est le coefficient de Rogers & Tanimoto (1960), dans lequel on donne aux différences un poids plus important qu'aux ressemblances :

$$S_2(\mathbf{x}_1, \mathbf{x}_2) = \frac{a + d}{a + 2b + 2c + d}$$

Sokal & Sneath (1963) ont proposé quatre autres mesures incluant les doubles zéros, qui font le pendant de coefficients excluant les doubles zéros et qui sont présentés plus loin :

$$S_3(\mathbf{x}_1, \mathbf{x}_2) = \frac{2a + 2d}{2a + b + c + 2d}$$

compte les ressemblances comme deux fois plus importantes que les différences ;

$$S_4(\mathbf{x}_1, \mathbf{x}_2) = \frac{a + d}{b + c}$$

compare les ressemblances aux différences en une mesure qui varie entre 0 et l'infini ;

$$S_5(\mathbf{x}_1, \mathbf{x}_2) = \frac{1}{4}\left[\frac{a}{a + b} + \frac{a}{a + c} + \frac{d}{b + d} + \frac{d}{c + d}\right]$$

compare les ressemblances aux totaux marginaux, de même que

$$S_6(\mathbf{x}_1, \mathbf{x}_2) = \frac{a}{\sqrt{(a + b)(a + c)}}\,\frac{d}{\sqrt{(b + d)(c + d)}}$$

qui est le produit des moyennes géométriques des termes relatifs à a et à d respectivement dans S_5.

Parmi ces mesures, S_1 à S_3 semblent être d'applicabilité plus générale en écologie, mais il est bon de disposer aussi des autres qui peuvent permettre à l'occasion de traiter de façon adéquate des descripteurs spéciaux. Quoi qu'il en soit, les coefficients S_1 à S_8 et S_{10} à S_{17} sont tous disponibles dans le logiciel NT-SYS ; il en est de même du coefficient de Hamann $[S = (a + d - b - c)/n]$, du coefficient de Yule $[S = (ad - bc)/(ad + bc)]$ et du ϕ(phi) de Pearson $[S = (ad - bc)/\sqrt{(a + b)\ (c + d)\ (a + c)\ (b + d)}]$ qui soustrait les différences des ressemblances au numérateur, un concept relié au χ^2 (section 6.2) que l'on emploie surtout en écologie pour des analyses R. Ces derniers indices sont décrits dans Sokal & Sneath (1963).

2. – *Coefficients binaires excluant les doubles zéros*

Une série parallèle de coefficients est disponible pour la comparaison d'échantillons décrits par la présence ou l'absence d'espèces, comparaison qui doit exclure la double absence, comme on l'a vu ci-dessus. Le plus connu est le *coefficient de communauté* de Jaccard (1900, 1901, 1908) :

$$S_7\ (\mathbf{x}_1\ ,\ \mathbf{x}_2) = \frac{a}{a + b + c}$$

qui donne un poids égal aux différents termes considérés. Comme variante, le coefficient de Sϕrensen (1948) donne un poids deux fois plus élevé à la double présence

$$S_8\ (\mathbf{x}_1\ ,\ \mathbf{x}_2) = \frac{2a}{2a + b + c}$$

puisque (voir plus haut) on peut considérer la présence d'une espèce comme plus informative que son absence : l'absence peut être due à des facteurs très divers et ne reflète pas nécessairement des différences dans le milieu, alors que ce sont ces différences du milieu que l'on essaie de mesurer par le biais des espèces. Il faut noter cependant que S_8 est monotone par rapport à S_7, c'est-à-dire que, si la similarité d'une paire d'objets calculée par S_7 est plus élevée que la similarité d'une autre paire d'objets, elle sera aussi plus élevée si on utilise S_8 pour le calcul de la similarité. La différence entre S_7 et S_8 en est donc simplement une d'échelle. L'indice S_8 avait déjà été utilisé par Dice (1945) sous le nom d'*indice de coïncidence* pour une étude en mode R d'association d'espèces, problème qui sera abordé à la section 7.5.

Une autre variante pourrait compter la double présence à poids triple :

$$S_9\,(\mathbf{x}_1\ ,\ \mathbf{x}_2) = \frac{3a}{3a + b + c}$$

D'autre part, et pour faire le pendant du coefficient (S_2) de Rogers & Tanimoto ci-dessus, Sokal & Sneath (1963) ont proposé un coefficient qui donne double poids aux différences, au dénominateur :

$$S_{10}\,(\mathbf{x}_1\ ,\ \mathbf{x}_2) = \frac{a}{a + 2b + 2c}$$

Russell & Rao (1940) ont suggéré une mesure qui permet de comparer la double présence au numérateur par rapport au nombre total d'espèces de l'ensemble des échantillons, y compris les espèces (d) absentes de la paire d'échantillons considérés :

$$S_{11}(\mathbf{x}_1, \mathbf{x}_2) = \frac{a}{n}$$

Kulczynski (1928) suggère un coefficient basé sur la présence-absence :

$$S_{12}(\mathbf{x}_1, \mathbf{x}_2) = \frac{a}{b + c}$$

qui contraste les ressemblances et les différences. D'autre part, Sokal & Sneath (1963) attribuent à Kulczynski le coefficient suivant, qui est la version binaire du coefficient de Kulczynski (S_{18}, p. 17) :

$$S_{13}(\mathbf{x}_1, \mathbf{x}_2) = \frac{1}{2}\left[\frac{a}{a + b} + \frac{a}{a + c}\right]$$

qui compare les ressemblances aux totaux marginaux.

Ochiai (1957) a utilisé comme mesure de similarité la moyenne géométrique des rapports de a sur le nombre d'espèces dans chacun des échantillons, soit les marginaux $(a + b)$ et $(a + c)$:

$$S_{14}(\mathbf{x}_1, \mathbf{x}_2) = \frac{a}{\sqrt{(a + b)(a + c)}}$$

On remarque que cette mesure est la même que S_6 ci-dessus, à l'exclusion de la partie qui touche les doubles zéros (valeur d).

Enfin, Faith (1983) suggère la forme suivante, qui donne à un désaccord (0 - 1) un poids opposé à celui de la double présence et décroît avec une augmentation du nombre de doubles zéros :

$$S_{26}(\mathbf{x}_1, \mathbf{x}_2) = \frac{a + (d/2)}{n}$$

Les propriétés de ce coefficient sont cependant encore mal connues, si bien qu'il ne sera pas incorporé aux tableaux 7.II et 7.III.

3. – *Coefficients quantitatifs incluant les doubles zéros*

Les descripteurs utilisés en écologie ont souvent plus de deux descriptions et l'on peut parfois se permettre d'étendre simplement l'usage des coefficients binaires, de la sous-section 1 ci-dessus, à ces descripteurs aux descriptions multiples. Le coefficient de simple concordance, par exemple, est alors utilisé comme suit :

$$S_1(\mathbf{x}_1, \mathbf{x}_2) = \frac{accord}{n}$$

où le numérateur comporte le nombre de descripteurs qui donnent la même description aux deux objets. Par exemple, si les deux objets suivants sont décrits par 10 descripteurs à descriptions multiples :

	Descripteurs										
objet $\mathbf{x}_1$	9	3	7	3	4	9	5	4	0	6	
objet $\mathbf{x}_2$	2	3	2	1	2	9	3	2	0	6	
accord	0 +	1 +	0 +	0 +	0 +	1 +	0 +	0 +	1 +	1	= 4

la similarité S_1 étendue aux descriptions multiples est 4 accords/10 descripteurs = 0,4. On peut, de la même façon, extrapoler l'usage de tous les coefficients binaires aux descripteurs à descriptions multiples. L'emploi de tels coefficients aboutit cependant souvent à une perte d'information, surtout dans le cas de descripteurs ordonnés pour lesquels la comparaison de deux objets peut se faire en termes de *quantité de différence* entre les descriptions des deux objets.

Gower (1971) a proposé un coefficient général de similarité qui permet de combiner différents types de descripteurs après avoir traité chacun en accord avec son type mathématique. Ce coefficient, dont la description pourra paraître laborieuse, se traduit aisément en un programme d'ordinateur de quelques lignes seulement. Le coefficient a d'abord la forme suivante (voir aussi la forme finale plus bas) :

$$S_{15}(\mathbf{x}_1, \mathbf{x}_2) = \frac{1}{n} \sum_{i=1}^{n} s_{i12}$$

La similarité entre deux objets est donc la moyenne, pour les n descripteurs, de la valeur de la similarité pour chaque descripteur. Ces valeurs de similarité par descripteur sont calculées comme suit.

Pour les descripteurs binaires, $s_i = 1$ ou 0 selon qu'il y a accord ou désaccord. Dans le cas du double zéro, Gower propose de mettre $s_i = 0$, comme dans le coefficient S_{19} de la sous-section 2 ci-dessus, mais il admet aussi $s_i = 1$ (le présent coefficient), selon que l'on veut ou non reconnaître le double zéro comme base valide de ressemblance entre les objets.

Les descripteurs qualitatifs, ainsi que les descripteurs semi-quantitatifs, sont tous traités selon le principe du coefficient de simple concordance ci-dessus : $s_i = 1$ quand il y a accord et 0 quand il y a désaccord.

Les descripteurs quantitatifs (nombres réels) sont traités de façon intéressante : on calcule d'abord l'écart entre la description des deux objets $|y_{i1} - y_{i2}|$, comme dans les coefficients de distance qui appartiennent au groupe de la métrique de Minkowski (p. 30), puis on divise cette valeur par l'écart maximum R_i que peut prendre ce descripteur dans l'échantillon ou, au choix, dans la population de référence ; comme ce rapport est en fait une distance normalisée, on le soustrait de 1 pour en faire une similarité :

$$s_i = 1 - [|y_{i1} - y_{i2}|/R_i]$$

Le coefficient de Gower est enfin doté d'un élément de souplesse supplémentaire : la comparaison n'est pas effectuée pour les descripteurs où l'information manque pour l'un des deux objets. Ceci est réalisé par l'artifice d'une valeur w_i : c'est le delta de Kronecker sur la présence ou l'absence d'information, auquel on attribue la valeur 0 quand l'information relative au descripteur i est absente pour l'un ou l'autre des objets et la valeur 1, quand l'information est présente pour les deux objets. Le coefficient a donc la forme suivante :

$$S_{15}(\mathbf{x}_1, \mathbf{x}_2) = \frac{\sum_{i=1}^{n} w_{i12} s_{i12}}{\sum_{i=1}^{n} w_{i12}}$$

A partir de cette formulation, il serait facile, même si Gower ne l'a pas prévu, de donner à w_i une valeur intermédiaire entre 0 et 1 quand l'information est présente pour les deux objets et que l'on désire attribuer un poids à chaque descripteur en fonction de l'importance qu'on lui reconnaît dans l'étude.

Pour illustrer le calcul de ce coefficient, on peut imaginer un exemple où deux parcelles sont décrites par huit descripteurs chimiques quantitatifs i, pour lesquels on connaît l'écart maximum R_i dans toute la région échantillonnée :

	Descripteurs i								$\sum_i$
objet $\mathbf{x}_1$	2	2	–	2	2	4	2	6	
objet $\mathbf{x}_2$	1	3	3	1	2	2	2	5	
R_i	1	4	2	4	1	3	2	5	
w_{i12}	1	1	0	1	1	1	1	1	= 7
$\lvert y_{i1} - y_{i2} \rvert / R_i$	1	0,25	–	0,25	0	0,67	0	0,20	
$w_{i12} s_{i12}$	0	0,75	0	0,75	1	0,33	1	0,80	= 4,63

donc $S_{15}(\mathbf{x}_1, \mathbf{x}_2) = 4{,}63/7 = 0{,}66$.

On peut enfin définir que les descripteurs semi-quantitatifs sont quantitatifs pour les besoins de ce calcul, si l'on désire utiliser le calcul d'écart dans leur cas. On s'assurera au préalable que les distances entre descriptions voisines de ces descripteurs ordonnés sont à peu près comparables : par exemple, pour des descripteurs semi-quantitatifs codés 1 à 3, on ne pourra employer la mesure de Gower que si la différence entre 1 et 2 équivaut à peu près à la différence entre 2 et 3. S'il y a trop d'écart, les différences $\lvert y_{i1} - y_{i2} \rvert$ ne sont pas comparables.

Un autre coefficient général de similarité a été proposé par Estabrook & Rogers (1966). La similarité de deux objets est aussi la somme des similarités par descripteur, divisée par le nombre de descripteurs pour lesquels il y a de l'information disponible sur les deux objets. Dans la formulation de ces auteurs, la description 0 est réservée pour signifier "pas d'information disponible", mais toute autre convention serait aussi acceptable. La forme générale de ce coefficient est donc la même que celle du coefficient de Gower :

$$S_{16}(\mathbf{x}_1, \mathbf{x}_2) = \frac{\sum_{i=1}^{n} w_{i12}\, s'_{i12}}{\sum_{i=1}^{n} w_{i12}}$$

Tel que proposé ci-dessus, les w_i pourraient, ici encore, être des poids compris entre 0 et 1 plutôt que des deltas de Kronecker. Cette mesure diffère cependant du coefficient de Gower dans le calcul de la similarité par descripteur.

Dans la publication d'Estabrook & Rogers (1966), les descriptions dont il est question sont des nombres entiers positifs et les descripteurs sont du type ordonné ou non. La similarité entre les deux objets pour un descripteur donné i est calculée au moyen d'une fonction monotone décroissante de similarité partielle. Parmi toutes les fonctions de ce type, ces auteurs ont proposé, sur une base empirique, d'utiliser la fonction suivante de deux nombres d et k :

$$s'_{i12} = f(d_{i12}, k_i) = \frac{2(k + 1 - d)}{2k + 2 + dk} \quad \text{quand} \quad d \leqslant k$$

$$= 0 \quad \text{quand} \quad d > k$$

où d est la distance entre les descriptions de deux objets $\mathbf{x}_1$ et $\mathbf{x}_2$ pour le descripteur i, donc la même valeur $|y_{i1} - y_{i2}|$ que dans le coefficient de Gower, et k est un paramètre que l'usager établit pour chaque descripteur, qui est égal au plus grand écart d pour lequel on désire avoir une similarité partielle différente de 0. Deux descripteurs peuvent demander des k différents si, par exemple, l'un est codé de 1 à 4 et l'autre de 1 à 50 : on peut alors vouloir calculer les similarités partielles avec $k = 1$ pour le premier descripteur et $k = 10$ pour le second. Pour bien apprécier cette fonction de similarité partielle, le lecteur aura avantage à calculer à la main la valeur de la fonction pour quelques-uns des descripteurs de l'exemple ci-dessous. Les valeurs de k, qui sont habituellement des petits nombres, sont définies pour chaque descripteur dans le tableau :

	Descripteurs i						$S_{16}(\mathbf{x}_1, \mathbf{x}_2)$
objet $\mathbf{x}_1$	2	1	3	4	2	1	
objet $\mathbf{x}_2$	2	2	4	3	2	3	
k_i	1	0	1	2	1	1	
	↓	↓	↓	↓	↓	↓	
$s'_{i12} = f(d_{i12}, k_i)$	1 +	0 +	0,4 +	0,5 +	1 +	0	$= \frac{2,9}{6} = 0,4833$

Les valeurs que prend la fonction de similarité partielle pour les premières valeurs de k sont présentées au tableau 7.I. On notera que, si $k = 0$ pour tous les descripteurs, S_{16} se réduit alors au coefficient de simple concordance étendu aux descripteurs à descriptions multiples.

Tableau 7.I – Les valeurs de la fonction de similarité partielle $f(d, k)$ des coefficients S_{16} et S_{20}, pour les valeurs de k les plus courantes. Adapté de Legendre & Rogers (1972: 594).

k	d							
	0	1	2	3	4	5	6	7
0	1	0,00	0,00	0,00	0,00	0,00	0,00	0,00
1	1	0,40	0,00	0,00	0,00	0.00	0,00	0,00
2	1	0,50	0,20	0,00	0,00	0,00	0,00	0,00
3	1	0,55	0,28	0,12	0,00	0,00	0,00	0,00
4	1	0,57	0,33	0,18	0,08	0,00	0,00	0,00
5	1	0,59	0,36	0,22	0,13	0,05	0,00	0,00

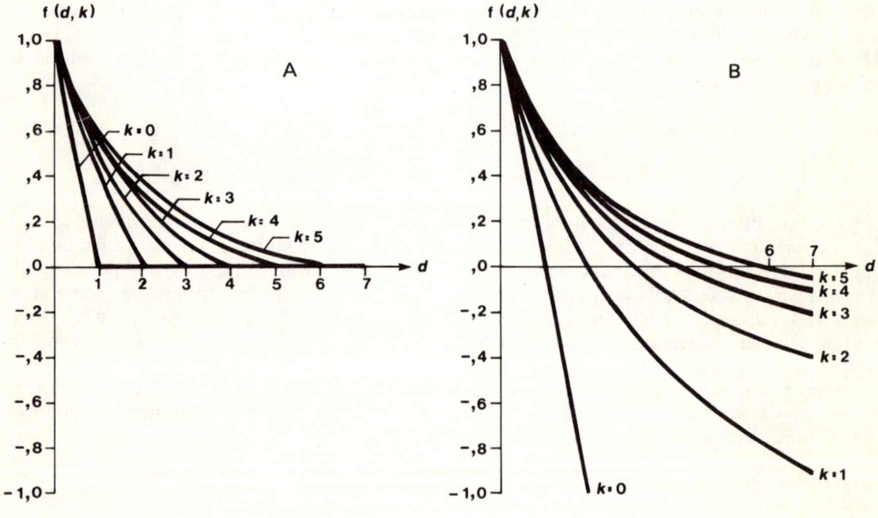

Figure 7.3 – $f(d, k)$ des coefficients S_{16} et S_{20}, en fonction de d, pour différentes valeurs de k. **A** : avec la restriction que $f(d, k) = 0$ quand $d > k$. **B** : sans cette restriction. Adapté de Legendre & Chodorowski (1977).

Ces mêmes valeurs de la fonction $f(d, k)$ sont reprises à la figure 7.3A pour permettre d'apprécier l'allure décroissante de la fonction. Cette présentation permet cependant de constater que la fonction $f(d, k)$, recommandée par Estabrook & Rogers pour des descripteurs discontinus (à valeurs entières seulement : 0, 1, 2, 3, . . .), pourrait tout aussi bien être employée avec des descripteurs réels, puisque d et k doivent simplement être des écarts, donc des nombres naturels. La figure 7.3A amène aussi à se demander pourquoi $f(d, k)$ ne pourrait-elle pas prendre des valeurs négatives ? Pour ce faire (Legendre & Chodorowski, 1977), il suffit d'omettre la deuxième ligne de la définition de la fonction, qui pose que $f(d, k) = 0$

quand $d > k$. Cette solution est représentée à la figure 7.3B et elle rend la fonction strictement décroissante sur l'intervalle $[0, \infty)$ vu que les valeurs sont négatives quand $d > (k + 1)$. Une telle mesure irait dans le sens des coefficients présentés à la fin de la sous-section 1, qui soustraient les différences des ressemblances, ce qui contribue à séparer davantage les objets dissemblables au moment du groupement.

Estabrook & Rogers (1966) ont aussi proposé une autre mesure de similarité partielle du type "faites-le vous-même", à utiliser avec le coefficient général S_{16} dans tous les cas où la fonction de similarité partielle $f(d, k)$ ne décrit pas adéquatement la relation que l'on veut exprimer. La méthode consiste à fournir au programme d'ordinateur* une petite matrice décrivant la similarité partielle entre les descriptions de chacun des descripteurs pour lesquels on désire utiliser d'autres valeurs que celles de la fonction $f(d, k)$.

Application écologique 7.3a – Legendre *et al.* (1978 – matrice non publiée), au cours d'une étude de la faune terrestre, ont utilisé la matrice de similarité partielle qui suit pour le descripteur *catégorie d'écosystème aquatique*, l'un des descripteurs des écosystèmes où des pistes d'animaux avaient été observées :

	1	2	3	4	5	6	7	8	9
1. moins de 5 % d'eau	1,0								
2. 5-15 % d'eau	0,4	1,0							
3. plus de 15 % d'eau, lacs < 250 ha	0,0	0,4	1,0						
4. plus de 15 % d'eau, lacs 250-500 ha	0,0	0,3	0,8	1,0					
5. plus de 15 % d'eau, lacs 500-1000 ha	0,0	0,2	0,7	0,8	1,0				
6. plus de 15 % d'eau, lacs 1000-2500 ha	0,0	0,2	0,6	0,7	0,8	1,0			
7. plus de 15 % d'eau, lacs > 2500 ha	0,0	0,2	0,5	0,6	0,7	0,8	1,0		
8. plus de 5 % de rivières	0,0	0,0	0,0	0,0	0,0	0,0	0,0	1,0	
9. en bordure des grandes rivières	0,0	0,0	0,0	0,0	0,0	0,0	0,0	0,4	1,0

Le triangle supérieur de la matrice est symétrique au triangle inférieur. Même la diagonale peut être omise, puisque la similarité partielle d'une description avec elle-même doit être 1. Cette matrice signifie, par exemple, qu'un écosystème qui a moins de 5 % de sa surface en eau se voit attribuer une similarité $s_i' = 0{,}4$ avec un écosystème qui a entre 5 et 15 % de sa surface couverte par des lacs, pour ce descripteur i = catégorie d'écosystème aquatique. L'emploi d'une telle matrice est particulièrement intéressant pour des descripteurs non-ordonnés, ou partiellement ordonnés comme celui-ci : la description 1 n'a de similarité partielle qu'avec 2, les lacs ont des similarités partielles entre eux, décroissante selon la différence de superficie, et les rivières sont traitées entre elles.

En général, une telle matrice peut être utile dans les cas suivants :

– quand la fonction $f(d, k)$ ne décrit pas correctement la relation de similarité partielle que veut exprimer l'écologiste ;

– quand certaines descriptions ne suivent pas l'ordre des autres descriptions : par exemple, dans une étude de mares, les différentes descriptions de température de l'eau peuvent être suivies de la description "mare à sec", ce qui peut être essentiellement différent de l'absence d'information ;

– si certaines descriptions sont sur une échelle différente des autres : par exemple, 0-10, 10-20, 20-30, 30-40, 40-50, puis 50-100, 100-1000, 1000 et plus ;

– avec des descripteurs qualitatifs ou partiellement ordonnés, si l'écologiste considère que des paires d'échantillons codés dans des descriptions différentes sont quand même partiellement similaires.

---

* Un programme de groupement à liens simples en FORTRAN IV, basé sur la mesure de similarité S_{16} et muni de cette possibilité d'entrer une matrice, a été décrit par Estabrook (1966), puis par Legendre & Rogers (1972) qui en assurent aussi la distribution.

4. – *Coefficients quantitatifs excluant les doubles zéros*

Comme dans le cas des coefficients incluant les doubles zéros, il est possible d'étendre aux descriptions multiples les coefficients binaires de la sous-section 2 ci-dessus. Le coefficient de Jaccard, par exemple, devient

$$S_7(\mathbf{x}_1, \mathbf{x}_2) = \frac{accord}{(n - doubles\ z\acute{e}ros)}$$

où le numérateur comporte le nombre d'espèces qui donnent la même description aux deux échantillons. Cette forme peut être utilisée quand les abondances d'espèces sont codées sous la forme d'un petit nombre de classes d'abondance et que l'on désire contraster fortement les différences d'abondances. Dans les autres cas, il résulte évidemment de l'emploi d'un tel coefficient une perte d'une partie de l'information contenue dans les descripteurs d'abondances.

D'autres mesures permettent de mieux utiliser cette information. Elles se divisent en deux groupes : les coefficients pour données brutes et les mesures pour données normalisées. Comme on l'a vu aux sections 1.3 et 6.6, les abondances des différentes espèces d'un échantillon suivent souvent une distribution de type exponentiel et leur normalisation implique souvent des transformations logarithmiques, du type $y' = \log(y + 1)$. On obtient d'ailleurs des données à peu près normales en employant des échelles d'abondances relatives (définies par des bornes en progression géométrique), par exemple de 0 à 7 ou de 0 à 5 (d'absent à très abondant). Les abondances ainsi normalisées correspondent au rôle de chaque espèce dans l'écosystème : une espèce représentée par 100 individus dans un échantillon n'a pas un rôle 10 fois plus important, dans le maintien de l'équilibre écologique, qu'une espèce représentée par 10 individus. Son importance pourrait être, par exemple, de l'ordre de 2 fois plus grande (en supposant que ces nombres de 10 à 100 représentent bien l'importance relative dans la population), rapport que l'on obtient après transformation logarithmique. Certains coefficients atténuent les différences les plus grandes et peuvent donc être employés pour les abondances réelles d'espèces, alors que d'autres comparent les différentes valeurs des descriptions de façon plus linéaire et sont adaptés aux données normalisées.

Dans le premier groupe, le mieux connu est un coefficient attribué au mathématicien Steinhaus par Motyka (1947). Cette mesure a aussi été attribuée à tort à Czekanowski (1909 et 1913 – le coefficient de distance de Czekanowski est décrit à la section suivante). Pour chaque espèce, elle compare la plus petite des abondances obtenues aux deux stations, à la moyenne des deux échantillons :

$$S_{17}(\mathbf{x}_1, \mathbf{x}_2) = \frac{W}{(A + B)/2} = \frac{2W}{A + B}$$

où W est constitué de la somme du minimum d'abondance de toutes les espèces, ce minimum étant défini comme l'abondance de chaque espèce pour celui des deux échantillons où elle est la plus rare ; A et B sont les sommes des abondances de toutes les espèces dans chacun des deux échantillons, donc le nombre total de spécimens de chaque échantillon. Par exemple :

	Abondance des espèces					A	B	W
Echantillon $\mathbf{x}_1$	7	3	4	5	1	20		
Echantillon $\mathbf{x}_2$	2	4	7	6	3		22	
minima	2	3	4	5	1			15

$$S_{17}(\mathbf{x}_1, \mathbf{x}_2) = \frac{2 \times 15}{20 + 22} = 0{,}714$$

Il faut noter la correspondance entre cette mesure et le coefficient de Sørensen (S_8): en effet, si on remplace les données de dénombrement d'espèces par des données de présence-absence, S_{17} devient S_8.

Le coefficient de Kulczynski (1928) fait partie du même groupe de mesures adaptées aux données brutes ou transformées d'abondances. Celui-ci compare la somme des minima au grand total à chacune des deux stations, puis il calcule la moyenne des deux valeurs ainsi obtenues :

$$S_{18}(\mathbf{x}_1, \mathbf{x}_2) = \frac{1}{2}\left(\frac{W}{A} + \frac{W}{B}\right)$$

Pour le petit exemple ci-dessus, ce coefficient se calcule comme suit :

$$S_{18}(\mathbf{x}_1, \mathbf{x}_2) = \frac{1}{2}\left(\frac{15}{20} + \frac{15}{22}\right) = 0{,}716$$

Les valeurs de ces coefficients sont entre 0 et 1. Kulczynski (1928) multipliait en fait ces valeurs par 100 pour obtenir plutôt des pourcentages. La méthode de Kulczynski, qui consiste à calculer la moyenne de deux comparaisons, est peut-être plus arbitraire que la méthode de Steinhaus, qui compare la somme des minima à la moyenne des deux échantillons, quoique les résultats des calculs par les deux méthodes soient presque monotones.

Les mesures ci-dessous, adaptées aux données d'abondances "normalisées" (on veut dire, en fait, que les distributions de fréquence ne doivent pas être asymétriques), font le parallèle des coefficients S_{15} et S_{16} de la sous-section 3. Dans le premier cas, il suffit de noter ici que Gower a d'abord proposé que son coefficient général exclue les doubles zéros de la comparaison (p. 11), ce qui en fait une mesure bien adaptée aux données quantitatives d'abondances d'espèces. Comme les écarts entre descriptions, mesurés par $|y_{i1} - y_{i2}|$, sont en relation linéaire avec l'échelle de mesure, il convient d'appliquer ce coefficient à des données non asymétriques ; la forme générale est la suivante :

$$S_{19}(\mathbf{x}_1, \mathbf{x}_2) = \frac{\sum_{i=1}^{n} w_{i12}\, s_{i12}}{\sum_{i=1}^{n} w_{i12}}$$

où $s_{i12} = 1 - [|y_{i1} - y_{i2}|/R_i]$ tel que dans S_{15} (p. 11)

et $w_{i12} = 0$ quand y_{i1} ou y_{i2} = absence d'information *ou* quand y_{i1} et y_{i2} = absence de l'espèce $(y_{i1} + y_{i2} = 0)$

alors que $w_{i12} = 1$ dans les autres cas.

Avec des données d'abondance, les w_i pourraient être proportionnels à la biomasse ou au biovolume des différentes espèces, ou encore ils pourraient être utilisés pour compenser l'effet sélectif des pièges et autres appareils d'échantillonnage.

Un autre coefficient général de similarité, qui fait le parallèle à S_{16}, a été proposé par Legendre & Chodorowski (1977). Cette mesure utilise l'équation de similarité partielle $f(d, k)$ légèrement modifiée, ou encore la matrice des similarités partielles (p. 15) quand l'écologiste désire utiliser des valeurs différentes de celles fournies par $f(d, k)$. Comme cette équation traite tous les écarts d de la même façon, qu'ils soient situés en haut ou au bas de l'échelle des abondances, il est préférable d'employer cette mesure sur des données d'abondance symétrisées. La seule différence entre S_{16} et S_{20} est le traitement du double zéro ; la forme générale est la somme des valeurs de similarité partielle pour toutes les espèces, divisée par le nombre total d'espèces trouvées dans la combinaison des deux échantillons :

$$S_{20}(\mathbf{x}_1, \mathbf{x}_2) = \frac{\sum_{i=1}^{n} w_{i12}\, s'_{i12}}{\sum_{i=1}^{n} w_{i12}}$$

$$\text{où} \quad s'_{i12} = f(d_{i12}, k_i) \begin{cases} = \dfrac{2(k+1-d)}{2k+2+dk} & \text{quand } d \leqslant k \quad \text{(I)} \\ = 0 & \text{quand } d > k \quad \text{(II)} \\ = 0 & \text{quand } y_{i1} \text{ ou } y_{i2} = 0 \; (y_{i1} \times y_{i2} = 0) \quad \text{(III)} \end{cases}$$

ou encore $s'_{i12} = f(y_{i1}, y_{i2})$ donné par une matrice de similarité partielle (p. 15) dans laquelle $s'_i = 0$ quand y_{i1} ou $y_{i2} = 0$,

et $w_{i12} = 0$ quand y_{i1} ou y_{i2} = absence d'information *ou* quand y_{i1} et y_{i2} = absence de l'espèce $(y_{i1} + y_{i2} = 0)$

alors que $w_{i12} = 1$ dans les autres cas, ou encore varie comme pour S_{19}.

En résumé, les propriétés de ce coefficient S_{20} sont les suivantes :

– quand d_i est plus grand que k_i, les deux échantillons ont une similarité s'_i de 0 pour l'espèce i ($f(d, k)$, partie II) ;

– quand $d_i = 0$, la valeur de s'_i est 1 ($f(d, k)$, partie I) excepté quand y_{i1} et y_{i2} sont 0 ($f(d, k)$, partie III) ;

– $f(d, k)$ décroît quand d augmente, pour un k fixe ;

– $f(d, k)$ augmente en même temps que k pour un d fixe ;

– quand y_{i1} ou y_{i2} sont nuls, les deux échantillons ont une similarité partielle s'_{i12} de 0 pour l'espèce i, même si d_{i12} n'est pas plus grande que k_i ($f(d, k)$, partie III) ;

– on obtient le coefficient de communauté de Jaccard généralisé S_7 (p. 16) lorsque $k_i = 0$ pour toutes les espèces i.

L'examen de ces propriétés montre qu'elles reflètent bien le jugement que peut porter l'écologiste sur le problème de la similarité partielle entre les différentes abondances normalisées d'espèces. Selon l'échelle utilisée (0 à 5 ou 0 à 50 par exemple), la fonction $f(d, k)$ permet à l'écologiste d'établir à quel point il veut contraster les différences d'abondances, en augmentant ou diminuant la valeur de k_i, pour chaque espèce i si nécessaire. Un exemple de groupement utilisant cette mesure de similarité est présenté au chapitre 8 (p. 56).

Un dernier coefficient quantitatif excluant les doubles zéros pourrait se nommer la *similarité du* χ^2. C'est le complément de la métrique du χ^2, appliquée par Roux & Reyssac (1975) au calcul de l'association entre échantillons décrits par des abondances d'espèces, en vue d'un groupement. Cette mesure, apparentée au χ^2 ou carré de contingence, établit la distance entre les profils de probabilités conditionnelles de deux lignes ou colonnes d'un tableau de fréquences, en pondérant chaque terme de la somme de carrés par la fréquence de ce terme dans l'ensemble du tableau.

Pour le calcul de la métrique du χ^2, il faut transformer les données en un tableau de probabilités conditionnelles, tel que le tableau 6.VII. Si on désire calculer la métrique entre les colonnes du tableau, on établit les probabilités conditionnelles par colonne : les éléments du tableau sont alors des termes de la forme $y_{ij}/y_{.j}$, où $y_{.j}$ est la somme d'une colonne. Par exemple, la matrice de données de gauche, dont les lignes représentent des espèces et les colonnes, des échantillons, produit la matrice de probabilités conditionnelles (en colonnes) de droite en vue de calculer l'association entre colonnes :

$$\mathbf{Y} = \begin{bmatrix} 45 & 25 & 7 \\ 10 & 8 & 15 \\ 15 & 10 & 20 \\ 0 & 0 & 14 \\ 10 & 3 & 12 \end{bmatrix} \overset{[y_{i.}]}{\begin{bmatrix} 77 \\ 33 \\ 45 \\ 14 \\ 25 \end{bmatrix}} \rightarrow [(y_{ij}/y_{.j})] = \begin{bmatrix} 0{,}563 & 0{,}543 & 0{,}103 \\ 0{,}125 & 0{,}174 & 0{,}221 \\ 0{,}188 & 0{,}217 & 0{,}294 \\ 0{,}000 & 0{,}000 & 0{,}206 \\ 0{,}125 & 0{,}065 & 0{,}176 \end{bmatrix}$$

$$[y_{.j}] = [80 \quad 46 \quad 68] \quad 194$$

On pourrait calculer la distance entre les deux premières colonnes de la matrice de droite, au moyen de la formule de la distance euclidienne D_1 (p. 26). L'équation de la distance entre deux échantillons serait alors

$$D(\mathbf{x}_1, \mathbf{x}_2) = \sqrt{\sum_i \left(\frac{y_{i1}}{y_{.1}} - \frac{y_{i2}}{y_{.2}} \right)^2}$$

Les espèces les plus abondantes contribueraient cependant de façon prépondérante à la somme des carrés, si bien que l'on évalue la *métrique du* χ^2 grâce à une expression pondérée :

$$D(\mathbf{x}_1, \mathbf{x}_2) = \sqrt{\sum_i \frac{1}{y_{i.}} \left(\frac{y_{i1}}{y_{.1}} - \frac{y_{i2}}{y_{.2}} \right)^2}$$

La *similarité du* χ^2 est le complément de cette métrique :

$$S_{21}(\mathbf{x}_1, \mathbf{x}_2) = 1 - \sqrt{\sum_i \frac{1}{y_{i.}} \left(\frac{y_{i1}}{y_{.1}} - \frac{y_{i2}}{y_{.2}} \right)^2}$$

Dans l'exemple numérique ci-dessus, le calcul donne le résultat suivant, pour la similarité entre les deux premiers échantillons (colonnes) :

$$S_{21}(\mathbf{x}_1, \mathbf{x}_2) = 1 - \left[\frac{(0{,}563 - 0{,}543)^2}{77} + \frac{(0{,}125 - 0{,}174)^2}{33} + \frac{(0{,}188 - 0{,}217)^2}{45} + \frac{(0 - 0)^2}{14} + \frac{(0{,}125 - 0{,}065)^2}{25} \right]^{\frac{1}{2}}$$

$$= 1 - 0{,}015 = 0{,}985$$

La quatrième espèce, qui est absente des deux échantillons comparés, s'élimine d'elle-même de cette équation : c'est ainsi que la similarité du χ^2 élimine les doubles zéros de la comparaison.

Les deux échantillons ont été comparés ci-dessus quant à leurs profils (pondérés) de probabilités conditionnelles d'espèces. La même équation peut servir à la mesure de la similarité entre espèces quant à leurs profils (pondérés) de distribution dans les différents échantillons : il suffit de calculer la matrice des probabilités conditionnelles par ligne $[y_{ij}/y_{i.}]$ avant d'appliquer la formule ci-dessus, en interchangeant lignes et colonnes.

Une mesure très voisine, appelée *distance du* χ^2, est décrite dans Lebart & Fénelon (1971). Elle diffère de la métrique du χ^2 en ce que les termes de la somme de carrés sont divisés par la *probabilité* (fréquence relative) de chaque ligne dans l'ensemble du tableau, plutôt que par sa fréquence absolue. En d'autres termes, elle se calcule en multipliant la métrique du χ^2 par $\sqrt{y_{..}}$. La distance du χ^2 est utilisée dans certains algorithmes d'analyse des correspondances (section 9.4, p. 141) pour le calcul de l'association entre espèces ou entre échantillons. Plus souvent, on l'emploie pour le calcul de l'association entre les lignes ou entre les colonnes d'un tableau de contingence.

5. – *Coefficients probabilistes*

Une catégorie spéciale doit être réservée aux mesures probabilistes, auxquelles est associée une évaluation statistique de la signification des relations entre objets.

Comme première mesure probabiliste, on pourrait envisager de calculer le carré de contingence (χ^2) entre les paires d'échantillons, lorsque les données sont des fréquences de dénombrement (cette méthode est disponible dans le programme de groupement P2M de BMDP), plutôt que la similarité du χ^2 décrite ci-dessus. Il faudrait alors employer, comme similarité, le complément de la probabilité associée au χ^2, ce qui donnerait une mesure probabiliste de la similarité entre les deux échantillons. Le calcul du nombre de degrés de liberté devrait cependant exclure les doubles zéros : si on emploie comme artifice de calcul le delta de Kronecker w_{i12} du coefficient de Gower S_{19} (p. 18), pour chacune des espèces i, le nombre de degrés de liberté serait alors $\left[\left(\sum_{i=1}^{n} w_{i12}\right) - 1\right]$. On pourrait donc définir une *similarité probabiliste du* χ^2

$$S_{22}(\mathbf{x}_1, \mathbf{x}_2) = 1 - \mathrm{p}\,[\chi^2(\mathbf{x}_1, \mathbf{x}_2)]$$

Ce coefficient ne semble cependant pas avoir été employé jusqu'ici en écologie.

Le coefficient probabiliste de Goodall (1964, 1966a) tient compte de la distribution de fréquence des différentes descriptions pour l'ensemble des objets. En effet, il est moins probable pour deux échantillons de posséder la même espèce rare que de contenir tous deux une espèce fréquente : en ce sens, l'accord quant à des espèces rares devrait compter à poids plus élevé dans la mesure de similarité entre les échantillons. L'indice probabiliste de Goodall, qui avait d'abord été développé pour la taxonomie, prend vraiment sa valeur dans les classifications écologiques, car les abondances d'espèces dans les différents échantillons y sont des fonctions stochastiques (Sneath & Sokal, 1973 : 141). Orlóci (1978) en recommande l'utilisation pour les groupements d'échantillons (mode Q), et il a aussi été employé en mode R pour le groupement d'espèces et la découverte d'associations (voir p. 43).

D'autres mesures basées sur les probabilités des différentes descriptions relèvent de la théorie de l'information (chapitre 6). La statistique d'information de Lance & Williams (1966b), largement utilisée en écologie, appartient à ce groupe, mais sa discussion comme méthode directe de groupement est reportée au chapitre 8.

Le coefficient probabiliste de Goodall, basé sur les probabilités des différentes descriptions, aboutit à une mesure de similarité qui est elle-même une probabilité, à savoir le complément de la probabilité que la ressemblance observée entre les deux échantillons soit due au hasard. Cet indice permettra donc par la suite de procéder à un groupement probabiliste, groupement qui n'associe que les échantillons reliés à un niveau de probabilité au moins égal à une valeur donnée (chapitre 8).

Cet indice probabiliste est, dans la formulation de Goodall (1966a), une mesure générale qui permet d'utiliser ensemble, pour des fins taxonomiques, des descripteurs binaires ou quantitatifs. Cependant la présentation ci-dessous suit les modifications apportées à cet indice par Orlóci (1978) et on limite l'usage au groupement d'échantillons sur la base des abondances d'espèces ; elle incorpore aussi les remarques du début de cette section quant au traitement du double zéro. La mesure résultante est donc une simplification de celle de Goodall, adaptée aux fins du groupement écologique. Les étapes du calcul sont les suivantes :

a) On calcule d'abord une mesure de similarité partielle s_i quant à l'espèce i pour toutes les paires d'échantillons. Pour chaque espèce, il y a $p\,(p-1)/2$ mesures s_i à calculer, où p est le nombre d'échantillons. Si les abondances d'espèces ont été normalisées au préalable, la mesure de similarité partielle à employer pourrait être $s_{i12} = 1 - [\,|y_{i1} - y_{i2}|/R_i]$ du coefficient S_{19} de Gower, ou la fonction de similarité partielle s'_i du coefficient S_{20}, décrites plus haut. Dans tous les cas, on s'assurera que le double zéro n'est pas compté comme une similitude, en multipliant les s_i par le delta de Kronecker w_{i12} qui prend la valeur 0 quand l'information est absente pour l'un ou l'autre des échantillons, ou dans le cas d'un double zéro. La similarité S_{17} de Steinhaus pourrait aussi être employée comme similarité partielle pour des données brutes d'abondance. Le résultat de ce premier calcul est une matrice de similarités partielles qui a autant de lignes qu'il y avait d'espèces dans la matrice des données de base et $p(p-1)/2$ colonnes, soit une colonne pour chaque paire d'échantillons (voir l'exemple plus bas).

b) Pour chaque ligne (espèce) de la matrice, on met les différentes valeurs s_i en ordre de similarité croissante.

c) Dans un troisième tableau de même format, on calcule, pour chaque espèce i et chacune des $p(p-1)/2$ paires d'échantillons, la proportion des valeurs de similarité partielle relatives à l'espèce i qui sont plus grandes ou égales à la similarité partielle de la paire d'échantillons considérée, en incluant cette valeur dans la proportion. Plus élevée est cette proportion, moins les deux échantillons sont semblables quant à l'espèce en question.

d) Dans une matrice symétrique échantillons x échantillons, on combine ces proportions, ou probabilités, selon la méthode de Fisher, c'est-à-dire en faisant le produit Π des probabilités relatives aux différentes espèces. Comme aucune des valeurs n'est nulle, il n'y a pas de problème à combiner ainsi les probabilités, mais on doit supposer que les probabilités des différentes espèces forment des vecteurs indépendants. Si au contraire il y a des corrélations entre espèces, on peut employer comme données de base une matrice transformée de composantes principales, de coordonnées principales ou d'analyse des correspondances (sections 9.1, 9.2 et 9.4) qui forme une série de descripteurs indépendants, au lieu des abondances d'espèces, tel que le suggère Orlóci (1978 : 62).

e) Il y a deux façons de définir l'indice de similarité de Goodall. On peut d'abord mettre les produits obtenus ci-dessus en ordre croissant et déterminer la proportion de ces produits qui sont plus grands ou égaux au produit relatif à la paire d'objets considérée :

$$S'_{23}(\mathbf{x}_1, \mathbf{x}_2) = \frac{\sum_{paires} d}{p(p-1)/2} \quad \text{où} \quad \begin{cases} d = 1 & \text{si} \quad \Pi \geqslant \Pi_{12} \\ d = 0 & \text{si} \quad \Pi < \Pi_{12} \end{cases}$$

f) On peut aussi calculer le χ^2 qui correspond à chacun des produit Π, en prenant comme hypothèse que les probabilités des différentes espèces forment des vecteurs indépendants :

$$\chi^2_{12} = -2 \ln \Pi_{12}$$

qui a $2n$ degrés de liberté, où n est le nombre d'espèces. L'indice de similarité est alors le complément de la probabilité associée au χ^2, soit le complément de la probabilité qu'une valeur de χ^2 prise au hasard dépasse la valeur de χ^2 observée :

$$S_{23}(\mathbf{x}_1, \mathbf{x}_2) = 1 - \mathrm{p}(\chi^2_{12})$$

Il devient clair à la suite de cette présentation que la valeur de l'indice de Goodall pour une paire donnée d'échantillons peut être différente selon le groupe d'échantillons inclus dans le calcul, puisqu'il est basé sur le rang de la similarité partielle de la paire d'échantillons dans l'ensemble des paires d'échantillons. En ceci cette mesure diffère des mesures présentées jusqu'ici.

L'exemple qui suit illustre le mode de calcul de l'indice de Goodall : 5 mares sont caractérisées par l'abondance des différentes espèces de zooplancton qu'on y trouve, sur une échelle d'abondances relatives de 0 à 5 (données de Legendre & Chodorowski, 1977).

Espèces	Mares					Ecart (R)
	212	214	233	431	432	
1	3	3	0	0	0	3
2	0	0	2	2	0	2
3	0	2	3	0	2	3
4	0	0	4	3	3	4
5	4	4	0	0	0	4
6	0	2	0	3	3	3
7	0	0	0	1	2	2
8	3	3	0	0	0	3

a) La matrice des similarités partielles de Gower aura 8 lignes et $p(p-1)/2 = 10$ colonnes correspondant aux 10 paires de mares :

Espèces	Paires de mares 212 214	212 233	212 431	212 432	214 233	214 431	214 432	233 431	233 432	431 432
1	1	0	0	0	0	0	0	0	0	0
2	0	0	0	0	0	0	0	1	0	0
3	0,33	0	0	0,33	0,67	0,33	1	0	0,67	0,33
4	0	0	0,25	0,25	0	0,25	0,25	0,75	0,75	1
5	1	0	0	0	0	0	0	0	0	0
6	0,33	0	0	0	0,33	0,67	0,67	0	0	1
7	0	0	0,50	0	0	0,50	0	0,50	0	0,50
8	1	0	0	0	0	0	0	0	0	0

b) L'étape suivante du calcul consiste à trouver l'ordre des valeurs de similarité partielle de chaque ligne. Cette étape sert ici à illustrer la méthode mais elle est superflue dans le calcul par ordinateur.

Espèces	Paires de mares 212 214	212 233	212 431	212 432	214 233	214 431	214 432	233 431	233 432	431 432
1	2	1	1	1	1	1	1	1	1	1
2	1	1	1	1	1	1	1	2	1	1
3	2	1	1	2	3	2	4	1	3	2
4	1	1	2	2	1	2	2	3	3	4
5	2	1	1	1	1	1	1	1	1	1
6	2	1	1	1	2	3	3	1	1	4
7	1	1	2	1	1	2	1	2	1	2
8	2	1	1	1	1	1	1	1	1	1

c) Dans le quatrième tableau, on calcule, pour chaque paire d'échantillons, la proportion des valeurs de similarité partielle sur toute la ligne (espèce), qui sont au moins aussi grandes que la valeur considérée, en incluant cette valeur dans la proportion. Pour la troisième espèce par exemple, la similarité de la paire (214, 233) est de 0,67, et 3 valeurs sur 10 de la ligne sont plus grandes ou égales à 0,67, donc la proportion associée à la paire (214, 233) dans le tableau suivant est 0,3 :

Espèces	Paires de mares 212 214	212 233	212 431	212 432	214 233	214 431	214 432	233 431	233 432	431 432
1	0,1	1,0	1,0	1,0	1,0	1,0	1,0	1,0	1,0	1,0
2	1,0	1,0	1,0	1,0	1,0	1,0	1,0	0,1	1,0	1,0
3	0,7	1,0	1,0	0,7	0,3	0,7	0,1	1,0	0,3	0,7
4	1,0	1,0	0,7	0,7	1,0	0,7	0,7	0,3	0,3	0,1
5	0,1	1,0	1,0	1,0	1,0	1,0	1,0	1,0	1,0	1,0
6	0,5	1,0	1,0	1,0	0,5	0,3	0,3	1,0	1,0	0,1
7	1,0	1,0	0,4	1,0	1,0	0,4	1,0	0,4	1,0	0,4
8	0,1	1,0	1,0	1,0	1,0	1,0	1,0	1,0	1,0	1,0

d) Le cinquième tableau est une matrice symétrique échantillons × échantillons, dans laquelle on place les produits des termes de chacune des colonnes du tableau précédent :

Mares	Mares 212	214	233	431	432
212	–				
214	0,00035	–			
233	1,00000	0,15000	–		
431	0,28000	0,05880	0,01200	–	
432	0,49000	0,02100	0,09000	0,00280	–

e) La première méthode proposée par Goodall pour calculer la similarité consiste à déterminer, dans une autre matrice échantillons × échantillons, la proportion de ces produits qui sont plus grands ou égaux à chacun des produits. Pour la paire (212, 431) par exemple, sa valeur dans le tableau est de 0,28. Dans le tableau, 3 valeurs sur les 10 paires possibles sont supérieures ou égales à 0,28, donc la similarité S'_{23} (212, 431) = 0,3 :

Mares	Mares 212	214	233	431	432
212	–				
214	1,0	–			
233	0,1	0,4	–		
431	0,3	0,6	0,8	–	
432	0,2	0,7	0,5	0,9	–

f) D'autre part, si on choisit plutôt comme mesure de similarité le complément de la probabilité associée au χ^2, on obtient alors le tableau suivant. Pour le calcul de la similarité associée à la paire (212, 431), par exemple, on trouve d'abord χ^2 (212, 431) = – 2 ln (0,28) où 0,28 est le produit associé à cette paire dans le tableau de l'étape d ; χ^2 (212, 431) = 2,5459 et avec $2n = 16$ degrés de liberté, la probabilité qui lui correspond est 0,99994. La similarité est le complément de cette probabilité : S_{23} (212, 431) = 1 – 0,99994 = 0,00006 :

Mares	Mares 212	214	233	431	432
212	–				
214	0,54110	–			
233	0,00000	0,00079	–		
431	0,00006	0,00869	0,08037	–	
432	0,00000	0,04340	0,00340	0,23942	–

Quoique les valeurs des deux derniers tableaux soient très différentes, la différence en est seulement une d'échelle, car les deux mesures S_{23} et S'_{23} sont monotones l'une à l'autre. On verra au chapitre 8 (p. 88) comment les similarités probabilistes obtenues par le χ^2 peuvent être combinées en vue d'un groupement probabiliste des objets.

Orlóci (1978) propose un court programme BASIC, qui permet le calcul rapide de ce coefficient probabiliste.

7.4. – MODE Q : COEFFICIENTS DE DISTANCE

La classe des coefficients de distance comprend une série de mesures qui ont en commun d'accorder une valeur maximale (souvent 1) à deux objets complètement différents et une valeur de 0, à deux objets identiques quant aux descripteurs utilisés. Les coefficients de distance, tout comme ceux de similarité, mesurent l'association entre *objets*. Les mesures de distance se divisent en deux groupes ; d'abord les métriques, qui obéissent aux quatre propriétés suivantes :

1) si $a = b$ alors $D(a, b) = 0$

2) si $a \neq b$ alors $D(a, b) > 0$

3) $D(a, b) = D(b, a)$

4) $D(a, b) + D(b, c) \geqslant D(a, c)$, comme la somme de deux côtés d'un triangle qui est nécessairement plus grande ou égale au troisième côté (axiome de l'inégalité triangulaire).

D'autres mesures de distance n'obéissent pas à l'axiome 4 et portent le nom de semimétriques : ces mesures ne permettent pas d'ordonner convenablement des points dans un espace métrique puisque, pour trois points dans cet espace, la somme des distances de a à b et de b à c pourrait être plus petite que la distance de a à c. Certains auteurs préfèrent parler de coefficients de *dissimilarité* comme terme général, réservant le terme *distance* pour les coefficients satisfaisant aux propriétés des métriques.

Tous les coefficients de similarité de la section 7.3 peuvent être transformés en distances, comme on l'a vu à la section 7.2 (p. 6) : $D = 1 - S$ (tableau 7.II, p. 32) ou $D = \sqrt{1 - S}$, ou encore $D = \sqrt{1 - S^2}$. Pour les descripteurs qualitatifs ou binaires, les mesures appropriées ont été présentées à la section précédente alors que, pour les descripteurs ordonnés, un certain nombre de mesures de distance sont proposées ici, en plus de celles que l'on peut dériver de la section 7.3. L'utilisation des différents coefficients de distance est résumée aux tableaux 7.III et 7.IV (p. 48 et 49).

1. – *Distances métriques*

Les mesures décrites ici ont été développées à partir de descripteurs quantitatifs, mais elles ont parfois été employées avec des descripteurs semi-quantitatifs. Ces mesures traitent souvent le double zéro (voir la discussion au début de la section 7.3) comme toute autre valeur des descripteurs, auquel cas elles ne doivent pas être employées telles quelles avec des abondances d'espèces, comme on le verra plus loin.

La *distance euclidienne* est la mesure la plus familière de cette catégorie. Elle se calcule par la formule de Pythagore qui définit entre les points une relation dite d'*espace euclidien* (à n dimensions) :

$$D_1(\mathbf{x}_1, \mathbf{x}_2) = \sqrt{\sum_{i=1}^{n} (y_{i1} - y_{i2})^2}$$

S'il n'y a que deux descripteurs, cette expression devient la mesure de l'hypoténuse d'un triangle rectangle : $D_1(\mathbf{x}_1, \mathbf{x}_2) = \sqrt{(y_{11} - y_{12})^2 + (y_{21} - y_{22})^2}$ (fig. 7.4). Pour le groupement, on peut tout aussi bien employer le carré de D_1 et éviter ainsi une étape de calcul :

$$D_1^2(\mathbf{x}_1, \mathbf{x}_2) = \sum_{i=1}^{n} (y_{i1} - y_{i2})^2$$

D_1^2 devient cependant une semimétrique.

La distance euclidienne n'a pas de borne supérieure. Elle augmente à mesure que s'accroît le nombre de descripteurs, mais sa valeur dépend aussi de l'échelle

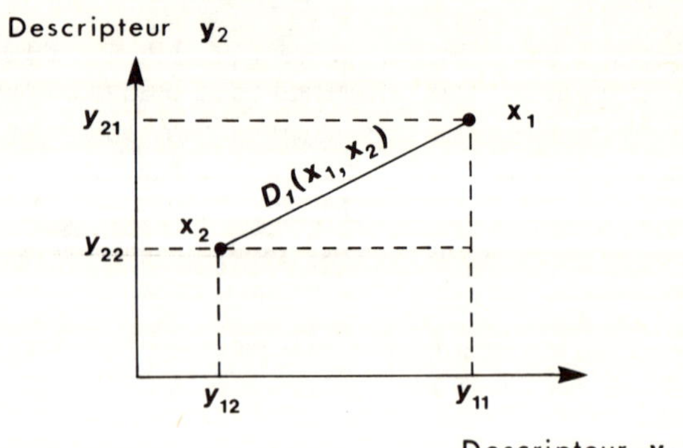

Figure 7.4 – Calcul de la distance euclidienne entre deux objets $\mathbf{x}_1$ et $\mathbf{x}_2$.

de chacun des descripteurs, si bien qu'en changeant l'échelle de certains descripteurs, on peut obtenir des mesures de distance différentes qui ne sont pas monotones les unes aux autres. Ce problème peut cependant être résolu en employant des variables centrées réduites (section 1.3) au lieu des données d'origine, ou encore en limitant l'usage de la distance euclidienne et des autres distances du même type (D_2, D_6, D_7 et D_8) à des tableaux de données dimensionnellement homogènes (chapitre 3).

On pourra trouver, dans Williams & Stephenson (1973) et dans Stephenson *et al.* (1974), un modèle d'analyse des matrices écologiques à trois dimensions, du type stations x espèces x temps, basé sur la distance euclidienne entre données centrées. Les auteurs montrent que cette mesure équivaut à une décomposition de la matrice tridimensionnelle par analyse de variance.

La distance euclidienne, comme mesure de la ressemblance entre échantillons sur la base des abondances d'espèces, peut mener au paradoxe suivant, résultat du fait qu'il s'agit d'une mesure symétrique : deux échantillons qui n'ont aucune espèce en commun peuvent obtenir une mesure de distance plus faible qu'une autre paire d'échantillons qui possèdent les mêmes espèces. Orlóci (1978 : 46) présente un exemple de trois échantillons $\mathbf{x}_1$ à $\mathbf{x}_3$ décrits par trois espèces dont les abondances sont les suivantes :

Espèces	Echantillons		
	$\mathbf{x}_1$	$\mathbf{x}_2$	$\mathbf{x}_3$
$\mathbf{y}_1$	0	1	0
$\mathbf{y}_2$	1	0	4
$\mathbf{y}_3$	1	0	4

La distance euclidienne $D_1(\mathbf{x}_1, \mathbf{x}_2) = \sqrt{1+1+1} = 1{,}732$ alors que $\mathbf{x}_1$ et $\mathbf{x}_2$ n'ont pas d'espèces communes et, pour les échantillons $\mathbf{x}_1$ et $\mathbf{x}_3$ qui possèdent les mêmes espèces, $D_1(\mathbf{x}_1, \mathbf{x}_3) = \sqrt{0+9+9} = 4{,}243$. De plus, le double zéro contribue à réduire la distance relativement aux autres paires d'échantillons : ceci est à éviter avec des descripteurs d'abondances d'espèces, alors que pour des descripteurs physiques, par exemple, le double zéro peut être une base valable de comparaison entre échantillons. La distance euclidienne n'est donc pas à retenir pour les comparaisons basées sur des effectifs d'espèces.

Différentes modifications de la distance euclidienne ont été proposées pour parer à l'un ou l'autre des inconvénients de cette mesure, dans le cas d'abondances d'espèces. On peut d'abord réduire l'effet du nombre de descripteurs par une mesure de *distance moyenne* .

$$D_2^2(\mathbf{x}_1, \mathbf{x}_2) = \frac{1}{n} \sum_{i=1}^{n} (y_{i1} - y_{i2})^2 \quad \text{ou} \quad D_2(\mathbf{x}_1, \mathbf{x}_2) = \sqrt{D_2^2}$$

Orlóci (1967b) a proposé d'employer une *mesure de corde* ("chord distance") qui a $\sqrt{n}$ comme valeur maximum (n = nombre d'espèces) et 0 comme

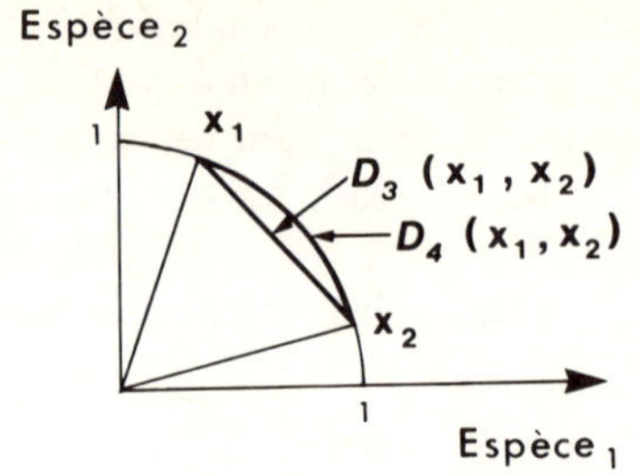

Figure 7.5 – Calcul de la mesure de corde D_3 et de la métrique géodésique D_4 entre deux échantillons $\mathbf{x}_1$ et $\mathbf{x}_2$.

valeur minimum quand deux échantillons ont les mêmes espèces dans les *mêmes proportions,* sans qu'il soit nécessaire pour les espèces d'être représentées par les mêmes nombres d'individus. Cette mesure est simplement une distance euclidienne calculée après que les *vecteurs-échantillons* aient été normalisés (normés à 1, chap. 2). La normalisation fait de chaque échantillon un vecteur de longueur unité et les distances euclidiennes, calculées pour de telles données, sont donc équivalentes à la longueur d'une corde reliant les deux points, à l'intérieur d'une sphère de rayon unité. S'il n'y a que deux espèces, par exemple, la normalisation situe les points sur la circonférence d'un cercle de rayon 1 (fig. 7.5). On peut calculer la mesure de corde directement à partir des données non normalisées (non normées à 1) :

$$D_3(\mathbf{x}_1, \mathbf{x}_2) = \sqrt{2\left(1 - \frac{\sum_{i=1}^{n} y_{i1} y_{i2}}{\sqrt{\sum_{i=1}^{n} y_{i1}^2 \sum_{i=1}^{n} y_{i2}^2}}\right)}$$

Cette mesure prend sa valeur maximum quand les espèces d'un échantillon sont complètement différentes des espèces de l'autre : dans ce cas les échantillons sont à 90° l'un de l'autre sur la circonférence du cercle (pour deux espèces) ou sur l'hypersphère (pour n espèces) et leur distance est $\sqrt{n}$. Cette mesure résout le problème de l'échelle de la mesure, ainsi que le paradoxe mentionné plus haut : avec la mesure de corde, $D_3(\mathbf{x}_1, \mathbf{x}_2) = \sqrt{2}$ et $D_3(\mathbf{x}_1, \mathbf{x}_3) = 0$ pour les échantillons $\mathbf{x}_1$ à $\mathbf{x}_3$ de l'exemple fictif ci-dessus. Comme le problème du double zéro ne se pose pas avec cette mesure, elle constitue donc une métrique applicable aux abondances d'espèces.

Une transformation de cette mesure porte le nom de *métrique géodésique,* puisqu'elle mesure la longueur de l'arc à la surface de l'hypersphère de rayon 1 (fig. 7.5):

$$D_4(\mathbf{x}_1, \mathbf{x}_2) = \text{arc cos}\left[1 - \frac{D_3^2(\mathbf{x}_1, \mathbf{x}_2)}{2}\right]$$

Une mesure généralisée de distance, qui élimine l'effet de la corrélation entre descripteurs et qui est aussi indépendante de l'échelle de chaque descripteur, a été développée par Mahalanobis (1936). Cette mesure donne la distance entre deux points dans un espace dont les axes ne sont pas orthogonaux, ce qui tient compte des corrélations entre descripteurs. Orlóci (1978 : 48) en développe la formule pour le calcul de la distance entre échantillons, mais en pratique l'intérêt de la distance généralisée de Mahalanobis se limite aux comparaisons entre groupes d'échantillons : lorsqu'on procède au groupement d'échantillons, en effet, on est intéressé à conserver l'effet de la corrélation entre descripteurs, qui constitue justement la base de la structure que l'on cherche à reconnaître (voir chapitres 8 et 9 à cet effet). Pour la comparaison de deux groupes d'échantillons $\mathbf{w}_1$ et $\mathbf{w}_2$ qui ont respectivement p_1 et p_2 échantillons tous décrits par les mêmes n variables, le carré de cette mesure générale de distance prend la forme matricielle suivante :

$$D_5^2(\mathbf{w}_1, \mathbf{w}_2) = \bar{\mathbf{d}}'_{12}\, \mathbf{S}^{-1}\, \bar{\mathbf{d}}_{12}$$

Dans cette équation, $\bar{\mathbf{d}}_{12}$ est le vecteur des différences entre les moyennes des n variables dans les deux échantillons. $\mathbf{S}$ est la matrice de dispersion (variance-covariance : section 4.1) commune pour les deux échantillons, estimée à partir des matrices de produits scalaires entre les descripteurs centrés pour chacun des deux groupes, que l'on somme terme à terme et que l'on divise par le nombre de degrés de liberté intragroupes $(p_1 + p_2 - 2)$: $\mathbf{S} = [1/(p_1 + p_2 - 2)]\,[(p_1 - 1)\,\mathbf{S}_1 + (p_2 - 1)\mathbf{S}_2]$ où $\mathbf{S}_1$ et $\mathbf{S}_2$ sont les matrices de dispersion de chacun des deux groupes. Donc le vecteur $\bar{\mathbf{d}}$ mesure la différence entre les moyennes des deux groupes dans un espace à n dimensions (n variables), alors que $\mathbf{S}$ tient compte de la covariance des différents descripteurs.

Avant de tester cette distance, on est censé s'être d'abord assuré de l'homogénéité des dispersions intragroupes (homoscédasticité), ce qui se vérifie notamment par un test de Kullback (p. 182) sur les matrices $\mathbf{S}_1$ et $\mathbf{S}_2$. La méthode suppose aussi la multinormalité des données, mais la distance généralisée est très robuste quant aux écarts à ces conditions. Il faut enfin noter la relation entre la distance généralisée et les fonctions discriminantes (chap. 10) : la distance généralisée est en effet l'équivalent de la distance entre la moyenne des groupes dans un espace canonique de fonctions discriminantes. Pour les détails du calcul par ordinateur de cette mesure de distance, l'écologiste pourra recourir à l'un ou l'autre des programmes disponibles, tel celui de NT-SYS (Rohlf *et al.*, 1971) ou celui de Blackith & Reyment (1971 : 62).

La distance généralisée de Mahalanobis peut être testée par un test F, après avoir été transformée en un T^2 d'Hotelling (1931) au moyen de l'équation

$$T^2 = \frac{p_1 p_2}{(p_1 + p_2)} D_5^2$$

La valeur test est alors

$$F = \frac{p_1 + p_2 - n - 1}{(p_1 + p_2 - 2)\, n} T^2$$

avec n et $(p_1 + p_2 - n - 1)$ degrés de liberté. Ce test est une généralisation du t de Student pour le cas multidimensionnel : il permet de savoir si deux groupes sont tirés ou non de populations dont les centroïdes diffèrent de façon significative. La généralisation finale au cas de plusieurs groupes est le Λ (lambda) de Wilks, traité à l'occasion de la discussion sur les fonctions discriminantes (p. 183).

Les mesures D_2 et D_5 ci-dessus sont apparentées à la distance euclidienne D_1, qui représente le deuxième degré ($r = 2$) de la métrique de Minkowski

$$D_6(\mathbf{x}_1, \mathbf{x}_2) = \left[\sum_{i=1}^{n} |y_{i1} - y_{i2}|^r \right]^{1/r}$$

Les formes de cette métrique pour r plus grand que 2 ne sont pas employées en écologie parce que la mise à une puissance supérieure à 2 donne un poids trop important aux grands écarts $|y_{i1} - y_{i2}|$. Précisément pour la raison contraire, l'exposant $r = 1$ est employé sous plusieurs variantes. La forme de base

$$D_7(\mathbf{x}_1, \mathbf{x}_2) = \sum_{i=1}^{n} |y_{i1} - y_{i2}|$$

est connue sous les noms de métrique de Manhattan, métrique des pâtés de maisons ou métrique des voitures-taxi, par référence au fait que, pour deux variables, la distance entre deux points est la somme de la distance en abscisse et de la distance en ordonnée, comme le trajet que doit parcourir une voiture-taxi qui doit suivre les pâtés de maisons dans une ville à urbanisme orthogonal telle Manhattan. Cette métrique pose les mêmes problèmes que la distance euclidienne et peut conduire aux mêmes paradoxes. La *différence moyenne des descripteurs* ("durchschnittliche Differenz" en allemand), proposée par l'anthropologue Czekanowski (1909),

$$D_8(\mathbf{x}_1, \mathbf{x}_2) = \frac{1}{n} \sum_{i=1}^{n} |y_{i1} - y_{i2}|$$

offre déjà l'avantage de ne pas augmenter selon le nombre n de descripteurs et elle peut être employée sur des abondances d'espèces si l'on exclut les doubles zéros du calcul de n. L'*indice d'association* de Whittaker (1952) est par contre tout à fait adapté aux abondances d'espèces, car chaque espèce est d'abord exprimée comme une fraction de l'ensemble des individus que contenait l'échantillon, avant la soustraction. Le complément de l'indice d'association est la distance suivante :

$$D_9(\mathbf{x}_1, \mathbf{x}_2) = \frac{1}{2} \sum_{i=1}^{n} \left| \frac{y_{i1}}{\sum_{i=1}^{n} y_{i1}} - \frac{y_{i2}}{\sum_{i=1}^{n} y_{i2}} \right|$$

Une différence de 0 pour une espèce indique des *proportions* identiques de cette espèce dans les deux échantillons. On obtient le même résultat en calculant, pour l'ensemble des espèces, la somme de la plus petite fraction dans les deux échantillons :

$$D_9(\mathbf{x}_1, \mathbf{x}_2) = \left[1 - \sum_{i=1}^{n} \min\left(\frac{y_i}{\Sigma y}\right)\right]$$

Les Australiens Lance & Williams (1967a) présentent plusieurs variantes de la métrique de Manhattan, dont leur *métrique de Canberra* (Lance & Williams, 1966c)

$$D_{10}(\mathbf{x}_1, \mathbf{x}_2) = \sum_{i=1}^{n} \left(\frac{|y_{i1} - y_{i2}|}{(y_{i1} + y_{i2})}\right)$$

qui doit obligatoirement exclure les doubles zéros afin d'éviter l'indétermination. On peut montrer qu'une différence donnée entre valeurs d'une espèce abondante contribue moins à cette distance que la même différence entre valeurs d'une espèce plus rare (section 7.6). Cette mesure n'a cependant pas de borne supérieure. Par ailleurs, Stephenson *et al.* (1972) ainsi que Moreau & Legendre (1979) ont employé comme similarité écologique le complément de la métrique de Canberra, normée entre 0 et 1 : $S = 1 - (1/n)D_{10}$.

Une autre version du coefficient D_{10}, normée mais basée sur la distance euclidienne, a été employée par Clark (1952) pour des fins taxonomiques sous le nom de *coefficient de divergence* :

$$D_{11}(\mathbf{x}_1, \mathbf{x}_2) = \sqrt{\frac{1}{n} \sum_{i=1}^{n} \left(\frac{y_{i1} - y_{i2}}{y_{i1} + y_{i2}}\right)^2}$$

D_{11} est à D_{10} ce que D_2 est à D_7 ; comme la différence pour chaque descripteur est d'abord exprimée sous forme fractionnaire, avant la mise au carré et la sommation, on peut l'employer avec des données d'abondances d'espèces en autant que l'on exclue les doubles zéros des calculs, donc aussi de la valeur de n. Cependant, si la suite du traitement ne comprend pas une ordination, il est alors préférable d'employer plutôt la semimétrique D_{14} ci-dessous.

Apparenté à D_{11}, le *coefficient de ressemblance raciale,* développé par le statisticien Pearson (1926) pour des études anthropologiques, permet de mesurer la distance entre des groupes d'échantillons, tout comme la distance généralisée de Mahalanobis, mais sans éliminer l'effet de la corrélation entre descripteurs :

$$D_{12}(\mathbf{w}_1, \mathbf{w}_2) = \sqrt{\frac{1}{n} \sum_{i=1}^{n} \left(\frac{(\bar{y}_{i1} - \bar{y}_{i2})^2}{(s_{i1}^2/p_1) + (s_{i2}^2/p_2)}\right) - \frac{2}{n}}$$

pour deux groupes d'échantillons $\mathbf{w}_1$ et $\mathbf{w}_2$ qui comprennent respectivement p_1 et p_2 échantillons : $\bar{y}_i$ est la valeur moyenne de la variable i dans l'échantillon et s_i^2 est sa variance. Pour chaque variable dont l'effet est sommé, le dénominateur de cette expression est le même que celui employé lors du test d'égalité des moyennes dans le cas où l'on présume que les variances sont inégales.

2. – *Semimétriques*

Certaines des mesures de distance obtenues en prenant le complément des mesures de similarité S_1 à S_{23} ne possèdent pas la quatrième propriété des métriques (p. 25), ne respectant pas l'axiome du triangle, ce qui est une condition nécessaire (mais non suffisante : section 9.2) pour ordonner convenablement des points dans un espace euclidien (on peut cependant les ordonner par cadrage multidimentionnel non-métrique, p. 139). Ces mesures qui sont identifiées au tableau 7.II portent le nom de *semimétriques* ou *pseudométriques*. Quelques exemples suivent.

La distance associée au coefficient S_8 de Sørensen a été décrite par Watson, Williams & Lance (1966) sous le nom de *coefficient non-métrique* :

$$D_{13}(\mathbf{x}_1, \mathbf{x}_2) = 1 - \frac{2a}{2a + b + c} = \frac{b + c}{2a + b + c}$$

Tableau 7.II – Propriétés des distances obtenues en prenant le complément ($D = 1 - S$) des similarités S_1 à S_{23}, lorsqu'il n'y a pas d'absence d'information. Matrice **S** semi-définie positive : cette propriété, établie par Gower (1984a) pour certains des coefficients de ce chapitre, sera utilisée à la section 9.2.

Similarité	Matrice **S** semi-définie positive	Distance $D = 1 - S$
$S_1 = \dfrac{a + d}{a + b + c + d}$ (simple concordance)	oui	métrique
$S_2 = \dfrac{a + d}{a + 2b + 2c + d}$ (Rogers & Tanimoto)	oui	métrique
$S_3 = \dfrac{2a + 2d}{2a + b + c + 2d}$	non	semimétrique
$S_4 = \dfrac{a + d}{b + c}$		non-métrique
$S_5 = \frac{1}{4}\left[\dfrac{a}{a + b} + \dfrac{a}{a + c} + \dfrac{d}{c + d} + \dfrac{d}{b + d}\right]$	non	semimétrique
$S_6 = \dfrac{a}{\sqrt{(a + b)(a + c)}}\ \dfrac{d}{\sqrt{(b + d)(c + d)}}$	oui	semimétrique
$S_7 = \dfrac{a}{a + b + c}$ (Jaccard)	oui	métrique
$S_8 = \dfrac{2a}{2a + b + c}$ (Sørensen)	oui	semimétrique
$S_9 = \dfrac{3}{3a + b + c}$		semimétrique
$S_{10} = \dfrac{a}{a + 2b + 2c}$	oui	métrique
$S_{11} = \dfrac{a}{a + b + c + d}$ (Russell & Rao)	oui	métrique

Soit la série des trois échantillons suivants :

Espèces	Echantillons		
	$\mathbf{x}_1$	$\mathbf{x}_2$	$\mathbf{x}_3$
$\mathbf{y}_1$	1	0	1
$\mathbf{y}_2$	1	0	1
$\mathbf{y}_3$	1	0	1
$\mathbf{y}_4$	0	1	1
$\mathbf{y}_5$	0	1	1

Les trois distances se calculent comme suit :

$$D_{13}(\mathbf{x}_1, \mathbf{x}_2) = \frac{3 + 2}{0 + 3 + 2} = 1{,}00$$

$$D_{13}(\mathbf{x}_1, \mathbf{x}_3) = \frac{0 + 2}{(2 \times 3) + 0 + 2} = 0{,}25$$

Tableau 7.II (suite)

Similarité	Matrice **S** semi-définie positive	Distance $D = 1 - S$
$S_{12} = \frac{a}{b + c}$	oui	non-métrique
$S_{13} = \frac{1}{2}\left[\frac{a}{a + b} + \frac{a}{a + c}\right]$	non	semimétrique
$S_{14} = \frac{a}{\sqrt{(a + b)\ (a + c)}}$ (Ochiai)	oui	semimétrique
$S_{15} = \Sigma w_i s_i / \Sigma w_i$ (Gower)	oui	métrique
$S_{16} = \Sigma w_i s'_i / \Sigma w_i$ (Estabrook & Rogers)		métrique
$S_{17} = \frac{2W}{A + B}$ (Steinhaus)		semimétrique
$S_{18} = \frac{1}{2}\left[\frac{W}{A} + \frac{W}{B}\right]$ (Kulczynski)		semimetrique
$S_{19} = \Sigma w_i s_i / \Sigma w_i$ (Gower)		métrique
$S_{20} = \Sigma w_i s'_i / \Sigma w_i$ (Legendre & Chodorowski)		métrique
$S_{21} = 1 -$ *métrique du* χ^2		métrique
$S_{22} = 1 - p(\chi^2)$		semimétrique
$S'_{23} = 2\Sigma d/p(p - 1)$ ou $S_{23} = 1 - p(\chi^2)$ (Goodall)		semimétrique

$$D_{13}(\mathbf{x}_2, \mathbf{x}_3) = \frac{0 + 3}{(2 \times 2) + 0 + 3} = 0{,}43$$

et on peut remarquer que, contrairement à l'axiome du triangle, 1,00 > 0,25 + 0,43.

Parmi les mesures pour les données d'abondances d'espèces, les coefficients S_{17} de Steinhaus et S_{18} de Kulczynski sont aussi des semimétriques lorsqu'ils sont transformés en distances. En particulier, $D_{14} = 1 - S_{17}$ a été décrit par Odum (1950) sous le nom de *différence de pourcentages*, puis par Bray & Curtis (1957) :

$$D_{14}(\mathbf{x}_1, \mathbf{x}_2) = \frac{\sum_{i=1}^{n} |y_{i1} - y_{i2}|}{\sum_{i=1}^{n} (y_{i1} + y_{i2})} = 1 - \frac{2W}{A + B}$$

Contrairement à la métrique de Canberra, une différence entre valeurs d'une espèce abondante a la même contribution à cette distance que la même différence entre valeurs d'une espèce rare (section 7.6). Cette propriété peut être intéressante, par exemple avec des données d'abondance "normalisées". Par ailleurs, dans sa comparaison de D_{10}, D_{14} et d'autres indices à un standard théorique, Bloom (1981) a montré que seul D_{14} (ou S_{17}) reflète correctement la ressemblance réelle sur toute l'échelle de 0 à 1, alors que D_{10}, par exemple, surestime le degré de ressemblance pour une bonne part de l'échelle de 0 à 1.

Orlóci (1978 : 59) présente l'exemple suivant où trois parcelles sont décrites par les abondances de 5 espèces :

Espèces	Parcelles		
	$\mathbf{x}_1$	$\mathbf{x}_2$	$\mathbf{x}_3$
$\mathbf{y}_1$	2	3	9
$\mathbf{y}_2$	5	5	1
$\mathbf{y}_3$	2	2	1
$\mathbf{y}_4$	5	4	1
$\mathbf{y}_5$	3	3	1

Les distances entre les parcelles se calculent comme suit :

$$D_{14}(\mathbf{x}_1, \mathbf{x}_2) = \frac{1 + 0 + 0 + 1 + 0}{17 + 17} = 0{,}0588$$

$$D_{14}(\mathbf{x}_1, \mathbf{x}_3) = \frac{7 + 4 + 1 + 4 + 2}{17 + 13} = 0{,}6000$$

$$D_{14}(\mathbf{x}_2, \mathbf{x}_3) = \frac{6 + 4 + 1 + 3 + 2}{17 + 13} = 0{,}5333$$

et encore ici, l'axiome du triangle est violé, car 0,6 > 0,0588 + 0,5333. Par contre, si le nombre de spécimens de chaque échantillon (sommes par colonnes) est le même partout, alors D_{14} est une métrique. Il faudra donc éviter d'employer D_{14}, ou encore S_{17} ou S_{18}, pour ordonner les échantillons dans un espace euclidien, quand les nombres de specimens par échantillon sont trop différents les uns des autres. De telles ordinations en espace euclidien se font par la méthode des coordonnées principales (section 9.2, p. 133) : si l'on désire employer quand même l'une de ces mesures comme base d'ordination dans des cas où le degré de distorsion des propriétés métriques est faible, on verra plus loin (p. 161) comment combiner groupement et ordination pour dégager la structure écologique. Ces mesures peuvent cependant conduire à une ordination par cadrage multidimensionnel non-métrique (p. 139).

Le tableau 7.II montre enfin que les distances $(1 - S_4)$ et $(1 - S_{12})$ ne sont pas des métriques : c'est qu'elles violent la seconde propriété des métriques (p. 25) puisqu'elles peuvent prendre des valeurs négatives.

7.5. – MODE R : COEFFICIENTS DE DÉPENDANCE

L'étude en mode R d'une matrice de données écologiques a d'abord pour but de déterminer les relations entre les *descripteurs* de l'étude, quoique la matrice R puisse, dans certains cas (par exemple : composantes principales ou fonctions discriminantes), être aussi utilisée pour une ordination des objets (échantillons). Les coefficients qui mesurent la dépendance entre les descripteurs peuvent être classés selon le type mathématique des variables qu'ils permettent de comparer : en suivant la classification du tableau 1.IV, on distingue les coefficients de dépendance pour variables quantitatives, pour variables semi-quantitatives et pour descripteurs qualitatifs. On décrira enfin de façon séparée les mesures de la dépendance entre espèces, adaptées au problème particulier de l'identification des associations végétales ou animales.

Il faut enfin noter que la plupart des coefficients de dépendance peuvent être soumis à des tests statistiques : on pourra alors associer une matrice de probabilité à une matrice de dépendance, si la suite de l'analyse le requiert. Cependant, il n'est pas toujours légitime d'appliquer un test statistique, alors qu'on peut toujours calculer un coefficient de dépendance : par exemple, il n'y a pas d'objection à calculer un coefficient de corrélation de Pearson pour n'importe quelle paire de variables quantitatives, mais ces mêmes variables devront être distribuées normalement avant que l'on puisse tester la signification de cette corrélation. De plus, il faut se rappeler qu'un test de signification ne démontre que la présence ou l'absence d'une relation, alors que le coefficient de dépendance mesure l'intensité de la relation. Il est utile de rappeler ici certains principes de base des tests de signification des corrélations. L'hypothèse principale à tester est toujours l'absence de corrélation entre les variables k et i ($H_0 : r_{ki} = 0$). Le test peut être unilatéral, si on ne s'intéresse qu'à l'hypothèse alterne $H_1 : r_{ki} > 0$, ou encore à l'hypothèse $H_1 : r_{ki} < 0$; il peut aussi être bilatéral si on s'intéresse à toute dépendance, positive ou négative, telle que posée par l'hypothèse alterne $H_1 : r_{ki} \neq 0$.

Le tableau 7.V (p. 50) résume les cas où l'on peut utiliser chaque type de mesure.

1. – Descripteurs quantitatifs

Les descripteurs quantitatifs se prêtent à des mesures de dépendance paramétriques, c'est-à-dire, qui dépendent des paramètres (moyenne, écart type) de la distribution de fréquence des descripteurs. Ces mesures sont la covariance et le coefficient de corrélation de Pearson, qui ont été décrits au chapitre 4 pour des descripteurs *en relation linéaire.*

Les mesures de variance et de covariance font uniquement appel à la moyenne de chaque descripteur et elles permettent d'obtenir la *matrice de dispersion* **S** des descripteurs, en multipliant la matrice des données centrées sur leur moyenne $[y - \bar{y}]$ avec sa transposée $[y - \bar{y}]'$ (section 4.1) :

$$\mathbf{S} = \frac{1}{\nu}[y - \bar{y}][y - \bar{y}]'$$

Chaque estimation de *covariance* dans la matrice de dispersion se calcule donc par la formule :

$$s_{ki} = \frac{1}{p-1}\sum_{j=1}^{p}(y_{kj} - \bar{y}_k)(y_{ij} - \bar{y}_i)$$

où p est le nombre d'objets, donc le nombre d'éléments que comprend chacun des deux descripteurs k et i. La *variance* est simplement la covariance d'un descripteur avec lui-même : $s_i^2 = s_{ii}$.

Le coefficient de *corrélation r de Pearson* est une standardisation de la covariance par les variances des deux descripteurs comparés, ce qui ramène les valeurs entre les bornes – 1 et 1 (section 4.2) :

$$r_{ki} = \frac{s_{ki}}{\sqrt{s_k^2\, s_i^2}} = \frac{\sum_{j=1}^{p}(y_{ij} - \bar{y}_i)(y_{kj} - \bar{y}_k)}{\sqrt{\sum_{j=1}^{p}(y_{ij} - \bar{y}_i)^2 \sum_{j=1}^{p}(y_{kj} - \bar{y}_k)^2}}$$

On peut encore décrire la corrélation r de Pearson comme la covariance calculée sur les *données centrées réduites,* ce qui fait donc intervenir la moyenne et l'écart type de la distribution de fréquence des données, si bien que la matrice de corrélation **R** est obtenue par l'opération matricielle suivante :

$$\mathbf{R} = \frac{1}{\nu}\left[\frac{y - \bar{y}}{s_y}\right]\left[\frac{y - \bar{y}}{s_y}\right]'$$

On peut tester un coefficient de corrélation (chap. 4), afin de déterminer s'il est significativement différent de zéro : l'absence de signification ne doit être interprétée que comme l'absence d'une relation *linéaire* probable entre les descripteurs, une relation non-linéaire pouvant parfaitement résulter en un r très faible ; dans ce dernier cas, une corrélation non-paramétrique (sous-section suivante) est nettement recommandable. Le test du coefficient de corrélation repose sur le fait que r est un paramètre d'une distribution multinormale et il importe de respecter cette condition, sinon en termes de binormalité, du moins en vérifiant la normalité de chacun des deux descripteurs (distributions marginales, section 4.9).

Pour tester un coefficient de corrélation, on peut le transformer en un t avec $(p - 2)$ degrés de liberté, à l'aide de l'équation :

$$t = \frac{r\sqrt{p-2}}{\sqrt{1-r^2}}$$

Puisque les tables de t sont habituellement faites pour les tests bilatéraux, on peut tester l'hypothèse bilatérale $H_1 : r_{ki} \neq 0$ en comparant la valeur absolue de cette variable-test t à la valeur critique, $t_{\alpha,(p-2)}$, trouvée dans la table pour le seuil de probabilité α pré-établi et le nombre de degrés de liberté $(p - 2)$. Pour un test unilatéral, on compare la variable-test t à la valeur $t_{2\alpha,(p-2)}$ trouvée dans la table de t. Il existe aussi des tables qui fournissent directement les valeurs critiques de r pour différents niveaux α. Pour p élevé (plus grand que 60), la distribution de t tend vers une distribution normale et on peut lire la probabilité associée à cette variable-test dans une table de la courbe normale centrée réduite. Puisque ces tables sont unilatérales, on peut effectuer un test unilatéral en comparant la valeur absolue de la variable-test obtenue ci-dessus à la valeur critique z_α trouvée dans la table. Pour un test bilatéral, on compare plutôt la valeur absolue de la variable-test à la valeur critique $z_{\alpha/2}$.

Il faut se rappeler que, par ordinateur, les probabilités associées aux distributions de t, z, F, χ^2, etc. ne se calculent pas à l'aide de tables, mais par approximation numérique. Ces approximations, spécialement celles utilisées pour le calcul des distributions de F et de χ^2, peuvent être plutôt imprécises à moins qu'elles n'impliquent des calculs très élaborés. Davies (1971 : 344, 406) fournit des programmes FORTRAN pour de tels tests suivant l'approximation de Hastings (1955).

A partir des corrélations r de Pearson, on peut aussi calculer des corrélations partielles, si l'on est intéressé à dégager la relation entre deux descripteurs, de l'effet des autres. La formule

$$r_{12.3} = \frac{r_{12} - r_{13}\,r_{23}}{\sqrt{(1 - r_{13}^2)(1 - r_{23}^2)}}$$

qui décrit la corrélation partielle des descripteurs 1 et 2, compte tenu du descripteur 3, peut elle-même être basée sur des r partiels, ce qui permet de calculer des coefficients partiels d'ordre supérieur à 1 (section 4.6). Les corrélations partielles de Pearson peuvent être testées par un t avec $(p - n)$ degrés de liberté, suivant l'équation

$$t = \frac{r_{12.3}\sqrt{p - n}}{\sqrt{1 - r_{12.3}^2}} \quad \text{ici} \quad n = 3$$

où p est le nombre d'objets et n le nombre de descripteurs en corrélation.

Certains auteurs emploient le r de Pearson pour des analyses en mode Q, en interchangeant simplement les objets et les descripteurs de la matrice de données. Lefebvre (1980) qualifie ce coefficient Q de *coefficient de ressemblance.* Quatre objections peuvent être soulevées à l'encontre de cette pratique.

1) Le r de Pearson est toujours, en mode R, un coefficient sans dimension (chapitre 3). Lorsque les descripteurs sont de nature différente (dimensions non homogènes), le coefficient de ressemblance, constitué à partir de tous les descripteurs à la fois, possède, contrairement au r de Pearson, des dimensions complexes et non interprétables.

2) De plus, lorsque les descripteurs sont de nature variée, l'écologiste est toujours autorisé à changer à son gré l'échelle d'un descripteur (exemple : multiplication par 1 000) ; ce faisant, il peut changer de façon non monotone la valeur du coefficient de ressemblance entre les différentes paires d'objets.

3) Il a été suggéré d'éliminer ces problèmes en réduisant les descripteurs (division par leur écart type) avant le calcul de ce coefficient. Or, l'ajout ou le retrait d'un objet change de façon imprévisible la valeur des variables réduites et modifie donc la valeur du coefficient de ressemblance ; en d'autres termes, la valeur du coefficient, pour une paire d'objets, dépend alors des autres objets présents dans le tableau des données.

4) Pour les tableaux de données dimensionnellement homogènes (exemple : des nombres de spécimens), la seconde objection tient encore. De plus, en mode R, le théorème de la limite centrale (section 4.4) assure que les moyennes, variances, covariances et corrélations convergent vers la valeur de la population statistique, quand on augmente le nombre d'objets ; en mode Q au contraire, l'ajout de nouvelles variables peut faire varier considérablement le coefficient de ressemblance, pour autant que ces nouvelles variables ne soient pas totalement liées aux premières.

On préférera donc, au coefficient de ressemblance, les coefficients décrits plus haut pour les analyses en mode Q, dont on connaît les dimensions et les propriétés. Le cas des abondances d'espèces est discuté en détail plus bas (p. 42).

2. – Descripteurs semi-quantitatifs

Les mesures de dépendance non-paramétriques, qui ne présument pas que les données constituent un échantillon d'une population dont la distribution peut être décrite par certains paramètres (moyenne, écart type), peuvent être utilisées pour des descripteurs semi-quantitatifs, dont les différentes descriptions sont en fait des rangs de classement en ordre croissant (ou décroissant). De façon générale, ces mesures sont applicables aux descripteurs ordonnés en relations *monotones*, c'est-à-dire qui croissent ou décroissent de façon relativement continue l'un par rapport à l'autre (chapitre 5). Les mesures de dépendance non-paramétriques permettent donc de traiter aussi des descripteurs quantitatifs, pour autant qu'ils soient en relation monotone.

Il existe deux coefficients de corrélation non-paramétriques, qui ont déjà fait l'objet d'un examen détaillé à la section 5.2. Employés avec des descripteurs quantitatifs en relation linéaire, le r de Spearman et le τ de Kendall ont environ 91 % de l'efficacité du r de Pearson (Hotelling & Pabst, 1936). Dans le cas de descripteurs quantitatifs en relation non-linéaire, la corrélation non-paramétrique sera même plus efficace que la corrélation paramétrique.

Comme on l'a vu à la section 5.2, le r de Spearman, aussi appelé ρ (rhô), est tout simplement le coefficient de corrélation linéaire de Pearson où l'on a remplacé les valeurs originales par les rangs. La formule condensée de ce coefficient est :

$$r = 1 - \frac{6 \sum_{j=1}^{p} d_j^2}{p^3 - p}$$

où d est la différence entre les rangs d'un même objet j pour les deux descripteurs et p est le nombre total d'objets. Dans le cas où plusieurs objets ont le même rang pour un descripteur (observations *liées* ou *ex aequo*), ce qui est fréquent en écologie où les descripteurs ne comportent souvent qu'un petit nombre de descriptions, il faut alors introduire des facteurs de correction décrits à la section 5.2.

On peut tester la signification de la corrélation de Spearman de la même façon que celle de Pearson, en transformant la valeur de corrélation en un t avec $(p - 2)$ degrés de liberté :

$$t = \frac{r\sqrt{p-2}}{\sqrt{1-r^2}}$$

Les règles de décision dans le cas de tests unilatéraux ou bilatéraux sont les mêmes (p. 37). Lorsque $p < 10$, ce qui est rarement le cas en écologie, il faut alors consulter une table des valeurs critiques du r de Spearman (par exemple dans Siegel, 1956 : table pour les tests unilatéraux).

Le τ de Kendall est fondé sur une mesure de la ressemblance des rangs différente de celle du r de Spearman. Tel qu'expliqué de façon détaillée à la section 5.2, S est la différence entre le nombre de paires d'objets dont les rangs sont en ordre croissant et le nombre de paires qui sont en ordre décroissant. Le coefficient de corrélation de Kendall est alors tout simplement :

$$\tau_a = \frac{2S}{p(p-1)}$$

où p est le nombre total d'objets. Tout comme les coefficients de corrélation de Pearson et de Spearman, celui de Kendall varie entre + 1 et − 1.

Dans le cas d'observations *liées* (voir ci-dessus), on décrit à la section 5.2 le τ_b, lorsque les deux descripteurs ont le même nombre de descriptions, et le τ_c, lorsque le nombre de descriptions n'est pas le même.

On peut tester τ quant à l'hypothèse que les deux descripteurs ne sont pas liés, en le transformant en z (ou t_∞) par l'équation (Kendall, 1948) :

$$z = |\tau| \sqrt{\frac{9p(p-1)}{2(2p+5)}} - \sqrt{\frac{18}{p(p-1)(2p+5)}}$$

Lorsque $p \geqslant 30$, le deuxième terme de cette expression devient négligeable (à $p = 30$, ce terme de correction n'est plus que 0,0178). Puisque les tables de z sont unilatérales, on peut effectuer un test unilatéral en comparant la valeur-test z obtenue ci-dessus à la valeur critique z_α trouvée dans la table. Pour un test bilatéral, on emploie plutôt la valeur critique $z_{\alpha/2}$. Par ailleurs, lorsque $p < 10$, ce qui est rarement le cas en écologie, il faut consulter la table C en fin d'ouvrage (p. 311 : test unilatéral ou bilatéral). Cette table donne les valeurs critiques de τ_a pour $4 \leqslant p \leqslant 50$.

Le r de Spearman donne une meilleure approximation d'un r de Pearson lorsque les données sont approximativement quantitatives et qu'il y a peu d'*ex aequo*, tandis que le τ de Kendall serait préférable quand il y a beaucoup d'observations liées. L'avantage principal du τ de Kendall est qu'il peut servir au calcul de corrélations partielles, ce que ne permet pas le r de Spearman (Siegel, 1956). La formule à employer est la même que pour le r de Pearson partiel :

$$\tau_{12.3} = \frac{\tau_{12} - \tau_{13}\,\tau_{23}}{\sqrt{(1 - \tau_{13}^2)(1 - \tau_{23}^2)}}$$

On ne peut toutefois pas tester la signification de ces τ partiels (Kendall, 1948 ; Siegel, 1956).

De même que pour le r de Pearson (p. 38), il vaut mieux ne pas employer les coefficients de corrélation de rang en mode Q. Si des descripteurs quantitatifs sont centrés et réduits au préalable, en vue de les normer à l'unité, on rencontre le même problème qu'avec le r de Pearson : la corrélation entre deux objets est alors fonction de tous les autres objets dans la matrice de données. Dans un échantillon biologique, par ailleurs, de nombreuses espèces sont représentées par de très petits nombres d'individus sujets à forte variabilité aléatoire, de telle sorte que leur rang, par rapport à l'écosystème de référence, est incertain : une corrélation de rang entre échantillons serait donc faussée puisque calculée à partir de nombreux rangs imprécis, ce qui équivaudrait à donner une importance prépondérante aux nombreuses espèces les moins bien échantillonnées.

En plus des deux coefficients de corrélation de rang, ci-dessus, il existe une mesure non-paramétrique de la dépendance entre n descripteurs à la fois. Il s'agit du coefficient de concordance W de Kendall, défini à partir de la statistique X^2 de Friedman :

$$X^2 = \left[\frac{12}{np\,(p+1)} \sum_{j=1}^{p} R_j^2 \right] - 3n\,(p+1)$$

$$W = \frac{X^2}{n\,(p-1)}$$

où R_j est la somme des rangs pour chacun des p objets. W varie de 0 à 1 et on peut tester la signification de $X^2 = n\,(p-1)\,W$ par comparaison avec les valeurs critiques d'une table de χ^2.

3. – Descripteurs qualitatifs

L'analyse de la dépendance entre descripteurs non-ordonnés est un sujet de grande importance en écologie, comme en fait foi la discussion de la section 6.0 (tome 1). Cette analyse passe par les tableaux de contingence, dont il a été question en détail aux sections 6.2 à 6.4 (tome 1, chap. 6). Le coefficient de base des tableaux de contingence est la statistique X^2 (khi carré majuscule) ou *carré de contingence*. Ses formules ainsi que son test peuvent être trouvés à la section 6.2. X^2 peut aussi servir de base au calcul de l'un des coefficients de contingence de la section 6.2, qui varient de 0 à 1.

Dans tous les cas où des descripteurs quantitatifs ou semi-quantitatifs ne sont pas en relation monotone, seule l'analyse par les tableaux de contingence permettra d'évaluer leur dépendance. La relation entre deux descripteurs est qualifiée de monotone lorsqu'elle exprime une évolution constante (croissante ou décroissante) d'un descripteur par rapport à l'autre.

On peut aussi analyser les tableaux de contingence à l'aide de la théorie de l'information, qui permet de calculer d'abord les trois quantités suivantes : la quantité d'information B commune aux deux descripteurs, ainsi que les quantités A et C d'information que chacun d'eux possède en exclusivité. Ces trois valeurs peuvent être combinées en diverses mesures de similarité telles B/(A + B + C) ou B/(A + 2B + C), ou de distance comme (A + C)/(A + B + C) (section 6.2). Par ailleurs, la statistique X^2 de Wilks ouvre la voie à l'analyse des tableaux de contingence multidimensionnels.

Enfin, un descripteur qualitatif (tel une classification : chapitre 8) peut être comparé à un descripteur quantitatif par analyse de variance à un critère de classification. Le descripteur qualitatif devient le critère de classification de l'analyse. Pour autant que les conditions préalables à l'analyse de variance soient respectées (normalité des distributions intragroupes, homoscédasticité : section 4.9), on peut tester la signification de la relation entre ces deux descripteurs à l'aide du tableau d'analyse de variance. Si le descripteur quantitatif ne respecte pas ces conditions, ou encore s'il est remplacé par un descripteur semi-quantitatif, la comparaison peut encore se faire, cette fois par analyse de variance non-paramétrique (test H de Kruskal-Wallis).

4. – *Abondances d'espèces : les associations biologiques*

Les descripteurs d'abondance d'espèces posent les mêmes problèmes à l'analyse en mode R qu'à l'analyse en mode Q : que faire des doubles absences ? Le problème est d'autant plus aigu que les communautés biologiques sont en général composées d'un petit nombre d'espèces dominantes et d'un grand nombre d'espèces rares (section 6.6) : comme on désire en général fonder la recherche des associations biologiques sur la totalité des espèces d'un taxocène donné (voir chap. 6), la matrice des données de base contiendra dans la plupart des cas un grand nombre de zéros. Par conséquent, les mesures de dépendance entre espèces, sur lesquelles sera établie la recherche des associations biologiques, seront basées sur un grand nombre de paires de zéros, pour lesquelles on n'est assuré d'aucune interprétation écologique claire : en effet l'absence d'une espèce rare d'un échantillon donné est un phénomène stochastique qui n'indique pas nécessairement que le milieu d'où provient cet échantillon soit défavorable à cette espèce. La signification du double zéro a d'ailleurs fait l'objet d'une discussion plus approfondie à la section 7.3.

La présente section se borne à décrire la mesure du degré d'association, ou de dépendance, entre les descripteurs *espèces*, alors que la recherche des *associations biologiques* à partir de telles mesures fera l'objet de la section 8.6, où un concept opérationnel d'association d'espèces est défini. Ces mesures ont aussi été discutées par Southwood (1966) dans le contexte de l'étude des peuplements d'insectes.

Les abondances d'espèces étant généralement de nature quantitative, il convient d'examiner d'abord l'utilisation des mesures paramétriques de dépendance dans la recherche des associations d'espèces. Si on normalise les données d'abondance, par exemple par la transformation $y' = \ln(y + 1)$ (v. section 1.3), une mesure de covariance ou de corrélation linéaire de Pearson semble appropriée et la littérature sur les associations foisonne de cette approche, ainsi que des méthodes d'analyse fondées sur des matrices de dispersion ou de corrélation, telles les composantes principales. Or les covariances ou les corrélations de Pearson traitent le zéro comme toute autre valeur de la métrique et normaliser les données ne change rien à la question : un grand nombre de doubles zéros, sans signification écologique interprétable, déforme de façon significative l'ellipse de dispersion des échantillons sur les deux axes "espèces" comparés, ce qui fausse la mesure. Pour minimiser les effets de ce phénomène, plusieurs solutions s'offrent au chercheur, qui n'a par ailleurs pas toujours à sa disposition d'autres outils informatiques que les logiciels courants :

1) éliminer de l'étude les espèces peu fréquentes, ce qui n'aura pas de conséquences sur la recherche des associations d'espèces écologiquement significatives ;

2) éliminer les zéros des comparaisons en déclarant le zéro comme information manquante ;

3) éliminer les doubles zéros seulement des calculs de covariance ou de corrélation en programmant soi-même cette partie du calcul. La matrice de disper-

sion ainsi produite peut ensuite être confiée aux logiciels pour la suite des opérations, le calcul de composantes principales par exemple. On verra par ailleurs à la section 9.4 que l'analyse factorielle des correspondances est une forme d'analyse en composantes principales qui préserve la distance du χ^2 (coefficient asymétrique) plutôt que la distance euclidienne (coefficient symétrique). Cette analyse serait donc une méthode factorielle préférable à l'analyse en composantes principales pour la recherche des associations d'espèces.

Fager (1957) rappelle cependant que des associations doivent regrouper des espèces qui font presque toujours partie de l'environnement biologique les unes des autres. Or des coefficients de covariance ou de corrélation recherchent la corrélation (linéaire) entre les *fluctuations* d'abondance de deux espèces si bien que, si deux espèces sont toujours présentes ensemble mais n'ont pas leurs variations d'abondance en relation linéaire, un coefficient de corrélation de Pearson n'indiquera pas de relation. Cette limite des coefficients de covariance et de corrélation montre bien, d'une part, l'importance d'une définition opérationnelle d'association qui soit claire et, d'autre part, le fait que de faibles valeurs de corrélation n'ont aucune signification : elles ne montrent aucunement que deux espèces ne sont pas en relation et ceci est un inconvénient majeur pour l'étape subséquente de la recherche des associations. Les mêmes remarques s'appliquent aux coefficients non paramétriques de corrélation, pour des classes relatives d'abondances d'espèces.

Une autre solution consiste à appliquer le coefficient probabiliste de Goodall, en mode R, aux abondances d'espèces, comme l'a fait Legendre (1973). Ce coefficient probabiliste permet d'établir une limite "objective" aux associations (exemple de définition probabiliste d'associations : l'ensemble des espèces reliées à $p \geqslant 0{,}95$; voir au chapitre 8 la discussion du terme "reliées") ; il permet aussi d'employer un modèle de groupement probabiliste. Par contre la difficulté de son calcul peut en empêcher l'utilisation. Ce coefficient, dont on trouve une discussion détaillée à la page 21, a la signification suivante dans ce cas-ci: soit un ensemble de n espèces observées aux différentes stations d'échantillonnage, la similarité attribuée à une paire d'espèces est définie comme le complément $(1 - p)$ de la probabilité p que deux espèces choisies au hasard soient aussi semblables que les deux espèces considérées. Le détail du calcul de l'indice de Goodall, donné aux pages 21 à 25, s'applique ici en intervertissant *espèce* et *échantillon*, i et j. Pour la première mesure de similarité entre paires d'espèces (étape a), si les vecteurs d'abondances de chaque espèce ont été normalisés (par exemple par la transformation $y' = \ln(y + 1)$ comme ci-dessus), la similarité particlle

$$s_{12j} = 1 - [\,|y'_{1j} - y'_{2j}|/R_j]$$

du coefficient de Gower S_{19} (p. 18) peut être employée pour décrire la similarité des espèces $\mathbf{y}_1$ et $\mathbf{y}_2$ pour l'échantillon j. R_j est évidemment l'écart de variation des abondances normalisées dans l'échantillon j. Il ne sert à rien de centrer et réduire les données dans ce cas-ci.

Pour différentes raisons, on peut se satisfaire de définir les associations biologiques sur la base de la co-occurrence d'espèces, plutôt qu'à partir de la corrélation entre leurs fluctuations d'abondances. La définition d'association à laquelle on se réfère peut ne faire appel qu'au concept de co-occurrence, comme celle de Fager ci-dessus. Les données quantitatives peuvent ne pas refléter les proportions des différentes espèces dans le milieu, que ce soit à cause de problèmes au niveau de l'échantillonnage, de la préservation, de l'identification ou des dénombrements, ou simplement parce que la notion d'individu n'est pas claire (par exemple, plantes à reproduction par rhizome ; algues ou animaux coloniaux) ou pas comparable (le baobab et les herbacées qui l'entourent). Enfin, la structure des colonies peut masquer dans l'échantillonnage les vraies relations quantitatives, comme dans le cas des nuages de plancton ou des troupeaux de caribous. On se sent en général beaucoup plus justifié de comparer la présence ou l'absence des espèces et la littérature rapporte plusieurs façons de mesurer l'association entre espèces à partir de données binaires. Ces coefficients excluent toujours d, le nombre de doubles absences du tableau 2 x 2 de fréquences, dont les lettres représentent des nombres d'échantillons où les deux espèces comparées sont présentes ou absentes :

		ESPÈCE y_1		
		présence	absence	
ESPÈCE y_2	présence	a	b	$a + b$
	absence	c	d	$c + d$
		$a + c$	$b + d$	p échantillons $= a + b + c + d$

Parmi les nombreux coefficients binaires qui excluent les doubles zéros, au moins deux ont été appliqués à l'étude des relations entre espèces : le coefficient de communauté de Jaccard $S_7(y_1, y_2) = \frac{a}{a+b+c}$ a été employé par exemple par Reyssac & Roux (1972) et sous la forme $D(y_1, y_2) = 1 - S_7 = \frac{b+c}{a+b+c}$ par Thorrington-Smith (1971) ; l'indice de coïncidence $S_8(y_1, y_2) = \frac{2a}{2a+b+c}$ a été défini d'abord pour l'étude d'associations d'espèces (Dice, 1945).

Un coefficient plus élaboré a été proposé par Fager & McGowan (1963), en remplacement du coefficient probabiliste de Fager (1957), dans le cadre d'études sur le zooplancton marin :

$$S_{24}(y_1, y_2) = \frac{a}{\sqrt{(a+b)(a+c)}} - \frac{1}{2\sqrt{a+c}} \quad (c \geqslant b)$$

consiste, comme S_{14}, en la moyenne géométrique des proportions de co-occurrence pour chacune des deux espèces, mais il contient aussi une correction pour les paires d'espèces rares.

Comme coefficient probabiliste pour des données de présence-absence, Krylov (1968) a proposé d'utiliser la probabilité associée au carré de contingence

(X^2) du tableaux 2 x 2 des fréquences, de façon à tester l'hypothèse H_0 que les deux espèces sont distribuées de façon indépendante dans les différents échantillons. Le rejet de cette hypothèse H_0 permet donc d'accepter l'hypothèse de l'association des deux espèces. Il est possible de montrer que, dans le cas d'un tableau 2 x 2 et en introduisant la correction de Yates pour les petits échantillons, la formule de X^2 devient :

$$X^2 = \frac{p\,[\,|ad - bc| - (p/2)]^2}{(a+b)(c+d)(a+c)(b+d)}$$

que l'on peut tester pour (lignes − 1) x (colonnes − 1) = 1 degré de liberté. Cependant, vu qu'on n'est intéressé qu'aux assocations positives entre espèces, Krylov recommande d'attribuer une similarité de 0 quand $(a + b)(a + c)/p$, l'espérance de co-occurrence, est plus grande ou égale à la fréquence observée a, ce qui correspond aux cas où la contingence est due à un excès dans les valeurs b et c. Ce test devient donc l'équivalent d'un test unilatéral. A la suite de ce test, on concluera que les deux espèces sont associées si la probabilité de leur carré de contingence est plus petite qu'une certaine valeur de probabilité, par exemple 0,05, si bien qu'une mesure de la similarité entre espèces devra être le complément de cette probabilité :

$$\begin{aligned} S_{25}(\mathbf{y}_1, \mathbf{y}_2) &= 1 - \mathrm{p}(X^2),\ \nu = 1 \quad \text{quand} \quad (a+b)(a+c)/p < a \\ &= 0 \quad \text{quand} \quad (a+b)(a+c)/p \geqslant a \end{aligned}$$

Il faut enfin noter que, lorsque le nombre d'échantillons p est plus petit que 20, ou si a, b, c ou d est plus petit que 5, il convient alors d'employer la formule de probabilité exacte de Fisher plutôt que le X^2. On trouve cette formule dans la plupart des manuels de statistique.

On peut arriver à la même formule en raisonnant à partir du ϕ (phi) de Pearson (p. 9), ou coefficient de corrélation de point, que Daget (1976) recommande pour l'étude des relations en mode Q entre échantillons sur la base des présences-absences des différentes espèces. La corrélation de point est le coefficient général de corrélation (Kendall, 1948) mentionné à la section 5.2 (tome 1), calculé à partir des valeurs 1 = présence et 0 = absence. Il peut se transformer pour donner la formule du X^2 ci-dessus, à cause de la relation $X^2 = p\phi^2$.

7.6. – LE CHOIX D'UN COEFFICIENT

Les critères qui doivent guider l'écologiste dans le choix d'un coefficient sont résumés sous une forme pratique aux tableaux 7.III à 7.V, pour les mesures d'association en mode Q et en mode R. Ces tableaux renvoient, par les noms des coefficients, au contenu du présent chapitre. Ces tableaux, qui facilitent le choix du coefficient approprié à une tâche donnée, mettent bien en évidence la grande dichotomie des coefficients écologiques, quant aux descripteurs "espèces" par rapport aux autres types de descripteurs ; cette distinction pose à l'écologiste des problèmes qui lui sont particuliers et qui ne sauraient être résolus complètement par les logiciels courants de programmes d'ordinateur. L'écologiste qui ne peut faire autrement devra composer avec les logiciels existants et être prudent lors de l'interprétation de ses résultats, ceci jusqu'à ce qu'une batterie de mesures d'association pour écologistes soit disponible sous forme d'un logiciel transportable à différents ordinateurs*. Ceux qui le peuvent auront par contre avantage à écrire leurs propres sous-programmes d'association, quitte à confier le reste de l'analyse aux logiciels existants.

Les niveaux 5, 7 et 8 du tableau 7.III requièrent quelques explications. Les coefficients y sont classifiés par deux "descripteurs" : (a) l'existence (ou non) d'une standardisation de chaque vecteur-objet avant la comparaison et (b) l'importance relative reconnue par le coefficient aux espèces abondantes ou rares.

Pour le premier point, le lecteur pourra se référer à la description des coefficients dans le texte. Quant au second point, Legendre *et al.* (1984a) ont noté que bon nombre des coefficients d'association entre objets, dédiés aux données quantitatives d'abondances d'espèces, appartiennent à l'un des trois types suivants :

Type 1. Soit deux objets, représentés chacun par un vecteur d'abondances d'espèces, à comparer à l'aide d'une mesure d'association Q. Si une espèce abondante présente une certaine différence entre les deux objets et une espèce rare présente la même différence, ces deux différences contribueront également à la similarité ou à la distance, dans les coefficients de ce type. A titre d'exemple la différence de pourcentages (D_{14}), qui est le complément du coefficient de Steinhaus (S_{17}), se comporte comme suit si on la calcule pour le tableau de données ci-dessous :

Espèces :	y_1	y_2	y_3
Echantillon 1	100	40	20
Echantillon 2	90	30	10
$\lvert y_{i1} - y_{i2} \rvert$	10	10	10
$(y_{i1} + y_{i2})$	190	70	30

A l'aide de l'expression pour D_{14} à la page 34, on peut calculer que chacune de ces trois espèces, rare ou abondante, contribue 10/290 à la distance totale entre les deux échantillons. Dans certains cas (D_3, D_4, D_9), la standardisation de chaque vecteur-échantillon qui est effectuée par le coefficient, avant la comparaison des valeurs des deux échantillons, complique la situation ; cette propriété n'est alors

* Un logiciel écrit en PASCAL, qui calcule la plupart des mesures d'association exposées dans ce chapitre, est disponible auprès des présents auteurs. Il existe des versions de ce logiciel pour les machines CDC de la série 6000, ainsi que pour les IBM 360/370 et les PDP-10.

respectée que lorsque deux vecteurs ont une "importance" égale, l'importance étant mesurée de différentes façons, selon le coefficient (voir la note au bas du tableau 7.III).

Type 2a. Dans les coefficients de ce type, une certaine différence trouvée entre les valeurs d'une espèce abondante contribue moins à la distance (par conséquent, davantage à la similarité) que la même différence trouvée entre les valeurs d'une espèce plus rare. La métrique de Canberra (D_{10}) appartient à ce type. Si on calcule ce coefficient pour l'exemple ci-dessus, on s'aperçoit que la première espèce, qui est aussi la plus abondante, contribue 10/190 à la distance totale ; la seconde, d'abondance intermédiaire, contribue 10/70 , l'espèce la plus rare ayant la plus forte contribution (10/30), pour une distance totale de 0,5288. Le coefficient de divergence (D_{11}) appartient aussi à ce groupe.

Type 2b. Les coefficients de ce type ont le même comportement que ceux de type 2a, excepté que l'importance de chaque espèce est évaluée dans tout le fichier plutôt qu'en sommant les deux vecteurs que l'on est à comparer. La similarité du χ^2 (S_{21}) représente bien ce phénomène : dans l'exemple de la page 20, la différence au carré entre les valeurs d'une espèce donnée (après leur standardisation par colonne) est divisée par $y_{i\cdot}$, qui est l'effectif de l'espèce dans tout le tableau. Si cet effectif est grand, il réduit la contribution de cette espèce à la distance totale entre les deux colonnes plus que ne le ferait une espèce moins fréquente. Le coefficient de Gower a le même comportement (à moins que l'écologiste n'ait imposé des poids spéciaux, w_i, à certaines espèces), l'importance de chaque espèce étant évaluée par l'étendue de sa variation dans tout le tableau. Le coefficent de Legendre & Chodorowski (S_{20}) appartient aussi à ce groupe, du moins lorsque le paramètre d'étalement k de la fonction de similarité partielle est proportionnel à l'étendue de la variation de chaque espèce, comme c'est habituellement le cas.

Fort de ces constatations, la décision quant au choix d'un type de coefficient dans chaque cas particulier peut s'inspirer de la forme des diagrammes rang-fréquence (fig. 6.5e), qui permettent d'établir le degré de maturité des communautés. Legendre *et al.* (1984a) proposent le raisonnement suivant : puisque les espèces rares sont en général plus mal échantillonnées que les espèces abondantes, par conséquent la comparaison des espèces dominantes ou de densité intermédiaire est plus informative. Or dans les communautés immatures, la plupart des espèces sont peu abondantes, donc rares sont les espèces bien échantillonnées. Par conséquent, on peut préférer attribuer un poids plus grand aux quelques espèces bien échantillonnées, dans le calcul de la similarité au sein de telles communautés, ce qui est accompli à l'aide des coefficients de type 2 (a ou b). On peut préférer au contraire utiliser des coefficients de type 1 dans les écosystèmes matures, là où il y a davantage d'espèces de fréquence intermédiaire ou élevée.

Pour compléter les tableaux 7.III et 7.IV, Legendre & Legendre (1982 : 181) proposent une autre classification des coefficients d'association pour les analyses en mode Q, fondée sur le type mathématique des descripteurs. D'autres propriétés de différents indices d'association sont évaluées graphiquement par Bloom (1981), Hajdu (1981) et Wolda (1981).

Tableau 7.III – Le choix d'une mesure d'association asymétrique entre objets (mode Q) pour tableau d'abondances d'espèces.

---

1) Données de présence-absence ou échelle d'abondance relative sans similarité partielle entre les classes → voir 2

  2) Métriques: *coefficient de communauté* (S_7) et ses variantes S_{10}, S_{11}

  2) Semimétriques: variantes du coeff. de communauté, S_8, S_9, S_{13}, S_{14}

  2) Non-métrique: S_{12}

1) Données quantitatives → voir 3

  3) Données brutes → voir 4

    4) Sans niveau de probabilité → voir 5

      5) Sans standardisation par objet; une même différence entre les deux échantillons, pour des espèces abondantes ou rares, a la même contribution à la similarité: *coefficients de Steinhaus* (S_{17}) et de *Kulczynski* (S_{18})

      5) Standardisation par vecteur-objet; les différences entre espèces les plus abondantes (dans l'ensemble du fichier) contribuent davantage à la similarité (moins à la distance): *similarité du* χ^2 (S_{21})

    4) Coefficient probabiliste: *similarité probabiliste du* χ^2 (S_{22})

  3) Données normalisées (ou, du moins, distributions non asymétriques) ou sur échelle d'abondance relative 0 à 5 ou 0 à 7, etc. → voir 6

    6) Sans niveau de probabilité → voir 7

      7) Sans standardisation par objet → voir 8

        8) Une même différence entre les deux échantillons, pour des espèces abondantes ou rares, a la même contribution à la similarité: *coefficients de Steinhaus* (S_{17}) et de *Kulczynski* (S_{18}), *différence moyenne des descripteurs* (D_8), *différence de pourcentages* (D_{14})

        8) Les différences entre espèces abondantes (pour les deux échantillons considérés) contribuent davantage à la similarité (moins à la distance): *métrique de Canberra* (D_{10}), *coefficient de divergence* (D_{11})

        8) Les différences entre espèces les plus abondantes (dans l'ensemble du fichier) contribuent davantage à la similarité (moins à la distance): *coefficient asymétrique de Gower* (S_{19}), *coefficient de Legendre & Chodorowski* (S_{20})

      7) Standardisation par vecteur-objet; pour des objets d'importance égale*, ces mesures donnent la même contribution aux espèces abondantes ou rares: *mesure de corde* (D_3), *métrique géodésique* (D_4), *complément de l'indice d'association* (D_9)

    6) Coefficient probabiliste: *coefficient de Goodall* (S_{23})

---

*D_3 et D_4: l'importance se calcule par la longueur du vecteur, $\sqrt{\sum_j y_{ij}^2}$;

D_9: l'importance se calcule par l'effectif total du vecteur, $\sum_j y_{ij}$.

Tableau 7.IV – Le choix d'une mesure d'association symétrique entre objets (mode Q) pour tableau de descripteurs physiques, chimiques, géologiques, etc.

1) Comparaison d'objets individuels ⟶ voir 2

  2) Descripteurs binaires ou à descriptions multiples sans similarités partielles ⟶ voir 3

    3) Métriques: *coefficient de simple concordance* (S_1) et dérivés S_2, S_6

    3) Semimétriques: S_3, S_5

    3) Non-métrique: S_4

  2) Descripteurs à descriptions multiples ⟶ voir 4

    4) Descripteurs quantitatifs, dimensionnellement homogènes ⟶ voir 5

      5) Différences soulignées par mise au carré: *distance euclidienne* (D_1), *distance moyenne* (D_2)

      5) Différences atténuées: *métrique de Manhattan* (D_7), *différence moyenne des descripteurs* (D_8)

    4) Descripteurs sans homogénéité dimensionnelle: poids égaux (ou différents, selon la valeur w_i imposée) attribués aux descripteurs dans leur assemblage en une mesure d'association ⟶ voir 6

      6) Descripteurs qualitatifs (sans similarités partielles) et descripteurs quantitatifs avec similarités partielles basées sur l'écart de variation de chaque descripteur: *coefficient symétrique de Gower* (S_{15})

      6) Descripteurs qualitatifs (possibilité de matrices de similarités partielles entre leurs descriptions) et descripteurs quantitatifs ou semi-quantitatifs avec fonction de similarité partielle pour chaque descripteur: *coefficient d'Estabrook & Rogers* (S_{16})

1) Comparaison de groupes d'objets ⟶ voir 7

  7) Tenant compte de la corrélation entre descripteurs: *distance généralisée de Mahalanobis* (D_5)

  7) Sans tenir compte de la corrélation entre descripteurs: *coefficient de ressemblance raciale* (D_{12})

Tableau 7.V – Le choix d'un coefficient de dépendance entre descripteurs (mode R).

---

1) Descripteurs: abondances d'espèces → voir 2
    - 2) Données brutes: *similarité du* χ^2 (S_{21}), *métrique du* χ^2, r *de Spearman* ou τ *de Kendall*
    - 2) Données normalisées → voir 3
        - 3) Sans niveaux de probabilité: *covariance*, r *de Pearson* après avoir éliminé les doubles zéros, autant que possible; r *de Spearman* ou τ *de Kendall*
        - 3) Coefficients probabilistes: *probabilité associée au* r *de Pearson*, au r *de Spearman* ou au τ *de Kendall*; *coefficient de Goodall* (S_{23})
    - 2) Données de présence-absence → voir 4
        - 4) Sans niveaux de probabilité: *coefficient de communauté* (S_7), *indice de coïncidence* (S_8), *coefficient de Fager & McGowan* (S_{24})
        - 4) Coefficient probabiliste: *coefficient de Krylov* ou *corrélation de point* (S_{25})

1) Autres descripteurs: physiques, chimiques, géologiques, etc. → voir 5
    - 5) Sans niveaux de probabilité → voir 6
        - 6) Descripteurs quantitatifs en relation linéaire: *covariance*, r *de Pearson*
        - 6) Autres descripteurs ordonnés, en relation monotone: r *de Spearman*, τ *de Kendall*
        - 6) Descripteurs ordonnés en relation non monotone et descripteurs qualitatifs: χ^2, *coefficient d'information réciproque*, *coefficient symétrique d'incertitude*
    - 5) Coefficients probabilistes → voir 7
        - 7) Descripteurs quantitatifs en relation linéaire: *probabilité associée au* r *de Pearson*
        - 7) Autres descripteurs ordonnés, en relation monotone: *probabilité associée au* r *de Spearman ou au* τ *de Kendall*
        - 7) Descripteurs ordonnés en relation monotone et descripteurs qualitatifs: *probabilité associée au* χ^2

CHAPITRE 8

LE GROUPEMENT

8.0. – LA RECHERCHE DES DISCONTINUITÉS

L'homme a de tout temps cherché à classifier les objets et les êtres qui l'entourent : les classer par catégories collectives, c'est-à-dire les nommer, c'est reconnaître une structure de discontinuité à un environnement, parfois discontinu mais le plus souvent continu ; c'est aussi une façon de connaître, d'appréhender et de tirer parti de son milieu.

Grouper des objets, c'est leur reconnaître un degré de similarité suffisant pour être réunis dans un même ensemble ; c'est aussi, simultanément, percevoir les distinctions ou les séparations entre les groupes. A la suite du chapitre précédent, où furent exposées les mesures de la similarité entre objets (mode Q) ou entre descripteurs (mode R), les sections qui suivent traitent des critères qui permettent de déterminer que deux objets sont suffisamment similaires pour être attribués à un même groupe. On verra en même temps que correspondent, aux différentes définitions de ce qu'est un groupe, différentes stratégies de groupement.

Contrairement au taxonomiste, l'écologiste ne dispose pas d'une théorie qui lui assure l'existence de discontinuités. En effet, la théorie évolutive enseigne au taxonomiste qu'il existe une discontinuité – la barrière reproductive – entre les unités de base de l'évolution que sont les espèces : il ne demande aux méthodes de classification que de mettre à jour ces discontinuités et il ne sera pas surpris de trouver, avec ces mêmes méthodes, des continuités au niveau infra-spécifique. Le monde de l'écologiste est au contraire un continuum et, pour en dégager une structure, il faut avoir recours à des méthodes beaucoup plus contrastantes qu'en taxonomie numérique. Les écologistes qui ont appliqué directement à leurs données les méthodes de groupement des taxonomistes, sans procéder d'abord à une réflexion théorique sur leur applicabilité, ont souvent obtenu des résultats décevants. Ceci a conduit beaucoup d'écologistes à laisser de côté les méthodes de groupement, négligeant ainsi le potentiel très riche des mesures de similarité exposées au chapitre précédent, au profit des méthodes factorielles qui ne sont pas toujours adaptées aux données écologiques et qui n'ont pas, de toute façon, le pouvoir contrastant des méthodes de groupement.

Les méthodes écologiques de groupement doivent pouvoir dégager les groupes d'objets similaires entre eux, tout en laissant de côté les quelques intermédiaires qui persistent la plupart du temps entre les groupes, quand l'échantillonnage a été suffisamment extensif. En effet, on ne peut s'attendre à trouver des discontinuités lorsqu'on procède au groupement d'échantillons (Whittaker, 1962 : 88), à moins que le milieu physique ne soit lui-même discontinu, ou bien qu'on ait échantillonné de part et d'autre d'un gradient et non dans le gradient lui-même. De même, quand on cherche à grouper des espèces en associations, on retrouve habituellement des petits groupes d'espèces densément associées, puis d'autres espèces qui gravitent autour d'un ou de plusieurs des noyaux d'association.

On appelle souvent *typologie* (système de types) le résultat d'un groupement d'objets écologiques tirés d'un continuum, puisque le groupement ne fait qu'établir des types d'objets qui permettent de décrire la structure de ce continuum. On ne réfère donc à aucune hypothèse voulant que le groupement soit "naturel" ou unique, comme c'est le cas en taxonomie par exemple.

Pour le lecteur qui n'a aucune expérience pratique du groupement, la section 8.2 expose en détail la méthode de groupement la plus naturelle, soit le groupement à liens simples. La revue des autres méthodes, des sections 8.3 à 8.7, comprend tout d'abord un inventaire des dichotomies principales qui partagent la panoplie des méthodes existantes (section 8.3), puis une présentation des principales méthodes intéressant l'écologiste (8.4 et 8.5) ; les algorithmes de groupement, utiles dans la recherche des associations biologiques, font l'objet de la section 8.6. Une revue des représentations graphiques et des statistiques de groupement clôt ce chapitre (section 8.8).

Parmi les logiciels recommandés à la section 1.2, BMDP (tableau 1.III, chap. 1) offre des facilités de groupement : méthodes agglomératives à liens simples, complets ou intermédiaires, ou encore par l'algorithme de groupement simultané de blocs d'objets et de variables (Hartigan, 1972). Les mesures de similarité proposées pour les objets sont les métriques de Minkowski (D_6), ainsi que le X^2 (dont S_{22} utilise la probabilité) et sa normalisation $\phi^2 = X^2/\Sigma(y_{i1} + y_{i2})$ lorsque les données sont des fréquences de dénombrement. Pour les descripteurs, la corrélation de Pearson et la distance angulaire sont disponibles. Dans le groupement de blocs, la mesure de distance entre objets est le complément du coefficient de Jaccard ($1 - S_7$) et la distance entre descripteurs est une mesure de désaccord du tableau de contingence. Il faut noter que le programme P1M accepte aussi comme données une matrice d'association de n'importe quel type, ce qui permet à l'écologiste d'effectuer un groupement à partir d'une matrice d'association de son choix (section 7.6) calculée à l'aide d'un sous-programme *ad hoc.* SAS offre aussi des sous-programmes de groupement (tableau 1.III).

Les logiciels NTSYS et MINT, déjà mentionnés*, comprennent des programmes qui permettent d'effectuer toute une variété de groupements agglomératifs hiérarchiques (v. section 8.4). L'excellente banque de sous-programmes IMSL* contient, depuis son édition 6, des sous-programmes pour le groupement

* Adresses où se procurer ces logiciels : voir la section 1.2, tome 1, page 7.

agglomératif à liens simples ou complets, à partir d'une matrice de similarité ou de distance déjà calculée. Enfin, Jambu & Lebeaux (1978) ont publié un ensemble de programmes FORTRAN d'analyse de données, comprenant plusieurs méthodes de groupement.

Le logiciel de groupement le plus répandu est cependant CLUSTAN (Wishart, 1969). Développé, documenté et supporté par une équipe dirigée par le Professeur Wishart, CLUSTAN est disponible pour une grande variété d'ordinateurs. Ce logiciel permet d'effectuer la plupart des types de groupements décrits aux sections 8.4 et 8.5 et d'autres encore. CLUSTAN 1C accepte les fichiers générés par SPSS et par certains programmes BMDP.

L'écologiste intéressé à acquérir un logiciel de groupement aura avantage à consulter d'abord l'excellente étude de Blashfield & Aldenderfer*, qui compare les logiciels les plus courants quant aux méthodes de groupement offertes et aussi quant à leur facilité d'emploi. Ces auteurs arrivent d'ailleurs aux conclusions qu'aucune méthode de groupement n'est préférable à toutes les autres de façon absolue et qu'aucun logiciel de groupement ne présente toutes les qualités requises quant à la facilité d'emploi. Cependant, CLUSTAN serait indiscutablement le logiciel le plus polyvalent et le plus complet présentement disponible.

8.1. – QUELQUES DÉFINITIONS

Le *groupement* ("clustering" en anglais) est une opération de l'analyse multidimensionnelle qui consiste à partitionner la collection des objets (ou des descripteurs) de l'étude. Une *partition* (fig. 8.1) est une division de la collection en sous-collections, telle que chaque objet (ou descripteur) appartienne à une et à une seule sous-collection, pour la partition en question (Legendre & Rogers, 1972). La classification des objets (ou des descripteurs), qui résulte du groupement, peut être constituée d'une seule partition, ou au contraire de plusieurs partitions hiérarchisées des objets (ou des descripteurs), selon le modèle de groupement employé.

De cette définition, il découle que les sous-collections de tout niveau de partition forment une série de cellules *mutuellement exclusives,* parmi lesquelles les objets (ou les descripteurs) sont distribués. Cette définition exclut donc *a priori* les modèles de classification produisant des groupes qui se recouvrent les uns les autres et qui ont donc des éléments en commun, car ces modèles ne sont pas encore employés en écologie. Par contre, cette limitation fait en sorte qu'une partition a la même définition qu'un descripteur (section 1.3, tome 1) : en effet, chaque objet est caractérisé par une description (un groupe) de la classification obtenue, c'est-à-dire par son appartenance à un seul des groupes. Cette propriété

* "A consumer report on cluster analysis software", polycopié, disponible pour US$1.00 auprès du Dr. Roger K. Blashfield, Department of Psychiatry, University of Florida, Box J-256, JHMHC, Gainesville, Florida 32610, U.S.A.

Partition 1	Partition 2	Echantillons
Echantillons apparte-nant au milieu A	Groupe 1	7, 12
	Groupe 2	3, 5, 11
	Groupe 3	1, 2, 6
Echantillons apparte-nant au milieu B	Groupe 4	4, 9
	Groupe 5	8, 10, 13, 14

Figure 8.1 – Exemple de deux partitions hiérarchisées d'un ensemble d'échantillons : la première partition divise les échantillons selon le milieu auquel ils appartiennent ; la deuxième partition, située hiérarchiquement sous la première, reconnaît des groupes d'échantillons dans chacun des deux milieux.

s'avèrera très utile lors de l'interprétation des classifications (chap. 10), car toute partition pourra être considérée comme un descripteur qualitatif et comparée comme tel à tout autre descripteur. On doit aussi remarquer qu'un groupement des objets ainsi défini impose une structure aux données, même si celles-ci font partie d'un continuum : cette structure est formée de l'appartenance d'objets suffisamment similaires à la même sous-collection, eu égard aux variables considérées, et des différences entre les sous-classes, qui permettent de les reconnaître et de les décrire.

Il est intéressant de noter que le groupement appartient à la tradition écologique depuis fort longtemps : en effet, Kulczynski (1928) a employé en écologie une méthode, bien différente des algorithmes de groupement des paragraphes suivants, qui consiste à travailler directement sur la matrice d'association de façon à en maximiser la diagonale. Cette technique fait toujours partie de l'arsenal des phytosociologues, entre autres, et elle est exposée à la section 8.7, qui en présente aussi une solution analytique.

Le groupement, ainsi que l'ordination (chap. 9), procèdent tous deux à partir de matrices d'association (chap. 7). La distinction entre groupement et ordination est d'ailleurs toute récente : alors que l'ordination des objets peut se pratiquer sur de simples graphiques et que l'ordination en espace réduit remonte à Spearman (analyse factorielle : 1904), la plupart des méthodes modernes de groupement n'ont été développées que depuis l'avènement des ordinateurs de seconde génération. La première méthode programmée, développée pour des fins biologiques, remonte à 1958 (Sokal & Michener)*. Auparavant, on se

---

* Note historique fournie par le Prof. F. James Rohlf : "En fait, Sokal & Michener (1958) n'ont pas employé un ordinateur pour leur grande étude. Ils ont eu recours à une machine comptable électromécanique, pour le calcul des sommes brutes et des sommes de produits. Les coefficients de corrélation et l'analyse de groupement elle-même ont été calculés à la main, par la suite, à l'aide de calculatrices de bureau. Sneath, lui, a employé un ordinateur lors de sa première étude".

contentait d'ordonner les objets par rapport à une ou quelques variables, ou encore par rapport à des axes principaux, et on tentait d'établir des groupes de façon empirique (fig. 8.2), selon une méthode que l'on qualifierait maintenant de centroïde et basée sur la distance euclidienne entre les points. Ce groupement empirique dans un diagramme de dispersion de points reste d'ailleurs la méthode par excellence, quand le nombre des variables est faible et la structure à dégager n'est pas obscurcie par des objets intermédiaires entre les groupes.

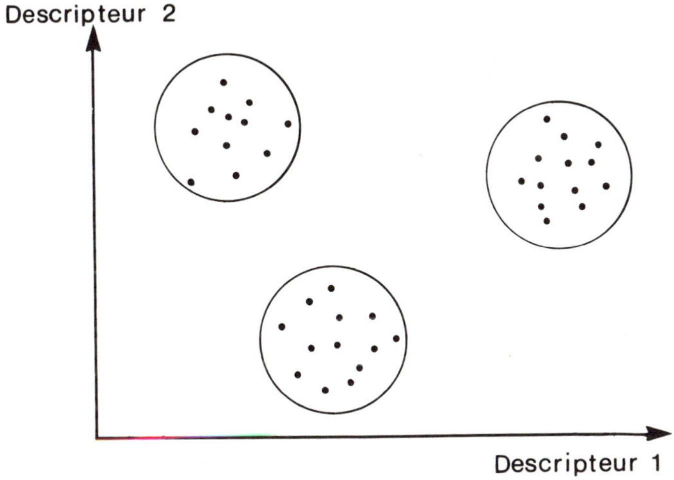

Figure 8.2 – Il est facile de regrouper empiriquement des objets positionnés dans un diagramme de la dispersion de deux descripteurs, quand il n'y a pas d'intermédiaires entre les groupes.

Le groupement est une famille de techniques nouvelles et en pleine expansion. Dans leur rapport (v. note, p. 53), Blashfield & Aldenderfer mentionnent que, dans la littérature qu'ils ont étudiée, ils ont relevé, en 1964, 22 articles qui référaient aux ouvrages de base sur le groupement et 532, en 1975. La plupart des méthodes de groupement développées au cours des 20 dernières années, surtout par l'école de taxonomie numérique mais aussi par d'autres chercheurs dans le domaine des sciences physiques et des sciences humaines, ont comme fondement un modèle géométrique : elles établissent des groupes sur la base de constatations telles que "$\mathbf{x}_1$ est plus près de $\mathbf{x}_2$ que de $\mathbf{x}_3$" ; certaines autres méthodes reposent plutôt sur un modèle probabiliste, du type "$\mathbf{x}_1$ et $\mathbf{x}_2$ ont plus de chances d'appartenir au même groupe que $\mathbf{x}_1$ et $\mathbf{x}_3$". Quoiqu'il en soit, tous ces modèles de groupement permettent de relier les points librement sans avoir à les positionner dans un espace métrique, ce qui serait impraticable avec plus de trois dimensions. Ces modèles permettent donc d'exprimer graphiquement d'autres relations intéressantes (section 8.8), par exemple le dendrogramme de l'interrelation entre les objets. On verra par contre au chapitre 10 comment il est possible de combiner groupement et ordination, obtenus par des méthodes différentes, pour former une image plus complète de la structure des données.

Le choix d'une méthode de groupement est aussi critique que le choix d'une mesure d'association et il importe de bien comprendre les propriétés des méthodes utilisées, afin d'interpréter correctement la structure écologique qu'elles dégagent. En effet, la méthode à employer dépend avant tout du type de groupement que l'on veut obtenir et Williams *et al.* (1971) en reconnaissent deux catégories principales : dans un *groupement descriptif,* on cherche à éviter de mal classifier des objets, quitte à reconnaître des groupes à objet unique ; dans un *groupement synoptique,* on tentera au contraire de forcer tous les objets à appartenir à l'un ou l'autre groupe, de façon à obtenir un modèle général de la réalité à décrire, qui aille au-delà de l'échantillon étudié. L'une et l'autre approches sont nécessaires à l'écologiste.

8.2. – LA MÉTHODE DE BASE : LE GROUPEMENT A LIENS SIMPLES

Parmi toutes les méthodes de groupement, celle dont la logique apparaîtra la plus naturelle au spécialiste des sciences de la nature est le *groupement à liens simples* (Sneath, 1957 ; "single linkage" ou "nearest neighbor clustering", en anglais). On trouvera à la section 8.4 la justification de cette appellation, par opposition à d'autres méthodes à liens complets ou à liens intermédiaires. L'algorithme de groupement à liens simples décrit ci-dessous est séquentiel, agglomératif et hiérarchique, selon la classification de la section 8.3. Il prend comme point de départ une matrice d'association quelconque (similarités ou distances) entre les objets ou les descripteurs à grouper. On suppose que la mesure d'association a été choisie avec soin, en tenant compte des remarques de la section 7.6. Pour simplifier la présentation, il ne sera question ci-dessous que d'objets, quoique la méthode s'applique aussi bien à une matrice d'association entre descripteurs.

La méthode procède selon les étapes suivantes.

1) On récrit d'abord la matrice d'association en ordre de similarités décroissantes (ou de distances croissantes), mettant en tête de liste les deux objets les plus semblables de la matrice d'association, puis la deuxième paire la plus semblable, et ainsi de suite jusqu'à ce que toutes les mesures comprises dans la matrice d'association aient été mises en ordre.

2) On forme ensuite les groupes de façon hiérarchique, en commençant par les deux objets les plus semblables, puis en laissant les objets s'agglomérer aux groupes, et les groupes s'agglutiner entre eux, à mesure que l'on relâche le critère de similarité. L'exemple suivant illustre la méthode.

Application écologique 8.2. – Cinq mares, caractérisées par leurs espèces de zooplancton (abondances relatives), ont déjà été utilisées comme exemple de calcul du coefficient de Goodall (p. 23). Ces cinq mares, avec d'autres, ont été groupées à liens simples par Legendre & Chodorowski (1977) après que le coefficient de similarité S_{20} (p. 18) ait été calculé entre elles avec $k = 2$. La matrice symétrique des similarités est représentée ici par son triangle inférieur :

Mares	Mares				
	212	214	233	431	432
212	1,000				
214	0,600	1,000			
233	0,000	0,071	1,000		
431	0,000	0,063	0,300	1,000	
432	0,000	0,214	0,200	0,500	1,000

La première étape du groupement consiste à récrire ces similarités en ordre décroissant :

S_{20}	Paires formées
0,600	212-214
0,500	431-432
0,300	233-431
0,214	214-432
0,200	233-432
0,071	214-233
0,063	214-431

La formation des groupes est illustrée à la figure 8.3a, qui n'est qu'un des types de représentation graphique possibles d'un groupement (voir la section 8.8 à ce propos). On a choisi ici de n'indiquer que les niveaux de similarité où des groupes sont modifiés par addition d'objets. A mesure que la similarité décroît, les groupes se forment en suivant la liste des liens du tableau des similarités ordonnées ci-dessus : le premier lien formé est entre les mares 212 et 214 à $S = 0,6$, puis entre 431 et 432 à $S = 0,5$. A ce noyau d'un deuxième groupe se rattache la mare 233 à $S = 0,3$. Enfin les deux groupes fusionnent à $S = 0,214$ par un lien qui se forme entre les mares 214 et 432. Le groupement peut arrêter à ce point, car toutes les mares font maintenant partie d'un seul groupe. Si l'on relâchait le critère de similarité jusqu'à $S = 0$, on verrait alors se former des liens entre les membres du groupe, jusqu'au point où chaque mare serait reliée à toutes les autres, mais cette partie du groupement n'a aucun intérêt pour le chercheur.

Legendre & Chodorowski (1977) ont interprété le groupement ainsi produit en fonction de la nature des mares : toutes les mares périodiques (dont 212 et 214) forment un groupe et les mares permanentes (dont 233, 431 et 432) forment un groupe distinct, quand on les regroupe sur la base du zooplancton qui les peuple.

De cet exemple, il ressort clairement que la règle d'assignation d'un objet à un groupe, par le groupement à liens simples, consiste en ce qu'un objet doit présenter, avec *au moins un objet déja membre du groupe*, une similarité au moins égale au niveau de partition considéré. Dans le groupement hiérarchique à liens complets, par contre, la règle d'assignation exigera au contraire une similarité suffisante avec *tous* les objets déjà dans le groupe. Cette règle d'enchaînement à liens simples peut être formulée comme suit : à chaque niveau de partition, deux objets ne doivent pas être placés dans des sous-collections différentes s'ils ont un degré de similarité plus grand ou égal à celui du niveau de partition considéré.

Estabrook (1966) présente une formulation en théorie des graphes du groupement à liens simples, formulation qui a une valeur didactique certaine. Un groupe est défini à l'aide des trois étapes suivantes :

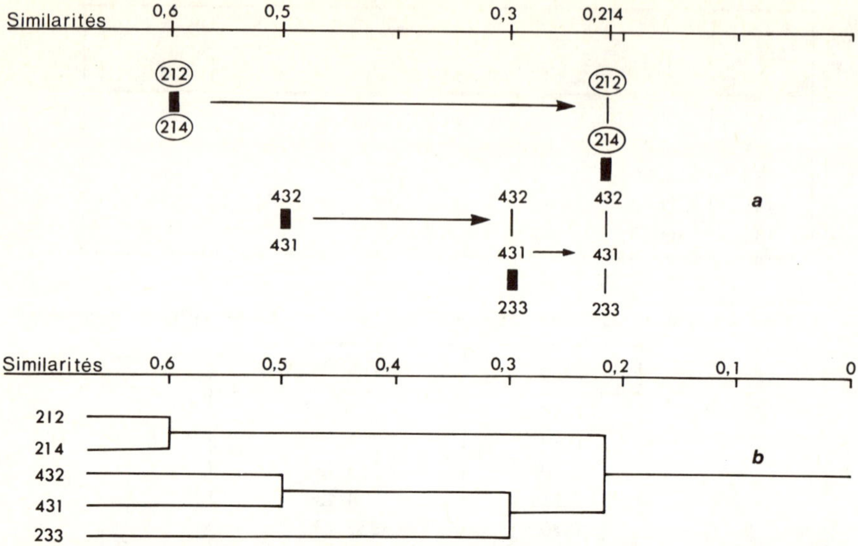

Figure 8.3 – Groupement agglomératif à liens simples des cinq mares de l'exemple, par relâchement de la similarité. a) Sous-graphes connexes d'objets, aux différentes partitions où la composition en objets des groupes est modifiée. Les liens entre mares sont marqués d'un trait fort à l'étape où ils se produisent puis, par la suite, d'un trait plus mince. Les mares encerclées sont périodiques, les autres sont permanentes. b) Dendrogramme du même groupement. Le dendrogramme est moins informatif que les sous-graphes, car la position des liens entre groupes n'y est pas affichée.

a) Pour toute paire d'objets **j** et **m**, on définit le lien entre eux par la relation G_c :

$$\mathbf{j}\, G_c\, \mathbf{m} \text{ si et seulement si } S(\mathbf{j}, \mathbf{m}) \geqslant c$$

$$\text{ou de façon équivalente, si } D(\mathbf{j}, \mathbf{m}) \leqslant (1 - c)$$

L'indice c de la relation de groupement G_c est donc le niveau de similarité considéré. Par exemple, pour le niveau de similarité 0,55, les mares 212 et 214 de l'exemple étaient en relation $G_{0,55}$ puisque $S(212, 214) \geqslant 0,55$. Cette définition d'un lien possède les propriétés de symétrie ($\mathbf{j} G_c \mathbf{m}$ si et seulement si $\mathbf{m} G_c \mathbf{j}$) et de réflexivité ($\mathbf{j} G_c \mathbf{j}$ toujours vrai, puisque $S(\mathbf{j}, \mathbf{j}) = 1,0$). Un tel ensemble de liens, définis pour un groupe d'objets par la relation G_c, s'appelle un *graphe non dirigé*.

b) L'enchaînement qui caractérise le groupement à liens simples peut être décrit à l'aide d'une chaîne G_c : on dira qu'il existe une chaîne G_c de **j** à **m** s'il existe une série de points $\mathbf{h}_1, \mathbf{h}_2, \ldots, \mathbf{h}_i$ dans la collection d'objets sous étude, tels que $\mathbf{j} G_c \mathbf{h}_1$ et $\mathbf{h}_1 G_c \mathbf{h}_2$ et ... et $\mathbf{h}_i G_c \mathbf{m}$. Par exemple, au niveau de similarité $c = 0,214$ de l'exemple, il existe une chaîne $G_{0,214}$ de la mare 212 à la mare 233, puisqu'il y a une série de mares intermédiaires telles que 212 $G_{0,214}$ 214 et 214 $G_{0,214}$ 432 et 432 $G_{0,214}$ 431 et 431 $G_{0,214}$ 233. La chaîne G_c définit la *connexité* d'un groupe.

c) Il ne reste plus qu'à définir les groupes résultant de cet enchaînement à liens simples, par une relation d'équivalence R_c au niveau de similarité c :

$$\mathbf{j}\, R_c\, \mathbf{m} \text{ si et seulement s'il existe une chaîne } G_c \text{ de } \mathbf{j} \text{ à } \mathbf{m}.$$

Autrement dit, **j** et **m** sont placés dans le même groupe au niveau de similarité c s'il existe une chaîne de liens joignant **j** et **m**. C'est ainsi qu'à $S = 0,214$ dans l'exemple, les mares 212 et 233 doivent être placées dans le même groupe (212 $R_{0,214}$ 233) puisqu'il existe une chaîne $G_{0,214}$ de 212 à 233. Cette relation "membre du même groupe" a les propriétés suivantes : elle est réflexive (jR_cj) puisque G_c est réflexive ; comme G_c est symétrique, on peut donc retourner les chaînes G_c, jR_cm impliquant aussi que mR_cj ; elle est transitive : par enchaînement G_c, jR_cm et mR_ch impliquent que jR_ch. Chaque groupe ainsi défini est un sous-graphe connexe, c'est-à-dire que dans le graphe de tous les objets, on reconnaît différents groupes séparés entre lesquels il n'y a pas de liens.

Le groupement à liens simples rend compte de façon précise des relations entre les paires d'objets, mais sa propension à l'enchaînement en fait un modèle de groupement qui peut ne pas être souhaitable en écologie : il suffit en effet d'un ou de quelques intermédiaires entre deux groupes, pour n'en plus faire qu'un seul groupe. Il va de soi que les groupes ne s'enchaînent pas à moins qu'il existe des intermédiaires entre eux dans le fichier de données ; en ce sens, l'enchaînement apporte de l'information quant aux relations existant au sein des données. Lance & Williams (1967c) écrivent cependant de cette méthode qu'elle contracte l'espace de référence : en effet, si on s'imagine les objets dans un espace A (p. 4), la présence d'un groupe augmente la probabilité de fusion des objets avoisinants dans ce groupe, par simple enchaînement, comme si la distance entre les objets était moindre dans cette région de l'espace. On verra par contre, au chapitre 10, comment tirer profit des propriétés heureuses du groupement à liens simples, sans que l'enchaînement n'ait d'influence sur la structure des groupes.

L'écologiste, qui a le choix entre plusieurs programmes de groupement à liens simples, préférera ceux qui permettent de reconnaître le *premier lien* qui rend un objet membre d'un groupe, ou encore qui permet à deux groupes de fusionner. Ces similarités forment une *chaîne de liens primaires* (Legendre, 1976) *ou externes* (Legendre & Rogers, 1972), aussi appelés *dendrites* par Lukaszewicz (1951), qui sont très utiles pour l'interprétation correcte des groupes en relation avec une ordination (section 10.1, p. 161). Les dendrites sont aussi désignées par les expressions *réseau* (Prim, 1957), *réseau de Prim* (Cavalli-Sforza & Edwards, 1967), *squelette arborescent* (Jambu, 1978) ou *arbre de longueur minimum* (Roux *et al.*, 1973), traduction des expressions anglo-saxonnes "minimum spanning tree" (Gower & Ross, 1969), "shortest spanning tree" et "minimum-length tree" (Sneath & Sokal, 1973). Si on trace ces dendrites en un graphe des objets, on obtient un groupement non-hiérarchisé des objets en éliminant les liens les plus faibles : de tels graphes sont illustrés aux figures 10.1 et 10.2 dans un espace de coordonnées principales, mais ils peuvent aussi être tracés sans espace de référence. Ils permettent une analyse par réseau, que Rohlf (1970) oppose à l'analyse par groupement (exemple d'analyse par réseau : la première étape du "groupement simultané à liens simples" de Manseau, à la p. 164).

8.3. – LA PANOPLIE DES MÉTHODES

Les algorithmes de groupement ont été développés à partir de modèles très divers, pour des données tout aussi diverses. Sneath & Sokal (1973) présentent une classification des méthodes de groupement, dont les dichotomies principales sont brièvement reprises aux sous-sections 2 à 6 ci-dessous.

1. – *La propriété ultramétrique*

Le résultat d'un groupement porte souvent le nom de classification. Or les classifications au sens strict sont aussi des ultramétriques. Certains algorithmes de groupement produisent à l'occasion des classifications ne possédant pas cette propriété (groupements centroïde et médian), ce qui peut poser des problèmes pour leur représentation (fig. 8.6) et leur interprétation.

On peut transformer un dendrogramme en une matrice de similarité ou de distance (paragraphe suivant), dans le but d'évaluer et de comparer des classifications (section 8.8). S'il s'agit d'une classification au sens strict, la matrice de distance résultante possède les quatre propriétés d'une métrique exposées à la section 7.4 et, de plus, tous les triplets de points obéissent à l'*axiome ultramétrique* (attribué à Krassner par Benzécri et coll., 1973)

$$D(a,b) \leqslant \text{Max } |D(a,c)\,,\, D(b,c)|$$

ou, formulé en termes de similarités,

$$S(a,b) \geqslant \text{Min } |S(a,c)\,,\; S(b,c)|$$

La transformation d'un dendrogramme en une telle matrice (similarités ou distances) – appelée la “matrice cophénétique” en taxonomie numérique – s'accomplit facilement par la lecture de la valeur de similarité ou de distance correspondant à chaque branchement du dendrogramme. La valeur de la relation de toute paire d'objets est donnée par la valeur de ressemblance de l'embranchement qui amène ces objets dans le même groupe (fig. 10.3).

2. – *Algorithmes séquentiels ou simultanés*

La plupart des algorithmes de groupement sont *séquentiels*, en ce sens qu'ils procèdent en appliquant aux objets une certaine séquence récurrente d'opérations. Le groupement agglomératif à liens simples de la section précédente, par exemple, est séquentiel puisqu'il répète la recherche de la relation d'équivalence R_c pour tous les niveaux de similarité que contient la matrice d'association, jusqu'à ce que tous les objets se retrouvent dans le même groupe. Les algorithmes *simultanés*, plus rares, sont ceux où on arrive à la solution en une seule étape. Les ordinations (chap. 9), en tant que méthodes de groupement, sont de ce type, de même que les groupements directs à liens complets qui seront exposés à la section 8.6.

3. – *Agglomération ou division*

Parmi les procédures séquentielles, les algorithmes *agglomératifs* prennent comme point de départ la partition discontinue des objets (tous les objets étant considérés comme séparés les uns des autres), qui sont regroupés successivement en groupes de plus en plus gros, jusqu'à ce qu'il n'y ait plus qu'un groupe à la fin de l'opération. Si l'on considère plutôt la partition continue des objets comme point de départ (un groupe contenant tous les objets), les algorithmes de *division* permettent de subdiviser ce groupe en sous-groupes, et ainsi de suite jusqu'à la partition discontinue. Dans l'un comme dans l'autre cas, on n'a plus qu'à décider laquelle ou lesquelles des partitions intermédiaires doivent être retenues dans le cadre du problème étudié. Les méthodes agglomératives ont été plus développées que les méthodes par division, parce que les méthodes divisives présentent le danger qu'une mauvaise attribution d'un objet à un groupe au début du groupement ne puisse plus être corrigée par la suite (Gower, 1967), à moins qu'une procédure spéciale ne soit incluse dans l'algorithme.

4. – *Méthodes monothétiques ou polythétiques*

Les méthodes de groupement par division peuvent être *monothétiques,* c'est-à-dire basées sur la considération d'un seul descripteur à la fois, ou *polythétiques* si elles considèrent comme point de départ une matrice d'association résultant de la combinaison de plusieurs descripteurs, tel qu'au chapitre 7. Les méthodes monothétiques procèdent en choisissant, pour chaque niveau de partition, le descripteur jugé préférable à cette étape de la division et en répartissant les objets selon la description qu'ils possèdent pour ce descripteur. Legendre *et al.* (1972), par exemple, ont choisi, comme descripteur le plus approprié à chaque niveau de partition, celui qui représentait le mieux l'information contenue dans tous les autres, après avoir mesuré l'information réciproque entre les descripteurs. Les méthodes de groupement par division feront l'objet de la section 8.5.

5. – *Méthodes hiérarchiques ou non*

Dans une *méthode hiérarchique,* les membres de groupes de rang inférieur deviennent membres de groupes plus importants de rang supérieur. Les méthodes hiérarchiques produisent la plupart du temps des groupes sans recouvrement, mais ceci n'est pas obligatoire, conformément à la définition de "hiérarchie" du dictionnaire ainsi qu'à l'usage reconnu par Sneath & Sokal (1973). Les méthodes dont il sera question aux sections 8.4 et 8.5 sont hiérarchiques, comme l'était le groupement à liens simples de la section 8.2. Les *méthodes non-hiérarchiques,* très utiles en écologie, produisent une seule partition qui optimise l'homogénéité intragroupe, plutôt qu'une série hiérarchisée de partitions qui optimise les routes hiérarchiques entre objets et grands groupes. Lance & Williams (1967d) limitent d'ailleurs le sens de "groupement" ("clustering" en anglais) aux méthodes non-hiérarchiques et appellent "classification" les méthodes hiérarchiques. Les méthodes non-hiérarchiques incluent les ordinations (chapitre 9) considérées comme méthodes de groupement, les graphes de dendrites entre objets avec ou sans espace de référence, les méthodes d'optimisation de la matrice de similarité de la section 8.7 ainsi que l'un des algorithmes proposés à la section 8.6 pour le groupement d'espèces en associations biologiques. Ces méthodes pourront être employées dans tous les cas où l'on cherche à représenter directement les relations entre objets, plutôt que de résumer la hiérarchie de ces relations. Les méthodes hiérarchiques sont par contre de calcul plus facile et, par conséquent, davantage disponibles dans les logiciels d'analyse de données.

Parmi les méthodes non-hiérarchiques qu'ils ont revues, Lance & Williams (1967d) retiennent la méthode de MacQueen (1967) pour les grands groupes. Ils suggèrent de l'employer à la suite d'un groupement hiérarchique *d'un sous-ensemble d'objets pris au hasard,* qui aura permis d'établir le nombre et le centroïde approximatif des groupes à former (un *centroïde* est physiquement le centre de masse d'un groupe ; dans un modèle euclidien, il a comme coordonnée la moyenne des coordonnées des membres du groupe). L'algorithme de MacQueen peut alors être employé pour attribuer chaque élément à tour de rôle à un groupe, selon sa distance au centroïde des différents groupes, qui est recalculée après chaque addition d'objet. Cet algorithme contient des procédures pour la fusion de groupes devenus trop voisins, ou pour créer de nouveaux groupes si un objet est trop éloigné des centroïdes existants. L'avantage de cette méthode pour les grands échantillons consiste en ce qu'elle ne nécessite pas, comme dans le groupement hiérarchique, le calcul de la matrice d'association entre toutes les paires d'objets : pour chaque objet, il ne faut calculer que sa distance à chaque centroïde, plutôt qu'à tous les autres objets. Une variante de cette méthode a été décrite en 1971 par Diday sous le nom de "nuées dynamiques".

Un autre algorithme est décrit par Jambu & Lebeaux (1983) pour le groupement hiérarchique rapide de très grands nombres d'objets (par exemple 5 000). Cet algorithme ne nécessite l'évaluation que d'un sous-ensemble des $p(p-1)/2$ distances entre objets. Enfin, Rohlf (1978 et 1982) a montré comment réaliser un groupement à liens simples en ne calculant qu'une fraction réduite des distances ; ceci requiert cependant un algorithme compliqué.

6. – *Méthode probabiliste ou non*

Les algorithmes probabilistes incluent le modèle de Clifford & Goodall (1967) ainsi que les méthodes, paramétriques ou non, permettant d'estimer la fonction de densité en espace multidimensionnel ; les groupes sont alors formés des objets qui se trouvent près du même mode multidimensionnel.

Dans la méthode de Clifford & Goodall (1967), les groupes sont formés de façon à ce que les matrices d'association intragroupes aient une certaine probabilité d'être homogènes. Cette méthode de groupement est exposée en détail à la section 8.6 où elle est recommandée, en conjonction avec le coefficient de similarité de Goodall (p. 43), pour le groupement d'espèces en associations biologiques.

Sneath & Sokal (1973) décrivent d'autres dichotomies des modes de groupement, qui ont moins d'intérêt en écologie : critère global ou local, solution directe ou itérative, méthode à poids égaux ou non, groupement adaptif ou non.

8.4. – GROUPEMENTS PAR AGGLOMÉRATION HIÉRARCHIQUE

La plupart des méthodes d'agglomération hiérarchique sont des cas particuliers d'un modèle général (Lance & Williams, 1966a), qui est exposé plus bas.

1. – *Groupement agglomératif à liens simples*

Deux groupes fusionnent à liens simples (section 8.2) si les deux éléments (un de chaque groupe) les plus près l'un de l'autre atteignent la similarité de la partition considérée. (Voir aussi les analyses par réseau (p. 59), dont la méthode de groupement simultané à liens simples proposée à la page 164).

2. – *Groupement agglomératif à liens complets*

A l'opposé du groupement à liens simples, on trouve l'agglomération à liens complets ("complete linkage" ou "furthest neighbor sorting" en anglais) due à Sørensen (1948), dans laquelle la fusion de deux groupes dépend de la paire d'objets les plus distants. Un objet ne rejoint donc un groupe que s'il est lié (relation G_c, p. 58) à tous les objets déjà membres de ce groupe ; deux groupes ne pourront fusionner que lorsque chacun des objets du premier sera lié à chacun des objets du second, et inversement.

Reprenant l'exemple des mares de la section 8.2, on peut former les liens complets (fig. 8.4) à partir des similarités ordonnées (p. 57). La paire (212, 214) se forme à $S = 0{,}6$ et la paire (431, 432) à $S = 0{,}5$. L'étape suivante doit attendre $S = 0{,}2$ où la mare 233 peut joindre les mares 431 et 432, puisque ce n'est qu'à $S = 0{,}2$ que 233 a un lien (relation G_c) avec les mares 431 *et* 432. Les deux groupes ainsi formés ne peuvent plus fusionner, car ce n'est qu'à la similarité zéro que les mares 212 et 214 ont des liens avec *toutes* les mares du groupe (233, 431, 432).

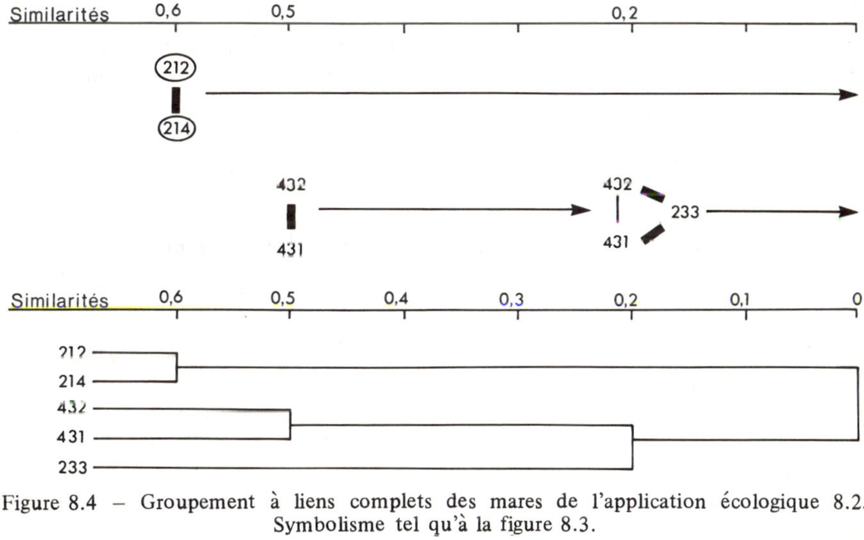

Figure 8.4 – Groupement à liens complets des mares de l'application écologique 8.2. Symbolisme tel qu'à la figure 8.3.

Dans cette stratégie, les groupes qui croissent rendent de plus en plus difficile l'inclusion de nouveaux objets, puisque ceux-ci devront avoir des liens avec tous les objets du groupe avant d'être inclus. En ce sens, le développement d'un groupe l'éloigne des autres groupes ou objets, ce qui équivaut à une dilatation de l'espace de référence (Lance & Williams, 1967c), contrairement au groupement à liens simples qui contracte l'espace de référence. Encore par rapport à un espace de référence A (p. 4), les liens complets produisent des groupes plutôt sphériques et maximalement liés, alors que les liens simples produisent des groupes allongés par enchaînement aux liens lâches. Ce modèle de groupement est souvent désirable en écologie, quand il est nécessaire de trouver entre les groupes des discontinuités aussi tranchées que possible.

Les modes de groupement à liens intermédiaires (sous-section suivante) ou complets ont un inconvénient par rapport aux liens simples : dans tous les cas où deux candidats incompatibles se présentent en même temps pour faire partie d'un groupe, l'algorithme doit comporter des règles préétablies et parfois arbitraires pour choisir l'un et exclure l'autre. Ce problème, qui n'existe pas à liens simples, se pose par exemple quand deux objets ou deux groupes pourraient, à liens complets, être inclus dans un troisième groupe, mais que ces deux objets ou groupes n'ont pas complété les liens entre eux. Sørensen (1948) recommande alors (1) de choisir la fusion qui permet d'obtenir le groupe le plus nombreux, ou (2) s'il y a encore égalité, de choisir la fusion qui réduit davantage le nombre de groupes et (3), comme dernier critère, de choisir la fusion qui maximise la similarité moyenne à l'intérieur du groupe.

3. – *Les groupements à liens intermédiaires*

Entre l'enchaînement des liens simples et l'extrême dilatation d'espace des liens complets, la solution la plus intéressante pour l'écologiste peut résider dans une forme de groupement à liens qui obéisse approximativement aux propriétés métriques de l'espace de référence A. Si l'on ne s'intéresse qu'aux groupes formés, ce que montre le dendrogramme, et non à la position précise des liens de similarité entre les groupes comme dans les sous-graphes, les groupements moyens des sous-sections 4 à 7 ci-dessous pourront être utiles, car ils préservent aussi les propriétés métriques de l'espace de référence.

On peut définir que le critère de fusion d'un objet ou d'un groupe avec un autre groupe est satisfait lorsqu'une certaine proportion du total possible des liens de similarité est atteinte. Par exemple, si le critère de connexité *Co* est 0,5, il suffira que deux groupes aient 50 % des liens possibles pour qu'ils fusionnent (fusion autorisée lorsque $\ell/c_1c_2 \geqslant Co$ où ℓ est le nombre de liens entre les deux groupes au niveau de groupement L, alors que c_1 et c_2 sont les nombres d'objets dans chacun des deux groupes). Ce critère a été désigné sour le nom de *liaison proportionnelle* par Sneath (1966). Sneath a aussi décrit trois autres façons de définir un groupement à liens intermédiaires : (1) à *liaison entière*, en définissant le nombre de liens que doivent avoir deux groupes avant de fusionner (fusion quand ℓ est plus grand ou égal à une valeur entière pré-établie, *ou* quand $\ell = c_1 c_2$) ; ou (2) selon leur *ressemblance absolue*, basée sur la somme des similarités entre les membres de deux groupes (la somme des similarités intergroupes, Σs_{12}, doit atteindre un seuil pré-établi avant que la fusion ne puisse être effectuée) ; ou encore (3) selon leur *ressemblance relative*, où la somme des similarités entre les deux groupes, Σs_{12}, est divisée par le nombre de similarités intergroupes, $c_1 c_2$ (la fusion se produit au niveau L où le rapport $\Sigma s_{12}/c_1 c_2$ devient plus grand que KL, où K est une constante arbitraire pré-déterminée ; lorsque $K = 1$, la méthode porte le nom de groupement à *liaison moyenne*). Ces stratégies ne sont cependant pas combinatoires au sens de la sous-section 8, qui définira une autre stratégie flexible de groupement à partir du modèle général de Lance & Williams (1966a).

4. – *Groupement selon l'association moyenne*

Entre les liens simples et les liens complets, il existe aussi quatre méthodes de groupement moyen, qui ne dépendent pas du nombre de liens entre les groupes, mais plutôt de la similarité ou de la position moyenne des objets. Ces méthodes (tableau 8.I) proviennent des différentes combinaisons de deux dichotomies : les moyennes arithmétiques contre le groupement centroïde et le groupement à poids égaux ou non.

Tableau 8.I – Méthodes de groupement moyen, exposées aux sous-sections 4 à 7 de la section 8.4.

	Moyennes arithmétiques	Groupement centroïde
Poids égaux	4. *Groupement selon l'association moyenne*	6. *Groupement centroïde*
Poids inégaux	5. *Groupement à poids proportionnels*	7. *Groupement médian*

La première de ces méthodes est le *groupement selon l'association moyenne* (Rohlf, 1963) ("group-average sorting" dans Lance & Williams, 1966a et 1967c ; "unweighted arithmetic average clustering" dans Rohlf, 1963, ou "UPGMA" dans Sneath & Sokal, 1973), qui calcule la moyenne arithmétique de la similarité ou de la distance, entre l'objet que l'on veut admettre dans un groupe et chacun des membres du groupe, ou entre tous les membres de deux groupes sur le point de fusionner. Dans ce calcul de l'association moyenne, tous les objets se voient attribuer le même poids. Le groupement procède comme à liens simples, par agglomération à mesure que l'on relâche le critère de similarité.

Pour l'exemple des mares de la section 8.2, le groupement procéderait comme dans le dendrogramme de la figure 8.5 : la mare 233 ne rejoint la paire (432, 431) que lorsque la similarité a décru jusqu'à la valeur moyenne de la similarité $S(233, 431) = 0{,}3$ avec la similarité $S(233, 432) = 0{,}2$: cette valeur moyenne est donc 0,25. De même, la fusion entre les deux groupes principaux n'intervient qu'à la similarité moyenne entre 212 et 214 d'une part et 233, 431 et 432 d'autre part. La moyenne de ces 6 similarités est 0,058. On notera que, contrairement aux groupements à liens, on perd ici les relations entre paires d'objets, pour ne plus considérer que les relations entre paires de groupes.

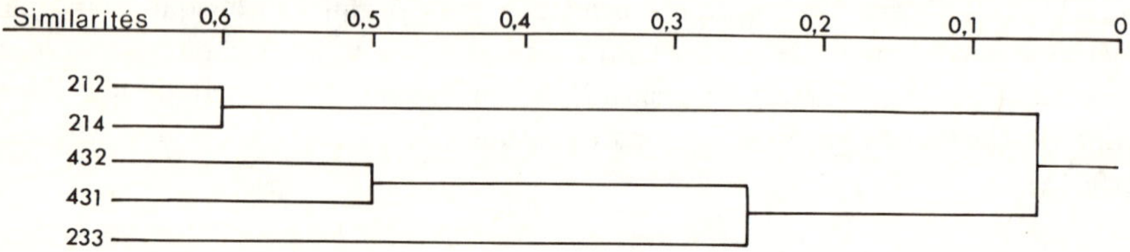

Figure 8.5 – Groupement selon l'association moyenne des mares de l'application écologique 8.2. Ce mode de groupement ne permet de produire qu'un dendrogramme car ce n'est pas un groupement par liens comme aux figures 8.3 et 8.4.

5. – *Groupement à poids proportionnels*

Il arrive souvent en écologie que les groupes d'échantillons, représentant par exemple les différentes régions d'un territoire, soient de tailles inégales. Eliminer des échantillons pour égaliser les groupes serait perdre de l'information ; on veut éviter par ailleurs qu'un grand nombre d'échantillons, plus semblables *a priori* à cause de leur origine, ne viennent fausser le mécanisme du groupement, par association moyenne, avec un autre groupe d'échantillons de taille plus modeste. Sokal & Michener (1958) proposent la solution du "weighted arithmetic average clustering" ("WPGMA" dans Sneath & Sokal, 1973), qui consiste à attribuer un poids égal aux deux branches du dendrogramme qui sont sur le point de fusionner. Pour ce faire, chaque similarité (ou distance) dans le calcul de l'association moyenne est multipliée par deux coefficients, un pour chacun des deux groupes, et l'association moyenne est calculée comme une somme pondérée des différentes paires d'objets $\mathbf{x}_j$ et $\mathbf{x}_m$ des deux groupes à fusionner (pour alléger le symbolisme, un objet ou un groupe, par exemple $\mathbf{x}_j$, sera remplacé par son indice $\mathbf{j}$) :

$$\sum_j \sum_m S(\mathbf{j}, \mathbf{m})\, w_j\, w_m$$

où $w_j = (\frac{1}{2})^{G_j}$ et $w_m = (\frac{1}{2})^{G_m}$. G_j est le nombre de fusions, impliquant l'objet j, antérieures à la fusion en cours ; il en est de même pour G_m.

Dans la figure 8.5 par exemple, pour la dernière étape du groupement (fusion des mares périodiques 212 et 214 avec le groupe des mares permanentes 233, 431, 432), la similarité des deux groupes se calcule comme la somme de 6 similarités, chacune accompagnée d'un double poids. Pour la paire (214, 432), la similarité $S(214, 432) = 0{,}214$: $G_{214} = 1$, puisque 214 est groupé une partition auparavant, et donc $w_{214} = \frac{1}{2}$; par contre, $G_{432} = 2$, donc $w_{432} = (\frac{1}{2})^2 = \frac{1}{4}$. Par conséquent, cette similarité contribue $(0{,}214) \times (\frac{1}{2}) \times (\frac{1}{4}) = 0{,}027$ à la similarité totale entre les deux groupes, qui se calcule comme la somme des 6 termes suivants correspondant aux 6 paires d'objets des deux groupes :

Paires	S	×	w_j	×	w_m	=	similarité proportionnelle
212-432	0,000		$\frac{1}{2}$		$\frac{1}{4}$		0,000
212-431	0,000		$\frac{1}{2}$		$\frac{1}{4}$		0,000
212-233	0,000		$\frac{1}{2}$		$\frac{1}{2}$		0,000
214-432	0,214		$\frac{1}{2}$		$\frac{1}{4}$		0,027
214-431	0,063		$\frac{1}{2}$		$\frac{1}{4}$		0,008
214-233	0,071		$\frac{1}{2}$		$\frac{1}{2}$		0,018
	similarité proportionnelle entre les deux groupes					=	0,053

Les deux groupes pourront donc s'agglomérer quand la similarité décroissante atteindra 0,053. Le groupement à poids proportionnels a pour effet principal d'accroître la séparation des groupes principaux, par rapport au groupement selon l'association moyenne, donc d'augmenter le contraste de la classification.

6. – *Groupement centroïde*

Le centroïde d'un groupe d'objets peut être imaginé comme l'objet-type du groupe, que cet objet existe dans le groupe ou qu'il ne soit qu'une création mathématique. Dans un espace A (p. 4), le centroïde d'un groupe d'objets est le point qui a les coordonnées moyennes des objets du groupe. On définit de la même façon le centroïde d'un groupe de descripteurs dans un espace I.

Le *groupement centroïde* (Sokal & Michener, 1958 , "unweighted centroid" ou "UPGMC" dans Sneath & Sokal, 1973) a l'avantage de présenter une interprétation géométrique simple : il procède, en ordre de similarité décroissante, à la fusion d'objets ou de groupes qui ont entre eux la plus haute similarité, en remplaçant tous les objets du groupe ainsi formé par leur centroïde. En considérant ce centroïde comme un nouvel objet, on cherche ensuite la paire qui présente encore le plus haut niveau de similarité et on recommence le processus de fusion centroïde.

Pour remplacer une paire d'objets par son centroïde, Sokal & Michener (1958) suggéraient de remplacer, dans la matrice de similarité (ou de distance), les deux lignes et les deux colonnes relatives à cette paire d'objets par une seule série de similarités obtenues en faisant la moyenne des similarités des deux objets : par exemple, la similarité du centroïde (**jm**) des objets ou groupes **j** et **m** avec un troisième objet ou groupe **g** serait la moyenne des similarités $S(\mathbf{j}, \mathbf{g})$ et $S(\mathbf{m}, \mathbf{g})$. Gower (1967) propose d'employer plutôt la formule suivante, qui assure que le centroïde sera bien placé, géométriquement, sur la ligne entre **j** et **m** :

$$S(\mathbf{jm}, \mathbf{g}) = \frac{w_j}{w_j + w_m} S(\mathbf{j}, \mathbf{g}) + \frac{w_m}{w_j + w_m} S(\mathbf{m}, \mathbf{g}) + \frac{w_j w_m}{(w_j + w_m)^2} [1 - S(\mathbf{j}, \mathbf{m})]$$

où les w sont des poids attribués à chacun des groupes. Comme valeur pour ces poids, on prend souvent le nombre d'objets dans le groupe **j**, **m** ou **g**, qui est 1 au début du groupement.

Le groupement centroïde peut être employé avec toute mesure de similarité, mais la formule de Gower ci-dessus n'a ses propriétés géométriques que pour des similarités correspondant à des distances métriques. Il faut enfin noter que, comme dans les méthodes de groupement 4 et 5 ci-dessus, la procédure de groupement ne permet pas de connaître quels objets précis forment les liens entre groupes ; donc, toute identification de la chaîne des liens primaires devra être faite par une autre méthode de groupement.

Ce modèle de groupement ne doit être employé que lorsqu'un plan d'échantillonnage aléatoire simple a été utilisé (c'est aussi le cas du groupement selon l'association moyenne). Si le groupement met en évidence une asymétrie des branchements, celle-ci peut alors être attribuée avec confiance à la structure de la population de référence d'où sont extraits les échantillons.

Le groupement hiérarchique obtenu par groupement centroïde, à poids égaux ou inégaux (sous-section 7 ci-dessous), n'est pas nécessairement monotone puisque des *inversions* peuvent se produire dans le dendrogramme (fig. 8.6). Une inversion dans un groupement hiérarchique se produit dans les rares situations où les centroïdes des groupes **j** et **m** sont plus près l'un de l'autre que chacun d'eux n'est près du centroïde de **g**. Cependant, après la fusion de **j** et **m**, leur nouveau centroïde est plus près du centroïde de **g** que **j** n'était près de **m** avant la fusion. Malgré le fait que cette différence est toujours faible, une inversion crée une violation de la propriété ultramétrique décrite à la page 60 et pose des problèmes tant au niveau du traçage du dendrogramme (fig. 8.6) qu'à celui de l'interprétation. Le groupement résultant n'est pas une classification au sens strict.

Pour l'établissement de groupes bien séparés dans un continuum écologique, Flos (1976) a muni son programme d'ordinateur d'une bande ou zone entre les centroïdes, zone dont la largeur est établie par l'écologiste au début des calculs et à l'intérieur de laquelle les points ne sont inclus dans aucun groupe. Les points à l'intérieur de ces zones pourront être placés dans le groupe le plus rapproché, une fois que ceux-ci auront été clairement établis.

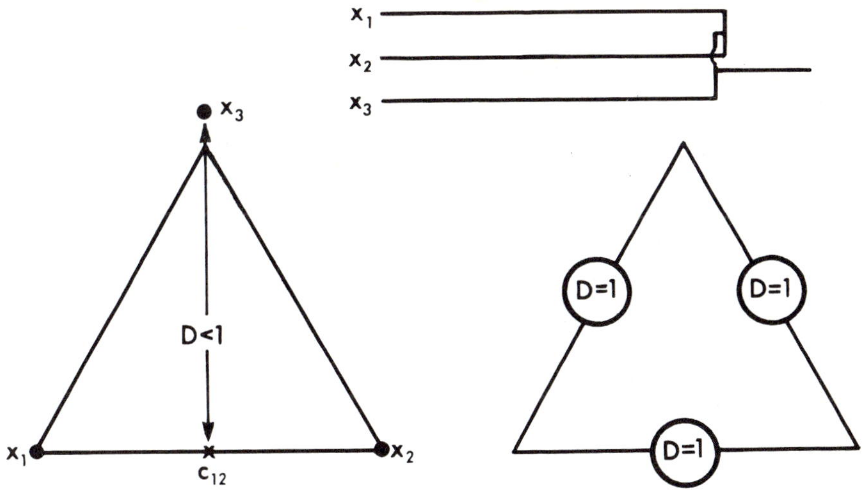

Figure 8.6 – Type de situation où le groupement centroïde produit une violation de la propriété ultramétrique : la distance de $\mathbf{x}_3$ au centroïde $\mathbf{c}_{12}$ est plus petite que la distance de $\mathbf{x}_1$ à $\mathbf{x}_2$, alors que la distance de $\mathbf{x}_1$ à $\mathbf{x}_2$ est plus faible que la distance de $\mathbf{x}_1$ à $\mathbf{x}_3$ ou de $\mathbf{x}_2$ à $\mathbf{x}_3$.

7. – *Groupement médian*

Cette méthode proposée par Gower (1967) remplit pour le groupement centroïde le même rôle que tenaient les poids proportionnels (méthode 5) pour l'association moyenne (méthode 4) : quand plusieurs échantillons d'un certain type ont été inclus dans l'ensemble à traiter, à côté d'autres types plus faiblement représentés (plan d'échantillonnage autre que l'aléatoire simple : par exemple, échantillonnage stratifié ; les différents plans d'échantillonnage sont décrits par Scherrer, 1982), la position des centroïdes peut être biaisée du côté des types surreprésentés, ce qui fausserait le groupement. Dans le *groupement médian*, que Sneath & Sokal (1973) appellent "weighted centroid" ou "WPGMC", on corrige cette situation en donnant le même poids aux deux groupes sur le point de fusionner, indépendamment du nombre d'objets dans chaque groupe. Pour ce faire, il suffit de remplacer la formule de Gower du groupement centroïde ci-dessus par la formule suivante (Gower, 1967) :

$$S(\mathrm{jm}, \mathrm{g}) = \frac{1}{2}\,[S(\mathrm{j}, \mathrm{g}) + S(\mathrm{m}, \mathrm{g})] + \frac{1}{4}\,[1 - S(\mathrm{j}, \mathrm{m})]$$

Les cinq mares de l'application écologique 8.2 seraient groupées, par cette méthode, selon la série de matrices d'association du tableau 8.II, qui ont chacune une ligne et une colonne de moins que la précédente. Au niveau $S = 0{,}500$ par exemple, la similarité entre la mare 233 et le groupe (431, 432) se calcule de la façon suivante :

$$S = \frac{1}{2}\,[0{,}300 + 0{,}200] + \frac{1}{4}\,[1 - 0{,}500] = 0{,}375$$

Cette valeur est le niveau où s'opère la fusion suivante. Le groupement est résumé par la figure 8.7.

Tableau 8.II – Groupement médian des cinq mares de l'application écologique 8.2. Voir le texte.

S = 1,000	212	214	233	431	432
212	---				
214	0,600	---			
233	0,000	0,071	---		
431	0,000	0,063	0,300	---	
432	0,000	0,214	0,200	0,500	---

S =0,600	212, 214	233	431	432
212, 214	---			
233	0,136	---		
431	0,132	0,300	---	
432	0,207	0,200	0,500	---

S =0,500	212, 214	233	431, 432
212, 214	---		
233	0,136	---	
431, 432	0,295	0,375	---

S =0,375	212, 214	233, 431, 432
212, 214	---	
233, 431, 432	0,371	---

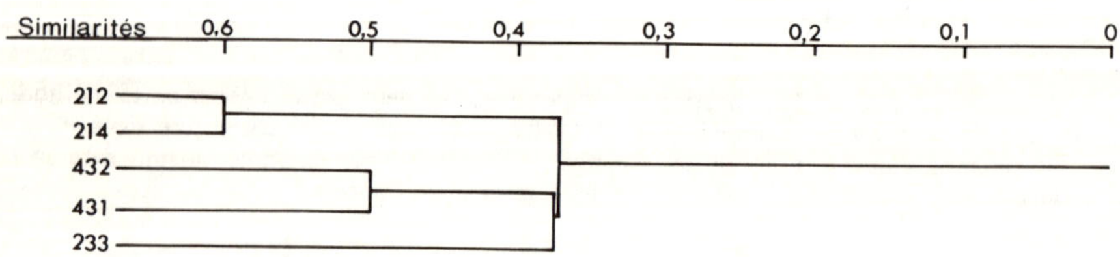

Figure 8.7 – Groupement médian des mares de l'application écologique 8.2. Comme à la figure 8.5, ce mode de groupement ne permet pas de connaître les sous-graphes.

Le groupement médian n'a pas de sens en mode R, lorsque la mesure d'association est le r de Pearson, puisque les corrélations sont des transformations cosinus des angles entre les descripteurs et que les angles ne peuvent être combinés par la formule ci-dessus.

8. – *Modèle général de groupement agglomératif*

Lance & Williams (1966a, 1967c) ont proposé un modèle général englobant les différentes méthodes d'agglomération présentées jusqu'ici. Ce modèle offre l'immense avantage d'être traduisible en un programme d'ordinateur unique, qui permet de passer d'un mode de groupement agglomératif à un autre, en faisant simplement varier quatre paramètres : α_j, α_m, β et γ, qui déterminent la stratégie de groupement. Ce modèle ne produit cependant que l'arborescence du groupement (le dendrogramme) : la liste des liens précis qui causent le groupement, dans les diverses stratégies à liens, peut être obtenue par la suite en comparant le dendrogramme à la matrice de similarité.

Le modèle de Lance & Williams n'intéresse que les groupements *combinatoires*, c'est-à-dire les méthodes pour lesquelles la similarité entre un élément extérieur **g** et un groupe **h** formé par la fusion (**j** , **m**) est une fonction des trois similarités S(**j** , **g**), S(**m** , **g**) et S(**j** , **m**), ainsi qu'éventuellement des nombres d'objets w_j et w_m dans les groupes **j** et **m** (fig. 8.8). Puisque la similarité du groupe **h** avec un élément extérieur **g** peut être calculée à partir de ces cinq valeurs, alors on peut remplacer **j** et **m** par une seule ligne et une seule colonne dans la matrice de similarité, et procéder au groupement comme dans le tableau 8.II. Puisque les nouvelles similarités à chaque étape peuvent être calculées en *combinant* celles de l'étape précédente, il n'est pas nécessaire de retenir les données de base après le calcul de la première matrice de similarité. Les méthodes non-combinatoires n'ont pas ces propriétés. Le modèle général pour les méthodes combinatoires est le suivant, si on l'exprime à partir de mesures de distance :

$$D(\mathbf{h}, \mathbf{g}) = \alpha_j D(\mathbf{j}, \mathbf{g}) + \alpha_m D(\mathbf{m}, \mathbf{g}) + \beta D(\mathbf{j}, \mathbf{m}) + \gamma |D(\mathbf{j}, \mathbf{g}) - D(\mathbf{m}, \mathbf{g})|$$

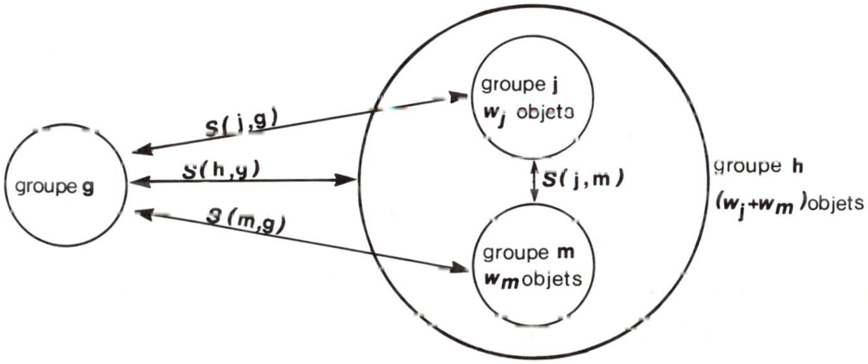

Fig. 8.8 – Dans les groupements combinatoires, la similarité entre un groupe **h**, résultant de la fusion de deux groupes **j** et **m**, et un groupe extérieur **g** est une fonction des trois similarités entre **j** et **m**, **j** et **g**, **m** et **g**, ainsi que des nombres d'objets dans **j** et dans **m**.

Transformée en similarités, cette même équation devient :

$$S(\mathbf{h},\mathbf{g}) = (1 - \alpha_j - \alpha_m - \beta) + \alpha_j S(\mathbf{j},\mathbf{g}) + \alpha_m S(\mathbf{m},\mathbf{g}) + \beta S(\mathbf{j},\mathbf{m}) - \gamma\,|S(\mathbf{j},\mathbf{g}) - S(\mathbf{m},\mathbf{g})|$$

Le critère pour la formation des groupes est le même pour toutes les méthodes d'agglomération de paires d'objets (voir aussi la discussion plus détaillée de la section 8.2) : à mesure que la similarité décroît, le groupement s'opère par fusion d'un objet ou groupe **g** avec un objet ou groupe **h**, si **h** et **g** sont les deux groupes les plus semblables de l'ensemble à traiter. Dans le cas d'égalité de deux paires mutuellement exclusives, la décision peut être prise sur une base arbitraire (comme dans la majorité des programmes d'ordinateur) ou sur la base de critères écologiques (comme, par exemple, les critères de Sørensen, à la page 64, ou ceux de Fager & McGowan et de Krylov, à la page 86).

Le tableau 8.III donne les valeurs des paramètres α_j, α_m, β et γ pour les différentes méthodes agglomératives combinatoires. On remarque d'abord que la plupart des stratégies de ce tableau annulent le terme entre parenthèses de l'équa-

Tableau 8.III – Les valeurs de paramètres α_j, α_m, β et γ de l'équation générale de Lance & Williams (1966a), pour les différents types combinatoires de groupement séquentiel agglomératif. Inspiré de Sneath & Sokal (1973).

Méthode de groupement	Paramètres de $S(\mathbf{h},\mathbf{g})$ ou $D(\mathbf{h},\mathbf{g})$ α_j	α_m	β	γ	$S(\mathbf{h},\mathbf{g})$ peut aussi se calculer	Effet sur l'espace
Liens simples	$\frac{1}{2}$	$\frac{1}{2}$	0	$-\frac{1}{2}$	$\max[S(\mathbf{j},\mathbf{g}), S(\mathbf{m},\mathbf{g})]$	contraction
Liens complets	$\frac{1}{2}$	$\frac{1}{2}$	0	$\frac{1}{2}$	$\min[S(\mathbf{j},\mathbf{g}), S(\mathbf{m},\mathbf{g})]$	dilatation
Groupement moyens: Association moyenne	$\frac{w_j}{w_j + w_m}$	$\frac{w_m}{w_j + w_m}$	0	0	$\frac{1}{w_h w_g} \sum_h \sum_g S(\mathbf{h},\mathbf{g})$	conservation
Poids proportionnels	$\frac{1}{2}$	$\frac{1}{2}$	0	0	* $\sum_h \sum_g S(\mathbf{h},\mathbf{g}) w_h w_g$	conservation
Centroïde	$\frac{w_j}{w_j + w_m}$	$\frac{w_m}{w_j + w_m}$	$-\alpha_j \alpha_m$	0	(←idem)	conservation ou contraction
Médian	$\frac{1}{2}$	$\frac{1}{2}$	$-\frac{1}{4}$	0	(←idem)	conservation ou contraction
Groupement flexible	$\begin{cases} \alpha_j + \alpha_m = 1 - \beta \\ \alpha_j = \alpha_m \end{cases}$		$\beta<1$	0		contraction si $\beta \simeq 1$; conservation si $\beta \simeq -0{,}25$; dilatation si $\beta \simeq -1$

* Dans le groupement à poids proportionnels, le poids w_h n'est plus le nombre d'objets dans **h**, mais plutôt $(\frac{1}{2})^{G_h}$ où G_h est le nombre de partitions impliquant l'objet **h** avant la partition que l'on est à calculer.

tion $S(\mathbf{h}, \mathbf{g})$ ci-dessus : $\alpha_j + \alpha_m + \beta = 1$. Par la suite, il est possible de montrer comment les valeurs données aux quatre paramètres font correspondre l'équation générale à chaque méthode de groupement : pour les liens simples par exemple, l'équation générale devient

$$S(\mathbf{h}, \mathbf{g}) = \frac{1}{2}\,[S(\mathbf{j}, \mathbf{g}) + S(\mathbf{m}, \mathbf{g}) + |S(\mathbf{j}, \mathbf{g}) - S(\mathbf{m}, \mathbf{g})|]$$

Le dernier terme (valeur absolue) complète la plus petite des deux similarités $S(\mathbf{j}, \mathbf{g})$ et $S(\mathbf{m}, \mathbf{g})$ pour la rendre égale à la plus grande, donc $S(\mathbf{h}, \mathbf{g}) = \max\,[S(\mathbf{j}, \mathbf{g}), S(\mathbf{m}, \mathbf{g})]$.

Le groupement à liens intermédiaires n'est pas une stratégie combinatoire, vu qu'il est toujours nécessaire de connaître la matrice d'association de départ pour déterminer quel pourcentage d'un groupe est lié à un autre groupe à un niveau donné de similarité. Lance & Williams (1966a, 1967c) proposent l'ensemble suivant de stratégies, pour obtenir tous les intermédiaires entre l'enchaînement des liens simples et la dilatation d'espace des liens complets :

$$\alpha_j + \alpha_m + \beta = 1$$
$$\alpha_j = \alpha_m$$
$$\beta < 1$$
$$\gamma = 0$$

Quand β est près de 1, on obtient un fort enchaînement, mais à mesure que β décroît et devient négatif, on a une dilatation de plus en plus forte de l'espace, qui conserve ses propriétés pour de faibles valeurs négatives de β près de $-0{,}25$. La figure 8.9 montre l'effet des variations de β sur le groupement de 20 objets. Comme le groupement médian, ce *groupement flexible* est compatible avec toutes les mesures d'association, sauf le r de Pearson (voir p. 71).

Quoique le groupement centroïde soit compatible avec toutes les mesures d'association, certaines de ces mesures n'ont pas les propriétés combinatoires requises par le modèle. Ainsi, on peut employer toutes les mesures d'association pour un groupement centroïde combinatoire, sauf la distance euclidienne D_1 (mais D_1^2 est combinatoire), le r de Pearson (mais la covariance est combinatoire), le coefficient de Sørensen (S_8 et la distance correspondante), ainsi que les métriques du groupe Manhattan (D_7 à D_9, S_{15}, S_{16}, S_{19}, S_{20} ainsi que les distances correspondantes) (Lance & Williams, 1967c ; Sneath & Sokal, 1973).

9. – *Analyse informationnelle*

Développée en Australie pour des fins écologiques (Williams *et al.*, 1966 ; Lance & Williams, 1966b), cette méthode de groupement en mode Q ne procède pas selon les deux étapes habituelles : calcul de la matrice de similarité suivi du groupement ; c'est plutôt une méthode directe de groupement, à similarité probabiliste puisque la mesure d'information dépend des probabilités des différentes descriptions.

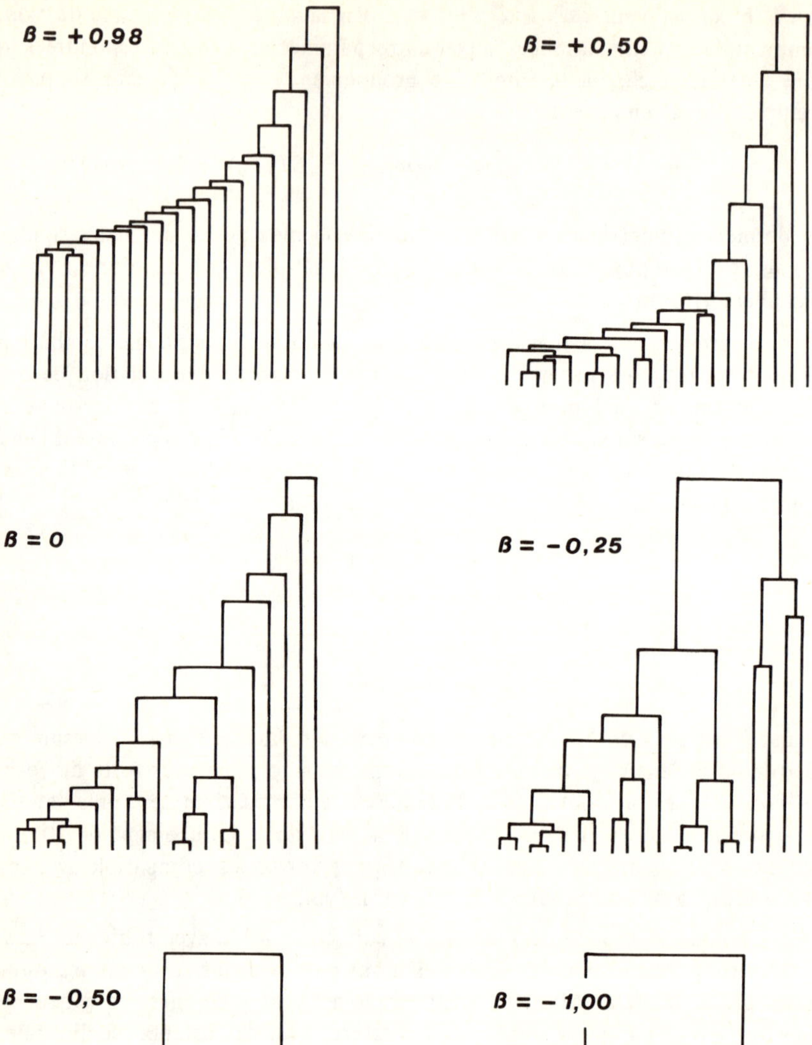

Figure 8.9 – Groupement flexible de 20 objets pour six valeurs de β. La mesure d'association est la distance euclidienne au carré (D_1^2). Adapté de Lance & Williams (1967c: 376).

On a vu, au chapitre 6, comment mesurer la diversité ou l'information d'une distribution de fréquence ou de probabilité, au moyen de la formule de Shannon :

$$H = -\sum_{i=1}^{n} \mathrm{p}_i \log \mathrm{p}_i$$

On peut, à l'aide de cette formule, mesurer la diversité en espèces d'un groupe d'échantillons. La méthode d'analyse informationnelle est un groupement centroïde dans lequel on permet, à chaque étape, la fusion de deux objets ou groupes qui représentent le plus faible gain de diversité (ou d'information). On s'assure ainsi que les groupes formés seront les plus homogènes possible. La méthode pourrait être appliquée à des données d'abondance d'espèces divisées en un petit nombre de classes, mais en pratique, elle est surtout employée avec des présences-absences. La mesure d'information ci-dessous n'est pas définie pour des données d'abondances, car le nombre de descriptions différentes d'une espèce varierait d'abord d'une espèce à l'autre et leur attribuerait des poids différents dans la mesure. Pour illustrer la méthode, l'exemple des mares (p. 23) peut être transformé comme suit en présences-absences :

Espèces	Mares						
i	212	214	233	431	432	p_i	$(1 - \mathrm{p}_i)$
1	1	1	0	0	0	0,4	0,6
2	0	0	1	1	0	0,4	0,6
3	0	1	1	0	1	0,6	0,4
4	0	0	1	1	1	0,6	0,4
5	1	1	0	0	0	0,4	0,6
6	0	1	0	1	1	0,6	0,4
7	0	0	0	1	1	0,4	0,6
8	1	1	0	0	0	0,4	0,6

Si on désirait calculer l'information totale de ce groupe de 5 mares, qui correspond à une étape du groupement impliquant la fusion prochaine de ces 5 mares en un seul groupe, on pourrait employer la mesure d'information dérivée du raisonnement suivant (Lance & Williams, 1966b). Considérant chacun des descripteurs de présence-absence, ici chaque espèce i, l'entropie qui lui est associée peut être calculée sur la base de sa probabilité de présence p_i et d'absence $(1 - \mathrm{p}_i)$, notées à la droite des données ci-dessus. La probabilité de présence est elle-même estimée par le nombre de mares qui possèdent l'espèce i, divisé par le nombre total de mares *dans le groupe considéré.* L'entropie de l'espèce i est donc :

$$H(i) = -[\mathrm{p}_i \log \mathrm{p}_i + (1 - \mathrm{p}_i) \log (1 - \mathrm{p}_i)] \quad \text{pour} \quad 0 < \mathrm{p}_i < 1$$

La base des logarithmes n'a pas d'importance, mais on doit employer la même tout au long des calculs. Pour la première espèce, on aurait donc, en employant les logarithmes naturels :

$$H(1) = -[0,4 \ln (0,4) + 0,6 \ln (0,6)] = 0,673$$

On peut calculer l'information du tableau des probabilités conditionnelles en faisant la somme des entropies par espèce, considérant que toutes les espèces ont même poids. Et comme on désire que la mesure d'*information totale* du groupe tienne aussi compte du nombre d'objets dans le groupe, on la définit comme suit :

$$I = -p \sum_{i=1}^{n} [\mathrm{p}_i \log \mathrm{p}_i + (1 - \mathrm{p}_i) \log (1 - \mathrm{p}_i)] \quad \text{pour} \quad 0 < \mathrm{p}_i < 1$$

où n est le nombre d'espèces *représentées dans le groupe* de p objets (mares). Pour le groupe de 5 mares ci-dessus,

$$I = -5 [8 (-0,673)] = 26,920$$

Si on veut exprimer I en fonction du nombre a_i de mares possédant l'espèce i, plutôt que de la probabilité $p_i = a_i/p$, on peut démontrer que la formule suivante est équivalente :

$$I = np \log p - \sum_{i=1}^{n} [a_i \log a_i + (p - a_i) \log (p - a_i)]$$

I prend la valeur zéro quand toutes les mares du groupe considéré contiennent les mêmes espèces et, comme l'entropie H, elle n'a pas de borne supérieure, puisque sa valeur maximum dépend du nombre d'espèces.

Pour chaque étape du groupement, on doit considérer trois séries de valeurs : (a) l'information totale I de chaque groupe, qui est 0 au début du processus puisque les objets représentent chacun un groupe ; (b) la valeur de I pour toutes les combinaisons possibles des groupes deux à deux ; (c) l'accroissement ΔI de l'information résultant de chaque fusion possible. Comme le recommandent Sneath & Sokal (1973), on peut disposer toutes ces valeurs dans une matrice initialement de $p \times p$, qui ira diminuant au cours de l'agglomération centroïde. Pour les données de l'exemple, on peut ainsi placer sur la diagonale les valeurs (a) d'information de chaque groupe, les valeurs (b) dans le triangle du bas, et les valeurs (c) de ΔI dans le triangle supérieur, en italique. Les logarithmes naturels seront utilisés au cours de cet exemple.

Mares	Mares				
	212	214	233	431	432
212	0	*2,773*	*8,318*	*9,704*	*9,704*
214	2,773	0	*8,318*	*9,704*	*6,931*
233	8,318	8,318	0	*4,159*	*4,159*
431	9,704	9,704	4,159	0	*2,773*
432	9,704	6,931	4,159	2,773	0

On peut remarquer que, dans cette première matrice de calcul, alors que les objets ne sont pas encore groupés, la valeur de I pour une paire d'objets peut être trouvée par l'équation $I = 2(b + c) \ln 2$ où $(b + c)$ est le nombre d'espèces différentes dans les deux mares, comme dans les coefficients binaires du chapitre précédent (p. 7). Pour deux objets seulement, I équivaut donc à une mesure de distance.

On trouve les ΔI en soustrayant les deux valeurs I des groupes séparés, sur la diagonale, de la valeur I de leur combinaison. La diagonale est à 0 dans cette première matrice de calcul, si bien que les valeurs du triangle supérieur sont les mêmes que celles du triangle inférieur, mais tel ne sera pas le cas dans les matrices subséquentes. Pour la première fusion, on cherche dans le triangle supérieur la valeur ΔI la plus basse : c'est 2,773 et les deux paires (212, 214) et (431, 432) peuvent fusionner. On calcule ensuite une nouvelle matrice de valeurs I :

Groupes	Groupes		
	212 214	233	431 432
212 214	2,773	*10,594*	*15,588*
233	13,367	0	*4,865*
431 432	21,134	7,638	2,773

Cette fois, les ΔI du triangle supérieur sont différents des I du triangle inférieur, car il y a des valeurs I sur la diagonale. Le ΔI correspondant au groupe (212, 214, 431, 432), par exemple, se calcule comme suit : 21,134 – 2,773 – 2,773 = 15,588. La plus basse valeur de ΔI est celle du groupe (233, 431, 432), qui fusionne donc avant la dernière matrice de calcul. La seule valeur de I à calculer pour le triangle inférieur est celle de l'ensemble des mares, dont la valeur 26,920 a été calculée au début. ΔI est donc 26,920 – 2,773 – 7,638 = 16,509.

Groupes	Groupes: 212 214	Groupes: 233 431 432
212 214	2,773	*16,509*
233 431 432	26,920	7,638

Comme il ne manque qu'une seule fusion, celle-ci aura lieu à I = 26,920 et il n'aurait pas été nécessaire de calculer ΔI dans ce cas. Les valeurs de I peuvent servir d'échelle à un dendrogramme qui résume le groupement (fig. 8.10).

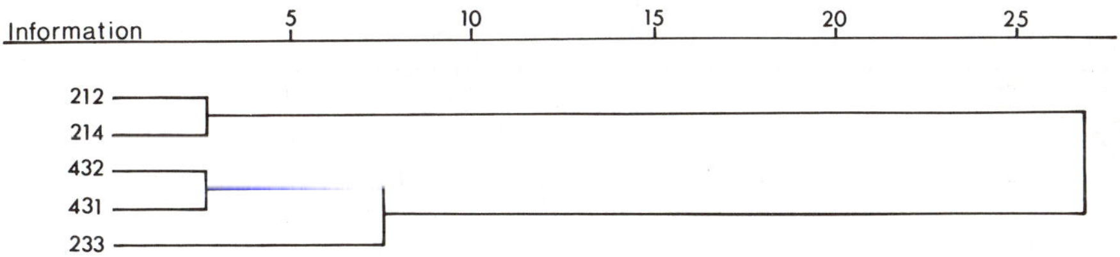

Figure 8.10 – Groupement des mares par analyse informationnelle.

L'inverse des ΔI de fusion est connu sous le nom de coefficient d'efficacité : en effet, tant que les ΔI de fusion sont faibles, la procédure groupe des objets qui ont beaucoup d'affinité. Si on trace un graphique du coefficient d'efficacité ($1/\Delta I$) en fonction des fusions successives, les minima de ce graphique indiquent les partitions les plus importantes du dendrogramme. Le coefficient d'efficacité peut donc aider l'écologiste à décider des points de coupure à sélectionner dans un dendrogramme. Cette même statistique peut aussi être calculée pour les dendrogrammes obtenus à l'aide d'autres algorithmes de groupement hiérarchique.

L'analyse informationnelle réduit au minimum le phénomène d'enchaînement et elle délimite rapidement les groupes principaux, du moins avec des données écologiques (Williams *et al.*, 1966). Ces auteurs l'ont employée pour grouper aussi bien les espèces (mode R) que les objets, mais il est alors difficile de voir quel sens peuvent prendre les probabilités p_j (probabilités de présence de chaque mare pour l'ensemble des espèces ?) puisque les espèces forment la variable qui décrit chacune des réalisations des objets ou échantillons. Field (1969) fait cependant remarquer que l'analyse informationnelle établit la similarité entre objets aussi bien à partir des doubles absences que des doubles présences : cette méthode ne serait donc pas appropriée au groupement d'échantillons quant à leur composition en espèces, spécialement lorsque la matrice de données contient beaucoup de zéros.

Application écologique 8.4. – Le véritable test d'une méthode de groupement consiste à déterminer si les groupes qu'elle produit peuvent être de quelque valeur pour l'écologiste. Williams *et al.* (1966) ont vérifié l'applicabilité de l'analyse informationnelle en écologie, à l'aide de deux séries de données de végétation suffisamment bien connues pour qu'elles puissent servir de standard. La première série provenait de la lande Tumulus en Angleterre (20 relevés, 76 espèces) : elle comprenait des relevés en milieu humide, sec et dans la lande à herbacées. La série de Hoveton Great Broad, aussi en Angleterre (56 relevés, 73 espèces), était constituée d'observations dans 6 milieux humides différents, de l'eau libre jusqu'à différents types de marécages. Les auteurs posent comme critères que (1) une bonne méthode de groupement doit permettre de retrouver au moins ces groupes écologiques de base et que (2) ces groupes doivent être discernables à peu près au même niveau de partition.

Les données ont été groupées à liens simples et par méthode centroïde, à l'aide de 5 mesures d'association différentes. Seuls les résultats pour le mode Q sont inclus dans le tableau 8.IV qui montre que, parmi toutes les combinaisons de méthodes, seul le groupement centroïde, basé sur la statistique informationnelle ou sur le coefficient de Sφrensen (S_8 ou D_{13} au chapitre 7), a fait ressortir tous les groupes que l'écologiste avait perçus sur le terrain. La discussion du chapitre 7 a déjà établi que le r de Pearson et la distance euclidienne ne sont pas appropriés pour le groupement d'échantillons décrits par des abondances d'espèces ; les présents résultats confirment qu'un groupement moyen, tel le groupement centroïde, est préférable en écologie au groupement à liens simples lorsque utilisé seul (voir aussi p. 161), à cause de l'effet d'enchaînement. Quant au deuxième critère de

Tableau 8.IV – Extraction des différents groupes écologiques de base par chacune des méthodes ; + indique que le groupe a été retrouvé par la méthode en question. Entre parenthèses : groupes complétés à un niveau de similarité plus bas que les autres, alors que les autres groupes ont commencé à fusionner entre eux.

Type de groupement	Mesure d'association	Lande Tumulus			Hoveton					
		1	2	3	1	2	3	4	5	6
Liens simples	r de Pearson	+	+	-	+	(+)	(+)	(+)	-	+
	D_1^2 (distance euclidienne²)	+	+	-	+	-	(+)	(+)	-	(+)
	D_1^2, variables centrées réduites	+	+	-	+	-	-	(+)	-	-
	D_{13} (S_8)	+	+	-	+	+	(+)	+	-	+
	Statistique informationnelle*	+	+	-	+	-	(+)	(+)	-	(+)
Centroïde	r de Pearson	+	+	-	+	(+)	(+)	+	-	+
	D_1^2 (distance euclidienne²)	+	+	-	+	-	(+)	(+)	-	(+)
	D_1^2, variables centrées réduites	+	+	-	+	-	-	(+)	-	-
	D_{13} (S_8)	+	+	+	(+)	+	+	+	+	+
	Statistique informationnelle**	+	+	+	+	+	+	+	+	+

* A liens simples, la statistique informationnelle devient un multiple de la distance euclidienne au carré et le groupement produit est identique.

** La méthode de groupement est ici l'analyse informationnelle, qui est une variante du groupement centroïde.

Williams *et al.* (1966), seule l'analyse informationnelle permet de reconnaître tous les groupes au même niveau hiérarchique pour chacune des deux séries de données, alors que le coefficient de Sørensen s'en tire avec un seul manque, à liens simples aussi bien que par groupement centroïde. Enfin, la statistique informationnelle ainsi que le coefficient de Sørensen ont fait ressortir des groupes additionnels aux groupes de base, ces groupes nouveaux pouvant être interprétés écologiquement.

8.5. – GROUPEMENTS PAR DIVISION HIÉRARCHIQUE

A l'opposé des algorithmes de groupement de la section précédente, d'autres méthodes considèrent comme point de départ l'ensemble de tous les objets, qu'elles divisent en deux ou plusieurs sous-groupes, puis reprennent chaque sous-groupe pour le diviser à nouveau, jusqu'à la réalisation d'un critère qui permette d'arrêter le processus de division hiérarchique (Lance & Williams, 1967b).

Le groupement par division n'est réalisable en pratique que dans les cas de groupements monothétiques : on divise alors les objets selon les descriptions d'un seul descripteur, choisi parce qu'il représente le mieux l'ensemble des autres descripteurs. Certains algorithmes polythétiques ont été développés, mais on verra qu'ils ne sont pas encore satisfaisants. Le groupement par division a cependant cours en écologie : les principales techniques en sont donc exposées ci-dessous.

1. – *Méthodes monothétiques*

Les méthodes de groupement qui n'emploient qu'un descripteur à la fois ne sont toujours qu'un pis-aller, même quand ce descripteur est choisi en fonction de tous les autres. La méthode monothétique la plus connue en écologie est l'*analyse associative* ("association analysis" en anglais) de Williams & Lambert (1959). On cherche quel descripteur (souvent des espèces) est le plus fortement associé à tous les autres. Les descripteurs doivent être binaires dans ce type d'analyse ; on calcule d'abord des X^2 (khi carré) sur des tableaux 2 x 2 de contingence entre toutes les paires de descripteurs, qui sont souvent des présences-absences d'espèces. X^2 se calcule par la formule habituelle

$$X^2 = p\,(ad - bc)^2/[(a + b)\,(c + d)\,(a + c)\,(b + d)]$$

et on peut lui ajouter la correction de Yates dans le cas de petits échantillons (section 7.5, p. 45). On calcule ensuite la somme des carrés de contingence relatifs à chaque descripteur k :

$$\sum_{i=1}^{n} X^2_{ik} \qquad \text{pour} \qquad i \neq k$$

La plus grande somme correspond au descripteur qui est le plus fortement en corrélation avec tous les autres ; la première division suit les descriptions de ce descripteur : on forme un premier groupe des objets codés 0 pour ce descripteur et un deuxième groupe des objets codés 1. Ce descripteur est éliminé de l'étude et on recommence les calculs avec chacun des deux groupes séparément. On arrête les divisions quand on a atteint le nombre de groupes recherchés, ou quand les sommes de X^2 n'atteignent plus une certaine valeur déterminée à l'avance.

Cette méthode a été adaptée à la statistique informationnelle I de la section précédente (Lance & Williams, 1968). D'autre part, Lance & Williams (1965) suggèrent d'employer le coefficient de corrélation de point $\phi = \sqrt{X^2/p}$ plutôt que X^2, ce qui empêche l'algorithme d'effectuer d'abord ses divisions en fonction des objets aberrants ou uniques de l'étude : ceci est analogue aux exposants élevés de la métrique de Minkowski (D_6, p. 30) qui pouvaient, au chapitre précèdent, donner un poids trop important aux grands écarts, ce qui n'était pas le cas avec l'exposant 1 (métrique de Manhattan D_7, p. 30). On cherche alors le descripteur qui maximise la somme $\Sigma\phi_{ik} (k \neq i)$. Gower (1967) suggère enfin de maximiser la corrélation multiple plutôt que la somme des corrélations simples, ce qui équivaut à la recherche de la meilleure fonction de régression multiple d'un descripteur par rapport à tous les autres. Cet auteur présente aussi les bases mathématiques d'un algorithme qui permet de ne faire qu'une seule inversion de matrice au cours de tout le calcul.

On peut appliquer les principes de l'analyse associative aux descripteurs à descriptions multiples, en calculant des carrés de contingence entre descripteurs par la formule habituelle du X^2 (ceci exclut les données brutes d'abondance d'espèces, dont le trop grand nombre de descriptions différentes ne permet plus d'analyser le tableau de contingence ; le coefficient de corrélation appliqué à ces données pose par ailleurs le problème du double zéro, problème discuté en détail à la section 7.5, p. 42). Cependant, il arrive souvent que la statistique X^2 de Pearson ne puisse pas être calculée (chap. 6), si bien que Legendre & Rogers (1972) ont proposé une méthode divisive monothétique semblable à l'analyse associative, dans laquelle le choix du descripteur qui représente le mieux tous les autres se fait à l'aide d'une statistique d'information obtenue aussi d'un tableau de contingence. On calcule pour chaque descripteur k deux quantités SUMRAT (k) et SAMRAT (k) ("sum of ratios" en anglais) mises au point par Christanson (Brill *et al.*, 1972). La première est la somme des fractions représentant la quantité d'information que k possède en commun avec chacun des autres descripteurs i, divisée par la quantité d'information dans i ; dans SAMRAT (k), le diviseur est la quantité d'information dans k. Suivant le symbolisme de la section 6.2, on peut écrire :

$$\left.\begin{aligned} \text{SUMRAT}(k) &= \sum_{i=1}^{n} \frac{H(k) - H(k|i)}{H(i)} \\ \text{SAMRAT}(k) &= \sum_{i=1}^{n} \frac{H(k) - H(k|i)}{H(k)} \end{aligned}\right\} \quad \text{quand} \quad i \neq k$$

On reconnaîtra dans ces deux expressions des sommes de coefficients asymétriques d'incertitude : $\Sigma B/(B + C)$ et $\Sigma B/(A + B)$ respectivement, selon le symbolisme de la section 6.2. SUMRAT (k) et SAMRAT (k) ont tous deux la propriété de présenter des valeurs élevées quand une grande partie de l'information de k est partagée avec d'autres descripteurs. Le descripteur, qui représente mieux que tout autre le pouvoir de division de l'ensemble, devrait avoir les valeurs de SUMRAT et de SAMRAT les plus élevées. Cependant, les valeurs de SUMRAT (k) et de SAMRAT (k) sont aussi influencées par le nombre de descriptions possibles dans k, qui peuvent gonfler indûment $H(k)$, ce qui fait augmenter SUMRAT (k) et diminuer SAMRAT (k). Ce facteur doit donc être examiné, lorsqu'il y a conflit entre les indications de SUMRAT et celles de SAMRAT quant au descripteur qui représente le mieux l'ensemble. Cette particularité fait donc que cette méthode requiert l'intervention de l'écologiste à chaque niveau de division, dans l'état actuel de ces équations. L'écologiste peut par contre employer simplement son programme habituel d'analyse des tableaux de contingence, si celui-ci comprend le calcul de coefficients asymétriques d'incertitude et il n'a besoin d'aucun programme particulier de groupement. Enfin, comme les mesures d'information sur lesquelles sont basées SUMRAT et SAMRAT sont du même niveau d'exposant que X^2 (section 6.2 pour le rapport entre X^2 et l'information commune à deux descripteurs), on pourrait songer à calculer plutôt

$$\left.\begin{aligned} \text{SUMRAT}'(k) &= \sum_{i=1}^{n} \sqrt{\frac{H(k) - H(k\,|\,i)}{H(i)}} \\ \text{SAMRAT}'(k) &= \sum_{i=1}^{n} \sqrt{\frac{H(k) - H(k\,|\,i)}{H(k)}} \end{aligned}\right\} \quad \text{quand} \quad i \neq k$$

afin de minimiser l'effet des objets uniques au cours des premières divisions, tel que suggéré plus haut.

L'analyse associative a aussi été appliquée au problème de la classification d'objets à l'aide de descripteurs associés à un descripteur diagnostique externe à cette classification, qui peut être une classification précédente par exemple ("predictive attribute analysis" de Macnaughton-Smith, 1963). Enfin, Williams & Lambert (1961) ont suggéré d'employer l'analyse associative en mode R pour la recherche des associations d'espèces, mais cette approche ne semble pas être basée sur un concept opérationnel d'association qui soit acceptable (voir section 8.6).

2. – *Méthodes polythétiques*

Il n'existe pas encore d'algorithme satisfaisant pour la division d'objets basée sur l'ensemble des descripteurs. La méthode d'Edwards & Cavalli-Sforza (1965), fondée sur des descripteurs quantitatifs, essaie à tour de rôle toutes les divisions possibles de l'ensemble des objets en deux groupes, cherchant la division qui maximise la distance entre les centroïdes des deux groupes. En se servant de sommes de carrés comme critères, on calcule d'abord SC = somme des carrés des distances euclidiennes de tous les objets au centroïde de l'ensemble puis, pour chacune des partitions possibles des objets en deux groupes $\mathbf{w}_1$ et $\mathbf{w}_2$, on calcule la somme des carrés des distances au centroïde dans chaque groupe, $SC(\mathbf{w}_1)$ et $SC(\mathbf{w}_2)$. La distance entre les deux groupes est donc $SC - SC(\mathbf{w}_1) - SC(\mathbf{w}_2)$ et c'est cette quantité que l'on veut maximiser pour la première partition. Puis on reprend tour à tour chaque groupe et on répète l'opération pour obtenir des divisions subséquentes. Cette méthode peut sembler attrayante mais, outre les objections théoriques qu'il formule à son endroit, Gower (1967) a calculé qu'avant d'obtenir la première partition d'un groupe de 41 objets, il faudrait 54 000 ans de calcul à un ordinateur qui aurait un temps d'accès de 5 microsecondes pour faire le tour des $(2^{40} - 1)$ partitions possibles. (Les ordinateurs modernes ont cependant un temps d'accès de l'ordre de 150 à 1 800 nanosecondes). D'une part, on peut considérer qu'il n'est pas nécessaire d'employer une approche aussi brutale puisque l'on sait *a priori* qu'un grand nombre de ces partitions n'ont aucun intérêt. D'autre part, si l'on connaît déjà une première approximation de ce que doivent être les groupes (résultant par exemple d'un groupement agglomératif d'un sous-ensemble de ces objets), on peut répartir un grand nombre d'objets entre ces noyaux de groupement, en employant l'algorithme de MacQueen (p. 62). Par ailleurs, Orlóci (1967b, 1978) a mis au point un algorithme agglomératif équivalent et praticable, le *groupement par la somme des carrés*, mais, de son propre aveu ainsi que selon Sneath & Sokal (1973), il vaut mieux employer plutôt l'un des groupements agglomératifs moyens.

Dans l'*analyse de dissimilarité* de Macnaughton-Smith *et al.* (1964), on cherche d'abord quel est l'objet le plus différent de tous les autres et on l'enlève du groupe initial. On enlève ainsi à tour de rôle les objets les plus différents, formant ainsi deux groupes (celui des objets enlevés et celui des objets qui restent) entre lesquels on calcule la distance, jusqu'à ce que la distance entre les deux groupes ne puisse plus être augmentée. Les deux groupes ainsi formés sont alors subdivisés à leur tour par la même méthode. La première partition d'un groupe de p objets ne requiert au maximum que $3p^2/4$ opérations au lieu des $(2^{p-1} - 1)$ de la méthode précédente. D'autres auteurs ont développé, indépendamment, des mesures spéciales pour l'analyse de dissimilarité, tel l'*indice de singularité* de Hall (1965) et l'*indice de déviation* de Goodall (1966b). Cette analyse, quoique attrayante, peut produire des résultats étranges lorsque plusieurs petits groupes sont présents dans les données en plus des groupes principaux d'objets : en effet, comme dans toutes les méthodes par division, il y a danger que certaines divisions de groupes majeurs séparent des membres de groupes mineurs, qui ne peuvent plus être fusionnés à nouveau à moins que des procédures spéciales ne soient incluses dans l'algorithme pour ce faire (Williams & Dale, 1965).

8.6. – GROUPEMENTS D'ESPÈCES : LES ASSOCIATIONS BIOLOGIQUES

Les méthodes exposées aux sections 8.4 et 8.5 pouvaient, la plupart du temps, être appliquées aussi bien au groupement de descripteurs qu'au groupements d'objets. La recherche des associations d'espèces doit cependant être réalisée avec prudence et il importe d'employer des méthodes de groupement qui modèlent de façon aussi précise que possible un concept d'association clairement établi. La présente section tente de (1) définir un concept opérationnel d'association et (2) montrer comment on peut identifier les associations d'espèces.

Plusieurs concepts d'associations d'espèces ont été développés dans différentes écoles de pensée biologique, depuis le XIXe siècle, et Whittaker (1962) en a fait une revue remarquable. Ces définitions ne sont cependant pas toujours opérationnelles, c'est-à-dire qu'elles ne peuvent pas toujours être traduites en une série de procédures analytiques bien définies, qui pourraient conduire aux mêmes résultats si elles étaient employées par deux chercheurs indépendants utilisant les mêmes données. En général, le concept d'association réfère cependant à un groupe d'espèces qui se retrouvent ensemble de façon "significative", sans que cela n'implique nécessairement une quelconque interaction positive entre les espèces constituantes. En d'autres termes, une association est simplement un groupe d'espèces (ou de taxa d'une autre catégorie systématique) reconnu comme groupe à la suite de l'application d'un certain ensemble de règles de décision.

Plusieurs procédures ont été proposées pour l'identification des associations d'espèces et les algorithmes quantitatifs ont pris la relève des méthodes empiriques, comme dans les autres domaines de la science. Cependant, toutes les méthodes, simples ou élaborées, ont deux buts : d'abord, repérer les espèces qui se rencontrent ensemble et, deuxièmement, minimiser les chances que cette cooccurrence soit fortuite. La recherche d'associations valables a évidemment pour préalable un échantillonnage au hasard, planifié selon le patron de variabilité que l'on veut mettre en évidence (différences géographiques, temporelles, verticales, etc.). Ce patron définit le cadre dans lequel sont appelés "associations" les groupes d'espèces que l'on retrouve de façon régulière le long des axes d'échantillonnage, le critère de régularité étant la récurrence d'un groupe d'espèces le long de ces axes.

L'interprétation écologique des associations d'espèces est un sujet ouvert à discussion et il ne fait pas de doute que la recherche des relations quantitatives entre les associations et leur milieu, dans un cadre multidimensionnel tel que la niche fondamentale d'Hutchinson (1957) par exemple, pourra apporter à cette discussion des données et des nuances bien étayées, au cours des prochaines années. Ces relations pourront être découvertes à l'aide des techniques d'interprétation résumées au chapitre 10. Parmi les concepts d'association qui se prêtent le mieux à l'interprétation multidimensionnelle, le point de vue suivant permet de fonder une réflexion écologique, à savoir que les associations sont constituées d'espèces qui *réagissent de même façon* aux caractéristiques de leur milieu (Fager & McGowan, 1963). En ce sens, les associations sont caractérisées par leur stabilité interne le long des axes de l'échantillonnage : les espèces qui les composent auraient donc une *réponse relative* semblable quant aux changements du milieu écologique (Legendre, 1973), ce qui implique que les fluctuations d'abondance des espèces associées dépendent d'abord des mêmes mécanismes de contrôle de leur environnement. Le concept d'association serait aussi, par conséquent, une image simplifiée de la réponse de chaque espèce individuelle à ces contrôles du milieu, un point de vue très éloigné des concepts organismiques d'association, mais qui se prête beaucoup mieux à l'interprétation quantitative. De plus, la récurrence des associations est, selon ce modèle, une indication de ce que cette abstraction qu'est l'association correspond à des propriétés fondamentales de l'interaction espèces-milieu, interaction qui peut avoir une portée évolutive. Cette analyse des relations espèces-milieu ne serait enfin pas complète si elle n'incluait la reconnaissance de ce que, pour une espèce donnée, le milieu avec lequel elle interagit n'est pas composé uniquement de variables physiques mais aussi des autres espèces avec lesquelles elle est en interaction positive ou négative. Ceci est en accord avec l'hypothèse selon laquelle les espèces que l'on rencontre fréquemment ensemble peuvent avoir, au cours de leur évolution, mis au point des mécanismes d'accommodement biologique les unes aux autres, en sus des accommodements à l'environnement commun. Ce phénomène a été déterminant dans le choix des mesures de similarité recommandées pour les associations d'espèces (p. 42).

Selon Fager (1963), les systèmes organisés récurrents d'organismes sont caractérisés par leur similarité interne en termes de présence et d'abondance des espèces. Ce langage est celui de l'approche quantitative et il permet, après la discussion ci-dessus, de formuler une définition simple et opérationnelle : *une association est un groupe récurrent d'espèces co-occurrentes* (Legendre & Legendre, 1978). On peut aussi définir des associations d'autres catégories taxonomiques que les espèces, si les unités fondamentales qui interagissent dans le milieu sont d'un autre niveau.

Cette définition permet de déterminer quelles méthodes de groupement sont applicables au problème des associations d'espèces, pour lesquelles on a déjà décrit des mesures d'association au chapitre précédent (v. tableau 7.V, p. 50).

On peut retrouver dans la littérature des exemples de l'emploi d'une grande variété de méthodes de groupement pour la recherche des associations, mais le choix de la méthode semble en général davantage guidé par la disponibilité d'un traitement particulier sur l'ordinateur local que par une bonne connaissance des propriétés et limitations de chaque technique. C'est ainsi que, parmi les méthodes factorielles d'ordination, les composantes principales et l'analyse des correspondances ne produisent pas en général de bons groupements d'espèces, même si ces analyses peuvent être très utiles dans l'étude d'autres problèmes multidimensionnels en écologie (v. chap. 9). Un des problèmes de l'analyse en composantes principales est le double zéro, dont les difficultés d'emploi dans le cadre de la recherche des associations d'espèces ont été exposées en détail à la section 7.5.

L'écologiste, qui a déjà sélectionné à l'aide du tableau 7.V le coefficient de dépendance le plus approprié à ses données, doit maintenant choisir parmi les méthodes régulières de groupement hiérarchique exposées dans les sections précédentes de ce chapitre, auxquelles s'ajoutent deux méthodes non-hiérarchiques pour coefficients probabilistes, qui sont exposées ci-dessous. Avec des similarités non-probabilistes et lorsque le chercheur est intéressé à identifier des associations hiérarchisées, les méthodes hiérarchiques de groupement sont tout indiquées ; lorsqu'on cherche simplement des associations d'espèces sans relation hiérarchique entre elles, les groupements hiérarchiques peuvent aussi être employés et l'écologiste pourra décider, à partir du dendrogramme ou d'une autre représentation graphique, quel niveau de partition dans la hiérarchie correspond le mieux à la situation écologique à décrire (voir la définition ci-dessus), en tenant compte du degré de fractionnement recherché ainsi que de la limite de signification ou d'interprétation des groupes d'espèces ainsi trouvés. Quoi qu'il en soit, on préférera les groupements moyens ou complets au groupement à liens simples, puisqu'on cherche à contraster les différences entre groupes fonctionnels le long d'axes d'échantillonnage qui représentent la plupart du temps un continuum (dans le cas de milieux distincts à démarcation claire, il n'y a aucun intérêt à employer des méthodes numériques complexes pour dégager des phénomènes évidents). Le groupement à liens simples ne devra être employé *qu'après* que la structure principale des associations ait été dégagée à l'aide de groupements plus robustes et dans le but explicite de mettre en évidence les relations fines, tel qu'entre les espèces membres des associations et les espèces satellites à ces associations. Par contre, un chercheur peut très bien employer un *programme* de groupement à liens simples, si c'est le seul disponible à son centre de calcul : il pourra alors établir le niveau de partition désiré, puis ne reconnaître comme membres de ses associations, que les espèces liées, par exemple, à 50 % ou 75 % avec les autres (liens intermédiaires), ou encore à 100 % (liens complets).

Application écologique 8.6a. – Thorrington-Smith (1971) a relevé 237 espèces dans des échantillons de phytoplancton de l'ouest de l'océan Indien : 136 de ces espèces ont été groupées en associations, par agglomération hiérarchique à liens simples de la matrice d'association de Jaccard (S_7) entre espèces. Parmi les 11 associations floristiques ainsi identifiées, la plus importante comprend 50 espèces et sa distribution correspond surtout aux eaux équatoriales sous la couche de surface. Cette association dominait d'ailleurs dans tous les échantillons et on peut considérer qu'elle représente la flore endémique de l'ouest de l'océan Indien. Les autres associations de phytoplancton représentent des différences saisonnières ou régionales, ou caractérisent des courants transverses ou des zones hydrographiquement instables et riches en éléments nutritifs. D'autre part, comme les associations de phytoplancton ne perdent pas leur identité même lorsqu'elles sont mélangées, l'étude de ces associations dans les zones de mélange des masses d'eau semble être une bonne méthode pour retracer leurs origines.

1. – *Groupement non-hiérarchique à liens complets*

La première méthode *non-hiérarchique* dont il sera maintenant question est le *groupement à liens complets* de Fager (1957), bien adapté aux mesures probabilistes de dépendance entre espèces ainsi qu'à toute autre mesure de dépendance, pour laquelle on peut établir à l'avance le niveau critique ou significatif. Cette méthode diffère du groupement hiérarchique à liens complets, en ce que l'on cherche les groupes formés à un niveau donné de similarité, sans tenir compte de la structure de groupe qui aurait pu être établie à des niveaux supérieurs de similarité. Le niveau de travail est habituellement $S \geqslant 0{,}95$ ou $\geqslant 0{,}99$ dans le cas de coefficients probabilistes. Avec la mesure non-probabiliste S_{24} (p. 44), Fager & McGowan (1963) ont employé $S \geqslant 0{,}5$ comme limite du groupement. Ces auteurs ont d'ailleurs développé un programme d'ordinateur qui rend cette méthode opérationnelle, mais il est toutefois possible de travailler avec un programme de groupement à liens, qui permet d'identifier les différents groupements possibles, et de choisir les groupes qui représentent les associations d'espèces à l'aide des règles de décision suivantes :

1) Les groupes à liens complets d'espèces, obtenus par cette méthode, doivent être indépendants, c'est-à-dire qu'ils ne doivent pas avoir d'espèces en commun. Entre deux partitions possibles des espèces, on choisit d'abord de former des groupes contenant le plus grand nombre possible d'espèces. Krylov (1968) ajoute qu'on ne doit pas reconnaître d'association de moins de 3 espèces. S'il y a des groupes non-indépendants, on passe à la règle 2.

2) Entre plusieurs groupes non-indépendants qui contiennent le même nombre d'espèces, on choisit la partition qui permet de maximiser le nombre de groupes indépendants.

3a) Si les deux critères précédents ne permettent pas de trancher, on choisit, entre des groupes non-indépendants qui ont à peu près le même nombre d'espèces, celui qui se retrouve dans le plus grand nombre d'échantillons.

3b) Krylov (1968) suggère de remplacer ce dernier critère de Fager (1957) par le suivant : si on a le choix entre l'une ou l'autre de deux espèces, on inclut dans le groupe celle qui est associée, au niveau de similarité pré-sélectionné, avec le moins possible d'autres espèces ; celle-ci appartient donc à ce groupe de façon plus exclusive.

Ce type de groupement à liens complets a permis à Fager (1957), Fager & McGowan (1963) et Krylov (1968) d'identifier de façon reproductible des associations planctoniques interprétables. Venrick (1971) explique une fonction additionnelle intéressante du programme d'ordinateur de Fager*, fonction qui répond à une question importante dans la recherche des associations d'espèces : après avoir reconnu des groupes indépendants d'espèces complètement interreliées, le programme associe les espèces restantes à un ou plusieurs des groupes formés, par groupement à liens simples. Ces espèces "satellites" n'ont pas à être associées à tous les membres de l'association et, d'autre part, elles

* Des listes des trois programmes du Dr Fager sont disponibles en s'adressant au Dr E.L. Venrick, Scripps Institution of Oceanography, P.O. Box 109, La Jolla, California 92037, U.S.A. Le programme REGROUP permet de trouver les groupes récurrents d'espèces tel que définis ci-dessus ; CONNEX trouve les relations entre les groupes (nombre de liens entre espèces de deux groupes/nombre maximum de liens possibles) ; STATION donne la liste des caractéristiques que les membres des groupes ont en commun. Ces programmes FORTRAN ont été écrits pour un ordinateur CDC 3600.

peuvent être des satellites de plusieurs associations, ce qui reflète adéquatement la complexité d'organisation des communautés biologiques.

Cette dernière perspective montre que des méthodes de groupement *avec recouvrement* pourraient éventuellement être appliquées au problème des associations d'espèces. Des essais avec de telles méthodes, dont les fondements mathématiques ont été établis par Jardine & Sibson (1968, 1971) et par Day (1977), permettraient sans doute de développer des concepts d'associations d'espèces qui cernent davantage la réalité écologique.

Application écologique 8.6b. – Le groupement non-hiérarchique à liens complets de Fager a été employé par Legendre & Beauvais (1978) (voir aussi chap. 6) pour identifier les associations de poissons, dans 378 échantillons provenant de 299 lacs du nord-ouest du Québec. Leur programme d'ordinateur donne la liste des différents groupes à liens complets possibles, à un niveau donné de similarité, et les associations d'espèces sont déterminées à l'aide des critères ci-dessus. La similarité entre espèces est établie au moyen de la mesure probabiliste S_{25} (p. 45) basée sur les présences-absences.

Au niveau de similarité $S_{25} \geqslant 0{,}989$, le programme a identifié 25 groupes non-indépendants d'espèces, touchant 26 des 29 espèces de poissons de l'étude ; chaque sous-ensemble d'au moins trois espèces pouvait éventuellement former une association, puisqu'il s'agit de groupes à liens complets. Plusieurs de ces groupes se recoupent, évidemment, si bien que l'application des trois règles de décision de Fager (avec la règle 3b de Krylov) a permis d'identifier cinq associations de poissons, chacune complètement formée au niveau de similarité indiqué à droite :

1) grand corégone	*Coregonus clupeaformis*	$S_{25} \geqslant 0{,}999$***
meunier rouge	*Catostomus catostomus*	
touladi	*Salvelinus namaycush*	
ménomini rond	*Prosopium cylindraceum*	
méné de lac	*Couesius plumbeus*	
2) grand brochet	*Esox lucius*	$S_{25} \geqslant 0{,}995$**
meunier noir	*Catostomus commersoni*	
doré jaune	*Stizostedion vitreum*	
cisco de lac	*Coregonus artedii*	
perchaude	*Perca fluviatilis*	
3) omble de fontaine	*Salvelinus fontinalis*	$S_{25} \geqslant 0{,}991$**
épinoche à 9 épines	*Pungitius pungitius*	
chabot tacheté	*Cottus bairdi*	
épinoche à 3 épines	*Gasterosteus aculeatus*	
chabot visqueux	*Cottus cognatus*	
4) toullibi	*Coregonus nipigon*	$S_{25} \geqslant 0{,}991$**
esturgeon de lac	*Acipenser fulvescens*	
laquaiche aux yeux d'or	*Hiodon alosoides*	
laquaiche argentée	*Hiodon tergisus*	
doré noir	*Stizostedion canadense*	
5) omisco	*Percopsis omiscomaycus*	$S_{25} \geqslant 0{,}989$*
queue à tache noire	*Notropis hudsonius*	
méné émeraude	*Notropis atherinoides*	

Les six espèces restantes ont été rattachées comme satellites à l'association contenant l'espèce la plus proche. Trois de ces associations se prêtent à une interprétation écologique : l'association du grand corégone est caractéristique des lacs aux eaux froides, transparentes et de faible conductivité de la région des plateaux du Bouclier laurentidien ; l'association du grand brochet caractérise au contraire les lacs aux eaux turbides et plus chaudes des basses terres de la baie de James ; l'association du toullibi est composée d'espèces qui sont toutes, sur le territoire étudié, à la limite nord de leur répartition et qui se retrouvent associées dans les lacs aux eaux turbides situés dans un paysage de sédiments glacio-lacustres dans la partie sud du territoire.

2. – *Groupement probabiliste*

Clifford & Goodall (1967) ont développé un groupement probabiliste à employer en conjonction avec l'indice probabiliste de Goodall (S_{23}, p. 22). Ces auteurs ont proposé ce mode de groupement pour des études Q, mais c'est surtout en mode R qu'en écologie, pour le groupement d'espèces en associations, ce groupement peut avoir un intérêt particulier. Il n'y a en effet aucun intérêt à employer ce mode de groupement là où un autre algorithme est applicable, par suite de la lourdeur du calcul (on doit en effet recalculer la matrice de similarité à chaque itération) et de l'espace additionnel requis dans la mémoire de l'ordinateur pour conserver les données brutes en sus de la matrice de similarité. Lance & Williams (1967d) recommandent cependant cette méthode comme étant l'algorithme théoriquement le plus solide.

Ce groupement probabiliste permet, pour un ensemble donné, de trouver tous les groupes dont la matrice d'association a une certaine *probabilité* d'être homogène. Parmi tous les groupes ainsi formés, on choisit le plus important ou, en cas de conflit, le plus homogène. On peut remarquer la similitude entre le concept d'association ainsi défini et celui de Fager ci-dessus. On retire ce groupe de la matrice principale, on calcule à nouveau une matrice de similarité pour le reste de la matrice principale et on recommence l'opération ; on calcule de même une nouvelle matrice de similarité pour les éléments du groupe choisi, afin de déterminer s'il contient des sous-groupes.

Le mécanisme détaillé de ce groupement est illustré à la figure 8.11 et explicité ci-dessous à l'aide d'un exemple tiré de Legendre (1971a), qui consiste en 10 espèces de phytoplancton qui faisaient partie de 13 échantillons de la même station en milieu marin. Le groupement des 69 espèces identifiées dans ces 13 échantillons est inclus dans l'application écologique 8.6*c* ci-dessous.

La matrice de similarité de Goodall (S_{23}) des 10 espèces forme le tableau 8.V ; il faut remarquer ici que la matrice fut calculée pour les 69 espèces, dont 10 sont extraites pour les fins de l'exemple. On doit d'abord déterminer si cette matrice est homogène, auquel cas elle ne serait pas divisible en associations au sens de la présente méthode. Pour ce test, il suffit d'examiner la probabilité de retrouver dans cette matrice la plus grande valeur de similarité S_{max} qui s'y rencontre effectivement. Si cette probabilité est inférieure à un seuil préétabli, par exemple 0,05, on rejette alors l'hypothèse de l'homogénéité de la matrice et on commence la recherche des associations. Supposant que les valeurs de similarité soient indépendantes les unes des autres et donc distribuées de façon rectangulaire (distribution où les fréquences de toutes les valeurs de similarité sont égales), la probabilité recherchée, p, est celle de retrouver une valeur au moins aussi élevée que S_{23max} dans au moins l'une des $n(n-1)/2$ cases distinctes de la matrice de similarité :

$$p = 1 - S_{max}^{\left[\frac{n(n-1)}{2}\right]}$$

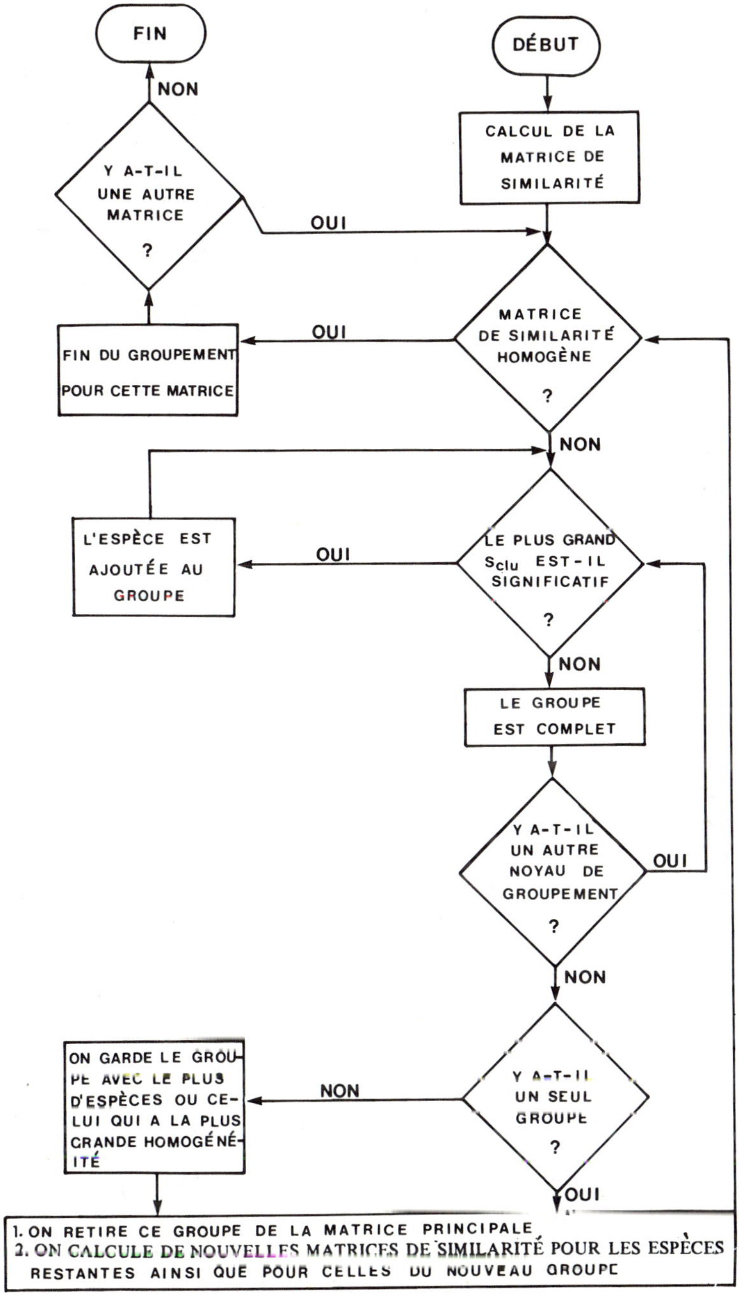

Figure 8.11 – Organigramme de la procédure probabiliste de groupement d'espèces en associations. Adapté de Legendre (1973).

La logique de cette équation* est la suivante : il s'agit de calculer le complément de la probabilité que la valeur observée dans chacune des $n(n-1)/2$ cases de la matrice de similarité soit inférieure à S_{max}. C'est aussi la probabilité que l'hypothèse d'homogénéité de la matrice de similarité soit vraie.

On peut maintenant se poser la question : p est-il inférieur à un seuil de signification α pré-déterminé ? Si on inverse le calcul ci-dessus, on doit rejeter l'hypothèse d'homogénéité de la matrice lorsque

$$S_{max} \geqslant (1-\alpha)^{\left[\frac{2}{n(n-1)}\right]}$$

où α est le niveau de signification et n est le nombre d'espèces dans la matrice. Pour $\alpha = 0{,}05$, les $n = 69$ espèces dont sont tirées les données du tableau 8.V permettent une valeur maximale de 0,99998 et les deux paires d'espèces (1, 2) et (5, 6) sont liées de façon significative au niveau de probabilité de 5 %. Par conséquent, la matrice de similarité n'est pas homogène et ces deux paires d'espèces (qui pourraient se recouper) peuvent servir de noyaux pour la formation de groupes par agglomération.

La première étape de la formation des groupes (tableau 8.VI) consiste à établir quelle est l'espèce extérieure au groupe qui est reliée la plus fortement à toutes les espèces qui font déjà partie du groupe. Cette espèce est le prochain candidat potentiel au groupe et, si son lien le plus lâche avec l'une des espèces du groupe est supérieur à la valeur significative minimale, elle est admise dans le groupe. En testant le lien le plus faible, on s'assure que les membres du groupe sont reliés de façon significative à *toutes* les autres espèces du groupe, si bien que la méthode probabiliste de Clifford & Goodall est de fait un groupement à liens complets, tout

Tableau 8.V – Matrice de similarité entre 10 espèces de phytoplancton (tirée de Legendre, 1971a), calculée à l'aide de l'indice S_{23} de Goodall. Les valeurs de similarité supérieures à la valeur significative minimale sont en italiques.

Espèces	Espèces 1	2	3	4	5	6	7	8	9
2	*0,999996*								
3	0,999873	0,999873							
4	0,999222	0,999222	0,992320						
5	0,013925	0,013925	0,003509	0,261027					
6	0,059115	0,059115	0,025796	0,959650	*0,999994*				
7	0,000020	0,000020	0,000000	0,229895	0,999914	0,976088			
8	0,489400	0,489400	0,550799	0,420580	0,968154	0,921217	0,991849		
9	0,958317	0,958317	0,750147	0,948276	0,000293	0,032500	0,804223	0,562181	
10	0,679196	0,679196	0,726537	0,699797	0,565639	0,986997	0,719274	0,998504	0,029591

Valeur significative minimale ($\alpha = 0{,}05$) = 0,99998 pour l'ensemble des 69 espèces ayant servi à calculer la matrice de similarité originale.

* Dans Clifford & Goodall (1967 : 505) ainsi que dans Legendre (1971a), cette équation est incorrecte.

comme la méthode de Fager ci-dessus. La probabilité de la plus faible valeur de similarité S_{min}, effectivement observée entre une espèce candidate et l'ensemble des membres du groupe, est (Clifford & Goodall, 1967) :

$$p = 1 - [1 - (1 - S_{min})^g]^{n-g}$$

où g est le nombre d'espèces déjà membres du groupe, si bien que pour un niveau de signification α, la plus faible valeur de similarité S_{min} d'une espèce avec les membres du groupe doit être

$$S_{min} \geqslant 1 - \left[1 - (1 - \alpha)^{\frac{1}{n-g}} \right]^{\frac{1}{g}}$$

pour que cette espèce soit admise dans le groupe. Cette formule fait en sorte que S_{min} diminue à mesure que la taille du groupe augmente, permettant aux groupes les plus importants d'être plus hétérogènes.

Les étapes du groupement sont illustrées au tableau 8.VI, pour les deux noyaux (1, 2) et (5, 6) trouvés plus haut. Dans chaque cas, le groupement s'arrête lorsqu'on ne trouve plus de similarité significative. Les deux groupes peuvent par ailleurs avoir des espèces communes, ce qui n'est pas le cas ici : à la fin de ce premier cycle de groupement, on sélectionne un seul des groupes formés, soit celui qui contient davantage d'espèces ou, en cas d'égalité comme c'est le cas ici, celui qui a la plus grande probabilité interne. La probabilité interne d'un groupe est le produit des compléments des similarités $(1 - S)$ entre tous les membres du groupe : elle est indiquée au tableau 8.VI pour les deux groupes formés. On retire donc les quatre espèces (5, 6, 7, 8) du groupe principal de 69 espèces et *on calcule de nouvelles matrices de similarité* pour le groupe de 4 espèces (tableau 8.VIII) et pour les 65 espèces restantes (tableau 8.VII pour les 6 espèces de l'exemple en cours).

Tableau 8.VI – Formation des associations par agglomération autour des deux noyaux (1, 2) et (5, 6), selon l'algorithme de Clifford & Goodall (1967). A chaque étape de groupement (lignes), on trouve au tableau 8.V la similarité la plus basse de chaque espèce extérieure avec tous les membres du groupe. On compare ensuite la plus élevée de ces similarités (italiques) avec la valeur significative minimum (à droite en caractères gras) : si cette similarité est significative, l'espèce est incluse dans l'association.

Etapes	Espèces 1	2	3	4	5	6	7	8	9	10	S_{min}
1	Groupe	Groupe	*0,999873*	0,999222	0,013925	0,059115	0,000020	0,489400	0,958317	0,679196	**0,9723**
2	Groupe	Groupe	Groupe	*0,992320*	0,003509	0,025796	0,000000	0,489400	0,750147	0,679196	**0,9081**
3	Groupe	Groupe	Groupe	Groupe	0,003509	0,025796	0,000000	0,420580	*0,750147*	0,679196	**0,8324**
	Probabilité interne du groupe = $2,999 \times 10^{-22}$										
1	0,013925	0,013925	0,003509	0,261027	Groupe	Groupe	*0,976088*	0,921217	0,000293	0,565639	**0,9723**
2	0,000020	0,000020	0,000000	0,229895	Groupe	Groupe	Groupe	*0,921217*	0,000293	0,565639	**0,9081**
3	0,000020	0,000020	0,000000	0,229895	Groupe	Groupe	Groupe	Groupe	0,000293	*0,565639*	**0,8324**
	Probabilité interne du groupe = $2,523 \times 10^{-16}$										

Tableau 8.VII – Matrice de similarité pour les 6 espèces non groupées de l'exemple (extraite d'une matrice de 65 x 65) et formation des groupes.

Espèces	Espèces 1	2	3	4	9
2	*0,999998*				
3	0,999921	0,999921			
4	0,999432	0,999432	0,991196		
9	0,964934	0,964934	0,723616	0,957422	
10	0,696301	0,696301	0,752215	0,713782	0,003661

Valeur significative minimale ($\alpha = 0{,}05$) = 0,99998 pour l'ensemble des 65 espèces qui ne sont pas encore groupées.

Etapes	Espèces 1	2	3	4	9	10	S_{min}
1	Groupe	Groupe	*0,999921*	0,999432	0,964934	0,696301	0,9715
2	Groupe	Groupe	Groupe	*0,991196*	0,723616	0,696301	0,9061
3	Groupe	Groupe	Groupe	Groupe	*0,723616*	0,696301	0,8297

La matrice de similarité pour les espèces restantes est analysée de la même façon que la matrice d'origine, ce qui permet d'identifier un autre groupe à liens complets de 4 espèces (tableau 8.VII). Dans cet exemple, le nouveau groupe est identique au groupe qui avait été éliminé à la fin du premier cycle de groupement, mais tel n'est pas toujours le cas.

Les deux groupes de 4 espèces sont homogènes (tableau 8.VIII) et ne contiennent par conséquent pas de sous-groupes. Comme on peut ne pas désirer reconnaître de groupes de moins de 3 espèces, comme dans la méthode de Fager, le groupement est donc terminé. Il s'est poursuivi avec les 61 espèces non groupées, dans l'application écologique ci-dessous.

Les associations qui résultent de cette méthode de groupement sont donc des groupes d'espèces agglomérées à liens complets et de façon statistiquement significative. Ces associations peuvent être regroupées ou non dans des associations significatives plus importantes et il reste un nombre variable d'espèces non groupées qui peuvent être rattachées à liens simples au groupe le plus rapproché, comme chez Venrick ci-dessus (p. 86).

Tableau 8.VIII – Matrice de similarité pour les deux groupes de 4 espèces. Comme, dans chaque cas, la similarité la plus élevée S_{max} (en italiques) n'atteint pas la valeur significative minimale, on dit que la matrice de similarité est homogène et le groupement s'arrête.

Espèces	Espèces 1	2	3
2	*0,914072*		
3	0,698359	0,698359	
4	0,280874	0,280874	0,073669

Valeur significative minimale (α = 0,05) = 0,99149 pour ces 4 espèces.

Espèces	Espèces 5	6	7
6	*0,987365*		
7	0,430935	0,330135	
8	0,142089	0,357724	0,659724

Valeur significative minimale (α = 0,05) = 0,99149 pour ces 4 espèces.

Application écologique 8.6c. – Les stations 110 et 112N de Legendre (1973), l'une située au centre et l'autre à l'extérieur d'un tourbillon cyclonique des eaux marines de la baie des Chaleurs, ont déjà été présentées dans l'application écologique *6.5d* (chap. 6). Ces deux stations ont été échantillonnées au cours des étés 1968 et 1969 et, pour chaque station et chaque saison d'échantillonnage, aux profondeurs de 0 et 10 m, les associations phytoplanctoniques ont été déterminées par la méthode de Clifford & Goodall. Il ne s'agit plus ici d'associations basées sur la récurrence spatiale comme dans l'application écologique précédente, mais d'associations qui représentent une récurrence temporelle de la co-occurrence d'espèces. Trois associations ont été ainsi dégagées : une de diatomées et deux formées surtout de flagellés. Pour en faciliter l'interprétation écologique, chaque association a été identifiée dans chacun des échantillons et exprimée en nombre moyen de spécimens, par espèce de l'association et par litre, pour chaque échantillon où on la trouvait. Les résultats sont illustrés à la figure 8.12.

La première association de flagellés (fig. 8.12b), dont faisait partie le groupe des espèces 5 à 8 de l'exemple ci-dessus (tableau 8.VIII), a surtout été observée en 1969 où elle semble accroître graduellement sa représentation dans les eaux, du début à la fin de l'été ; cette association a aussi été rencontrée pour de courtes périodes en 1968. Dans tous les cas où on retrouve cette association, les nitrates étaient plus abondants dans le milieu que lorsque la deuxième association seulement apparaissait. Les eaux de surface en 1968 contenaient peu de nitrates par comparaison à 1969, où on les trouvait en forte concentration au début de l'été. La seconde association de flagellés (fig. 8.12a) utilisait peut-être les nitrates plus efficacement, ce qui pourrait lui avoir permis d'accroître sa représentation dans le milieu en 1968 ; elle ne fut pas détectée en 1969.

L'association de diatomées (fig. 8.12c), dont faisait partie le groupe des espèces 1 à 4 de l'exemple ci-dessus (tableau 8.VIII), est reliée au taux de silice dans le milieu, taux qui a eu son minimum à la mi-juin, en bonne corrélation avec le maximum des diatomées. La condition limite semble être reliée à la température, puisque l'association de diatomées disparaît aux environs de 12°C. Cette condition limite permet d'expliquer la différence entre les deux stations eu égard à cette association, présente à la station 110 pendant seulement le premier tiers de l'été, puisque la station 110 atteint 12°C au moins 3 semaines plus tôt que la station 112N. L'association de diatomées s'est comportée de façon similaire au cours des deux étés.

Le lien entre les deux groupes d'associations pourrait être la forte corrélation positive entre les nitrates et les silicates (Legendre, 1971b), relation qui est interrompue dans le cas des diatomées par la condition limite de température.

La recherche des associations identifiables pendant une partie seulement de l'été a permis de montrer que des associations distinctes pour tout l'été peuvent se fondre pendant des périodes plus courtes, ce qui suggère le point de vue que les associations de phy-

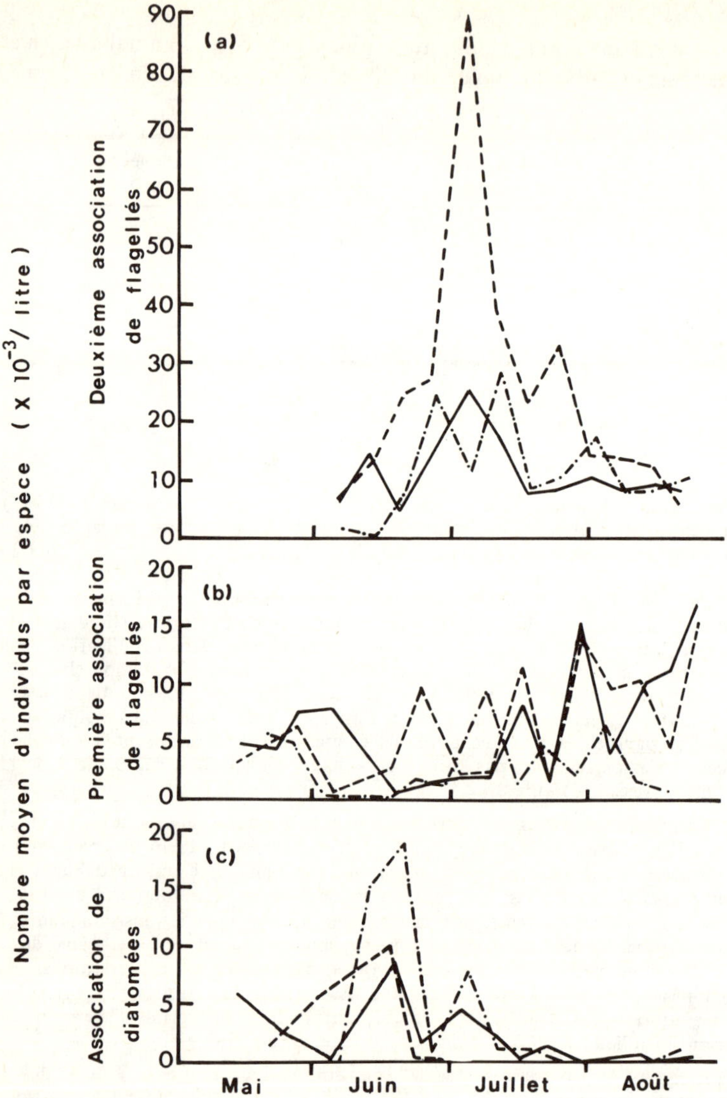

Figure 8.12 – Variations saisonnières des trois principales associations de phytoplancton aux stations 110 et 112N de la baie des Chaleurs, détectées au cours de tout l'été au niveau de signification $\alpha = 0{,}05$. (a) 1968. Stations : ——, 110 (0 m) ; - - - - - -, 110 (10 m) ; – · –, 112N (0 m). (b) 1969. Stations : ——, 112 N (0 m) ; ------, 112N (10 m) ; – · –, 110 (0 m). (c) ——, 1969, station 112N (10 m) ; ------, 1969, station 110 (0 m) ; – · –, 1968, station 112N (0 m). Adapté de Legendre (1973).

toplancton, étudiées sur une base temporelle, ne sont qu'une abstraction de certains aspects du milieu, puisque deux variables du milieu ont davantage de chances de fluctuer de même façon lorsqu'on considère une période de temps plus courte. Par contre, si l'on peut identifier de façon statistiquement significative de tels groupes d'espèces dans le milieu, cela indique que le milieu présente lui-même des groupements de niches, au moins pendant certaines périodes.

Cet exemple d'application montre bien que les méthodes numériques fournissent au chercheur des données nouvelles – ici, les associations d'espèces mises à jour par le groupement – qui n'ont d'intérêt que si le traitement mathématique est suivi d'une interprétation écologique. Les méthodes numériques ne forment donc pas, par elles-mêmes, une "nouvelle" écologie, mais elles peuvent en favoriser l'émergence.

8.7. – SÉRIATION

Avant les méthodes de groupement (liens complets : Sørensen, 1948 ; liens simples, dont on trouve l'origine dans un travail collectif de Florek, Lukaszewicz, Perkal, Steinhaus et Zubrzycki, publié par Lukaszewicz, 1951), l'étude de la structure de groupe d'une matrice de similarité se faisait par *réarrangement de la matrice* (Orlóci, 1978) par permutation des lignes et des colonnes, dans le but de concentrer les similarités les plus fortes au voisinage de la diagonale principale ; cette méthode porte le nom de *sériation* en archéologie. Cette technique avait été développée par l'anthropologue Czekanowski (1909) et appliquée à l'écologie par Kulczynski (1928). A la fin de l'opération (fig. 8.13), les simila-

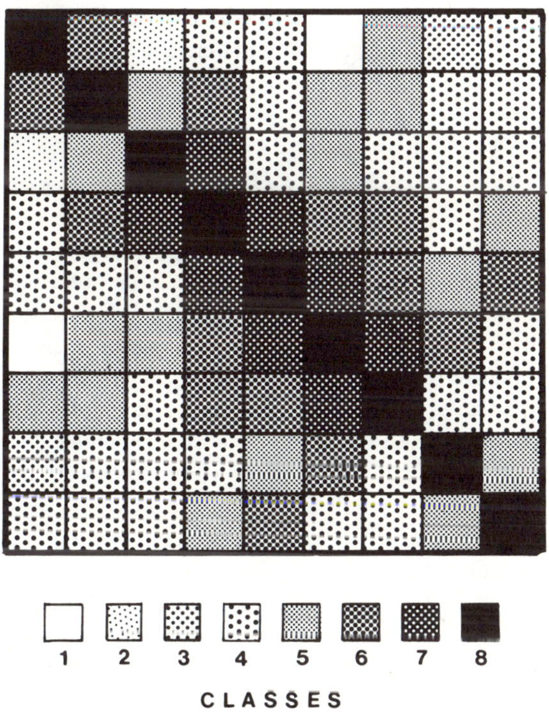

Figure 8.13 – Sériation d'une matrice de similarité entre associations de plantes, basée sur le coefficient de Kulczynski (S_{18}). A la suite de ce groupement, les valeurs de similarité les plus fortes (classes les plus élevées) se retrouvent près de la diagonale. Modifié de Kulczynski (1928 : 191).

rités élevées, près de la diagonale, indiquent les groupes d'objets. Cette méthode a été employée depuis lors par les phytosociologues, quoiqu'elle devienne ardue sitôt qu'on dépasse une dizaine d'objets.

Une solution analytique a été développée pour ce problème dès 1950 par Beum & Brundage. Cette solution consiste à considérer une matrice de similarité entre objets placés dans un ordre quelconque ; pour chaque colonne, on fait la somme des produits de chacun de ses termes par le *numéro d'ordre de la ligne*, que l'on divise par la somme de la colonne ; ces poids moyens servent à établir le nouvel ordre des lignes et des colonnes, avec lequel on recommence l'opération jusqu'à convergence, qui s'obtient assez rapidement*. Pour l'analyse de matrices de données écologiques habituelles, les méthodes de groupement exposées aux sections précédentes sont beaucoup plus spécifiques et plus efficaces ; les dendrogrammes qu'elles produisent donnent justement l'ordre des objets, qui permet de sérier la diagonale de la matrice de similarité. Cette technique est spéciale en ce qu'elle permet de découvrir la structure de groupe de matrices asymétriques aussi bien que symétriques. Les matrices asymétriques, dans lesquelles $S(1,2) \neq S(2,1)$, sont plutôt rares en écologie mais on peut les rencontrer dans des cas où, par exemple, la similarité est une mesure directe de l'influence d'un organisme sur un autre, ou encore dans des études de comportement, où on peut employer comme similarité l'attrait d'un organisme pour un autre. Ces mêmes matrices pourront être étudiées par ordination (chap. 9), en recourant au cadrage multidimensionnel non-métrique. Le groupement hiérarchique adaptif de Rohlf (1970) peut aussi traiter des matrices de distance asymétriques.

8.8. – REPRÉSENTATION ET CHOIX D'UN GROUPEMENT

Toutes les méthodes réussissent en général à dégager une structure de n'importe quel ensemble de données. La recherche de solutions détaillées, qui vont au-delà des phénomènes évidents que même une mauvaise méthode de groupement pourra dégager, implique que l'écologiste sache d'abord choisir la mesure de similarité et la méthode de groupement les plus appropriées à son problème et ensuite, qu'il sache reconnaître la ou les solutions qui ont un intérêt dans l'interprétation du phénomène qu'il cherche à décrire. Une bonne connaissance des données que l'ordinateur vient d'analyser permet à l'écologiste d'apprécier les différentes solutions offertes, pour autant que ces solutions soient présentées de façon informative. La présente section a pour but de résumer les représentations graphiques et les statistiques de groupement les plus utiles en écologie ; on pourra aussi consulter Sneath & Sokal (1973) pour une revue plus complète de ce sujet, qui semble d'ailleurs inépuisable, car les auteurs font preuve de beaucoup de créativité dans l'expression de leurs résul-

---

* Un programme en FORTRAN IV qui reproduit ces calculs a été développé pour CDC série 6 000 et il est disponible auprès de Ghislaine Legendre, Service de consultation, Maison Notre-Dame de Laval, 310 boul. Cartier, Laval, Québec H7N 2J2.

tats. Il faut enfin mentionner qu'au cours de l'analyse des résultats, la couleur peut rendre de grands services, même si elle est à toutes fins pratiques prohibée au niveau de l'édition scientifique, à cause de son coût élevé.

Les représentations graphiques de groupements appartiennent à l'une ou l'autre de deux catégories principales : les dendrogrammes et les sous-graphes, chacune avec ses variantes (fig. 8.3).

Plusieurs dendrogrammes sont représentés à la figure 8.9 (p. 74). Les branches du dendrogramme peuvent pointer vers le haut, mais plus souvent elles sont représentées horizontalement. L'abscisse est alors graduée selon la similarité ou la distance sur laquelle est basé le groupement et les branchements indiquent que deux branches ont le niveau indiqué de similarité. On place habituellement les noms des objets (ou des descripteurs) au bout des branches, ou encore leur numéro de code. L'ordonnée (sur des dendrogrammes horizontaux) n'a pas de signification particulière et l'ordre des objets peut être modifié sans changer l'information contenue dans le dendrogramme.

Les dendrogrammes illustrent clairement le contenu des groupes formés à chaque niveau de partition (niveau de similarité), mais ils ne permettent pas de connaître à quel objet précis se lie l'objet ou groupe qui vient d'être admis dans le groupe. Cette information n'est d'ailleurs pas disponible lorsqu'on emploie certaines méthodes de groupement, ou encore elle n'est pas nécessaire dans un groupement synoptique qui ne vise qu'à reconnaître des groupes majeurs d'objets ; enfin, le dendrogramme peut être employé en conjonction avec d'autres représentations complémentaires du groupement.

L'information contenue dans un dendrogramme peut faire l'objet d'autres représentations graphiques. Les "profils d'horizon" ("skyline plot" en anglais) de Ward (1963) ou de Wirth *et al.* (1966) sont en quelque sorte le négatif d'un dendrogramme et, malheureusement, d'interprétation plus difficile. Les diagrammes de contour de Wrocław (fig. 8.14) en sont par contre une projection différente mais très intéressante, quoique difficile à construire. Les niveaux auxquels deux groupes fusionnent sont indiqués par des traits plus foncés et la position relative des objets peut être établie par triangulation, à partir des similarités ou des distances. On verra au chapitre suivant que l'on trouve aisément ces positions relatives par une analyse de *coordonnées principales* de la matrice d'association, ou encore par cadrage multidimensionnel ("nonmetric multidimensional scaling" de Kruskal 1964a, 1964b) comme l'a suggéré Moss (communication personnelle).

La série des sous-graphes connexes, comme aux figures 8.3 et 8.4, peut au contraire présenter toute l'information de la matrice de similarité ou de distance. La figure 8.15 montre comment on peut représenter une information complexe en employant des traits différents, dessinés sous la forme de polygones inscrits dans un arrangement circulaire des objets aussitôt que le nombre d'objets devient grand. De telles figures prennent cependant beaucoup de temps à réaliser et elles sont difficiles à publier.

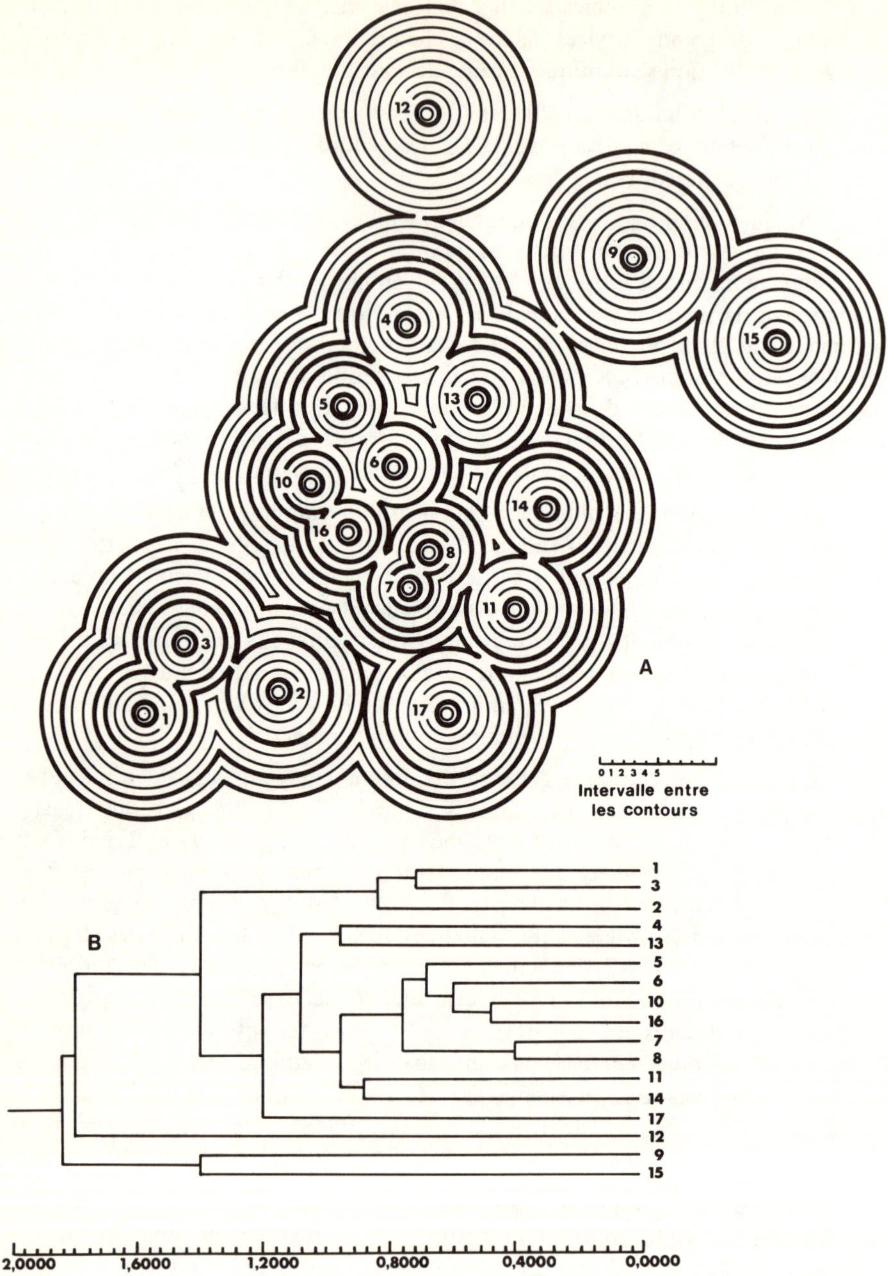

Figure 8.14 – Le diagramme de Wrocław (a) contient la même information que le dendrogramme (b). Le groupement d'objets est indiqué par les contours plus foncés. Modifié de Moss (1967).

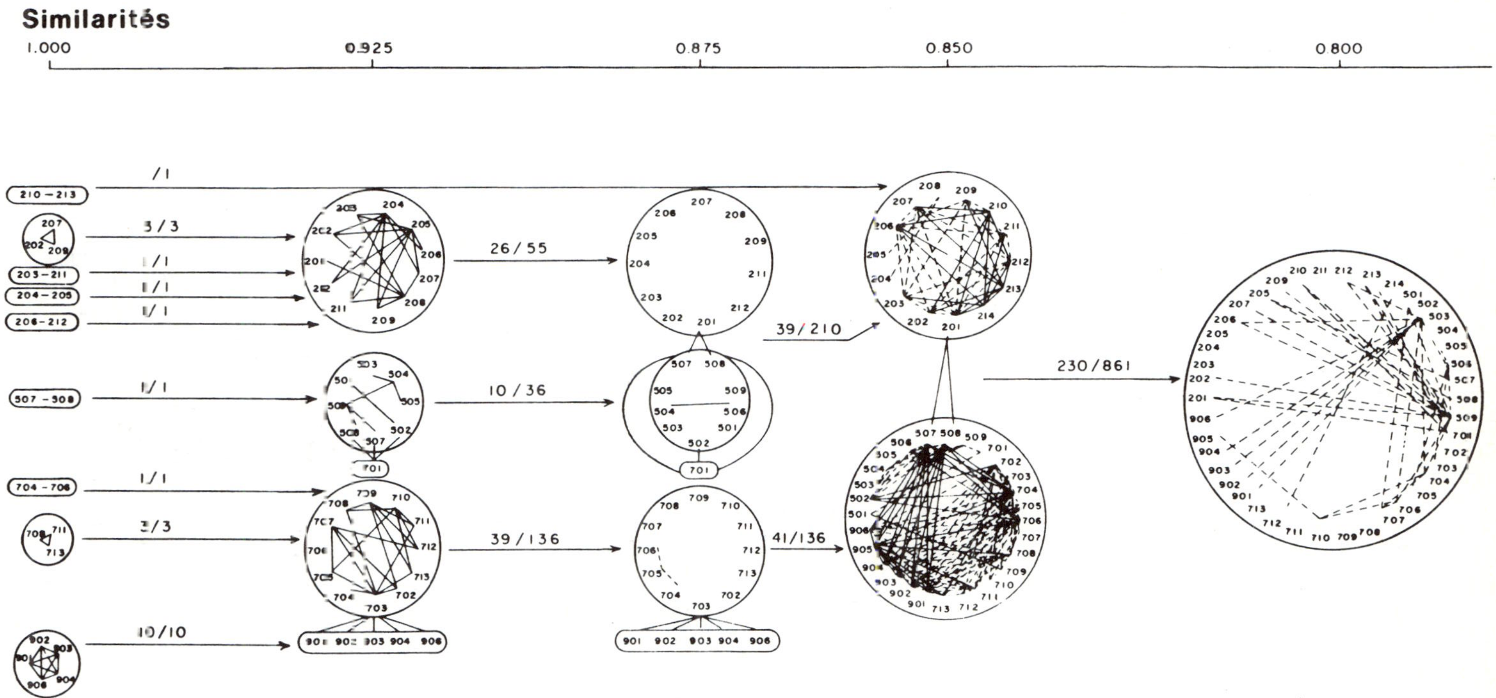

Figure 8.15 – Série de sous-graphes connexes représentant une bonne partie de l'information de la matrice de similarité. Le groupement agglomératif suit l'échelle décroissante de similarité. Les traits pleins indiquent les liens, qui changent la composition en objets des groupes, et les tirets sont des liens entre objets qui étaient déjà dans le groupe. Les liens ne sont pas répétés d'une partition à l'autre. Les fractions sur les flèches indiquent la connectance des groupes. Tiré de Legendre *et al.* 1972.

Dans chaque sous-graphe ("subgraph" ou "linkage diagram" en anglais), la position relative des objets importe peu : il s'agit simplement de les disposer de façon à simplifier le parcours des liens, ce qui permet éventuellement de distinguer les groupes. On pourrait d'ailleurs disposer les objets les uns par rapport aux autres avant de tracer les liens, ce qui peut se faire par triangulation (Moss, 1967), par analyse des coordonnées principales ou par cadrage multidimensionnel non-métrique da la matrice d'association.

Les diagrammes de Wrocław (fig. 8.16), développés par l'école de phytosociologie polonaise et aussi, indépendamment, par Moss (1967), montrent le réseau formé par la chaîne des liens primaires ou dendrites (définis à la section 8.2), en plus des contours de la figure 8.14 : ils présentent donc la même information que la série de sous-graphes d'un groupement à liens simples. On peut étendre le concept de liens primaires à tout autre type de classification hiérar-

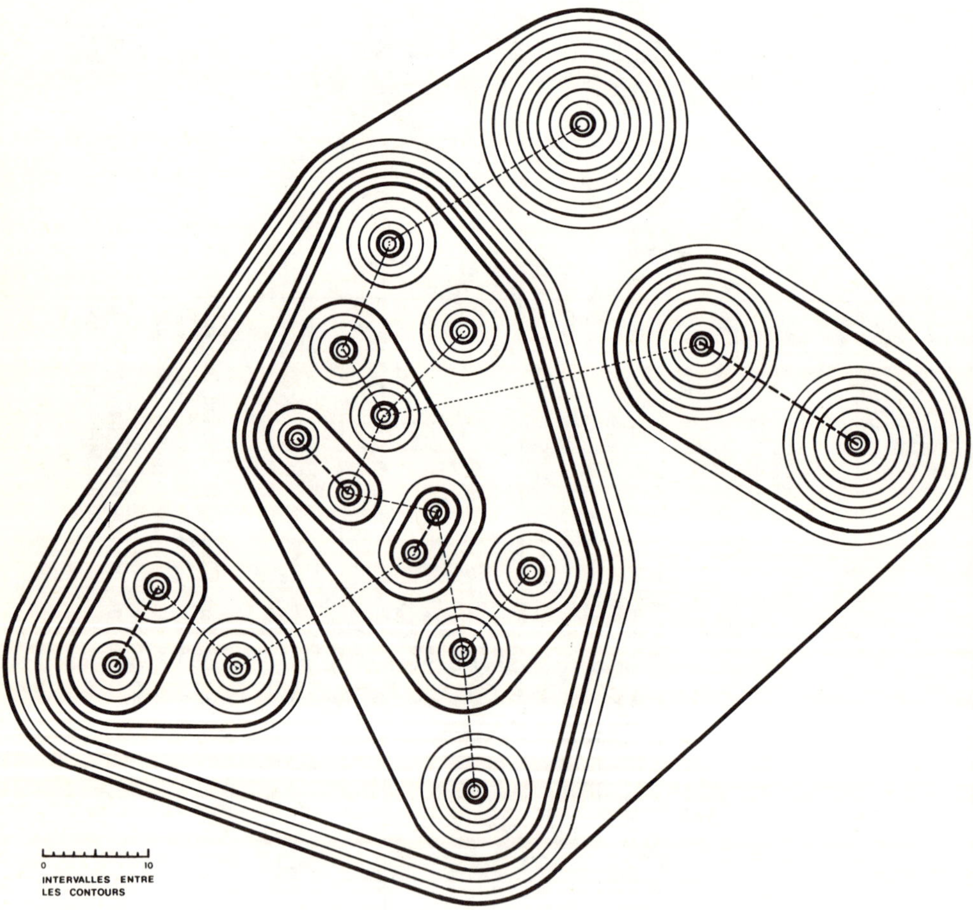

Figure 8.16 – A l'information de la figure 8.14, on ajoute ici la chaîne des dendrites ou liens primaires, indiquée ici par des traits de plus en plus légers. Modifié de Moss (1967).

chique, en associant à chaque branchement la paire d'objets des deux groupes qui possède la similarité la plus élevée. Le squelette arborescent ainsi associé au groupement est alors un arbre ou réseau ordinaire, au lieu d'un arbre de longueur minimum (Jambu, 1978).

Un groupement peut enfin être représenté sous la forme d'une matrice de similarité sériée, comme à la figure 8.13 : l'ordre vertical et horizontal des objets dans la matrice est alors celui que donne le dendrogramme du groupement et, comme dans le dendrogramme, plusieurs permutations sont possibles.

On verra au chapitre 10 comment superposer plusieurs représentations de groupements à une ordination des mêmes objets, ce qui est souvent le seul moyen d'élucider la structure d'un quasi-continuum d'objets écologiques.

Les statistiques de groupement décrivent la densité des groupes ainsi que leur degré d'isolement. Quelques-unes de ces mesures, parmi les mieux définies, sont décrites ci-après.

La statistique de base d'un groupe est son *nombre d'objets*. Lorsqu'on relie le nombre d'objets au nombre de liens entre les objets, on obtient une mesure de la densité du groupe dans l'espace A des descripteurs, densité qui augmente avec le *degré de connexité* ou *connectance* du groupe. La connectance peut se mesurer comme suit (Estabrook, 1966) :

$$\frac{\text{nombre de liens dans le groupe}}{\text{nombre maximum possible}}$$

où le nombre maximum de liens possibles est $p\,(p-1)/2$, p étant le nombre d'objets. Cette mesure de connectance, qui varie entre 0 et 1, est employée à la figure 8.15. Day (1977) a proposé deux autres mesures, dont son *indice de cohésion,* qui ne considère que les liens qui excèdent le nombre minimum de liens nécessaires pour que le groupe soit connexe. Si on appelle m ce nombre minimum, l'indice de cohésion peut s'écrire :

$$\frac{\text{n. liens} - m}{[p\,(p-1)/2] - m}$$

Pour le groupement à liens simples, le nombre minimum de liens nécessaires pour que p objets soient connexes est $p - 1$, si bien que l'indice de cohésion devient

$$\frac{2\,(\text{n. liens} - p + 1)}{(p-1)\,(p-2)}$$

ce qui revient à l'indice normalisé de connexité d'Estabrook (1966). Comme autre mesure de densité d'un groupe, on pourrait prendre la similarité minimum à l'intérieur du groupe, ou encore la similarité moyenne (Estabrook, 1966).

Un autre problème consiste à déterminer s'il existe des groupes discernables dans un ensemble d'objets. Cette question peut être posée avant le début du groupement, ou encore à chaque étape d'une division hiérarchique. Les nombreuses solutions apportées à ce problème ont été revues par Perruchet (1983).

L'écologiste qui utilise un programme de groupement hiérarchique n'est souvent intéressé qu'à obtenir une partition des objets, la hiérarchie représentant un artifice pour atteindre cet objectif. Trois stratégies peuvent être retenues pour trouver la ou les partitions les plus intéressantes. (1) On peut comparer le groupement hiérarchique à une ordination en espace réduit et retenir les groupes qui sont clairement isolés par le groupement *et* dans l'ordination. Cette solution est examinée plus avant à la section 10.1. (2) On peut encore chercher quels sont les niveaux de groupement les plus informatifs, par exemple par le calcul du coefficient d'efficacité (p. 77), qui mesure l'accroissement de l'information entre les niveaux de groupement. On trace une ligne coupant le dendrogramme dans l'intervalle où le coefficient d'efficacité est minimum et on retient les groupes isolés les uns des autres à ce niveau. (3) On peut enfin chercher à reconnaître les groupes les mieux isolés, même s'il faut pour cela couper le dendrogramme à des niveaux variés. Le degré d'isolement des groupes peut se mesurer, dans un espace A qui serait métrique, par la distance entre les deux objets les plus rapprochés de deux groupes différents, ou par la distance moyenne entre tous les objets d'un groupe et les objets de l'autre, ou encore par le rapport de la distance entre les deux objets les plus rapprochés à la distance entre les centroïdes des deux groupes. Dans un contexte de groupement à liens sans référence à un espace métrique, Wirth *et al.* (1966) ont employé, comme mesure d'isolement, la différence entre la similarité à laquelle un groupe est formé et la similarité à laquelle il fusionne avec un autre groupe. Toutes ces mesures pourraient d'ailleurs être employées comme distances entre les groupes, sur la base desquelles on pourrait faire un groupement ou une ordination des groupes. C'est ce que fait le programme CONNEX de Fager, mentionné dans le contexte des association d'espèces (p. 86). Finalement, les tests de signification des groupements pourront aider l'écologiste à prendre une décision quant à la façon de reconnaître des groupes au sein d'un groupement hiérarchique. Il faudra cependant s'assurer au préalable que les hypothèses statistiques posées par un test correspondent à des hypothèses écologiques plausibles pour l'étude en cours et que les données sont du type de celles pour lesquelles le test a été developpé. Ce domaine encore jeune de la statistique a été récemment revu par Perruchet (1983).

Un dernier problème concerne la comparaison des classifications. On peut d'abord calculer la relation existant entre une classification et la matrice de ressemblance qui lui a donné naissance. La mesure la plus classique est la *corrélation de matrices* (Sneath & Sokal, 1973), qui fut d'abord décrite pour la taxonomie numérique sous le nom de *corrélation cophénétique* (Sokal & Rohlf, 1962). Elle consiste en un calcul de corrélation r de Pearson entre les valeurs de la matrice de similarité ou distance et les valeurs correspondantes de la matrice ultramétrique correspondant à la classification. Cette matrice a été décrite au début de la section 8.3 (voir aussi l'exemple de la fig. 10.3). L'écologiste peut préférer employer un coefficient de corrélation non-paramétrique plutôt que le r de Pearson, s'il s'intéresse davantage à la structure géométrique du dendrogramme qu'à la longueur exacte de ses branches. La corrélation de matrices par τ de Kendall a d'abord été suggérée par Johnson (1967).

La corrélation de matrices peut aussi apporter une solution à cinq autres types de problèmes :

1) la comparaison de toutes matrices de ressemblance ; on peut comparer par exemple la matrice de similarité de base à la matrice des distances dans l'ordination en espace réduit bidimensionnel, à la figure 10.3 (p. 166) ;

2) la comparaison de deux matrices obtenues par le calcul de deux mesures de ressemblance différentes pour le même tableau de données ;

3) la comparaison de deux modèles de groupement appliqués à la même matrice de ressemblance (pour ce type de problème et pour le point suivant, on peut aussi avoir recours à la distance topologique proposée par Phipps, 1971) ;

4) la comparaison de deux classifications des mêmes objets, basées sur des tableaux de données différents (différents descripteurs ; différentes dates pour les mêmes descripteurs) ;

5) la comparaison de différents niveaux de groupement au sein du même dendrogramme ; la matrice ultramétrique correspondant à un niveau de groupement donné ne contient que des zéros et des uns dans ce dernier cas.

D'autres méthodes ont été proposées par différents auteurs. Une partie de ces travaux ont été résumés par Rohlf (1974). On pourra aussi consulter des travaux récents sur les *mesures de consensus* entre classifications, par exemple Adams (1972), Marcotorchino & Michaud (1979), Margush & McMorris (1981) et Sokal & Rohlf (1981 b).

Le tableau 8.IX résume de façon comparative les différentes méthodes de groupement exposées au cours de ce chapitre, en insistant sur certains avantages et inconvénients de chacune, du point de vue de l'écologiste.

Tableau 8.IX – Résumé synoptique des méthodes de groupement exposées au chapitre 8.

Méthode	Avantages/Inconvénients	Emploi en écologie	Page
Agglomération hiérarchique à liens	Permet de connaître le détail du groupement.		
liens simples (voir aussi les réseaux, p. 59 et 104)	Simplicité de calcul; contraction d'espace (enchaînement); méthode combinatoire.	Complément d'une ordination.	56
liens complets (voir aussi: associations d'espèces)	Noyaux denses d'objets; dilatation d'espace; beaucoup d'objets ne se groupent qu'à basse similarité; règles arbitraires en cas de conflit; méthode combinatoire.	Pour contraster les différences entre groupes.	63
liens intermédiaires	Conservation de l'espace de référence A; non combinatoire: non inclus dans la méthode générale de Lance & Williams (p. 72).	Préférable dans la plupart des cas, quand une seule méthode doit être employée.	64

Tableau 8.IX (suite)

Méthode	Avantages/Inconvénients	Emploi en écologie	Page
Agglomération hiérarchique: groupement moyen	Conservation de l'espace de référence A; on perd les relations entre paires d'objets; méthodes combinatoires.		
selon l'association moyenne	Fusion de deux groupes quand le groupement atteint la valeur moyenne de leurs similarités inter-groupes.	Seulement si l'échantillonnage est aléatoire simple ou systématique.	65
à poids proportionnels	Même, avec compensation pour la taille des groupes.	Préférable à la précédente, dans les autres cas.	66
centroïde	Fusion de deux groupes quand le groupement atteint la valeur de similarité de leurs centroïdes; interprétation géométrique simple.	Seulement si l'échantillonnage est aléatoire simple ou systématique.	67
médian	Même, avec compensation pour la taille des groupes.	Préférable à la précédente, dans les autres cas.	69
Agglomération hiérarchique: groupement flexible	Un seul algorithme permettant la contraction, la conservation ou la dilatation de l'espace; on pert les relations entre paires d'objets; méthode combinatoire.	Avantage informatique: un seul programme simple pour cette méthode et toutes les autres méthodes combinatoires (voir p. 72).	73
Agglomération hiérarchique: analyse informationnelle	Enchaînement minime; seulement pour groupement en mode Q basé sur des présences-absences d'espèces.	Emploi douteux: similarités reflètent aussi bien les doubles absences que les doubles présences.	73
Division hiérarchique	Danger de séparation érronée de membres de groupes mineurs en début de groupement.		
monothétique	Division des objets selon les descriptions du "meilleur" descripteur.	Pis-aller; utile dans certains cas pour séparer de grand groupes à l'intérieur desquels le groupement dépend de phénomènes différents.	79
polythétique	Très limité quant au nombre d'objets.	Calcul irréalisable sur des problèmes réels.	81
Associations d'espèces	Méthodes non-hiérarchiques; groupement à un niveau de similarité ou de probabilité pré-établi.	Concept d'association basé sur la co-occurrence (autres concepts: voir les méthodes hiérarchiques ci-dessus).	
liens complets	Pour toutes les mesures de dépendance entre espèces (voir p. 50); espèces associées à liens complets (sans recouvrement), espèces satellites à liens simples (avec recouvrement).	Concept clair et application aisée pour tous les problèmes d'associations d'espèces.	85
groupement probabiliste	Algorithme théoriquement très consistant; espèces associées de façon statistiquement significative; limité aux données quantitatives et aux similarités calculées par le coefficient probabiliste de Goodall.	Calcul très lourd.	88
Sériation	Ordination unidimensionnelle le long de la diagonale de la matrice de similarité; problème de convergence.	Pour matrices d'association asymétriques.	95

CHAPITRE 9

L'ORDINATION EN ESPACE RÉDUIT

9.0. – UNE PROJECTION SIMPLIFIÉE DU PROBLÈME MULTIDIMENSIONNEL

L'ordination est une opération familière à tout écologiste : elle consiste à disposer des points-objets le long d'axes correspondant à des relations d'ordre, ou sur des graphiques formés de deux ou plusieurs axes de ce type. Les relations d'ordre sont la plupart du temps quantitatives, mais il suffirait qu'elles soient du type "plus grand", "égal" ou "plus petit" (descripteurs semi-quantitatifs) pour qu'elles permettent d'obtenir des ordinations satisfaisantes. Gower (1984b) rappelle que c'est l'écologie qui a fourni le terme *ordination* à la statistique multidimensionnelle, où il désigne les représentations d'objets par rapport à un ou plusieurs axes de référence.

Le chercheur, qui observe un grand nombre de descripteurs pour chacun des objets étudiés, est généralement intéressé à dégager les grandes tendances de la variabilité de son échantillon pour l'ensemble des descripteurs : en effet, l'examen de la dispersion des objets par rapport à toutes les paires possibles de descripteurs est une approche laborieuse, qui pourrait générer plus de papier noirci que de lumière sur le problème. La solution multidimensionnelle consiste à représenter la dispersion des objets dans un graphique multivariable, comportant autant d'axes qu'il y a de descripteurs dans l'étude. Il n'est cependant pas possible d'illustrer, sur papier, de tels diagrammes en plus de deux ou éventuellement trois dimensions, même s'ils constituent des constructions mathématiques parfaitement valides. Pour les besoins de l'analyse, l'écologiste cherchera donc les *projections* de ce diagramme multidimensionnel de dispersion dans les *plans* les plus intéressants possibles. Ces nouveaux axes permettent de représenter de façon optimale, dans un *espace de dimension réduite*, l'ensemble de la variabilité de la matrice multidimensionnelle de données. Les méthodes d'*ordination en espace réduit* permettent d'ailleurs au chercheur d'acquérir toute une série de connaissances quantitatives sur la valeur des projections qu'il en obtient, ainsi que de dégager des relations entre descripteurs en plus des relations entre objets.

Toutes ces techniques d'ordination en espace réduit sont parfois désignées sous le nom de *méthodes factorielles* (ou d'*inertie*), puisqu'elles sont fondées sur l'extraction des vecteurs propres ou *facteurs* de la matrice d'association. L'appellation d'*analyse factorielle* sera cependant surtout réservée, au cours du présent ouvrage, aux méthodes exposées à la section 9.5 et employées principalement en sciences humaines, méthodes qui permettent de représenter la structure de covariance des descripteurs en fonction d'un modèle causal posé par hypothèse.

Les autres sections du présent chapitre exposent à tour de rôle l'analyse en composantes principales (section 9.1), la plus puissante de toutes les techniques, qui est cependant réservée à des ensembles de descripteurs quantitatifs ; l'analyse en coordonnées principales (section 9.2), qui permet de préserver en espace réduit les relations de distance entre des objets caractérisés par des descripteurs quelconques, pour lesquels on a calculé une matrice d'association métrique ; le cadrage multidimensionnel (section 9.3), qui dispose des objets de la meilleure façon possible à partir d'une matrice d'association métrique ou semimétrique ; enfin, l'analyse des correspondances, qui permet de projeter ensemble les lignes et les colonnes d'un tableau de contingence (section 9.4). L'analyse discriminante ainsi que les corrélations canoniques sont aussi des techniques de type factoriel, mais elles sont plutôt présentées au chapitre 10 puisqu'elles interviennent surtout, dans l'analyse des données écologiques, à l'étape de l'interprétation des structures.

On a déjà mentionné, au chapitre précédent, que l'ordination est souvent employée comme méthode de groupement. Dans bien des cas, la structure à dégager est discontinue et une ordination des observations par rapport à quelques variables, ou encore en espace réduit, suffit à dégager la structure (voir cependant les remarques de la section 8.6 sur les ordinations dans l'étude des associations d'espèces). Dans les autres cas, les ordinations peuvent être employées comme complément d'information aux groupements, puisque les groupements décrivent les relations au niveau des paires d'objets et permettent donc de dégager des relations fines, alors que les ordinations s'intéressent à la totalité de la variabilité d'une matrice d'association, ce qui leur permet de mettre en évidence les grandes relations d'ensemble. Différentes méthodes de superposition d'un groupement à une ordination sont d'ailleurs exposées à la section 10.1.

Les analyses en composantes principales (section 9.1) peuvent être réalisées par les logiciels SPSS, BMDP ou SAS (tableau 1.III), de même que par NT-SYS, CLUSTAN ou OSIRIS III, déjà mentionnés dans des sections précédentes (consulter l'*Index alphabétique des matières*). Les programmes ALSOS (section 10.2) offrent différents équivalents à l'analyse en composantes principales, comme l'indique le tableau 5.I : HOMALS pour les données qualitatives, PRINCALS et PRINCIPALS pour les descripteurs mixtes. NT-SYS permet de réaliser des analyses en coordonnées principales (section 9.2). Pour le cadrage multidimensionnel non-métrique (section 9.3), on pourra avoir recours à NT-SYS, à OSIRIS III, aux programmes ALSCAL et GEMSCAL de la série ALSOS, ou encore aux programmes distribués par Bell Laboratories*. L'analyse factorielle

* Computing Information Service, Room 2F-128, Bell Laboratories, Murray Hill, New Jersey 07974, U.S.A.

(section 9.5) peut enfin être réalisée par SPSS, BMDP ou OSIRIS III ou par le programme FACTALS de la série ALSOS (pour données mixtes). Pour ces mêmes analyses, ou encore pour l'analyse factorielle des correspondances (section 9.4), l'écologiste pourra avoir recours à des programmes publiés, par exemple par Cooley & Lohnes (1971), Blackith & Reyment (1971), Benzécri et coll. (1973), Davies (1971), Jambu & Lebeaux (1978) ou Orlóci (1978). Par ailleurs, il est souvent plus facile de rendre une méthode opérationnelle à un centre de calcul donné en faisant appel aux banques de sous-programmes disponibles localement, tel IMSL (section 1.2, tome 1), qui permettent d'effectuer de façon efficace les diverses opérations matricielles y compris le calcul des valeurs et vecteurs propres, ainsi que le traçage des graphiques illustrant les résultats.

Les sections qui suivent constituent des présentations succinctes des différentes méthodes d'ordination, utiles à l'écologiste : elles s'adressent à l'usager-écologiste plutôt qu'au statisticien. Pour des présentations plus détaillées de la théorie ou des méthodes de calcul, on aura avantage à consulter par exemple Gauch *et al.* (1977), Lefebvre (1980) ou Morrison (1976) et aussi Benzécri et coll. (1973) ou Hill (1974), dans le cas de l'analyse des correspondances. Enfin, on pourra consulter l'excellente revue des méthodes d'ordination par Gower (1984b) où, en plus des méthodes du présent chapitre, sont aussi présentées d'autres méthodes, souvent développées par les psychométriciens, qui sont appelées à jouer prochainement un rôle en analyse écologique : d'autres méthodes de cadrage métrique que l'analyse en coordonnées principales, le "multidimensional unfolding" (terme pour lequel on ne dispose pas encore d'une traduction française), l'analyse orthogonale de Procruste (méthode nommée d'après celle du célèbre brigand de la mythologie grecque) et sa forme généralisée, le cadrage à partir de plusieurs matrices de distance, ainsi que l'ordination de matrices asymétriques.

9.1. – ANALYSE EN COMPOSANTES PRINCIPALES

On a vu à la section 4.5 (tome 1) que, dans une distribution multinormale, le premier axe principal est la droite qui passe par la plus grande dimension de l'ellipsoïde de probabilité de cette distribution. De même, les axes principaux suivants passent par les plus grandes directions successives – de plus en plus courtes et orthogonales (à angle droit) les unes aux autres – de l'ellipsoïde à n dimensions, pour lequel il existe donc un maximum de n axes principaux (fig. 4.10). On trouve les axes principaux d'une matrice de dispersion $\mathbf{S}$ en résolvant

$$(\mathbf{S} - \lambda_h \mathbf{I})\,\mathbf{u}_h = \mathbf{0}$$

dont l'équation caractéristique

$$|\mathbf{S} - \lambda_h \mathbf{I}| = 0$$

permet de trouver les différentes *valeurs propres* λ_h. En replaçant à tour de rôle les différents λ_h dans l'équation matricielle ci-dessus, on peut alors trouver le vecteur propre $\mathbf{u}_h$ associé à chaque λ_h : ces vecteurs propres sont les *axes principaux* de la matrice de dispersion $\mathbf{S}$ (section 4.5, tome 1). Lorsqu'on normalise les vecteurs propres de façon à ce que leur longueur soit égale à l'unité (tome 1), ils permettent de retrouver les *composantes principales,* formées des coordonnées des objets par rapport aux différents axes principaux. Les composantes principales, développées par Hotelling (1933), ont donc les propriétés suivantes qui en font un instrument puissant pour l'analyse de données écologiques :

1) Puisque la matrice de dispersion $\mathbf{S}$ est symétrique, ses axes principaux $\mathbf{u}_h$ sont *orthogonaux* entre eux, c'est-à-dire qu'ils correspondent à des *directions linéairement indépendantes* les unes des autres dans l'ellipsoïde de probabilité de la distribution des objets (section 2.9).

2) Comme on l'a vu à la section 4.5, les valeurs propres λ_h d'une matrice de dispersion $\mathbf{S}$ mesurent la quantité de *variance* expliquée par chaque axe principal $\mathbf{u}_h$.

3) Ces deux premières propriétés font de l'analyse en composantes principales une méthode qui permet de *résumer, en quelques dimensions importantes,* la plus grande partie de la variabilité d'une matrice de dispersion d'un grand nombre de descripteurs et de connaître aussi la quantité de variance expliquée par ces quelques axes principaux indépendants.

Les paragraphes qui suivent montrent comment l'analyse en composantes principales permet de dégager les relations entre objets, les relations entre descripteurs, ainsi que les rapports entre les axes principaux et les descripteurs d'origine. On suppose un exemple fictif de cinq objets, pour lesquels on connaît deux descripteurs quantitatifs :

$$\mathbf{Y} = \begin{bmatrix} 2 & 3 & 5 & 7 & 9 \\ 1 & 4 & 0 & 6 & 2 \end{bmatrix}$$

En pratique, on ne réalise une analyse en composantes principales que lorsque le problème comporte plus de deux descripteurs ; en effet, les rapports entre deux descripteurs seulement peuvent être représentés par un diagramme de dispersion à deux dimensions (fig. 9.1 a). Ce problème simple n'est utilisé ici que pour illustrer le fait que l'analyse en composantes principales n'accomplit à toutes fins utiles qu'une rotation d'axes.

1. – *Calcul des vecteurs propres*

La matrice de dispersion des deux descripteurs est :

$$\mathbf{S} = \frac{1}{\nu}[y - \bar{y}][y - \bar{y}]' = \begin{bmatrix} 8{,}2 & 1{,}6 \\ 1{,}6 & 5{,}8 \end{bmatrix}$$

L'équation caractéristique

$$|\mathbf{S} - \lambda_h \mathbf{I}| = \left| \begin{bmatrix} 8{,}2 & 1{,}6 \\ 1{,}6 & 5{,}8 \end{bmatrix} - \begin{bmatrix} \lambda_h & 0 \\ 0 & \lambda_h \end{bmatrix} \right| = 0$$

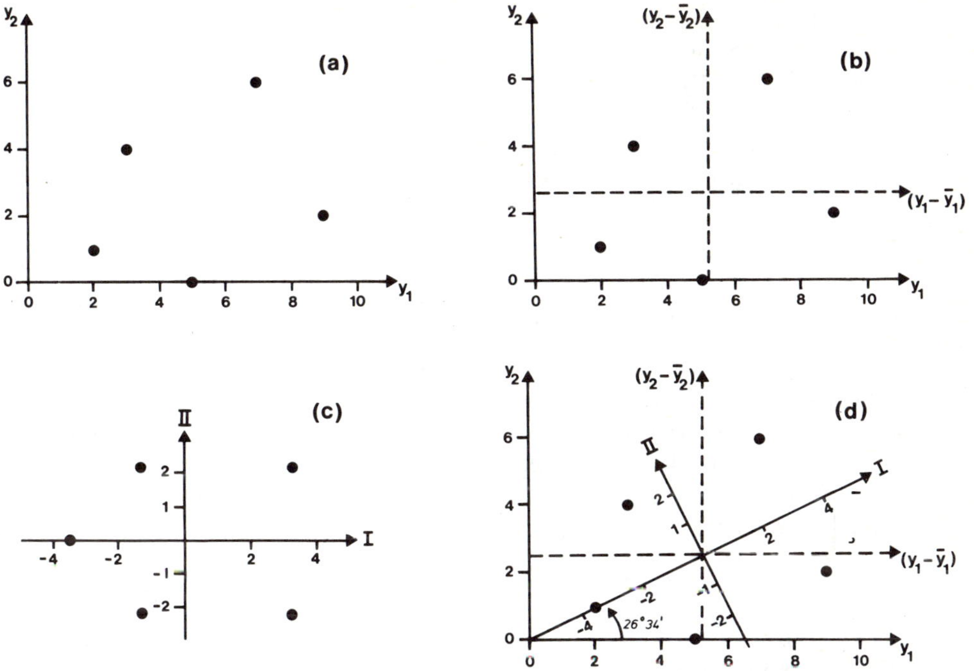

Figure 9.1 – Exemple fictif d'analyse en composantes principales. (**a**) Les cinq objets disposés dans un graphique des deux descripteurs $\mathbf{y}_1$ et $\mathbf{y}_2$. (**b**) Le centrage des données produit les descripteurs centrés $(\mathbf{y}_1 - \bar{\mathbf{y}}_1)$ et $(\mathbf{y}_2 - \bar{\mathbf{y}}_2)$, représentés en tirets. (**c**) Les objets représentés dans le système des axes principaux I et II, centrés par rapport au nuage de points. (**d**) Les objets dans les différents systèmes d'axes (**b** et **c**) se superposent après une rotation de 26° 34′.

permet de trouver les deux valeurs propres $\lambda_1 = 9$ et $\lambda_2 = 5$. On peut noter que la variance totale, sur la diagonale de la matrice de dispersion $(8{,}2 + 5{,}8 = 14)$, est partitionnée différemment par les valeurs propres $(9 + 5 = 14)$: $\lambda_1 = 9$, soit 64,29 % de la variance, et λ_2 qui rend compte de la différence, soit 35,71 % de la variance. Il y a autant de valeurs propres que de descripteurs et les valeurs propres successives sont des fractions de plus en plus petites de la variance. En introduisant à tour de rôle les λ_h dans l'équation matricielle

$$(\mathbf{S} - \lambda_h \mathbf{I})\,\mathbf{u}_h = \mathbf{0}$$

on peut retrouver les deux vecteurs propres associés aux valeurs propres. Une fois normalisés (normés à 1 : $\mathbf{u}'\mathbf{u} = 1$), ces vecteurs forment les *colonnes* de la matrice

$$\mathbf{U} = \begin{bmatrix} 0{,}8944 & -0{,}4472 \\ 0{,}4472 & 0{,}8944 \end{bmatrix}$$

(si on avait attribué, de façon arbitraire, un signe opposé à l'un ou l'autre terme de la matrice **U** lors du calcul des vecteurs propres, on aurait obtenu une image miroir des figures 9.1 c et 9.1 d, par ailleurs absolument équivalente). Il est facile de vérifier l'orthogonalité de ces vecteurs : en effet leur produit scalaire $\mathbf{u}_1'\mathbf{u}_2 = (0{,}8944 \times (-0{,}4472)) + (0{,}4472 \times 0{,}8944) = 0$. On a vu d'autre part (tome 1) que les éléments de la matrice **U** sont aussi des cosinus directeurs des angles entre les descripteurs d'origine et les axes principaux, si bien que le système des axes principaux est une rotation (arc cos 0,8944) ≃ 26° 34′ du système de référence défini par les descripteurs d'origine.

2. – *Calcul et représentation des composantes principales*

Les éléments des vecteurs propres sont aussi les poids ou *saturations* des différents descripteurs de départ, dans la combinaison linéaire de ces descripteurs qui permet de retrouver les composantes principales, c'est-à-dire la position des objets par rapport au nouveau système constitué par les axes principaux. Ainsi, la position d'un objet $\mathbf{x}_j$ par rapport au premier axe principal est donnée par la fonction ou combinaison linéaire

$$f_{j1} = (y_{1j} - \bar{y}_1)u_{11} + \dots + (y_{nj} - \bar{y}_n)u_{n1} = [y - \bar{y}]_j' \mathbf{u}_1$$

Les $(y_{ij} - \bar{y}_i)$ sont les coordonnées de l'objet j pour les différents descripteurs centrés i et les u_{i1} sont les saturations des différents descripteurs pour le premier vecteur propre. La forme générale de ces observations, transposées dans le système des axes principaux, est la *matrice transformée* **F** des composantes principales :

$$\mathbf{F} = [y - \bar{y}]' \mathbf{U}$$

où $[y - \bar{y}]'$ est la transposée de la matrice des observations centrées et **U** est la matrice des vecteurs propres. Le système d'axes principaux est centré par rapport au nuage de points-objets, ce qui ne serait pas le cas si l'on avait plutôt multiplié **U** par **Y** comme le font certains auteurs. Pour l'exemple numérique, on peut calculer les composantes principales :

$$\mathbf{F} = \begin{bmatrix} -3{,}2 & -1{,}6 \\ -2{,}2 & 1{,}4 \\ -0{,}2 & -2{,}6 \\ 1{,}8 & 3{,}4 \\ 3{,}8 & -0{,}6 \end{bmatrix} \begin{bmatrix} 0{,}8944 & -0{,}4472 \\ 0{,}4472 & 0{,}8944 \end{bmatrix} = \begin{bmatrix} -3{,}578 & 0 \\ -1{,}342 & 2{,}236 \\ -1{,}342 & -2{,}236 \\ 3{,}130 & 2{,}236 \\ 3{,}130 & -2{,}236 \end{bmatrix}$$

Comme les deux colonnes de la matrice transformée sont les coordonnées des cinq objets par rapport aux deux axes principaux, on peut donc les représenter par rapport au graphique des deux axes principaux I et II (fig. 9.1 c). Il est facile de vérifier (fig. 9.1 d) que les objets sont bien positionnés par les composantes principales de la même façon que dans le système d'axes d'origine et que l'analyse en composantes principales a tout simplement effectué une rotation d'axes de 26° 34′, de façon à mettre en évidence les directions de plus grande variabilité.

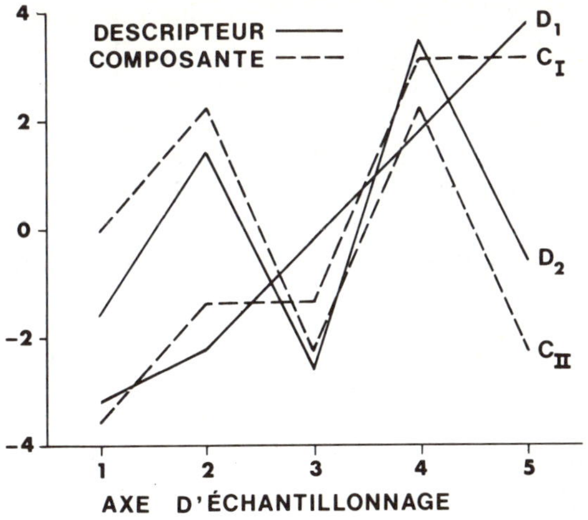

Figure 9.2 – Illustration de l'évolution, selon un axe d'échantillonnage, des descripteurs centrés (D) et des composantes principales (C) de l'exemple fictif de la figure 9.1, en supposant que les objets proviennent d'un échantillonnage à intervalle régulier le long d'une radiale (abscisse du graphique).

Lorsqu'on travaille avec plus de deux descripteurs au départ, l'analyse en composantes principales ne fait toujours qu'une rotation du système d'axes, cette fois dans un espace multidimensionnel : les composantes principales I et II forment alors le plan de plus grande variance, pour une projection des objets qui respecte le mieux possible leurs distances relatives dans l'espace multidimensionnel. Par ailleurs, si les objets avaient été prélevés le long d'un axe d'échantillonnage (temporel ou spatial), on pourrait représenter l'évolution de l'une ou l'autre composante selon cet axe. La figure 9.2 illustre l'évolution des descripteurs et des composantes principales de l'exemple fictif, supposant que les cinq objets aient été échantillonnés à intervalles égaux le long d'une radiale. Lorsque les objets sont échantillonnés dans un plan géographique, il est possible de cartographier les valeurs des composantes qui intéressent l'écologiste.

3. – *Le rôle des descripteurs*

L'analyse en composantes principales permet aussi de connaître le rôle des descripteurs d'origine dans la formation des composantes principales ainsi que de représenter, en espace réduit, les relations entre ces descripteurs.

Lorsqu'il s'est agi, ci-dessus, d'examiner les relations entre *vecteurs propres normalisés* (colonnes de la matrice $\mathbf{U}$), on a fait appel à des expressions de la forme $\mathbf{U}'\mathbf{U}$. Dans le cas de l'exemple fictif,

$$\mathbf{U}'\mathbf{U} = \begin{bmatrix} 0{,}8944 & 0{,}4472 \\ -0{,}4472 & 0{,}8944 \end{bmatrix} \begin{bmatrix} 0{,}8944 & -0{,}4472 \\ 0{,}4472 & 0{,}8944 \end{bmatrix} = \begin{bmatrix} 1 & 0 \\ 0 & 1 \end{bmatrix} = \mathbf{I}$$

Les termes diagonaux de la matrice produit résultent de la multiplication des vecteurs propres avec eux-mêmes et ils représentent donc leur (longueur)^2 – ici égale à l'unité, les vecteurs étant normés à 1 – alors que les termes non diagonaux, résultant de la multiplication de deux vecteurs propres différents, sont égaux à zéro puisque ces vecteurs propres sont orthogonaux. Ce résultat, qui serait le même pour toute matrice $\mathbf{U}$ de vecteurs propres normalisés extraits d'une matrice symétrique, permet d'établir une propriété importante de la matrice $\mathbf{U}$: puisque $\mathbf{U'U} = \mathbf{I}$, il en découle que $\mathbf{U'} = \mathbf{U}^{-1}$ et donc que $\mathbf{U}$ est une matrice *orthonormale* (sections 2.8 et 4.5).

De la même façon, l'étude des relations entre les *descripteurs* (*lignes* de la matrice $\mathbf{U}$) repose sur l'expression matricielle $\mathbf{UU'}$, où les termes diagonaux et non diagonaux ont la même signification que dans $\mathbf{U'U}$, mais cette fois pour les descripteurs-lignes. Les relations entre les lignes sont les mêmes que celles des colonnes, puisque $\mathbf{U}$ est orthogonale :

$$\mathbf{UU'} = \mathbf{UU}^{-1} = \mathbf{I}$$

Les descripteurs sont donc de longueur 1, dans l'espace multidimensionnel, et ils sont à 90° les uns des autres (orthogonaux).

L'analyse en composantes principales n'est en fait qu'une rotation, dans l'espace multidimensionnel, du système d'axes d'origine (fig. 9.1 et 9.3 a, pour un espace bidimensionnel) : il est donc normal que, à la suite de l'analyse (rotation), les axes-descripteurs d'origine soient toujours à 90° les uns des autres. Par ailleurs, la normalisation des vecteurs propres entraîne, simultanément, une normalisation des axes-descripteurs (la longueur des vecteurs-lignes et des vecteurs-colonnes est donnée en marges de la matrice) :

$$\mathbf{U} = \begin{bmatrix} u_{11} & \cdots & u_{1n} \\ \vdots & & \vdots \\ u_{n1} & \cdots & u_{nn} \end{bmatrix} \begin{matrix} \sqrt{\Sigma u_{1h}^2} = 1 \\ \vdots \\ \sqrt{\Sigma u_{nh}^2} = 1 \end{matrix}$$

$$\sqrt{\Sigma u_{i1}^2} = 1 \quad \cdots \quad \sqrt{\Sigma u_{in}^2} = 1$$

Il existe une seconde approche à l'examen des relations entre descripteurs, qui consiste à normer les vecteurs propres de telle façon que les axes-descripteurs forment entre eux un angle proportionnel à leur *covariance*. Les axes-descripteurs sont alors à un angle entre 0° (covariance positive maximale) et 180° (covariance négative maximale) – un angle de 90° signifiant une covariance nulle (orthogonalité). Ce résultat est atteint en normant chaque vecteur propre h à la longueur de son écart type $\sqrt{\lambda_h}$ *. Cette façon de normer les vecteurs propres ne préserve évidemment pas les relations de distance (euclidienne) entre les objets.

* Le logiciel SPSS, dont le sous-programme FACTOR ne fournit que le graphique des axes-descripteurs, norme les vecteurs propres à une longueur de $\sqrt{\lambda}$.

La nouvelle matrice des vecteurs propres peut être évaluée directement, grâce à la matrice diagonale $\mathbf{\Lambda}$ des valeurs propres (tome 1), au moyen de l'expression $\mathbf{U\Lambda}^{1/2}$; pour l'exemple fictif,

$$\mathbf{U\Lambda}^{1/2} = \begin{bmatrix} 0{,}8944 & -0{,}4472 \\ 0{,}4472 & 0{,}8944 \end{bmatrix} \begin{bmatrix} \sqrt{9} & 0 \\ 0 & \sqrt{5} \end{bmatrix} = \begin{bmatrix} 2{,}6832 & -1{,}0000 \\ 1{,}3416 & 2{,}0000 \end{bmatrix}$$

Les relations entre les descripteurs suivent alors la matrice de dispersion $\mathbf{S}$, à l'origine de l'analyse :

$$(\mathbf{U\Lambda}^{1/2})(\mathbf{U\Lambda}^{1/2})' = \mathbf{U\,\Lambda\,U}' = \mathbf{U\,\Lambda\,U}^{-1} = \mathbf{S}$$

L'équation $\mathbf{U\,\Lambda\,U}^{-1} = \mathbf{S}$ est dérivée directement de l'équation générale des vecteurs propres $\mathbf{SU} = \mathbf{U\Lambda}$ (tome 1). La nouvelle matrice $\mathbf{U\Lambda}^{1/2}$ est de la forme suivante (la longueur des vecteurs-lignes et des vecteurs-colonnes est donnée en marges de la matrice) :

$$\mathbf{U\Lambda}^{1/2} = \begin{bmatrix} u_{11}\sqrt{\lambda_1} & \ldots & u_{1n}\sqrt{\lambda_n} \\ \vdots & & \vdots \\ u_{n1}\sqrt{\lambda_1} & \ldots & u_{nn}\sqrt{\lambda_n} \end{bmatrix} \quad \begin{matrix} \sqrt{\Sigma(u_{1h}\sqrt{\lambda_h})^2} = s_1 \\ \vdots \\ \sqrt{\Sigma(u_{nh}\sqrt{\lambda_h})^2} = s_n \end{matrix}$$

$$\sqrt{\Sigma(u_{i1}\sqrt{\lambda_1})^2} = \sqrt{\lambda_1} \quad \ldots \quad \sqrt{\Sigma(u_{in}\sqrt{\lambda_n})^2} = \sqrt{\lambda_n}$$

Lorsque les vecteurs propres sont normés à leur écart type $\sqrt{\lambda_h}$, les axes-descripteurs ont donc, dans l'espace multidimensionnel, la longueur $\sqrt{s_i^2} = s_i$ de leur écart type et le produit de deux axes-descripteurs, qui correspond à l'angle qu'ils forment dans l'espace multidimensionnel, est alors égal à leur *covariance* s_{ij}.

L'écologiste, qui fait appel à l'analyse en composantes principales, ne s'intéresse pas à la totalité de la représentation en espace multidimensionnel mais plutôt à sa *projection* simplifiée en *espace réduit* (généralement à un plan bidimensionnel). Les éléments $u_{ih}\sqrt{\lambda_h}$ des vecteurs propres normés à $\sqrt{\lambda_h}$ sont les coordonnées de la projection de chaque descripteur i sur les différents axes principaux h, de telle sorte que l'on peut tracer la projection des axes-descripteurs, dans cet espace, en représentant les descripteurs par des flèches puisqu'il s'agit d'*axes* (comme à la fig. 9.3b). La représentation des axes-descripteurs dans un plan réduit est d'une longueur inférieure ou égale à celle qu'ils possèdent dans l'espace multidimensionnel ; elle est égale pour tous les descripteurs, à la figure 9.3b, parce que l'espace "multidimensionnel" n'a que deux dimensions.

Les angles entre les descripteurs, dans le plan réduit, sont des *projections* de leurs angles de covariance et il importe de ne considérer que les descripteurs qui sont bien représentés dans le plan de projection : pour ce faire, il faut choisir les descripteurs qui forment de petits angles avec le plan réduit, c'est-à-dire les descripteurs dont la projection se rapproche de la longueur réelle s dans l'espace multidimensionnel. La longueur de la *projection* d'un axe-descripteur i étant égale ou

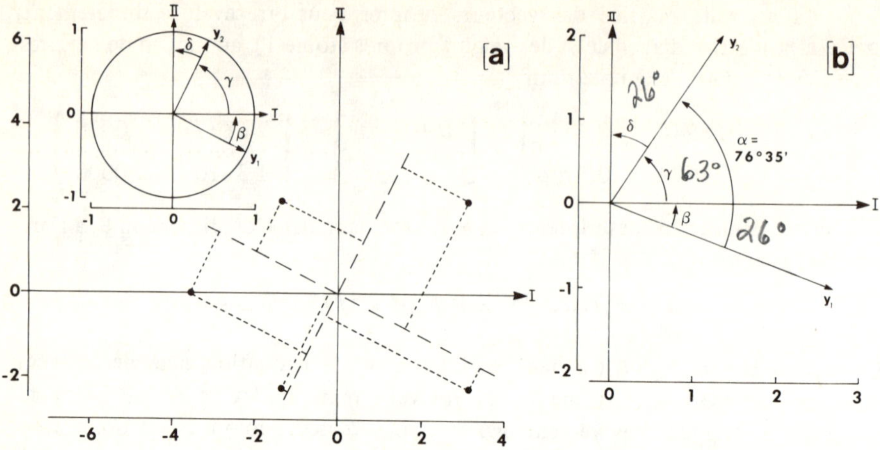

Figure 9.3 – Exemple fictif de la figure 9.1. (a) Double projection de la solution des composantes principales lorsque les vecteurs propres sont normés à 1. Les descripteurs (matrice **U**) sont représentés en médaillon ; ils sont reportés en tirets dans le graphique des objets (matrice **F**), qui montre que l'interprétation des relations entre objets et descripteurs ne se fait pas en termes de leurs proximités, mais plutôt en considérant la projection (pointillé) des objets sur les axes-descripteurs ou sur leur prolongement. (b) Axes-descripteurs de la matrice $\mathbf{U\Lambda}^{1/2}$, séparés par un angle de covariance de 76° 35′.

inférieure à s_i, il faut adopter un critère permettant de juger de la valeur de cette représentation dans le plan de projection. Si un descripteur i est également associé à chacun des n axes principaux, tous les éléments de la ligne i (de longueur s_i) de la matrice $\mathbf{U\Lambda}^{1/2}$ sont alors égaux et d'une valeur $s_i\sqrt{1/n}$ (en effet, la longueur totale de ce descripteur demeure alors $[n\,(s_i\sqrt{1/n})^2]^{1/2} = s_i$). La longueur de la projection de cet axe-descripteur dans un espace réduit à d dimensions est donc $s_i\sqrt{d/n}$, ce qui constitue une mesure, dans cet espace, de la *contribution équilibrée de ce descripteur* aux différents axes de l'espace multidimensionnel total. On peut ainsi juger si la contribution de chaque descripteur à l'espace réduit est plus élevée ou plus faible que le voulait l'hypothèse d'une contribution égale à tous les axes principaux. Pour l'exemple, la longueur de chaque ligne de la matrice $\mathbf{U\Lambda}^{1/2}$, dans l'espace bidimensionnel, est égale à

$$\text{longueur du premier descripteur} = \sqrt{2{,}6832^2 + (-\,1{,}0000)^2} = 2{,}8635$$

$$\text{longueur du second descripteur} = \sqrt{1{,}3416^2 + 2{,}0000^2} = 2{,}4083$$

Parce que cet exemple n'a en tout que deux dimensions, ces longueurs devraient être égales à leur projection équilibrée en deux dimensions (ce ne serait pas le cas en général, puisque les problèmes sont habituellement multidimensionnels). On peut le vérifier, puisqu'on connaît déjà les variances des descripteurs (sous-section 1) :

projection équilibrée du premier descripteur $= s_1 \sqrt{2/2} = \sqrt{8{,}2}\sqrt{2/2} = 2{,}8635$

projection équilibrée du second descripteur $= s_2 \sqrt{2/2} = \sqrt{5{,}8}\sqrt{2/2} = 2{,}4083$

L'interprétation angulaire du produit de deux axes-descripteurs s'obtient directement si ceux-ci sont ramenés à une longueur unité, ce qu'on calcule en divisant les éléments de chaque ligne i par sa longueur s_i. Pour ce, il suffit de faire appel à la matrice diagonale $\mathbf{D}(s)$ des écarts types (tome 1), qui permet de calculer la matrice $\mathbf{D}(s)^{-1}\mathbf{U}\mathbf{\Lambda}^{1/2}$ et d'exprimer les relations entre descripteurs par :

$$[\mathbf{D}(s)^{-1}\mathbf{U}\mathbf{\Lambda}^{1/2}]\,[\mathbf{D}(s)^{-1}\mathbf{U}\mathbf{\Lambda}^{1/2}]' = \mathbf{D}(s)^{-1}\underbrace{\mathbf{U}\mathbf{\Lambda}\mathbf{U}'}_{\mathbf{S}}\mathbf{D}(s)^{-1} = \mathbf{D}(s)^{-1}\mathbf{S}\mathbf{D}(s)^{-1} = \mathbf{R}$$

La relation entre la matrice de corrélation $\mathbf{R}$ et la matrice de dispersion $\mathbf{S}$ est assurée par la matrice diagonale des écarts types.

L'angle α_{ij} que forment entre eux deux descripteurs $\mathbf{y}_i$ et $\mathbf{y}_j$, dans l'espace multidimensionnel, est alors proportionnel à leur *corrélation* (r_{ij}) et l'on peut démontrer que $\cos(\alpha_{ij}) = r_{ij}$; cet angle est exactement le même que celui de la *covariance,* puisque la réduction des lignes à 1 n'a changé que la longueur des axes-descripteurs et non leur position dans l'espace multidimensionnel. Dans le cas de l'exemple fictif, la corrélation entre les deux descripteurs est égale à $1{,}6/\sqrt{8{,}2 \times 5{,}8} = 0{,}232$: l'angle qui correspond à cette corrélation est 76°35′ (cos 76°35′= 0,232) et il est bien celui de la covariance à la figure 9.3b. De même façon, l'angle que forme un descripteur avec un axe principal, dans l'espace multidimensionnel, représente la corrélation entre ce descripteur i et la composante principale h ; cette corrélation est l'élément ih de la nouvelle matrice des vecteurs propres :

$$u_{ih}\sqrt{\lambda_h}/s_i$$

En d'autres termes, la corrélation s'obtient en pondérant l'élément du vecteur propre par le rapport des écarts types de la composante principale et du descripteur. Pour l'exemple, ces corrélations et les angles correspondants peuvent être obtenus de la matrice $\mathbf{U}\mathbf{\Lambda}^{1/2}$ déjà calculée ainsi que des écarts types des deux descripteurs ($s_1 = 2{,}8635$, $s_2 = 2{,}4083$) :

$$[u_{ih}\sqrt{\lambda_h}/s_i] = \begin{bmatrix} 0{,}9370 & -0{,}3492 \\ 0{,}5571 & 0{,}8305 \end{bmatrix} \xrightarrow{\text{arc cos}} \begin{bmatrix} 20°\,26' & 110°\,26' \\ 56°\,09' & 33°51' \end{bmatrix}$$

Les angles indiqués à la figure 9.3b ont donc les valeurs suivantes : $\beta = 20°\ 26'$, $\gamma = 56°\ 09'$, $\delta = 33°\ 51'$. Ces corrélations permettent donc de connaître la contribution des descripteurs aux différentes composantes, après que le facteur d'échelle des différents descripteurs ait été enlevé. L'examen de la matrice des corrélations descripteurs-composantes permet de reconnaître les corrélations les plus fortes en valeur absolue, qui identifient les descripteurs contribuant davantage à chaque vecteur propre. On ne peut toutefois évaluer la signification de ces corrélations descripteurs-composantes à l'aide des tests habituels de signification des coefficients de corrélation linéaire, puisque les composantes principales ne sont que des combinaisons linéaires des descripteurs eux-mêmes.

Il n'est pas recommandé de tracer la projection, dans l'espace principal, de ces axes-descripteurs de $\mathbf{U}\mathbf{\Lambda}^{1/2}$ réduits à 1, puisque les vecteurs propres qui leur correspondent ne sont plus alors nécessairement orthogonaux et leur longueur est quelconque :

$$[\mathbf{D}(s)^{-1}\mathbf{U}\mathbf{\Lambda}^{1/2}]'\,[\mathbf{D}(s)^{-1}\mathbf{U}\mathbf{\Lambda}^{1/2}] \neq \mathbf{I}$$

La représentation de ces axes principaux n'est donc pas nécessairement à angles droits.

L'examen des projections d'axes-descripteurs de la matrice $\mathbf{U}\mathbf{\Lambda}^{1/2}$ pourra porter en particulier sur les aspects suivants :

1) Les coordonnées de projection d'un axe-descripteur représentent la position du sommet de la projection de cet axe-descripteur dans l'espace réduit et il est recommandé de représenter les projections d'axes-descripteurs par des flèches. Certains auteurs font plutôt référence aux points-descripteurs ou points-variables, qu'ils représentent par des *points* dans l'espace réduit. Cette représentation – non conseillée par suite de son ambiguïté – est acceptable à condition de respecter la nature des points-descripteurs, qui sont les *sommets d'axes-descripteurs* : leurs relations sont par conséquent définies en termes d'angles (fig. 9.3 et 9.6).

2) La projection $u_{ih}\sqrt{\lambda_h}$ d'un axe-descripteur i sur un axe principal h indique sa covariance avec cet axe principal et, par conséquent, sa contribution positive ou négative à la position des objets le long de cet axe. Il s'ensuit que l'on peut souvent qualifier les axes principaux par les noms des descripteurs qui contribuent surtout, et de façon préférentielle, à leur formation. Ainsi, à la fig. 9.6, l'axe principal I est surtout formé des descripteurs 6 à 10 et l'axe II, des descripteurs 1 à 4.

3) On notera les descripteurs dont la longueur projetée atteint ou dépasse leur contribution équilibrée. Les axes-descripteurs nettement plus courts que cette valeur contribuent peu à la formation de l'espace réduit sous étude, donc aussi à la structure que l'on peut déceler dans la projection des *objets* dans ce même espace réduit.

4) La corrélation entre descripteurs est donnée par *l'angle entre les axes-descripteurs, non par la proximité entre les sommets des axes.* Dans l'espace réduit, on peut chercher à reconnaître des groupes d'axes-descripteurs qui forment entre eux de petits angles, ou encore des angles de près de 180° (cos 180° = –1 : corrélation négative parfaite). Il faut cependant se rappeler qu'une *projection* d'angles de corrélation dans un espace réduit ne rend pas compte de la totalité de la corrélation entre variables, si bien qu'il est préférable de regrouper les descripteurs, dans cet espace réduit, par référence à l'espace multidimensionnel, en d'autres termes à partir de la matrice de dispersion

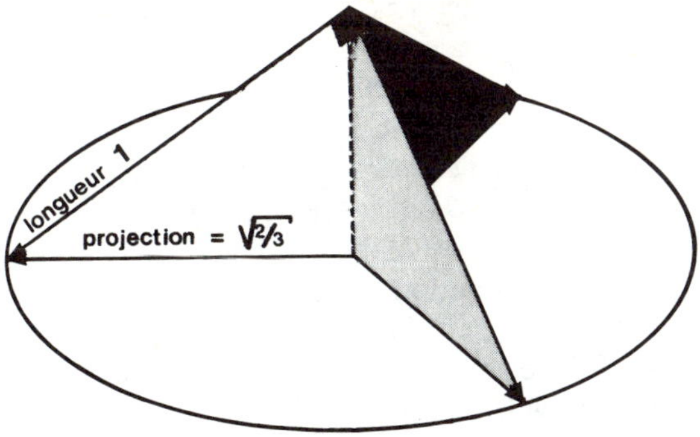

Figure 9.4 – Projection équilibrée, sur un plan, de trois vecteurs orthogonaux de longueur 1.

d'origine que l'on peut analyser à l'aide des méthodes de groupement du chapitre 8. On peut souvent réaliser cette analyse de la matrice de dispersion à la main, sans avoir recours à un programme de groupement, puisque le nombre de descripteurs est, dans bien des cas, assez restreint.

L'examen des projections d'axes-descripteurs de la matrice **U** diffère de celui de la matrice $\mathbf{U}\Lambda^{1/2}$. En effet, si l'on n'a pas normé les vecteurs propres à la longueur de leur écart type $\sqrt{\lambda}$, les axes-descripteurs sont de longueur unité et à angle droit dans l'espace multidimensionnel (fig. 9.3a). Les angles que forment les axes-descripteurs avec les axes principaux sont des projections des *angles de rotation*. Pour l'exemple, on peut trouver, à partir de la matrice **U** déjà calculée, les angles entre les descripteurs et les axes principaux :

$$\mathbf{U} = \begin{bmatrix} 0{,}8944 & -0{,}4472 \\ 0{,}4472 & 0{,}8944 \end{bmatrix} \xrightarrow{\text{arc cos}} \begin{bmatrix} 26°34' & 116°34' \\ 63°26' & 26°34' \end{bmatrix}$$

Les angles indiqués à la figure 9.3a ont donc les valeurs suivantes : $\beta = 26°\ 34'$, $\gamma = 63°\ 26'$, $\delta = 26°\ 34'$. Enfin, il n'est pas possible de représenter par un angle la corrélation entre descripteurs, puisque les descripteurs demeurent strictement orthogonaux lorsque les vecteurs propres sont normés à 1.

La projection u_{ih} d'un axe-descripteur i sur un axe principal h est *proportionnelle* à la *covariance* de ce descripteur avec l'axe principal ; le facteur de proportionnalité étant différent pour chaque axe principal, il n'est pas possible de comparer la projection d'un descripteur sur un axe avec sa projection sur un autre axe ; il est cependant correct de comparer la projection des différents axes-descripteurs sur un même axe principal. On peut démontrer que, si l'on projette de façon isogone (à angles respectivement égaux) n axes orthogonaux de longueur unité dans un espace à d dimensions, la projection de chaque axe aura une longueur $\sqrt{d/n}$: ainsi, à la fig. 9.4, la projection équilibrée de chacun des trois axes orthogonaux unitaires, dans un espace à deux dimensions, a une longueur de $\sqrt{2/3} = 0{,}816$. Cette formule est identique à la contribution équilibrée des descripteurs pour des vecteurs propres normés à $\sqrt{\lambda}$ ($s_i\sqrt{d/n}$: voir plus haut), à cette différence près que le terme s_i est remplacé ici par 1, puisque la longueur

d = dimension (nombre d'axes)

des axes-descripteurs est 1 : ceci s'explique du fait qu'une projection isogone conduit aussi à une association égale des axes-descripteurs aux différents axes principaux. On peut ainsi tracer un *cercle de contribution équilibrée des descripteurs,* de rayon $\sqrt{d/n}$, comme référence pour juger de la contribution de chaque descripteur à la formation de l'espace réduit. Pour l'exemple, ce cercle, indiqué dans le médaillon de la figure 9.3a, a évidemment une longueur de $\sqrt{2/2} = 1$ puisque l'espace réduit a le même nombre de dimensions que l'espace total. Si on ne s'intéressait qu'à la contribution équilibrée des descripteurs à la première composante principale, le "cercle" réduit à une seule dimension aurait un "rayon" de $\sqrt{1/2} = 0{,}7071$; la projection du premier descripteur sur le premier axe principal, égale à 0,8944 (voir la matrice **U** et la fig. 9.3a), excède la valeur de la contribution équilibrée et contribue donc de façon importante à la formation du première axe principal, ce qui n'est pas le cas du second descripteur, dont la projection sur le premier axe principal n'est que de 0,4472.

Les principales propriétés relatives aux descripteurs centrés sont résumées succinctement dans le tableau suivant :

Descripteur i centré	Norme des vecteurs propres	
	$\sqrt{\lambda_h}$	1
Longueur totale	s_i	1
Angles dans l'espace réduit	projections des covariances (corrélations)	90° : rotation solide du système d'axes
Longueur de la contribution équilibrée	$s_i \sqrt{d/n}$	cercle de rayon $\sqrt{d/n}$
Projection sur un axe principal h	$u_{ih} \sqrt{\lambda_h}$ covariance avec la composante h	u_{ih} proportionnelle à la covariance avec h
Corrélation avec une composante h	$u_{ih} \sqrt{\lambda_h} / s_i$	

4. – *Double projection*

Les deux sous-sections précédentes ont démontré que l'on peut projeter dans l'espace réduit des composantes principales les axes-descripteurs aussi bien que les vecteurs-objets, ce qui a conduit Jolicoeur & Mosimann (1960), puis Gabriel (1971), à proposer de juxtaposer ou superposer ces projections dans un même graphique. Dans ce cas, il faut conserver les axes-descripteurs orthogonaux dans l'espace multidimensionnel et, par conséquent, conserver les vecteurs propres normés à 1 (matrice **U**) : en effet, on désire projeter ici, dans l'espace réduit, le système objets-descripteurs d'origine, après rotation. Quoique attrayantes, ces doubles projections comportent un danger : l'écologiste a facilement tendance à interpréter les relations objets-descripteurs en termes de leur proximité dans l'espace réduit, alors que l'interprétation correcte implique plutôt la *projection* de l'objet sur l'axe-descripteur (centré par rapport au nuage de points) ou éventuellement sur son prolongement (fig. 9.3a). De la même façon, à la figure 9.1a par exemple, il ne viendrait à l'esprit de personne d'interpréter la relation entre les objets et le descripteur 1 en termes de la distance entre les points-objets et le sommet (tête de la flèche) de l'axe $\mathbf{y}_1$! Cette projection permet en fait d'établir les *coordonnées* d'un objet par rapport aux axes-descripteurs. Des modèles plus complexes de double projection sont résumés par Bradu & Gabriel (1978).

Application écologique 9.1a. – Legendre *et al.* (1984b) ont étudié les peuplements de gastéropodes à deux stations voisines, l'une dans la rivière Richelieu (mésotrophe), au Québec, et l'autre dans un affluent eutrophe, la rivière du Sud, afin de vérifier l'hypothèse selon laquelle les conditions physiques et chimiques caractéristiques des milieux eutrophes conditionnent les peuplements de gastéropodes benthiques qu'on y trouve. Après avoir fait ressortir les différences entre les deux milieux, l'analyse en composantes principales a été employée pour décrire la succession temporelle, de mai à octobre 1978, au sein de chaque communauté. Cet exemple ne forme donc pas une analyse en composantes principales typique puisque les échantillons sont liés dans le temps ; cette question est étudiée plus à fond à la section 11.7. La figure 9.5 présente les résultats obtenus, pour le milieu hypereutrophe, d'une analyse de cinq descripteurs d'abondances d'espèces et de sept descripteurs du milieu.

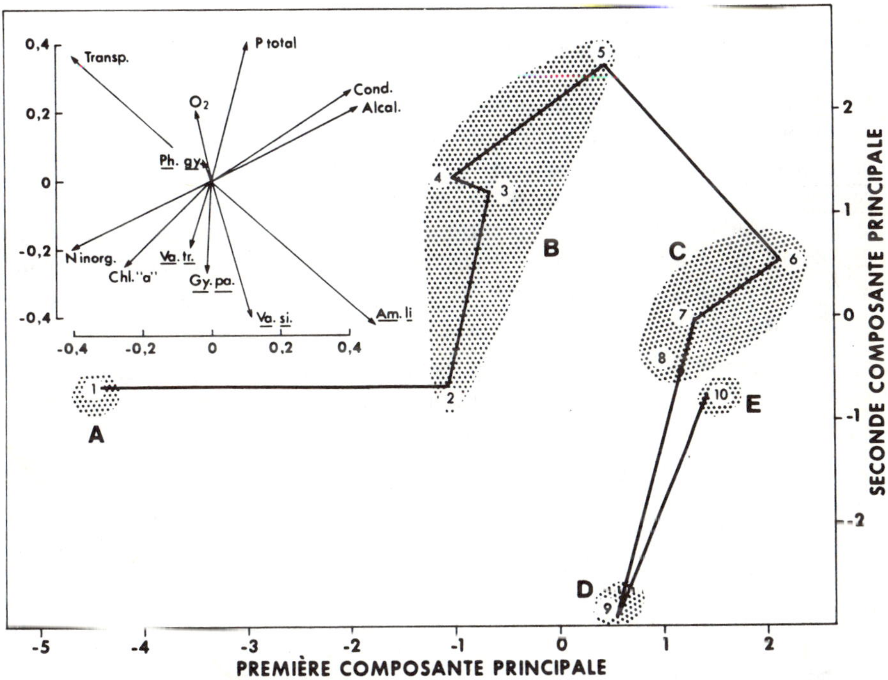

Figure 9.5 – Analyse en composantes principales des 10 échantillons de la rivière du Sud (numérotés de 1 à 10), formant une série temporelle. La double projection montre le rapport entre les descripteurs et l'évolution du peuplement. Les descripteurs du milieu sont : conductivité, transparence, alcalinité, oxygène dissous, phosphore total, azote inorganique et chlorophylle a. Les espèces de gastéropodes benthiques sont : *Amnicola limosa*, *Gyraulus parvus*, *Physa gyrina*, *Valvata tricarinata* et *V. sincera*.

L'analyse en composantes principales d'un tableau contenant à la fois des descripteurs du milieu et des abondances d'espèces, recommandée par Rohlf à la page 193 du présent ouvrage, est délicate, non pas, dans cet exemple, à cause des doubles zéros (la comparaison des abondances d'espèces entre elles ne produisant que 4 % de doubles zéros), mais plutôt parce qu'une telle analyse n'a de l'intérêt que si elle obéit aux conditions suivantes : (1) les descripteurs du milieu doivent être réduits (division par leur écart type respectif) puisqu'ils ne sont pas dimensionnellement homogènes ; (2) les abondances d'espèces doivent conserver leur taille respective (si les abondances d'espèces étaient réduites, les espèces les plus rares auraient, dans l'analyse, le même poids que les espèces dominantes du peuplement) ; (3) malgré cela, l'analyse doit être balancée, c'est-à-dire qu'elle doit donner une importance égale aux deux types de descripteurs. Ces problèmes furent résolus de la façon suivante. Après normalisation, les sept descripteurs du milieu furent réduits, ce qui leur donnait, tous ensemble, une somme d'écarts types égale à 7. Chaque donnée d'abondance d'espèce, pour sa part, fut divisée par la somme des écarts types des espèces et multipliée par 7, de façon à ce que la somme des écarts types des espèces soit aussi égale à 7 et que ces descripteurs aient, dans l'analyse, même poids que les descripteurs du milieu.

Les deux premières composantes principales rendent compte de plus de 60 % de la variance. En reliant les échantillons selon leur séquence chronologique, à la figure 9.5, on peut reconnaître des groupes d'échantillons correspondant à des périodes de stabilité relative du peuplement. La représentation des descripteurs en double projection dans cet espace réduit a permis aux auteurs de caractériser chacune de ces périodes, par rapport à la succession des espèces ainsi qu'en fonction des descripteurs du milieu, et de tirer des conclusions quant aux mécanismes d'action des éléments nutritifs sur l'évolution du peuplement de gastéropodes.

5. – *Composantes principales d'une matrice de corrélation*

Quoique l'analyse en composantes principales soit définie pour une matrice de dispersion **S** (section 4.5), certains auteurs l'effectuent plutôt sur une matrice de corrélation **R**, puisque les corrélations sont les covariances de descripteurs centrés réduits. Dans la matrice **R**, les éléments diagonaux sont de valeur unité : la somme des valeurs propres, qui correspond à la variance totale de la matrice de dispersion, est égale à l'ordre de **R** et donc au nombre de descripteurs n. Avant d'effectuer l'analyse, il est bon de s'assurer que $\mathbf{R} \neq \mathbf{I}$, au moyen du test de la fin de la section 4.8 (tome 1).

Les composantes principales extraites de matrices de corrélation ne sont pas les mêmes que celles que l'on peut calculer à partir de matrices de dispersion*. Pour s'en convaincre, il suffit de considérer l'équation de base du calcul des valeurs et des vecteurs propres $(\mathbf{S} - \lambda_h \mathbf{I})\, u_h = \mathbf{0}$: la somme des valeurs propres de **S** est égale à la somme des variances s^2 alors que celle des valeurs propres de **R** est égale à n, de telle sorte que les valeurs propres des deux matrices, et donc aussi leurs vecteurs propres, sont nécessairement différentes. Ceci tient à ce que les distances entre objets ne sont pas les mêmes dans les deux cas : en effet, lorsque les valeurs sont centrées réduites, leurs distances sont indépendantes des unités de

* Le logiciel SPSS ne permet le calcul de composantes principales qu'à partir de la matrice de corrélation (à moins d'employer, à l'aide de l'option 3 du sous-programme FACTOR, une matrice de dispersion calculée au préalable) : ce logiciel a en effet été développé d'abord pour les sciences sociales, où on ne s'intéresse qu'aux relations entre descripteurs, le plus souvent de nature différente, et non au groupement des objets dans l'espace réduit.

mesure, alors que celles qui séparent les objets dans l'espace des descripteurs d'origine varient selon le choix d'échelles. Quand les descripteurs sont de même nature et ordre de grandeur et qu'ils sont mesurés dans les mêmes unités, il ne fait pas de doute que c'est la matrice **S** que l'on doive employer : dans ce cas, les vecteurs propres d'une part et les coefficients de corrélation entre descripteurs et composantes d'autre part fournissent des renseignements complémentaires, l'un donnant la saturation des descripteurs et l'autre leur importance relative. On retrouvera des différences du même type au chapitre 10, entre les fonctions discriminantes et les fonctions d'identification.

Au contraire, lorsque les descripteurs sont de nature différente, il peut être plus acceptable d'avoir alors recours à la matrice **R**, quoique les avantages et inconvénients de cette opération restent très discutés. Anderson (1963), par exemple, note l'incongruité de rendre d'abord toutes les variances égales à l'unité, puis de chercher à maximiser la variance de certaines combinaisons linéaires par le calcul des composantes principales. L'écologiste, qui désire étudier les relations entre objets dans l'espace réduit des composantes principales, pourra donc fonder son choix d'une méthode plutôt que l'autre à partir de la question suivante : le regroupement éventuel des objets dans l'espace réduit doit-il se faire en fonction des ordres de grandeur des descripteurs d'origine (ou de toute autre transformation de ces descripteurs : voir section 1.3), ou les descripteurs doivent-ils plutôt contribuer de même façon au rapprochement des objets, et ce indépendamment de leur variance propre (corrélations) ? Une autre façon d'aborder la même question a été suggérée par Gower (1966) : est-ce avec les données brutes (covariances) ou avec les données centrées réduites (corrélations) que la configuration spatiale des objets est la plus intéressante, configuration établie par le calcul de distances euclidiennes entre objets pour l'ensemble des descripteurs ? Dans la deuxième hypothèse, on choisit d'opérer sur la matrice de corrélation.

On calcule les composantes principales d'une matrice de corrélation à partir de la matrice transposée des observations centrées réduites et de la matrice **U** des vecteurs propres de **R** :

$$\mathbf{F} = \left[\frac{y - \bar{y}}{s}\right]' \mathbf{U}$$

L'analyse en composantes principales ne constitue toujours qu'une rotation du système d'axes : toutefois, les descripteurs étant ici centrés *et réduits*, les objets ne sont pas positionnés de la même façon que si l'on avait simplement *centré* (composantes principales calculées à partir de la matrice **S**, plus haut).

En ce qui a trait à la représentation des descripteurs dans l'espace réduit d'une matrice **R**, il suffit d'appliquer intégralement la sous-section 3 ci-dessus – relative à la matrice **S** – en remplaçant tout simplement *covariance* par *corrélation*, s_{ij} par r_{ij} et matrice de *dispersion* **S** par matrice de *corrélation* **R**.

La variance (et donc l'écart type) des descripteurs centrés *réduits* est égale à l'unité, ce qui conduit à quelques propriétés particulières de la matrice $\mathbf{U}\mathbf{\Lambda}^{1/2}$.

Dans ce cas en effet $\mathbf{D}(s) = \mathbf{I}$, de telle sorte que $\mathbf{U}\mathbf{\Lambda}^{1/2} = \mathbf{D}(s)^{-1}\,\mathbf{U}\mathbf{\Lambda}^{1/2}$: les coefficients $u_{ih}\sqrt{\lambda_h}$ donnent donc directement la corrélation entre un descripteur i et une composante h. Par ailleurs, la contribution équilibrée correspondant à chaque descripteur, dans l'espace réduit de $\mathbf{U}\mathbf{\Lambda}^{1/2}$, est $s_i\sqrt{d/n} = \sqrt{d/n}$

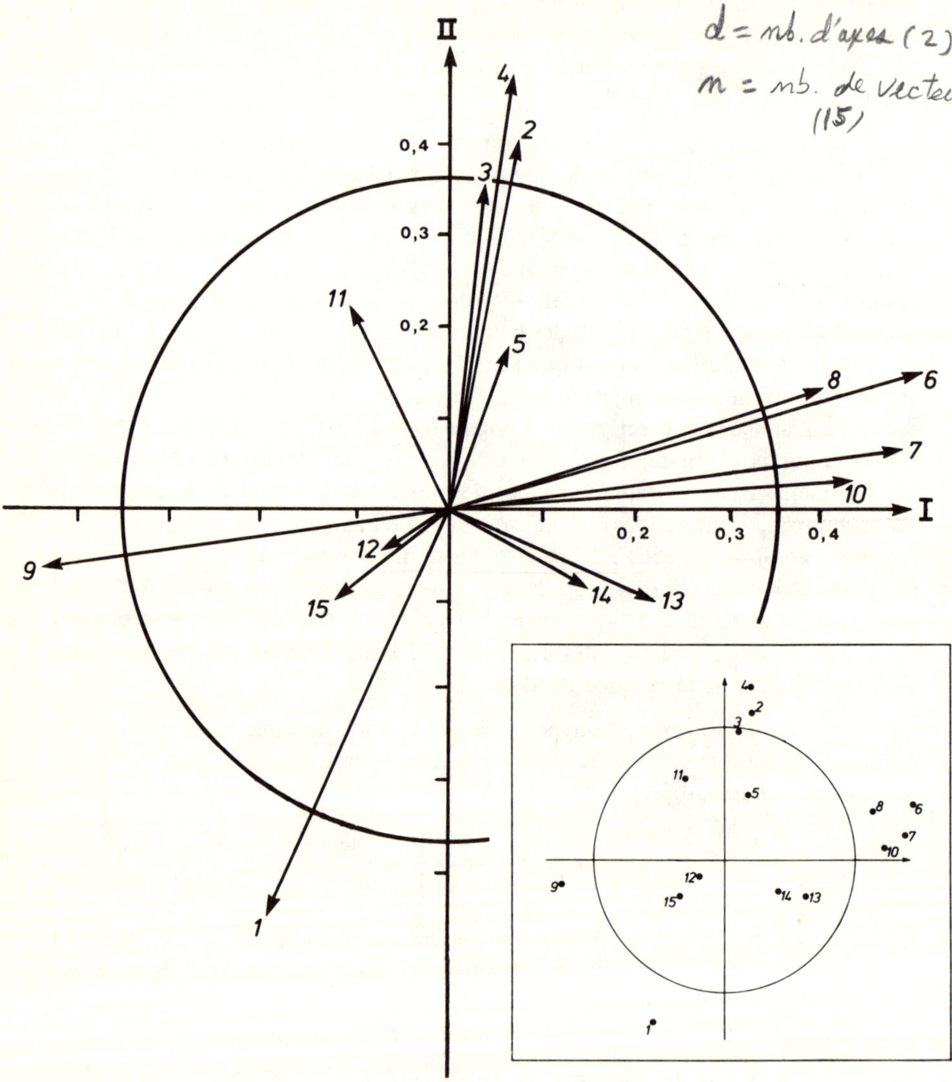

Figure 9.6 – Exemple fictif de représentation des descripteurs par un graphique des deux premiers axes principaux. La position de chaque descripteur correspond ici aux deux premiers éléments de chacune des lignes de la matrice $\mathbf{U}\mathbf{\Lambda}^{1/2}$ des vecteurs propres de $\mathbf{R}$ normés à $\sqrt{\lambda}$. Le cercle de contribution équilibrée des descripteurs est indiqué à $\sqrt{2/15}$ = 0,365. La figure miniature encadrée illustre la représentation des axes-descripteurs par leurs seuls sommets, que l'on rencontre souvent dans la littérature écologique, mais qu'il faut éviter.

(puisque $s_i = 1$) : il est donc possible de juger si la contribution de chacun des descripteurs à l'espace réduit est plus élevée ou plus faible que le voudrait l'hypothèse d'une contribution égale à tous les axes principaux, en comparant la longueur de leur projection à un cercle de contribution équilibrée de rayon $\sqrt{d/n}$ (fig. 9.6).

Le tableau suivant résume les principales propriétés relatives aux descripteurs centrés réduits, comme celui de la fin de la sous-section 3 :

Descripteur *i* centré réduit	Norme des vecteurs propres	
	$\sqrt{\lambda_h}$	1
Longueur totale	1	1
Angles dans l'espace réduit	projections de corrélations	90° : rotation solide du système d'axes
Rayon du cercle de contribution équilibrée	$\sqrt{d/n}$	$\sqrt{d/n}$
Projection sur un axe principal *h*	$u_{ih}\sqrt{\lambda_h}$ corrélation avec la composante *h*	u_{ih} proportionnelle à la corrélation avec *h*
Corrélation avec une composante *h*	$u_{ih}\sqrt{\lambda_h}$	

6. – *Les composantes interprétables*

Les composantes principales successives correspondent à des fractions de plus en plus faibles de la variance totale : le problème se pose donc de déterminer combien de composantes seraient éventuellement interprétables en termes écologiques.

Un premier test est fourni par une règle empirique, selon laquelle on ne puisse interpréter que les composantes principales correspondant aux valeurs propres λ plus grandes que la moyenne des λ. Dans le cas particulier de données centrées réduites, alors que la matrice **S** devient une matrice de corrélation, la moyenne des λ est 1 et on ne pourrait interpréter les composantes dont les λ sont plus petits ou égaux à 1. Ibanez (1973) a d'ailleurs fourni un cadre théorique à ce test empirique, en établissant que, si l'on introduit une variable aléatoire parmi les descripteurs, l'interprétation écologique est impossible à partir du vecteur propre pour lequel cette variable aléatoire a la saturation la plus importante. On peut démontrer que cette variable aléatoire, qui a une covariance minimale avec les autres descripteurs, introduit justement dans l'analyse une valeur propre égale à 1 si les descripteurs sont centrés réduits, ou égale à la moyenne des λ avec les descripteurs d'origine, si on choisit une variable aléatoire de même variance que celle de la distribution des autres descripteurs. Un tel test des λ est mieux adapté aux données écologiques que les tests classiques de Bartlett (1950) ou de Burt (1952) par exemple, puisque ceux-ci sont sensibles aux erreurs systématiques communes en écologie, comme la dépendance entre les échantillons ou les écarts importants par rapport à la condition de multinormalité. On verra au chapitre 10 comment faire l'interprétation écologique des premières composantes principales à partir des descripteurs de l'étude ou d'autres descripteurs externes à celle-ci.

Dans le même ordre d'idées, Frontier (1976a) propose plutôt de comparer la décroissance des valeurs propres à la décroissance des valeurs obtenues par le modèle du bâton brisé. La logique de ce test est la suivante : si on considère la variance comme une ressource partagée entre les différents axes principaux, sa distribution au hasard peut être décrite par le modèle du bâton brisé simultané (formule : section 6.5) et il sera inutile de chercher à interpréter les axes principaux qui expliquent une fraction de la variance inférieure à celle donnée par ce modèle aléatoire. Ce test reconnaît habituellement les deux ou trois premières composantes principales comme interprétables, ce qui correspond à l'expérience en écologie. Frontier (1976a) présente un tableau des valeurs du bâton brisé pour 2 à 20 valeurs propres, repris à la table D (p. 312).

L'analyse en composantes principales est une analyse de variance et, à ce titre, le chercheur est justifié de recourir à un test de signification de la variance associée aux axes principaux. L'écologiste peut cependant ne pas s'intéresser aux relations entre descripteurs et faire alors appel aux composantes principales dans le seul but d'ordonner les objets en espace réduit. Dans ce cas, la question importante concerne, non plus les composantes principales prises une à une, mais plutôt la représentativité de l'espace réduit, qui est habituellement à 2 ou 3 dimensions : à quel point cet espace réduit préserve-t-il les relations de distance entre les objets ? Pour y répondre, il suffit de calculer la distance entre les objets (distance euclidienne D_1, p. 26), d'abord sur les données brutes dans l'espace multidimensionnel des descripteurs d'origine, puis dans l'espace réduit attendu que la matrice **F** des composantes principales donne les coordonnées des objets dans cet espace. Si l'on reporte ces distances sur un graphique tel qu'à la figure 9.7, la distribution des points objets fournit, par sa position et sa forme, des indications sur le respect des positions relatives des objets après projection dans l'espace réduit. Lorsque la projection dans l'espace réduit rend compte d'une fraction élevée de la variance, les distances entre les projections des objets sont assez semblables à leurs distances réelles dans l'espace multidimensionnel (cas **a**). Lorsque la projection est moins efficace (λ plus faibles), les distances entre les objets dans l'espace réduit sont beaucoup plus petites que les distances d'origine. Deux cas peuvent alors se présenter : si la projection maintient les objets à des distances proportionnellement semblables (cas **b**), elle garde alors tout son intérêt même si les λ sont faibles ; par contre, si la projection déforme les relations entre objets, on observe alors le cas **c**. Les écologistes négligent souvent de considérer les premières composantes principales, lorsqu'elles ne rendent pas compte d'une

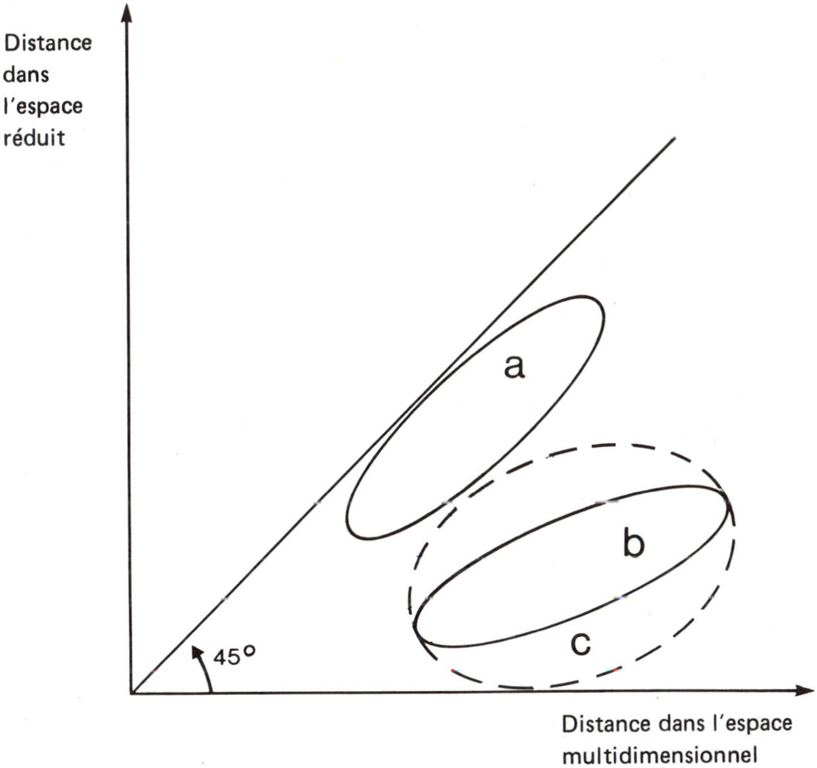

Figure 9.7 – Trois situations possibles si l'on compare les distances entre toutes les paires d'objets selon les descripteurs d'origine (abscisse) et dans l'espace réduit (ordonnée). Seuls les contours de la distribution des objets sont représentés. **a** : λ élevées, positions relatives des objets respectées. **b** : λ faibles, positions relatives des objets respectées. **c** : λ faibles, piètre préservation des positions relatives des objets. Adapté de Rohlf (1972).

fraction importante de la variance (λ faibles). Cette attitude n'est pas nécessairement justifiée, puisqu'une projection parfaitement valable dans l'espace réduit peut parfois être associée à des valeurs faibles de λ (cas **b**).

Le graphique de la figure 9.7 est aussi applicable aux autres méthodes d'ordination en espace réduit (sections 9.2 à 9.4). Dans tous les cas, il suffit de tracer un graphique de la distance entre les objets dans l'espace multidimensionnel (abscisse) et dans l'espace réduit (ordonnée). Ce diagramme de dispersion est interprété de la même façon que pour l'analyse en composantes principales. Lors de l'analyse en coordonnées principales (section 9.2) et du cadrage multidimensionnel non-métrique (section 9.3), on compare les distances euclidiennes entre objets dans l'espace réduit aux distances D_{jm} (p. 133 et 140) calculées à partir des données d'origine ; en analyse des correspondances (section 9.4), c'est la distance du χ^2 entre objets qui est employée en abscisse.

7. – *Emploi abusif des composantes principales*

Devant la puissance du modèle des composantes principales, l'écologiste peut être tenté par certaines utilisations qui vont au-delà des limites de validité du modèle. Certaines de ces limites peuvent être transgressées sans trop de conséquences, alors que d'autres sont plus critiques. Les abus les plus courants ont trait à l'emploi de descripteurs pour lesquels la mesure de covariance n'a pas de sens, ainsi qu'à une interprétation des relations entre descripteurs, dans l'espace réduit, basée sur la position relative des sommets des axes plutôt que sur les angles entre eux.

L'analyse en composantes principales est décrite pour des ensembles de données à *distribution multinormale* et son utilisation optimale exige (Cassie & Michael, 1968) la normalisation des données (chap. 1) ; toutefois, des écarts à la normalité ne faussent pas nécessairement l'analyse (Ibanez, 1971). L'analyse est aussi très robuste quant aux variations dans la *précision des données*, qui peuvent être recodées en quelques classes sans changer les résultats (Frontier & Ibanez, 1974 ; Dévaux & Millerioux, 1976a). Lebart *et al.* (1979) montrent comment réaliser une analyse en composantes principales à partir d'un tableau de données semi-quantitatives ; le calcul de la corrélation de Pearson, effectué par le programme, équivaut alors à un calcul de corrélations de Spearman (p. 39). Ces auteurs fournissent des tables des valeurs des deux premières composantes principales au-delà desquelles on peut considérer les résultats comme significatifs, pour différents nombres d'objets et de descripteurs. Pour des descripteurs ordonnés mixtes, il suffit de recoder les variables quantitatives sous la forme de rangs.

Par contre, l'*interdépendance des observations* peut avoir des conséquences plus graves sur les résultats : Ibanez (1973) et Frontier (1974) ont en effet montré comment les contraintes d'un échantillonnage au cours d'une campagne peuvent introduire des liaisons entre les échantillons et les directions spatio-temporelles importantes pour les processus écologiques étudiés, alors que les échantillons sont censés représenter des réalisations indépendantes du vecteur des descripteurs. Dans de tels cas, il ne faut pas s'étonner de ce que les seules composantes principales interprétables ne rendent compte que de phénomènes très grossiers, connus au départ, ou encore du trajet de l'échantillonnage, ce qui n'a pour effet que "de résumer la structure de l'artefact" (Frontier, 1974). Dans leur réponse à l'étude de Frontier, Blanc & Laurec (1976) insistent sur la nécessité de ne pas considérer les composantes principales comme une solution miracle au problème de l'interprétation écologique d'un groupe d'échantillons.

Le contrôle de ce problème peut être réalisé *a priori* lors de la planification de l'échantillonnage, ou dans certains cas *a posteriori*, au moyen d'un traitement numérique approprié (Legendre & Legendre, 1982). Lors de la planification de l'échantillonnage, il faut éviter, autant que faire se peut, d'introduire une complexité structurelle inutile, qui risque de masquer la structure réelle du système étudié. Par ailleurs, il faut contrôler, à toutes les étapes du dépouillement des données, les artefacts structurels créés par l'échantillonnage. Au niveau du traitement, Ibanez (1973) a proposé une méthode d'analyse du processus d'échantillonnage, applicable à l'analyse en composantes principales ainsi qu'à l'analyse des correspondances. Une méthode plus simple consiste à découper les données selon la structure de l'artefact et à traiter ensuite chaque bloc de données séparément. Par exemple, au terme d'une première analyse d'un ensemble de données structuré le long d'un gradient côte-large, on trouve que les échantillons sont essentiellement ordonnées en fonction de leur distance de la côte : on forme alors des groupes d'échantillons relativement homogènes (à proximité de la côte, à distance de la côte, au large, etc.), qui sont ensuite chacun soumis à un nouveau traitement numérique. Cette même méthode peut aussi être utilisée pour raffiner l'analyse de données échantillonnées sans artefact, lorsqu'une très grande fraction de la variabilité est expliquée par un seul axe d'ordination.

On a vu que les composantes principales sont calculées à partir des vecteurs propres d'une matrice de dispersion : c'est donc dire que cette méthode ne peut être employée que sur la base d'une matrice de covariances (ou éventuellement de corrélations) calculée (a) sur des descripteurs, (b) qui soient quantitatifs et (c) pour lesquels la mesure de covariance (ou de corrélation) ne soit pas faussée. Ces conditions sont violées par exemple dans les cas suivants :

1) En principe, une matrice de dispersion ne peut être évaluée à partir d'un nombre d'observations p qui soit inférieur au nombre de descripteurs n. Lorsque $p < n$, on ne peut effectuer que $p - 1$ comparaisons indépendantes ($p - 1$ degrés de liberté), de telle sorte que la matrice d'ordre n résultante n'a que $p - 1$ lignes ou colonnes indépendantes. Dans ce cas, la matrice possède $n - (p - 1)$ valeurs propres nulles : il suffit en effet de $p - 1$ dimensions pour positionner p objets tout en respectant leurs distances. Une évaluation statistiquement valable de la matrice de dispersion exige toujours que le nombre d'objets p soit nettement plus élevé que n. Cependant les premiers vecteurs propres (les seuls qui intéressent l'écologiste, dans la plupart des cas) ne sont que peu affectés par le rang de la matrice.

2) Certains auteurs transposent la matrice des données de base et calculent des corrélations entre *objets* (mode Q) plutôt qu'entre descripteurs (mode R), en vue de positionner les descripteurs dans un espace réduit d'objets. De multiples raisons peuvent être invoquées à l'encontre de cette opération, la moindre étant son inutilité puisque l'analyse en composantes principales permet de connaître les relations entre descripteurs aussi bien qu'entre objets. De plus, les mesures de covariance ou de corrélation ainsi calculées n'ont pas de sens pour les raisons exposées à la section 7.5 (p. 38). Gower (1966) et Orlóci (1967a) ont toutefois démontré que, en tant qu'artifice de calcul, on peut retrouver les composantes principales d'une matrice $\mathbf{Y}$ après avoir extrait les valeurs et vecteurs propres relatifs à $\mathbf{Y}'$. Par ailleurs, on trouvera parfois dans la littérature l'appellation "composantes en mode Q" pour désigner une ana-

lyse effectuée correctement à partir d'une matrice R, parce que l'analyse en composantes principales vise avant tout à positionner des objets dans l'espace réduit : quoique variable dans la littérature, le sens des expressions "mode Q" et "mode R" en écologie numérique a été défini à la p. 3.

3) Les covariances et les corrélations sont définies pour des descripteurs quantitatifs (section 7.5). On a mentionné plus haut que Frontier & Ibanez (1974) ont démontré la robustesse de l'analyse face à des transformations des descripteurs en classes ordonnées ; Gower (1966) a par ailleurs établi que, avec des descripteurs binaires, l'analyse en composantes principales dispose les objets dans l'espace multidimensionnel à des distances qui sont la racine carrée du complément du coefficient de simple concordance S_1 (p. 8). Il faut cependant se garder d'employer des descripteurs qualitatifs pour cette analyse, puisque les moyennes et les variances perdent leur sens dans ce cas.

4) Des coefficients tels la covariance ou la corrélation sont faussés lorsque calculés à partir d'échantillons présentant de nombreux doubles zéros : ce problème a d'ailleurs été discuté en détail au cours de l'exposé sur les mesures d'association entre espèces (sections 7.3 à 7.5). Il faut donc éviter, en général, d'analyser en composantes principales des tableaux de données comportant de nombreux zéros (Ibanez, 1972) et, en particulier pour l'analyse de données d'abondances d'espèces, il ne faudra effectuer l'analyse que sur les espèces présentes à peu près dans tous les échantillons, de façon à éliminer les doubles zéros. Ce faisant, on risque évidemment d'écarter les espèces les plus caractéristiques de certaines associations biologiques, du moins dans le cadre où l'association est définie, comme au chapitre précédent, en termes de co-occurrence d'espèces. En effet, on a montré plus haut (p. 27) comment la distance euclidienne peut fausser l'association entre paires d'échantillons comportant de nombreux doubles zéros ; or, l'analyse en composantes principales positionne précisément les objets dans l'espace multidimensionnel selon leurs distances euclidiennes, ce qui implique qu'elle conduit souvent à une ordination insatisfaisante des échantillons d'espèces. L'*analyse en coordonnées principales* (section 9.2), à condition d'être menée sur des distances métriques qui excluent les doubles zéros (section 7.4), ainsi que le *cadrage multidimensionnel non-métrique* (section 9.3) à partir de distances quelconques excluant les doubles zéros, permettent d'ordonner convenablement les échantillons d'espèces. Il en est de même de l'*analyse des correspondances* (section 9.4), qui préserve la distance du χ^2, laquelle élimine les doubles zéros (p. 20).

Ces dernières remarques permettent d'expliquer en bonne partie pourquoi, dans la littérature (par exemple : Margalef & González Bernáldez, 1969 ; Ibanez, 1972 ; Reyssac & Roux, 1972), l'analyse en composantes principales ne semble pas donner de résultats intéressants pour la mise en évidence des associations d'espèces, une constatation déjà formulée par Whittaker & Gauch (1973). Dans les meilleurs cas, la représentation en espace réduit se conforme à peu près aux groupes d'espèces *établis au préalable par application d'une*

Tableau 9.I – Questions que l'on se pose à propos de l'analyse en composantes principales . . . et les réponses dans le texte.

Avant de faire une analyse en composantes principales:	
1) Les descripteurs sont-ils appropriés?	
→ descripteurs quantitatifs; normalité; pas trop de zéros; en principe, plus d'objets que de descripteurs	pages 126-128
2) Les descripteurs sont-ils dimensionnellement homogènes?	
→ Si OUI: ACP sur la matrice de dispersion	pages 118,121
→ Si NON: ACP sur la matrice de corrélation	pages 121-123
3) But visé par l'ordination en espace réduit:	
→ Préserver et représenter la position relative des objets: normalisation des vecteurs propres à 1	pages 109,112
→ Représenter la corrélation entre les descripteurs: normalisation des vecteurs propres à $\sqrt{\lambda}$	pages 112-113
→ Représenter à la fois les objets et les descripteurs: pour la double projection, normaliser les vecteurs propres à 1	page 118
En examinant les résultats d'une analyse en composantes principales:	
1) Quelles sont les valeurs propres significatives?	
→ Test: λ_i est-il plus grand que la moyenne des λ?	page 123
→ Test: le % de variance de λ_i est-il plus grand que prévu par le modèle du bâton brisé?	page 124
2) Quels sont les descripteurs qui contribuent davantage à la formation de l'espace réduit?	
→ Représenter les descripteurs par des flèches	p.113,116,122
→ Cercle de contribution équilibrée	p.117-118, 122-123
→ Corrélation entre les descripteurs et les axes principaux	p.115-118, 122-123
3) Comment trouver la position des objets dans l'espace réduit?	
→ $F = [y - \bar{y}]'\, U$	pages 110,121
4) Les distances entre les objets sont-elles bien préservées dans l'espace réduit?	
→ Comparaison des distances euclidiennes	pages 124-125

méthode de groupement à la matrice des corrélations entre espèces (par exemple dans Ibanez, 1972) ou à tout autre groupement préalable des espèces (par exemple dans Armengol, 1978).

Une autre raison, et non des moindres, qui a pu obscurcir les relations entre espèces dans les analyses en composantes principales, réside dans les tentatives d'interprétation des *proximités entre les sommets* des axes-espèces dans l'espace réduit, plutôt qu'en termes des *angles* séparant ces axes-descripteurs (v. p. 116). On a montré ci-dessus que les axes-descripteurs ont leur sommet situé à une distance moyenne $\sqrt{d/n}$ de l'origine, quand les vecteurs propres sont ajustés à une longueur unité. Ce modèle permet de comprendre pourquoi, en présence d'un grand nombre d'axes-espèces, plusieurs d'entre eux doivent avoir leur sommet situé près de l'origine du système d'axes principaux,

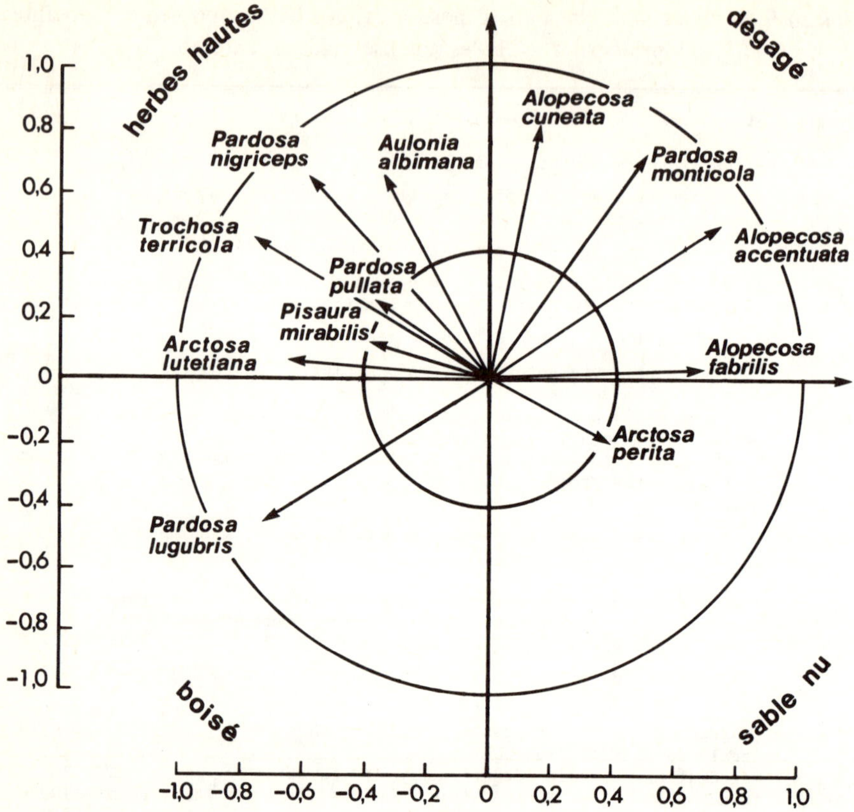

Figure 9.8 – Position des axes-espèces par rapport aux deux premières composantes principales. Cercle extérieur : cercle unité (maximum d'un descripteur après analyse d'une matrice **R**) ; cercle intérieur : cercle de contribution équilibrée des descripteurs à $\sqrt{2/n} = 0{,}41$. Modifié de Aart (1973).

quand on les projette dans l'espace réduit des premières composantes principales : dans la plupart des analyses de ce type, les sommets des axes-espèces forment en effet un nuage non structuré et centré à l'origine, dont l'interprétation ne serait possible dans l'espace réduit qu'en considérant les angles entre ceux des axes-espèces qui sont suffisamment longs dans l'espace réduit, ou encore, plus simplement, en superposant à cet espace un groupement de la matrice d'association entre espèces (section 10.1).

Par contre, l'analyse en composantes principales peut permettre de répondre à d'autres questions d'intérêt écologique, comme on le verra dans les exemples ci-dessous.

Le tableau 9.1 résume, par des renvois au texte, l'ensemble des questions qui peuvent être résolues par l'analyse en composantes principales.

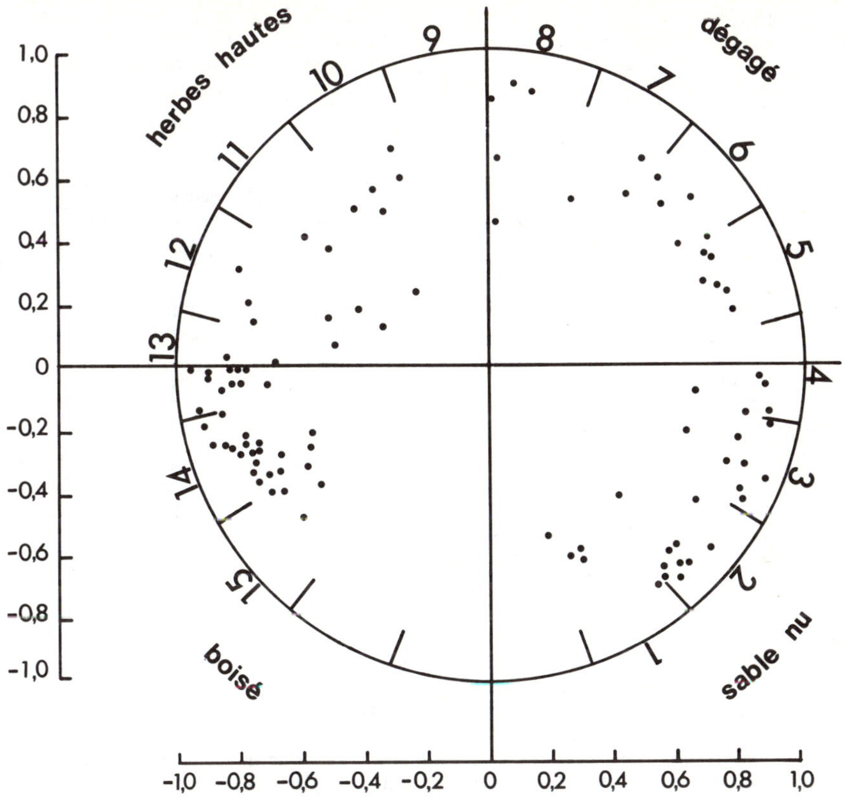

Figure 9.9 – Position des 100 trappes dans l'espace réduit des deux premières composantes principales. Modifié de Aart (1973).

Application écologique 9.1b. – De 1954 à 1960, soit pendant 365 semaines, 100 trappes situées dans une zone de dunes au nord de La Haye aux Pays-Bas furent relevées toutes les semaines. Dans ces 36 500 échantillons, environ 425 espèces animales furent identifiées, dont quelques 90 % d'arthropodes. Aart (1973) s'est chargé de l'étude des araignées lycoses (*Lycosidae* et *Pisauridae* : 45030 spécimens) en vue de déterminer comment les lycoses se partagent l'espace multidimensionnel des ressources (voir le concept de niche d'Hutchinson, chap. 1). Pour cette analyse, les données des différentes semaines furent regroupées pour former un tableau de données de 100 trappes × 12 espèces.

La méthode des composantes principales servit à analyser cette matrice qui contenait environ 30 % de zéros (deux des 14 espèces avaient été éliminées parce qu'elles n'avaient été trouvées que deux fois et une fois respectivement).

La figure 9.8 montre la contribution des différents descripteurs (espèces) à la formation des axes principaux I et II ainsi que la projection, dans ce plan, des angles de corrélation entre descripteurs. Le cercle de contribution équilibrée des descripteurs a été ajouté à la figure originale : son rayon $\sqrt{2/n} = 0{,}41$, puisque l'analyse a été effectuée sur la matrice des corrélations (chaque descripteur a donc une variance unité) et les vecteurs propres ont été normés à $\sqrt{\lambda}$ (matrice $\mathbf{U}\Lambda^{1/2}$). Un gradient circulaire, du sable nu au milieu boisé, ordonne bien les espèces selon leur habitat (voir aussi l'application écologique 9.5, p. 159). Seules les deux premières composantes principales étaient statistiquement intéressantes.

Les 100 trappes furent positionnées dans l'espace des deux premières composantes principales. Les résultats (fig. 9.9) ont été décrits par un gradient circulaire de végétation (1 à 15 sur le cercle) qui va du sable nu avec lichens et *Corynephorus canescens*, à la même végétation enrichie par *Ammophila arenaria*, au tapis végétal dégagé avec quelques *Salix repens*, des *Rubus* et des herbacées (*Carex arenaria*, *Galium* et *Ononis*). Viennent ensuite les prairies à *Calamagrostis epigejos*, puis les zones arbustives à *Betula* et *Crataegus*, enfin les boisés à *Betula* et *Populus tremula*.

Les 15 divisions du gradient circulaire de la figure 9.9 peuvent être considérées comme autant de biotopes. L'examen du nombre moyen de prises des différentes espèces dans chacun de ces biotopes confirme la préférence de chaque espèce de lycose pour un type précis de végétation.

Application écologique 9.1c. – Une étude des champignons microscopiques vivant dans le sol en association avec le peuplier faux-tremble *Populus tremuloides* Michx. présente un autre type d'utilisation des composantes principales. Cette étude de Morrall (1974) comprend 26 stations de 6 échantillons, réparties dans toute la Saskatchewan (Canada) et elle permet d'établir des relations entre la distribution de certaines espèces et les types de sol.

Parmi les 205 espèces ou entités taxonomiques qui furent identifiées, 51 furent considérées pour l'ordination. Les autres furent écartées en se basant sur une série de critères qui visaient à éliminer les formes rares qui peuvent n'être que des constituants éphémères de la microflore ou encore des contaminants des cultures en laboratoire. Ces données furent enfin transformées en présences-absences.

L'analyse en composantes principales de ces données de présence-absence permit de situer les 26 stations d'échantillonnage dans un espace réduit, sur lequel furent superposées les données relatives à la nature du sol (fig. 9.10a). Les sols de la Saskatchewan peuvent être classés en 5 types : (G) les sols gris dans la forêt boréale au nord suivis vers le sud des sols gris foncé (GF) de transition, puis des terres noires (N). Plus au sud on trouve des sols bruns foncé (BF) qui laissent enfin la place aux terres brunes (B) de la prairie. Comme les composantes principales ont été calculées à partir du tableau de présence-absence des espèces, on peut s'attendre à ce que la distribution des stations d'échantillonnage reflète la distribution des espèces. L'auteur a fait cet exercice pour les espèces les plus importantes de son analyse (deux exemples en sont donnés à la figure 9.10, b et c), ce qui permet d'établir la répartition des espèces dans le sous-espace où s'est faite l'ordination des types de sols.

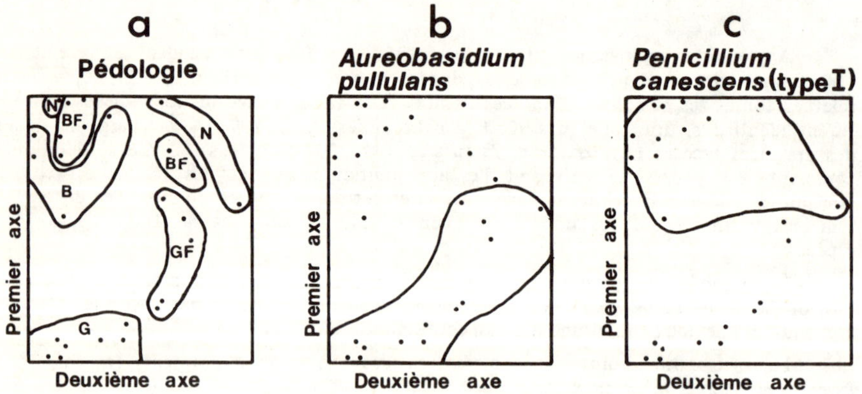

Figure 9.10 – Analyse en composantes principales des données de présence-absence des 51 entités taxonomiques retenues. (**a**) Données pédologiques superposées à l'ordination des 26 stations d'échantillonnage dans l'espace réduit des deux premières composantes principales. Types de sol du nord au sud de la Saskatchewan : G = gris, GF = gris foncé, N = noir, BF = brun foncé, B = brun. (**b**) et (**c**) Distribution de deux espèces de la microflore dans les mêmes stations d'échantillonnage. Modifié de Morrall (1974).

9.2. – ANALYSE EN COORDONNÉES PRINCIPALES

On a vu, au chapitre 7, les problèmes que pose à l'écologiste la mesure de la similarité entre objets, surtout lorsque les descripteurs ne sont pas quantitatifs ou lorsque les données contiennent beaucoup de doubles zéros : les mesures de distance euclidienne (entre objets) ou de dispersion (entre descripteurs) ne sont pas applicables et il s'ensuit que l'on ne peut plus ordonner les objets par la méthode des composantes principales.

Gower (1966) a décrit une méthode qui permet d'analyser toute matrice d'association Q semi-définie positive *correspondant à une distance métrique*, c'est-à-dire toute matrice qui décrit les relations entre objets dans un espace euclidien où, entre autres propriétés, l'inégalité du triangle n'est pas violée. Cette méthode, dite des *coordonnées principales*, permet donc de situer les objets dans un espace de dimension réduite, qui préserve aussi bien que possible les relations de distance entre eux. Son intérêt réside dans ce qu'elle offre la possibilité d'utiliser tous les types de variables, et même de les mélanger, à condition de choisir une mesure d'association appropriée. Cette méthode est aussi connue sous les noms de *positionnement multidimensionnel* ou d'*analyse factorielle d'un tableau de distances*. Les étapes du calcul sont les suivantes :

1) La matrice de départ est une matrice de *distances métriques* D_{jm}. Il est toutefois possible d'effectuer aussi les calculs à partir d'une matrice semi-définie positive de similarités S_{jm}, avec les résultats qui seront établis plus bas.

2) Cette matrice est transformée en une nouvelle matrice **A**, en définissant $a_{jm} = -\frac{1}{2} D_{jm}^2$. On verra plus bas l'utilité de cette transformation.

3) Cette matrice est maintenant centrée pour former une matrice $\boldsymbol{\alpha}$, à l'aide de l'équation

$$\alpha_{jm} = a_{jm} - \bar{a}_j - \bar{a}_m + \bar{a}$$

où $\bar{a}_j$ et $\bar{a}_m$ sont respectivement la moyenne de la ligne et de la colonne correspondant à l'élément a_{jm} de la matrice **A** ; $\bar{a}$ est la moyenne de toute la matrice. Ceci a pour effet de situer l'origine du nouveau système d'axes au centroïde du nuage des objets. Comme la somme des lignes et des colonnes de $\boldsymbol{\alpha}$ est nulle, $\boldsymbol{\alpha}$ est une matrice semi-définie positive qui a une valeur propre nulle.

4) On calcule les valeurs et les vecteurs propres, que l'on norme à une longueur égale à la racine carrée de leur valeur propre : $\sqrt{\mathbf{u}_h' \mathbf{u}_h} = \sqrt{\lambda_h}$. A cause du centrage, la matrice $\boldsymbol{\alpha}$ a toujours au moins une valeur propre nulle, puisqu'au plus $(p-1)$ axes réels sont nécessaires à la représentation de p points en espace euclidien. Il peut cependant y avoir plus d'une valeur propre nulle si la matrice de distance est dégénérée (c'est-à-dire si ses points peuvent être représentés en moins de $p-1$ dimensions). En conséquence, il y a en pratique c valeurs propres positives. Lorsqu'il y a plus d'objets que de descripteurs ($p > n$), la valeur maximale de c est n. Quand $p \leqslant n$, alors $c \leqslant p-1$.

Tableau 9.II – Les coordonnées principales des objets (lignes) sont obtenues en normant les vecteurs propres à $\sqrt{\lambda_h}$.

	Valeurs propres			
	λ_1	λ_2	...	λ_c
Objets	Vecteurs propres			
$\mathbf{x}_1$	u_{11}	u_{12}	...	u_{1c}
$\mathbf{x}_2$	u_{21}	u_{22}	...	u_{2c}
.	.			.
.	.			.
.	.			.
$\mathbf{x}_j$	u_{j1}	u_{j2}	...	u_{jc}
.	.			.
.	.			.
.	.			.
$\mathbf{x}_m$	u_{m1}	u_{m2}	...	u_{mc}
.	.			.
.	.			.
.	.			.
$\mathbf{x}_p$	u_{p1}	u_{p2}	...	u_{pc}
Longueur: $\sqrt{\sum_j u_{jh}^2}$ =	$\sqrt{\lambda_1}$	$\sqrt{\lambda_2}$	...	$\sqrt{\lambda_c}$
Centroïde: $\bar{u}_{jh}$ =	0	0	...	0

5) Si on dispose les vecteurs propres ainsi normés en colonnes, comme au tableau 9.II, alors les *lignes* de ce tableau sont les *coordonnées des objets* dans l'espace factoriel ainsi défini, sans qu'il soit besoin d'aucune autre transformation.

Toute matrice de ressemblance ne conduit pas nécessairement à une représentation convenable en espace euclidien. Si la matrice de ressemblance est telle que certains triangles ne se ferment pas, il devient impossible de représenter directement le nuage de points, sans distorsion, dans un tel espace. Une condition *nécessaire* est évidemment que la distance au départ de l'analyse soit métrique ; cette propriété est à la base de la classification des distances, à la section 7.4 ; elle sert aussi à classifier les distances associées aux similarités répertoriées au tableau 7.II. Cette propriété n'est cependant pas *suffisante* puisque des distances métriques ne conduisent pas nécessairement à une représentation euclidienne (Gower, 1982, 1984a). On peut cependant montrer que, si une matrice de similarité est semi-définie positive (propriété relevée au tableau 7.II pour plusieurs similarités), ceci est une condition nécessaire et suffisante pour la représentation en espace euclidien du nuage de points qui lui est associé (Gower, 1984a). Ce même auteur signale enfin que cette question n'est pas fondamentale puisqu'on peut toujours résoudre le problème d'une matrice de ressemblance non représentable en espace euclidien, en ajoutant une constante b (suffisamment grande) à toutes ses valeurs de distance. La valeur minimale à ajouter est en fait la valeur absolue de la valeur propre négative la plus importante ; cette valeur est aussi utilisée dans la formule corrigée de la qualité de la représentation en espace réduit, ci-dessous (Cailliez & Pagès, 1976).

La présence de valeurs propres négatives soulève cependant des problèmes au niveau de l'interprétation. Puisque les vecteurs propres $\mathbf{u}_h$ sont normés à une longueur de $\sqrt{\lambda_h}$, il s'ensuit que les axes correspondant aux valeurs propres négatives sont imaginaires et non réels. En d'autres termes, les distances ne peuvent être entièrement représentées en espace euclidien, puisqu'elles requièrent le recours à des axes complexes. En plus des circonstances mentionnées au paragraphe précédent (distance non métrique, matrice de similarité non semi-définie positive), cette situation peut être le résultat d'un débalancement de la matrice de distance dû au traitement des absences d'information. Il demeure cependant légitime de se demander si l'approximation euclidienne formée par les axes positifs de l'analyse en coordonnées principales est intéressante. Cailliez & Pagès (1976) montrent que cette représentation est acceptable tant que la valeur propre négative la plus importante est inférieure, en valeur absolue, aux k valeurs propres positives intéressantes pour la représentation en espace réduit (il s'agit en général des deux ou trois premières).

La qualité de la représentation en espace euclidien peut être évaluée par le rapport $\sum_{i=1}^{k} \lambda_i \Big/ \sum_{i=1}^{c} \lambda_i$, tout comme en analyse en composantes principales. Ceci vient du fait qu'une analyse en composantes principales, réalisée sur la représentation euclidienne totale des points dans l'espace des coordonnées principales (tableau 9.II), produit les mêmes valeurs propres que l'analyse en coordonnées principales elle-même (Gower, 1966). Cailliez & Pagès (1976) suggèrent de plus que, lorsqu'il y a des valeurs propres négatives, une évaluation correcte de la qualité de la représentation en espace réduit est obtenue par le rapport

$$\frac{\sum_{i=1}^{k} \lambda_i + k\,|\lambda_p|}{\sum_{i=1}^{p-1} \lambda_i + (p-1)\,|\lambda_p|}$$

où k est le nombre de dimensions de l'espace réduit, p est le nombre total de dimensions et $|\lambda_p|$ est la valeur absolue de la valeur propre négative la plus importante.

Gower (1966) a démontré que, à travers cette projection dans un espace factoriel, la relation de distance entre les objets est préservée. Cette preuve peut se résumer comme suit :

1) Dans l'espace factoriel, la distance entre deux objets j et m peut être trouvée à partir des lignes j et m du tableau 9.II :

$$D'_{jm} = \left[\sum_{h=1}^{c} (u_{jh} - u_{mh})^2\right]^{1/2} = \left[\sum_{h=1}^{c} u_{jh}^2 + \sum_{h=1}^{c} u_{mh}^2 - 2 \sum_{h=1}^{c} u_{jh} u_{mh}\right]^{1/2}$$

2) Comme les vecteurs propres sont normés de façon à ce que leur longueur soit $\sqrt{\lambda_h}$, c'est une propriété des vecteurs propres (comme pour la matrice **S**, p. 113) que $\alpha = \mathbf{UU'}$ (puisque **U** est déjà normé à $\mathbf{\Lambda}^{1/2}$, dans le cas présent). En d'autres termes :

$$\boldsymbol{\alpha} = \mathbf{u}_1\mathbf{u}'_1 + \mathbf{u}_2\mathbf{u}'_2 + \cdots + \mathbf{u}_c\mathbf{u}'_c$$

à partir de quoi on peut, suite à l'équation 1, démontrer que

$$D'_{jm} = [\alpha_{jj} + \alpha_{mm} - 2\alpha_{jm}]^{1/2}$$

3) Puisque $\alpha_{jm} = a_{jm} - \bar{a}_j - \bar{a}_m + \bar{a}$, on prouve aisément que $\alpha_{jj} + \alpha_{mm} - 2\alpha_{jm} = a_{jj} + a_{mm} - 2a_{jm}$, donc

$$D'_{jm} = [a_{jj} + a_{mm} - 2a_{jm}]^{1/2}$$

Cette transformation de **A** en $\boldsymbol{\alpha}$ n'est d'ailleurs pas essentielle : elle n'a pour but que d'éliminer une valeur propre, éventuellement la plus grande, qui ne rendrait compte que du déplacement du centroïde vers l'origine.

4) La transformation de la matrice des D_{jm} en **A** est telle que la distance est préservée au cours des opérations. On peut en effet remplacer a_{jm} par $-\frac{1}{2} D_{jm}^2$ et montrer que

$$D'_{jm} = [-\tfrac{1}{2} D_{jj}^2 - \tfrac{1}{2} D_{mm}^2 + D_{jm}^2]^{1/2}$$

et, puisque $D_{jj} = 0$ (c'est une distance), on retrouve alors

$$D'_{jm} = [D_{jm}^2]^{1/2}$$

L'analyse en coordonnées principales préserve donc les distances d'origine, quel que soit leur mode de calcul. Si ces distances ont été calculées à partir de similarités, $D_{jm} = 1 - S_{jm}$ sera préservée dans l'espace des coordonnées principales tout aussi bien que $D_{jm} = \sqrt{1 - S_{jm}}$ ou $D_{jm} = \sqrt{1 - S_{jm}^2}$, mais ces diverses représentations dans l'espace des coordonnées principales seront bien sûr aussi différentes entre elles que le sont les distances elles-mêmes avant le calcul des coordonnées principales.

Gower (1971) a démontré par ailleurs que, si la matrice des S_{jm} est semi-définie positive (tome 1) et si l'on calcule les coordonnées principales directement sur cette matrice plutôt que sur la matrice des distances D_{jm} correspondantes, les objets sont positionnés, dans l'espace des coordonnées principales, à des distances proportionnelles à celles dans l'espace d'origine, calculées par la transformation $D_{jm} = \sqrt{1 - S_{jm}}$. Les distances D'_{jm} dans l'espace des coordonnées principales sont en fait égales à $\sqrt{2}\, D_{jm}$.

De même, si l'on calcule les coordonnées principales directement sur une matrice semi-définie positive des S_{jm} et que l'on compare l'ordination résultante à celle issue de la transformation $D_{jm} = 1 - S_{jm}$ (voir par exemple le tableau 7.II, p. 32), les distances dans l'espace des coordonnées principales sont alors des déformations des distances D_{jm}, telles que $D'_{jm} = \sqrt{2}\sqrt{D_{jm}}$.

On a donc, par cette méthode, situé les objets de l'étude dans un espace de coordonnées principales en préservant entre eux les relations de distance décrites par la mesure de ressemblance choisie (voir aussi la fig. 9.7 et la discussion qui s'y rattache). La représentation de ces objets dans l'espace des premières coordonnées principales forme la meilleure approximation euclidienne possible de ces distances dans l'espace réduit, puisque la somme des carrés des projections des objets dans le sous-espace est minimisée (Gower, 1982).

On remarquera par ailleurs que, contrairement à l'analyse en composantes principales, les axes principaux ne peuvent plus être interprétés directement puisque les descripteurs, qui ont permis le calcul des distances entre objets, n'interviennent nulle part au cours du calcul. Cependant, il est facile de calculer les covariances ou les corrélations linéaires entre les descripteurs et les coordonnées principales (le tableau 9.II forme la matrice $\mathbf{U}\mathbf{\Lambda}^{1/2}$ alors que la matrice $\mathbf{U}$ est celle des vecteurs propres normés à 1) :

$$\mathbf{S}_{nc} = \frac{1}{\nu}\,[y - \bar{y}]\,\mathbf{U}\mathbf{\Lambda}^{1/2}$$

$$\mathbf{R}_{nc} = \frac{1}{\nu}\left[\frac{y - \bar{y}}{s}\right]\mathbf{U}$$

Les n descripteurs forment les lignes de la matrice résultante alors que les c axes de coordonnées principales en sont les colonnes.

Il faut enfin noter que Lefkovitch (1976), suivant en cela Piazza & Cavalli-Sforza (1975), a mis au point une méthode de classification hiérarchique d'un très grand nombre d'objets, fondée sur les coordonnées principales. Le dendrogramme est construit à partir des coordonnées principales successives, puisqu'on peut montrer (a) que les niveaux hiérarchiques successifs d'un dendrogramme correspondent aux coordonnées principales successives et (b) que le signe des objets sur les coordonnées indique leur appartenance à l'un ou l'autre des deux groupes formés à chaque embranchement. Pour calculer les coordonnées principales d'un grand nombre d'objets, Lefkovitch propose d'abord de mesurer la similarité entre objets par une équation qui, comme la covariance ou la corrélation, équivaut à la multiplication d'une matrice avec sa transposée. Il décrit d'ailleurs une telle mesure, applicable si nécessaire à des combinaisons de descripteurs binaires, semi-quantitatifs et quantitatifs. La matrice d'association entre objets est donc le résultat de l'opération matricielle $\mathbf{Y}'\mathbf{Y}$ (ordre $p \times p$). Dans un deuxième temps, au lieu de $\mathbf{Y}'\mathbf{Y}$, c'est $\mathbf{Y}\mathbf{Y}'$ (ordre $n \times n$) que l'on calcule, de façon à obtenir les valeurs et vecteurs propres de la matrice d'association entre *descripteurs*, qui est beaucoup plus petite. Lefkovitch, à la suite de Gower (1966), montre qu'on peut alors retrouver les coordonnées principales $\mathbf{V}$ de la matrice d'association entre *objets*, grâce à la relation $\mathbf{V} = \mathbf{Y}'\mathbf{U}$ où $\mathbf{U}$ est la matrice des coordonnées principales entre *descripteurs*. Les coordonnées principales ainsi calculées permettent de pointer les objets, si nombreux soient-ils, dans l'espace réduit, ou encore elles peuvent servir de base au processus de classification par division binaire qui était le but de Lefkovitch.

L'analyse en coordonnées principales est d'un grand intérêt en écologie, où la nature des descripteurs oblige souvent le chercheur à employer des mesures de similarité non apparentées à la distance euclidienne. On verra au chapitre 10 comment utiliser cette méthode en conjonction avec les méthodes de groupement : un exemple de l'emploi des coordonnées principales dans ce contexte y est présenté (p. 165). Un exemple de leur application directe est cependant résumé ci-dessous.

Application écologique 9.2. – Field & Robb (1970) ont étudié les mollusques et les balanes de 21 parcelles situées sur un rivage rocheux de la baie False en Afrique du Sud, en vue de mettre en évidence l'influence des facteurs *émersion* et *vagues* sur ces populations. Les échantillons 1 à 10 différaient quant à l'importance de l'action des vagues et les échantillons 11 à 21, disposés à 90° de la première série, couvraient toute l'échelle entre le niveau des marées hautes moyennes et des marées basses moyennes de vive-eau. 79 espèces furent dénombrées, avec des abondances atteignant dans un cas 10864 spécimens d'une même espèce dans une parcelle. Les échantillons dans la partie supérieure du rivage contenaient de plus en plus de spécimens et de moins en moins d'espèces, illustrant par là le principe selon lequel l'augmentation du stress du milieu (ici, le facteur d'émersion) a comme résultat une réduction de la diversité ; d'autre part, les quelques espèces qui peuvent supporter ce degré de stress n'ont pas à subir beaucoup de compétition interspécifique et deviennent donc très abondantes.

Il est à noter que ces auteurs auraient pu obtenir la même ordination, par la méthode des coordonnées principales, en évaluant les abondances d'espèces avec moins de précision. On trouve au tableau 7.III (p. 48) les mesures d'association qui auraient pu être alors employées.

Les descripteurs *espèces* furent d'abord normalisés par transformation logarithmique $y''_{ij} = \ln(y'_{ij} + 1)$ puis centrés $(y_{ij} = y''_{ij} - \bar{y}''_i)$ pour former la matrice $\mathbf{Y}$ des données à analyser. Le produit entre les vecteurs échantillons fut employé comme mesure de la similarité entre les parcelles :

$$\mathbf{S} = \mathbf{Y}'\mathbf{Y}$$

Les coordonnées principales furent évaluées par une variante de calcul due à Orlóci (1966). La figure 9.11 montre l'ordination des parcelles 1 à 19 dans l'espace des deux premiers axes principaux. L'ordination a aussi été calculée avec les parcelles 20 et 21, mais celles-ci, qui provenaient de la partie la plus élevée du rivage, introduisaient tellement de variation dans l'échantillon que le facteur émersion occupait les deux premiers axes principaux. Pour les besoins du présent exemple, il est donc préférable de considérer l'ordination des parcelles 1 à 19. Les auteurs l'ont mise en relation avec les facteurs du milieu *émersion* et *vagues* en calculant des coefficients de corrélation de rang de Spearman (p. 39) entre les rangs des échantillons sur chacun des axes principaux et leurs rangs sur les deux facteurs du milieu. Il ressort de cette analyse que le premier axe principal est en corrélation significative avec la hauteur sur le rivage (émersion) alors que le deuxième axe principal est significativement relié à la force des vagues. Les auteurs en concluent que cette méthode d'analyse est bien adaptée à l'étude de gradients écologiques, pour autant que les échantillons soient relativement homogènes.

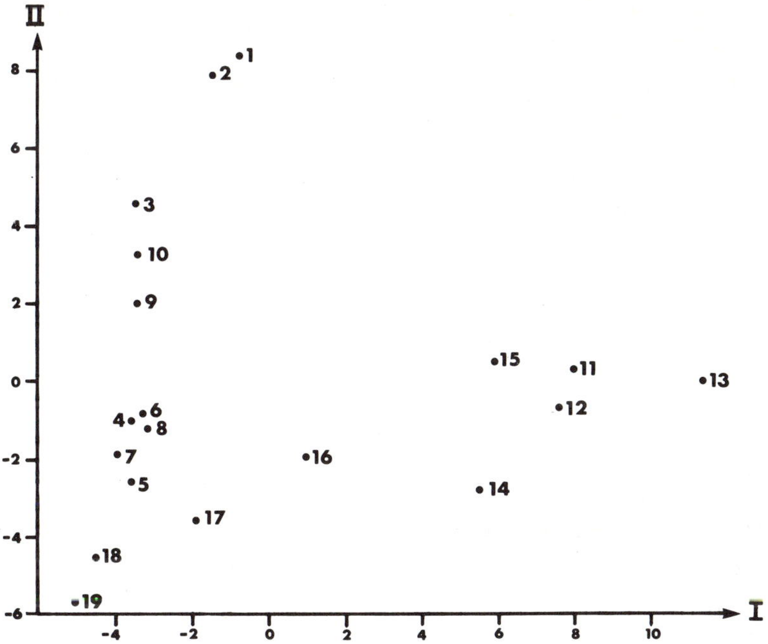

Figure 9.11 – Ordination des échantillons 1 à 19 dans l'espace réduit des deux premières coordonnées principales (I et II). Modifié de Field & Robb (1970).

9.3. – CADRAGE MULTIDIMENSIONNEL NON-MÉTRIQUE

De façon générale, toutes les méthodes d'ordination en espace réduit visent, à partir du cadrage des objets dans leur espace multidimensionnel d'origine, à représenter ce cadrage en un nombre moindre de dimensions, tout en préservant autant que possible l'échelle des distances entre les objets. Il y a cependant des cas où la préservation des distances n'a pas de raison d'être et où il faut chercher un cadrage des objets qui rende simplement compte des *relations d'ordre* entre ceux-ci. Lorsque la mesure de similarité calculée ne correspond pas à une distance métrique, comme il s'en trouve au chapitre 7, les positions relatives des points ne peuvent pas être exprimées dans un espace euclidien : on doit alors délaisser les composantes ou les coordonnées principales, au profit de la méthode plus générale du *cadrage multidimensionnel non-métrique* ("nonmetric multidimensional scaling" ou "proximity analysis" en anglais), développée par Shepard (1962, 1966) puis par Kruskal (1964a, b) et disponible à plusieurs centres de calcul dans le programme M-D-SCAL (Kruskal & Carmone, 1971), ou dans les programmes plus récents disponibles auprès de Bell Laboratories (p. 106). Il est aussi intégré aux logiciels NT-SYS et OSIRIS III. On en trouve enfin deux versions dans la série de programmes ALSOS (section 10.2). Escoufier (1975) en présente un exposé très didactique, discutant cette méthode dans le cadre général du *positionnement multidimensionnel*, expression qui se réfère à l'ensemble des méthodes d'ordination en espace réduit.

La matrice de départ pour ce cadrage peut être n'importe quelle matrice de similarité ou de distance, symétrique ou non, ou encore il peut s'agir d'une évaluation directe des similarités ou des distances sur une échelle semi-quantitative, par un observateur subjectif ou à l'aide d'une technique expérimentale. De plus, la méthode s'accommode bien d'un nombre même assez élevé de mesures manquantes dans la matrice d'association, pour autant qu'il reste suffisamment de mesures pour situer chaque objet par rapport à quelques autres : les mesures manquantes peuvent en effet être considérées comme redondantes dans le processus de triangulation que constitue cette méthode. Orlóci (1978), après une discussion détaillée à la suite de laquelle il déconseille l'emploi de la méthode d'ordination polaire de Bray & Curtis (1957) qui ne produit pas des axes de cadrage orthogonaux, résume le cadrage orthogonal de Kruskal selon les huit étapes de calcul suivantes :

1) Spécifier le nombre t d'axes d'ordination par rapport auxquels on désire cadrer les objets. Pour chaque axe, la méthode permet d'établir les coordonnées de chacun des p objets de l'étude.

2) Etablir la matrice $(p \times p)$ des distances D_{jm} entre les objets. Ces distances ne sont pas nécessairement métriques, ni même continues, et elles peuvent être obtenues, le cas échéant, en prenant le complément d'une mesure de similarité (tableau 7.II).

3) Déterminer la configuration des p objets dans l'espace réduit à t dimensions, qui servira de départ au processus itératif d'ajustement des étapes 4 à 8 ci-dessous. Au départ, les objets peuvent être disposés selon une configuration aléatoire, ou mieux encore, on prend comme configuration initiale la projection des points dans un espace réduit de composantes ou de coordonnées principales (sections 9.1 et 9.2), ce qui réduit les chances de se trouver enfermé dans un minimum local de la fonction de stress que l'on tentera de minimiser, aux étapes suivantes, par approximations successives. Calculer la matrice Δ des distances δ_{jm} dans l'espace réduit, à l'aide de l'une des métriques de Minkowski (D_6, p. 30). La distance est souvent évaluée au moyen de la seconde métrique de Minkowski, soit la distance euclidienne D_1 (p. 26).

4) Considérer le diagramme de dispersion des distances D_{jm} par rapport aux distances δ_{jm}. Calculer la courbe de régression, par la méthode des moindres carrés, des distances dans l'espace réduit δ_{jm} en fonction des distances observées D_{jm}. L'usager choisit le type de régression, monotone, linéaire ou polynomiale, qu'il désire. Cette régression polynomiale n'excède habituellement pas le quatrième degré.

5) A l'aide des coefficients de régression, calculer pour chaque δ_{jm} une approximation $\hat{D}_{jm}$ de la valeur nécessaire pour maintenir les relations de distance monotones (voir l'étape suivante). Les valeurs $\hat{D}_{jm}$ forment la matrice $\hat{\mathbf{D}}$.

6) Si les distances entre objets, ainsi calculées dans l'espace réduit, étaient dans le même ordre que dans la matrice des distances observées, on pourrait considérer que le cadrage est satisfaisant. On peut mesurer le stress (distorsion) entre les matrices $\hat{\mathbf{D}}$ et Δ au moyen de la formule de Kruskal & Carmone (1971) :

$$S = \sqrt{\sum_j \sum_m (\delta_{jm} - \hat{D}_{jm})^2 / \sum_j \sum_m (\delta_{jm} - \bar{\delta})^2} = \sqrt{[\delta - \hat{D}]\,[\delta - \hat{D}]' / [\delta - \bar{\delta}]\,[\delta - \bar{\delta}]'}$$

$\bar{\delta}$ est la moyenne des valeurs dans la matrice Δ. Le numérateur de cette équation est la somme des carrés habituelle, alors que le dénominateur est un facteur d'échelle qui n'a pour but que de borner le coefficient aux valeurs entre 0 et 1.

7) La configuration de l'étape 3 ci-dessus est légèrement modifiée (les coordonnées sont changées quelque peu) de façon à décroître le stress.

8) La procédure de régression (étape 4) ainsi que les étapes suivantes sont répétées jusqu'à ce que la valeur du stress devienne moindre qu'une certaine valeur fixée à l'avance.

Les coordonnées calculées au dernier passage dans l'étape 7 deviennent les coordonnées des p objets dans les t dimensions du cadrage multidimensionnel, coordonnées qui peuvent servir à pointer les objets dans des diagrammes d'espace réduit.

Outre les avantages mentionnés plus haut pour le traitement de distances non-métriques ou des matrices non-symétriques (voir aussi la section 8.7 à ce sujet), Orlóci recommande de plus cette méthode aux écologistes pour la raison suivante : le cadrage est le résultat d'analyses successives de régression, dont le modèle est choisi par l'usager et qui peuvent servir à mettre en évidence d'éventuelles relations non-linéaires dans les données. Gower (1966) mentionne aussi que, dans le cas de distances métriques, le cadrage non-métrique pourrait permettre de résumer les distances en moins de dimensions que le cadrage réalisé par la méthode des coordonnées principales, dans les cas où cette dernière, qui est cependant de calcul plus facile, ne permettrait pas d'obtenir une solution satisfaisante en peu de dimensions.

Orlóci (1978) présente plusieurs autres méthodes de cadrage adaptées à des fins particulières, ainsi qu'un intéressant tableau (p. 313 dans Orlóci 1978) qui résume, pour le bénéfice des écologistes, les conditions d'application des différentes méthodes, dont aucune ne doit être utilisée indistinctement avec tous les types de données.

Application écologique 9.3. – Sprules (1980) a eu recours au cadrage multidimensionnel non-métrique pour analyser graphiquement les changements saisonniers de la structure des communautés de zooplancton limnétique du lac Blelham, dans la Région des Lacs (Lake District) au nord de l'Angleterre, ainsi que de deux enclos expérimentaux installés dans ce lac. L'échantillonnage des trois milieux a été réalisé chaque semaine, de juin à décembre 1976. Le cadrage multidimensionnel non-métrique fut employé de préférence aux composantes principales, parce qu'il ne suppose pas que la réponse des espèces aux gradients du milieu soit linéaire. Les points de l'ordination correspondant à chacun des trois milieux furent reliés en ordre chronologique, de façon à refléter les changements saisonniers de la composition de chaque communauté. Ce graphique (non reproduit ici) est donc d'un type voisin du cadrage multidimensionnel non-métrique illustré à la figure 11.20. Le peuplement d'un des enclos oscilla dans l'ordination autour de sa composition moyenne, sans montrer de cycle défini ; ce peuplement était dominé par des espèces de petite taille. Dans l'autre enclos, de même que dans le lac, les changements se firent de façon plus directionnelle. Les prédateurs étaient beaucoup plus abondants dans ces deux derniers milieux. L'auteur put conclure que les différences observées entre les deux types d'évolution saisonnière sont reliées aux différences d'intensité de la prédation, à la qualité de la nourriture disponible pour les herbivores et à la dynamique des éléments nutritifs. Il ajoute que cette technique d'ordination a permis de mettre en évidence des variations temporelles de certaines propriétés des milieux étudiés.

On trouvera d'autres applications du cadrage multidimensionnel non-métrique dans Whittington & Hughes (1972 : analyse biogéographique de la faune de trilobites de l'Ordovicien) et dans Fasham (1977 : comparaison du cadrage multidimensionnel non-métrique, de l'analyse en coordonnées principales et de l'analyse des correspondances pour l'ordination de communautés simulées sous forme de plans et de gradients).

9.4. – ANALYSE DES CORRESPONDANCES

La méthode d'analyse des correspondances, exposée brièvement à cette section, a été développée indépendamment par plusieurs auteurs. Elle a d'abord été décrite pour l'analyse de tableaux de contingence (définis au chapitre 6) par Hirschfeld (1935), Fisher (1940), Benzécri (1969) et d'autres. Dans une revue historique du sujet, Nishisato (1980) fait remonter les origines de l'analyse des correspondances à 1933. Elle a été appliquée en écologie à l'analyse des tableaux espèces x échantillons par Hatheway (1971), Ibanez & Séguin (1972), Hill (1973b, 1974), Orlóci (1975) et d'autres, alors que son emploi a été généralisé à d'autres types de données par Benzécri et ses collaborateurs (Escofier-Cordier, 1969 ; Benzécri et coll., 1973). Au cours de son histoire, la méthode a été désignée successivement sous les noms anglais de *contingency table analysis* (Fisher, 1940), *RQ-technique* (Hatheway, 1971), *reciprocal averaging* (Hill, 1973b), *correspondence analysis* (Hill, 1974), *reciprocal ordering* (Orlóci, 1975), *dual scaling* (Nishisato, 1980) et *homogeneity analysis* (Meulman, 1982), alors qu'elle est connue en français comme l'*analyse factorielle des correspondances* (Escofier-Cordier, 1969).

1. – *Méthode de calcul*

L'analyse des correspondances a d'abord pour but l'analyse des tableaux de contingence (voir section 6.2, tome 1) qui comparent les différentes descriptions d'un premier descripteur (les lignes du tableau) aux descriptions d'un second descripteur (les colonnes du tableau). Le tableau contient les nombres d'objets codés dans chacune des combinaisons de descriptions de ces deux descripteurs. Ces fréquences d'objets sont donc des entiers positifs ou nuls. L'analyse peut aussi porter sur des tableaux de contingence qui comparent deux *groupes* de descripteurs : on pourrait par exemple utiliser les lignes du tableau pour les différentes espèces, chacune divisée en quelques classes d'abondance, et les colonnes pour les descripteurs du milieu physique, chacun comportant autant de colonnes qu'il y a de descriptions différentes. Chaque échantillon (objet) contribue alors à plusieurs des fréquences du tableau, mais ceci n'affecte pas les résultats à cause des transformations ci-dessous.

L'analyse des correspondances est d'abord une méthode d'ordination : c'est alors une analyse en composantes principales qui préserve, dans l'espace factoriel, la distance euclidienne entre des profils de probabilités conditionnelles pondérées. Ceci équivaut à préserver la distance du χ^2 entre les lignes ou entre les colonnes du tableau de contingence. L'analyse des correspondances permet aussi l'étude des proximités entre les lignes (ou les colonnes), ainsi que des correspondances entre lignes et colonnes du tableau de contingence. Les étapes du calcul sont les suivantes.

1) Chaque fréquence f_{ik} du tableau de contingence est d'abord transformée en probabilité $\bar{q}_{ik}$ doublement centrée selon la ligne et la colonne où elle se trouve :

$$\bar{q}_{ik} = \frac{p_{ik} - p_{i.}\, p_{.k}}{\sqrt{p_{i.}\, p_{.k}}}$$

où p_{ik} est la fréquence f_{ik} divisée par la somme $f_{..}$ des f_{ik} de tout le tableau, $p_{i.}$ est la somme $f_{i.}$ de la ligne i divisée par $f_{..}$ et $p_{.k}$ est pareillement égal à $f_{.k}/f_{..}$ où $f_{.k}$ est la somme de la colonne. On peut évidemment calculer les $\bar{q}_{ik}$ directement à partir des f_{ik} :

$$\bar{q}_{ik} = \frac{f_{ik}\, f_{..} - f_{i.}\, f_{.k}}{f_{..}\sqrt{f_{i.}\, f_{.k}}}$$

Il y a une analogie entre cette formule et celle des termes que l'on somme pour calculer un carré de contingence (tome 1) sur un tableau de même type : on centre ici chaque valeur p_{ik}, en lui soustrayant la valeur $p_{i.}\, p_{.k}$ que devrait avoir p_{ik} dans l'hypothèse d'indépendance des deux descripteurs et on pondère cette différence par la moyenne géométrique de ses deux lois marginales $p_{i.}$ et $p_{.k}$. Comme dans l'analyse en coordonnées principales, cette étape de centrage permet d'éliminer à l'avance la plus grande valeur propre, égale à 1 dans l'analyse des correspondances, qui n'est pas interprétable. Plusieurs programmes d'ordinateur ne font cependant pas cette correction et, dans ce cas, le premier axe principal ($\lambda_1 = 1$) doit être négligé, puisqu'il équivaut au centrage du nuage de points à l'origine (Hill, 1974) et qu'il explique une dispersion nulle (Lebart & Fénelon, 1971).

2) Cette transformation des données est justifiée par le raisonnement suivant, dont on trouvera une démonstration dans Lebart & Fénelon (1971) : la distance du χ^2 (p. 20), entre les lignes ou entre les colonnes du tableau de contingence, est préservée dans l'espace multidimensionnel au cours de l'analyse des axes principaux qui suit, si les f_{ik} sont d'abord transformées en des valeurs

$$q_{ik} = \frac{p_{ik}}{p_{i.}\sqrt{p_{.k}}}$$

et si l'on fait ensuite une *analyse en composantes principales* de cette matrice de données. Comme dans toute analyse en composantes principales, on calcule d'abord une matrice de covariances, puis on en extrait les vecteurs propres. La formule de la covariance à employer, entre deux colonnes k et k' d'un tableau de probabilités, est la suivante :

$$s_{kk'} = \sum_i p_{i.}(q_{ik} - \sqrt{p_{.k}})\,(q_{ik'} - \sqrt{p_{.k'}})$$

(cette formule fait intervenir les $p_{i.}$ puisque les fréquences relatives des lignes sont différentes ; d'autre part, on peut montrer que le point moyen est le vecteur $[\sqrt{p_{.k}}]$). Afin de simplifier le calcul des covariances, cette formule peut être décomposée en deux termes symétriques

$$\bar{q}_{ik} = \frac{p_{ik} - p_{i.}\, p_{.k}}{\sqrt{p_{i.}\, p_{.k}}} \quad \text{et} \quad \bar{q}_{ik'} = \frac{p_{ik'} - p_{i.}\, p_{.k'}}{\sqrt{p_{i.}\, p_{.k'}}}$$

qui sont les valeurs calculées à l'étape 1 ci-dessus. La matrice de covariance peut donc être évaluée directement à partir de la matrice $\bar{\mathbf{Q}}$ des données centrées $\bar{q}_{ik}$ et de sa transposée $\bar{\mathbf{Q}}'$:

$$\mathbf{S} = \bar{\mathbf{Q}}'\bar{\mathbf{Q}} \qquad \text{ou encore} \qquad \hat{\mathbf{S}} = \bar{\mathbf{Q}}\bar{\mathbf{Q}}'$$

selon qu'il y a moins de colonnes ou de lignes dans la matrice $\bar{\mathbf{Q}}$. Comme les lignes et les colonnes d'un tableau de contingence jouent un rôle équivalent, il y a intérêt à calculer les vecteurs propres de la plus petite matrice possible, car $\mathbf{S} = \bar{\mathbf{Q}}'\bar{\mathbf{Q}}$ a les mêmes valeurs propres que $\hat{\mathbf{S}} = \bar{\mathbf{Q}}\bar{\mathbf{Q}}'$ et leurs vecteurs propres $\mathbf{U}$ et $\hat{\mathbf{U}}$ sont liés par la relation $\hat{\mathbf{U}} = \bar{\mathbf{Q}}\mathbf{U}$. On peut supposer pour la suite de la démonstration que les calculs sont effectués à partir de la matrice $\mathbf{S}$.

3) On calcule les valeurs propres λ_h et les vecteurs propres $\mathbf{u}_h$ correspondants, au moyen de l'équation habituelle

$$(\mathbf{S} - \lambda_h \mathbf{I})\, \mathbf{u}_h = \mathbf{0}$$

Puisque $\mathbf{S} = \bar{\mathbf{Q}}'\bar{\mathbf{Q}}$ est symétrique, les vecteurs propres sont orthogonaux.

4) Comme d'habitude dans le calcul de composantes principales, si les vecteurs propres normalisés (normés à 1) $\mathbf{U}$ ont été obtenus à partir de la matrice de dispersion $\mathbf{S}$ entre les *colonnes* du tableau de contingence, la position des *lignes* de ce tableau dans l'espace factoriel est donnée par la matrice transformée des composantes principales

$$\mathbf{F} = \mathbf{Q}\mathbf{U}$$

où $\mathbf{Q}$ est la matrice des valeurs q_{ik} à la base de la décomposition en composantes principales. La position des *lignes* du tableau, donnée par $\mathbf{F}$, préserve la *distance euclidienne entre les profils de probabilités conditionnelles pondérées* que contient la matrice $\mathbf{Q}$, ce qui revient à dire que l'on préserve la *distance du* χ^2 (p. 20) *entre les lignes du tableau de contingence* (voir l'exemple de calcul plus bas). $\mathbf{F}$ permet donc de représenter graphiquement l'*ordination des lignes* du tableau de contingence dans l'espace réduit des axes principaux de la matrice de dispersion entre les *colonnes*.

5) Après avoir calculé la matrice $\mathbf{F}$ des composantes principales de $\mathbf{S} = \bar{\mathbf{Q}}'\bar{\mathbf{Q}}$, on désire aussi connaître la matrice $\hat{\mathbf{F}}$ des composantes principales de la matrice $\hat{\mathbf{S}} = \bar{\mathbf{Q}}\bar{\mathbf{Q}}'$ puisque, dans un tableau de contingence, lignes et colonnes jouent des rôles homologues. Cette matrice permettra de représenter graphiquement l'*ordination des colonnes* du tableau de contingence qui préserve leurs distances, dans l'espace réduit des axes principaux de la matrice de dispersion entre les *lignes*. On pourrait calculer la matrice $\hat{\mathbf{U}}$ des vecteurs propres de $\hat{\mathbf{S}}$ en solutionnant l'équation $(\hat{\mathbf{S}} - \lambda_h \mathbf{I})\, \hat{\mathbf{u}}_h = \mathbf{0}$, comme au paragraphe 3. Cependant, puisqu'on a déjà calculé $\mathbf{U}$ et puisque les valeurs propres de $\mathbf{S}$ sont les mêmes que celles de $\hat{\mathbf{S}}$, il est plus simple de calculer $\hat{\mathbf{U}}$ à l'aide de la relation $\hat{\mathbf{U}} = \bar{\mathbf{Q}}\mathbf{U}$, qui a déjà été mentionnée à la page 137. Les vecteurs propres qui résultent de cette multiplication ont des longueurs de $\sqrt{\lambda_h}$: pour qu'ils soient normalisés, on peut donc calculer directement

$$\hat{\mathbf{U}} = \bar{\mathbf{Q}}\mathbf{U}\,\mathbf{\Lambda}^{-1/2}$$

La matrice transformée $\hat{\mathbf{F}}$ des composantes principales de $\hat{\mathbf{S}}$ se calcule comme ci-dessus :

$$\hat{\mathbf{F}} = \hat{\mathbf{Q}}'\hat{\mathbf{U}}$$

où

$$\hat{\mathbf{Q}} = \left[\frac{p_{ik}}{p_{.k} \sqrt{p_{i.}}} \right]$$

Les lignes et les colonnes de $\hat{\mathbf{Q}}$ correspondent aux mêmes descriptions que dans $\mathbf{Q}$ (voir l'exemple numérique ci-dessous).

6) L'analyse des tableaux de contingence à la section 6.4 a permis de faire ressortir les éléments de correspondance entre lignes et colonnes, après transformation en profils de probabilités conditionnelles. Cette transformation est aussi à la base de l'analyse factorielle des correspondances, ce qui suggère qu'il pourrait être intéressant de représenter lignes et colonnes du tableau de contingence dans le même espace factoriel.

Puisque la position des lignes, donnée par la matrice $\mathbf{F}$, respecte entre elles leurs relations de distances, on peut disposer les colonnes dans l'espace factoriel de façon à ce que chaque *ligne* soit au *barycentre des colonnes.* Un barycentre est le centre de masse des colonnes, calculé après avoir affecté chaque colonne de sa contribution relative (probabilité conditionnelle) à la formation de cette ligne (voir l'exemple numérique ci-dessous). La position des *colonnes* ayant les lignes comme barycentres se trouve en pondérant la matrice $\mathbf{U}$, par division de chacun de ses termes par le $\sqrt{p_{.k}}$ correspondant à la colonne :

$$\mathbf{V} = \mathbf{U}\mathbf{D}(p_{.k})^{-1/2}$$

où $\mathbf{D}(p_{.k})$ est la matrice diagonale des valeurs $p_{.k}$ (matrice avec les $p_{.k}$ sur la diagonale et des zéros partout ailleurs).

De même, puisque $\hat{\mathbf{F}}$ donne la position des colonnes qui respecte leurs relations de distance, on peut exprimer la position des *lignes*, ayant les colonnes comme barycentre, dans la matrice

$$\hat{\mathbf{V}} = \hat{\mathbf{U}}\mathbf{D}(p_{i.})^{-1/2}$$

où $\mathbf{D}(p_{i.})$ est la matrice diagonale des probabilités marginales $p_{i.}$ des lignes. La relation entre ces quatre matrices est alors la suivante :

$\mathbf{F}$ (lignes) au barycentre de $\mathbf{V}$ (colonnes)

et $\hat{\mathbf{F}}$ (colonnes) au barycentre de $\hat{\mathbf{V}}$ (lignes).

7) Si on représente les colonnes (données par $\mathbf{V}$) sur le même graphique que les lignes (matrice $\mathbf{F}$) placées à leur barycentre, deux descriptions provenant du même sens (vertical ou horizontal) du tableau de contingence sont situées l'une près de l'autre lorsque les *profils (pondérés) de leurs distributions de probabilités conditionnelles* ($f_{ik}/f_{i.}$ ou $p_{ik}/p_{i.}$, dans le cas des lignes du tableau de contingence) se ressemblent. Par ailleurs, une ligne i occupe une position dans

l'espace réduit d'autant plus rapprochée de celle d'une colonne k que celle-ci intervient plus fortement dans le profil de celle-là. Ce type de représentation n'est employé que pour les tableaux de contingence, et non pour les tableaux espèces x échantillons de la sous-section 4 ci-desssous.

2. – *Exemple de calcul*

L'exemple qui suit permet d'illustrer le calcul des correspondances. Dans cet exemple fictif, une espèce aurait été observée dans 100 échantillons selon une cote d'abondance en trois classes et les échantillons auraient été codés selon leur température, de 1 (froid) à 3 (chaud). Le tableau de contingence (tableau 9.III) décrit le nombre d'échantillons où a été rencontrée chaque combinaison des deux descripteurs ; son ordre (3 x 3) a été choisi de façon à permettre au lecteur de refaire les calculs pour son bénéfice. Les numéros ci-dessous correspondent aux divisions de l'exposé de la méthode de calcul.

1) La matrice suivante contient les probabilités p_{ik} ainsi que les distributions marginales $p_{i.}$ et $p_{.k}$ des lignes et des colonnes respectivement (l'identification des lignes et des colonnes est indiquée entre parenthèses) :

$$\begin{array}{rc} & \begin{array}{ccc} (0) & (+) & (++) \end{array} \qquad [p_{i.}] \\ [p_{ik}] = \begin{array}{c} (1) \\ (2) \\ (3) \end{array} & \begin{bmatrix} 0{,}10 & 0{,}10 & 0{,}20 \\ 0{,}10 & 0{,}15 & 0{,}10 \\ 0{,}15 & 0{,}05 & 0{,}05 \end{bmatrix} \quad \begin{bmatrix} 0{,}40 \\ 0{,}35 \\ 0{,}25 \end{bmatrix} \\ [p_{.k}] = & [0{,}35 \quad 0{,}30 \quad 0{,}35] \end{array}$$

La matrice $\bar{Q}$ est calculée selon la formule $\bar{q}_{ik} = \dfrac{p_{ik} - p_{i.}\, p_{.k}}{\sqrt{p_{i.}\, p_{.k}}}$

$$\begin{array}{rc} & \begin{array}{ccc} (0) & (+) & (++) \end{array} \\ \bar{Q} = \begin{array}{c} (1) \\ (2) \\ (3) \end{array} & \begin{bmatrix} -0{,}107 & -0{,}058 & 0{,}160 \\ -0{,}064 & 0{,}139 & -0{,}064 \\ 0{,}211 & -0{,}091 & -0{,}127 \end{bmatrix} \end{array}$$

Tableau 9.III – Tableau de contingence entre deux descripteurs (exemple fictif).

Espèce:		rare ou absente (0)	abondante (+)	très abondante (+ +)	Totaux lignes
t =	1	10	10	20	40
	2	10	15	10	35
	3	15	5	5	25
Totaux colonnes		35	30	35	100

2) Les matrices de dispersions **S** et $\hat{\mathbf{S}}$ pourraient être calculées par la formule de la covariance, à partir des matrices

$$\mathbf{Q} = \left[\frac{p_{ik}}{p_{i.}\sqrt{p_{.k}}}\right] = \begin{array}{c} \\ (1) \\ (2) \\ (3) \end{array} \begin{array}{c} \begin{array}{ccc} (0) & (+) & (++) \end{array} \\ \begin{bmatrix} 0{,}423 & 0{,}456 & 0{,}845 \\ 0{,}483 & 0{,}782 & 0{,}483 \\ 1{,}014 & 0{,}365 & 0{,}338 \end{bmatrix} \end{array}$$

et

$$\hat{\mathbf{Q}} = \left[\frac{p_{ik}}{p_{.k}\sqrt{p_{i.}}}\right] = \begin{array}{c} \\ (1) \\ (2) \\ (3) \end{array} \begin{array}{c} \begin{array}{ccc} (0) & (+) & (++) \end{array} \\ \begin{bmatrix} 0{,}452 & 0{,}527 & 0{,}904 \\ 0{,}483 & 0{,}845 & 0{,}483 \\ 0{,}857 & 0{,}333 & 0{,}286 \end{bmatrix} \end{array}$$

dont on aura besoin de toute façon aux étapes 4 et 5. Pour l'instant, il est plus simple de calculer la matrice symétrique **S** de dispersion entre les *colonnes* du tableau, à partir de $\bar{\mathbf{Q}}$:

$$\mathbf{S} = \bar{\mathbf{Q}}'\bar{\mathbf{Q}} = \begin{array}{c} \\ (0) \\ (+) \\ (++) \end{array} \begin{array}{c} \begin{array}{ccc} (0) & (+) & (++) \end{array} \\ \begin{bmatrix} 0{,}060 & & \\ -0{,}022 & 0{,}031 & \\ -0{,}040 & -0{,}007 & 0{,}046 \end{bmatrix} \end{array}$$

Si au contraire on avait voulu effectuer tous les calculs à partir de $\hat{\mathbf{S}}$, on aurait alors calculé plutôt la matrice de dispersion $\hat{\mathbf{S}} = \bar{\mathbf{Q}}\bar{\mathbf{Q}}'$ entre les *lignes* du tableau de contingence.

3) Les valeurs propres de **S** sont $\lambda_1 = 0{,}096$ (70 %), $\lambda_2 = 0{,}041$ (30 %) et $\lambda_3 = 0$ (par suite du centrage). Ce sont aussi les valeurs propres de $\hat{\mathbf{S}}$. Les vecteurs propres $\mathbf{u}_h$ (en colonnes) de **S** qui correspondent à λ_1 et λ_2 sont, après normalisation :

$$\mathbf{U} = \begin{array}{c} \\ (0) \\ (+) \\ (++) \end{array} \begin{array}{c} \begin{array}{cc} (\lambda_1) & (\lambda_2) \end{array} \\ \begin{bmatrix} 0{,}781 & 0{,}206 \\ -0{,}204 & -0{,}810 \\ -0{,}590 & 0{,}549 \end{bmatrix} \end{array}$$

4) La position des *lignes* du tableau de contingence dans l'espace factoriel est contenue dans la matrice transformée des composantes principales

$$\mathbf{F} = \mathbf{QU} = \begin{array}{c} \\ (1) \\ (2) \\ (3) \end{array} \begin{array}{c} \begin{array}{cc} (\lambda_1) & (\lambda_2) \end{array} \\ \begin{bmatrix} 0{,}262 & 0{,}181 \\ -0{,}068 & -0{,}270 \\ 0{,}518 & 0{,}098 \end{bmatrix} \end{array}$$

Tableau 9.IV – Tableau de probabilités conditionnelles des données de contingence de l'exemple fictif (voir section 6.4 pour la construction des tableaux de probabilités conditionnelles). Les probabilités conditionnelles plus élevées que la probabilité inconditionnelle (en haut de la colonne) sont en caractères gras et elles indiquent les correspondances entre deux descriptions. Chaque ligne de ce tableau a pour somme 1.

Espèce:		rare ou absente p(0) = 0,350	abondante p(+) = 0,300	très abondante p(+ +) = 0,350
$t =$	1	0,250	0,250	**0,500**
	2	0,286	**0,429**	0,286
	3	**0,600**	0,200	0,200

On peut vérifier que les distances euclidiennes (D_1, p. 26) entre températures dans l'espace factoriel (donc entre les lignes de ce tableau), qui constituent la matrice symétrique de distances

$$\begin{array}{c} \\ (1) \\ (2) \\ (3) \end{array} \begin{array}{c} \begin{array}{ccc} (1) & (2) & (3) \end{array} \\ \begin{bmatrix} 0 & & \\ 0{,}491 & 0 & \\ 0{,}784 & 0{,}691 & 0 \end{bmatrix} \end{array}$$

sont aussi les distances du χ^2 entre températures dans le tableau (9.III) de contingence. Le calcul des distances du χ^2 est facilité si l'on transforme d'abord le tableau de contingence en un tableau de probabilités conditionnelles (tableau 9.IV). La matrice **F** constitue donc une ordination des températures dans l'espace factoriel (fig. 9.12a).

5) La matrice $\hat{\mathbf{U}}$ des vecteurs propres normalisés de $\hat{\mathbf{S}} = \bar{\mathbf{Q}}\bar{\mathbf{Q}}'$ peut être calculée à partir de **U** grâce à la relation

$$\hat{\mathbf{U}} = \bar{\mathbf{Q}}\mathbf{U}\Lambda^{-1/2} = \begin{array}{c} \\ (1) \\ (2) \\ (3) \end{array} \begin{array}{c} \begin{array}{cc} (\lambda_1) & (\lambda_2) \end{array} \\ \begin{bmatrix} -0{,}537 & 0{,}563 \\ -0{,}130 & -0{,}793 \\ 0{,}833 & 0{,}233 \end{bmatrix} \end{array}$$

La matrice transformée $\hat{\mathbf{F}}$ des composantes principales

$$\hat{\mathbf{F}} = \hat{\mathbf{Q}}'\hat{\mathbf{U}} = \begin{array}{c} \\ (0) \\ (+) \\ (++) \end{array} \begin{array}{c} \begin{array}{cc} (\lambda_1) & (\lambda_2) \end{array} \\ \begin{bmatrix} 0{,}408 & 0{,}072 \\ -0{,}116 & -0{,}295 \\ -0{,}311 & 0{,}193 \end{bmatrix} \end{array}$$

contient donc l'ordination des abondances (colonnes du tableau de contingence) dans l'espace factoriel (fig. 9.12b) : on peut vérifier, en effet, que les distances euclidiennes entre abondances dans la matrice $\hat{\mathbf{F}}$, données par la matrice symétrique de distances

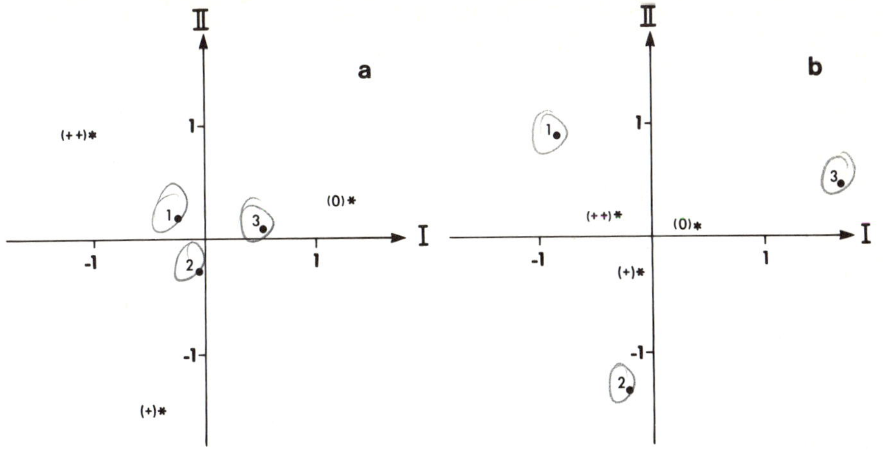

Figure 9.12 – Double projection obtenue par analyse des correspondances. a : Matrices **F** et **V** : les lignes du tableau de contingence (cercles) au barycentre des colonnes (étoiles). b : Matrices $\hat{\mathbf{F}}$ et $\hat{\mathbf{V}}$: les colonnes (étoiles) au barycentre des lignes (cercles).

$$
\begin{array}{c} \\ (0) \\ (+) \\ (++) \end{array}
\begin{array}{c} \begin{array}{ccc} (0) & (+) & (++) \end{array} \\ \left[\begin{array}{ccc} 0 & & \\ 0{,}640 & 0 & \\ 0{,}729 & 0{,}525 & 0 \end{array}\right] \end{array}
$$

sont bien les distances du χ^2 entre les colonnes du tableau (9.III) de contingence.

6) La transformation des u_{kh} en valeurs $v_{kh} = u_{kh}/\sqrt{p_{.k}}$ fait que les abondances de la matrice résultante

$$
\mathbf{V} = \mathbf{UD}(p_{.k})^{-1/2} = \begin{array}{c} (0) \\ (+) \\ (++) \end{array} \overset{\begin{array}{cc} (\lambda_1) & (\lambda_2) \end{array}}{\left[\begin{array}{cc} 1{,}320 & 0{,}348 \\ -0{,}373 & -1{,}479 \\ -0{,}998 & 0{,}928 \end{array}\right]}
$$

ont comme barycentres les températures de la matrice **F**. Pour s'en convaincre, on peut vérifier, par exemple, qu'en multipliant le vecteur des probabilités conditionnelles de la première température (qui constitue la ligne $t = 1$ au tableau 9.IV) par la matrice **V**, on obtient comme barycentre, ou centre de masse pondéré des abondances,

$$
[0{,}250 \quad 0{,}250 \quad 0{,}500] \left[\begin{array}{cc} 1{,}320 & 0{,}348 \\ -0{,}373 & -1{,}479 \\ -0{,}988 & 0{,}928 \end{array}\right] = [-0{,}262 \quad 0{,}181]
$$

qui constitue justement, dans la matrice **F**, le vecteur des coordonnées de la température (1) dans l'espace factoriel.

De la même façon, la transformation des $\hat{u}_{ih}$ en valeurs $\hat{v}_{ih} = \hat{u}_{ih}/\sqrt{p_{i.}}$ fait que les températures de la matrice résultante

$$\hat{\mathbf{V}} = \hat{\mathbf{U}}\mathbf{D}(p_{i.})^{-1/2} = \begin{array}{c} \\ (1) \\ (2) \\ (3) \end{array} \begin{array}{c} \begin{array}{cc} (\lambda_1) & (\lambda_2) \end{array} \\ \begin{bmatrix} -0,850 & -0,890 \\ -0,220 & -1,340 \\ 1,666 & 0,467 \end{bmatrix} \end{array}$$

ont comme barycentres les abondances de la matrice $\hat{\mathbf{F}}$.

7) Par conséquent, dans le graphique des correspondances, les abondances (matrice $\mathbf{V}$) ont comme barycentres les températures de la matrice $\mathbf{F}$ (fig. 9.12a), alors que les températures (matrices $\hat{\mathbf{V}}$) ont comme barycentres les abondances de la matrice $\hat{\mathbf{F}}$ (fig. 9.12b). Dans ces graphiques, le premier axe factoriel (70 % de la variance) ordonne les abondances en sens inverse des températures, alors que l'ensemble du graphique associe l'abondance (0) à la température la plus élevée, l'abondance (+) à la température moyenne et l'abondance (+ +) à la température la plus basse.

3. – *Remarques*

Il faut noter que l'étude du tableau des probabilités conditionnelles selon la méthode exposée à la section 6.4 (tableau 9.IV) permet de faire ressortir les mêmes correspondances entre les deux séries de descriptions que l'analyse ci-dessus, ce qui en confirme les résultats. L'analyse factorielle des correspondances offre cependant l'avantage de permettre, pour chaque valeur propre, le calcul d'une quantité $R = \sqrt{\lambda}$ qui mesure la corrélation entre les ordinations des deux séries de descriptions, la verticale et l'horizontale. La valeur $(1 - \lambda_h)$ est donc une mesure de la difficulté d'ordonner, sur l'axe principal h, les descriptions des lignes du tableau à partir d'une ordination des descriptions en colonnes, ou la réciproque (Orlóci, 1978). La valeur propre la plus élevée (ou sa racine carrée) est par conséquent une autre mesure de la dépendance entre descripteurs non-ordonnés. Williams (1952) présente différentes méthodes qui permettent de tester la signification de $R^2 = \lambda$.

Pour le calcul de l'analyse factorielle des correspondances, on pourra trouver des programmes d'ordinateur dans Benzécri et coll. (1973), dans Jambu & Lebeaux (1978) et dans Orlóci (1978), par exemple. L'exposé ainsi que l'exemple ci-dessus permettront de vérifier le sens des calculs effectués par un programme. A l'aide des banques de sous-programmes disponibles dans la plupart des centres de calcul, il peut être relativement facile de reconstituer un tel programme en se basant sur l'exposé ci-dessus, ou encore en se servant de l'algorithme itératif simplifié exposé en détail dans Hill (1973b) et résumé ci-dessous. Par ailleurs, plusieurs programmes ne résolvent pas l'équation des valeurs et des vecteurs propres mais trouvent plutôt les vecteurs propres en calculant, par la méthode des moindres carrés des distances du χ^2, les droites qui passent par les axes orthogonaux successifs du nuage de points. Des détails pratiques pour la mise en œuvre de l'analyse des correspondances pourront être trouvés dans Benzécri et coll. (1973) et dans Nishisato (1980).

4. – *Tableaux espèces x échantillons*

L'analyse des correspondances a été appliquée à d'autres tableaux de données que ceux de contingence et une justification en est présentée par Benzécri et coll. (1973). Il faut toutefois s'assurer que les éléments du tableau sont *dimensionnellement homogènes* (dans les mêmes unités, pour qu'on puisse les additionner) et *positifs* (pour qu'ils soient transformables en probabilités). Plusieurs tableaux de données ont déjà ces caractéristiques : par exemple des tableaux de valeurs pondérales ou les tableaux d'abondances d'espèces dont il est question ci-dessous. Dans les autres cas, il est toujours possible de recoder des données pour les rendre homogènes et positives (les principales transformations des données sont discutées à la section 1.3). Pour des descripteurs aux unités différentes, on peut par exemple réduire les données (ce qui en fait des données sans dimensions) et les rendre positives par translation, en leur soustrayant la plus forte valeur négative ; ces données pourraient aussi être recodées en classes ordonnées. Quelle que soit la méthode utilisée, le recodage devient alors l'étape la plus critique de l'analyse des correspondances et le chercheur devrait consulter à ce propos Benzécri et coll. (1973).

Plusieurs auteurs, mentionnés au début de cette section, ont ainsi appliqué l'analyse des correspondances à l'analyse de matrices (espèces x échantillons) de données d'abondances d'espèces.

Cette généralisation de la méthode est basée sur le modèle statistique suivant : si les spécimens ont été échantillonnés au hasard – ce qui est inexact, les spécimens étant habituellement échantillonnés par grappes (stations, prélèvements, quadrats, etc.) – alors chaque spécimen peut être décrit par deux descripteurs, soit le nom de son espèce et l'identification de la station d'où il provient. Si on bâtit un tableau de contingence du descripteur "stations" par le descripteur "espèces", ce tableau (qui est donc le tableau d'abondances d'espèces) peut être traité par les méthodes d'analyse pour tableaux de contingence.

La méthode plus simple d'*analyse de gradient*, développée par Whittaker (1960, 1967), permet de comprendre le but qui est alors poursuivi : on considère une telle matrice $\mathbf{Y}$ (espèces x échantillons), ainsi qu'un vecteur initial $\mathbf{v}$ de valeurs v_i attribuées aux différentes espèces i, comme indicatrices du *gradient* physique que l'on veut mettre en évidence. Par exemple, on peut attribuer un pointage aux différentes espèces, sur une échelle de 1 à 10, pour leur préférence quant au degré d'humidité du milieu. Ces coefficients servent ensuite à calculer une valeur d'appartenance des différents échantillons au gradient en question : le pointage $\hat{v}_j$ d'un échantillon est la moyenne des pointages des espèces qu'on y trouve, selon la formule

$$\hat{v}_j = \frac{\sum_i y_{ij} v_i}{y_{.j}} \qquad \begin{cases} i = 1, \ldots, n \text{ (espèces)} \\ j = 1, \ldots, p \text{ (échantillons)} \end{cases}$$

où les y_{ij} sont les valeurs d'abondance des espèces i dans l'échantillon j et $y_{.j}$ est la somme des spécimens dans l'échantillon j, donc de la colonne j de la matrice.

L'analyse de gradient produit donc un vecteur $\hat{\mathbf{v}}$ des positions des différents échantillons le long du gradient étudié. Hill (1973b, 1974) suggère de pousser l'analyse et d'employer alors le vecteur $\hat{\mathbf{v}}$ de l'ordination des échantillons, pour obtenir une nouvelle ordination ($\mathbf{v}$) des espèces par la formule correspondante

$$v_i = \frac{\sum_j y_{ij} \hat{v}_j}{y_{i.}}$$

dans laquelle $y_{i.}$ est maintenant la somme de la ligne i de la matrice $\mathbf{Y}$. Ce passage de $\mathbf{v}$ à $\hat{\mathbf{v}}$ (les vecteurs sont normés à chaque étape) définit un processus itératif, appelé "reciprocal averaging" par Hill (1973b), processus qui converge vers une solution unique d'ordination unidimensionnelle des espèces et des échantillons, indépendante des valeurs données au départ aux v_i, alors que le nombre d'itérations nécessaires pour arriver à cette solution dépend, lui, de ces valeurs v_i. Cette solution constitue les vecteurs barycentrés $\mathbf{v}$ et $\hat{\mathbf{v}}$ des espèces et des échantillons, correspondant à la première valeur propre. Hill (1973b) montre comment trouver la valeur de λ et comment passer aux vecteurs propres suivants, ce qui constitue un algorithme simple d'analyse des correspondances.

Au niveau de l'interprétation, ce type d'ordination simultanée des espèces et des échantillons cherche à répondre à la question suivante : à quel point l'ordination des espèces peut-elle servir, dans son ensemble, à ordonner les échantillons ? Autrement dit, quelle est la valeur prédictive d'une ordination par rapport à l'autre ? On a vu plus haut que $R = \sqrt{\lambda}$ mesure la corrélation, pour une dimension donnée, entre les deux ordinations obtenues par analyse des correspondances. Par conséquent, l'interprétation de la relation entre les deux ordinations doit se faire en fonction de cette corrélation.

En tant que méthode d'ordination, l'analyse des correspondances ordonne les échantillons et les espèces quant à la distance euclidienne entre les *profils de probabilités conditionnelles pondérées* des effectifs (p. 142), après que l'on ait éliminé les différences de tailles. L'analyse des correspondances produit des ordinations des échantillons très semblables à celles que l'on peut obtenir par l'analyse en composantes principales de matrices de corrélations entre espèces (données centrées réduites), ce qui est normal puisque la première étape du calcul consiste justement à pondérer chaque donnée par la somme (ou la probabilité) de la ligne et de la colonne, ce qui élimine les effets dus à la plus grande variance de certaines lignes ou colonnes. Dans le cas de gradients prononcés (nombreux zéros dans la matrice de données), l'analyse des correspondances serait même préférable aux composantes principales (Hill, 1973b), ce qui a aussi été démontré par Gauch *et al.* (1977) à l'aide de données floristiques simulées et expérimentales. Ce résultat découle logiquement de l'observation de la page 20, à l'effet que la métrique du χ^2 ainsi que la distance du χ^2 sont en fait des coefficients asymétriques (qui ne tiennent pas compte des doubles zéros dans l'estimation de la ressemblance), ce qui n'est pas le cas de la distance euclidienne préservée par l'analyse en composantes principales. Pour cette raison, l'analyse des correspondances est recommandée pour l'ordination en espace réduit de tableaux d'abondances d'espèces contenant un bon nombre de zéros.

Chardy *et al.* (1976) conseillent pour leur part d'effectuer simultanément plusieurs types d'ordinations en espace réduit en vue de dégager des structures d'intérêt complémentaire. Enfin, et comme dans le cas des composantes principales (par exemple dans Frontier, 1974), il arrive souvent avec des données d'abondances d'espèces que le second axe ne soit qu'une fonction quadratique du premier, ou inversement, auquel cas il convient d'examiner alors le troisième axe (Hill, 1973b, 1974). Cette forme *arquée* (Swan, 1970), en *fer à cheval* (Kendall, 1971), ou en *arche* (Gauch, 1982) avait déjà été notée par Goodall (1954) ; Benzécri et coll. (1973) en traitent sous l'appellation d'*effet Guttman*. Une variante de l'analyse des correspondances, appelée "detrended correspondence analysis" en anglais (Hill & Gauch, 1980 ; Gauch, 1982), a pour but d'éliminer l'effet arqué de l'ordination.

Pour le groupement des espèces en associations, l'analyse des correspondances ne semble pas échapper aux problèmes que rencontrent aussi les composantes principales (Reyssac & Roux, 1972 ; Ibanez & Séguin, 1972 ; Binet *et al.*, 1972). Les causes en ont été discutées en détail à la section 9.1, la plus importante étant sans doute la nécessité de considérer les espèces comme des axes-descripteurs multidimensionnels projetés dans un espace de faible dimension, ce qui expliquerait leur tendance à former un nuage plus ou moins uniformément dense centré à l'origine. Il peut cependant être intéressant de projeter un groupement d'espèces connu à l'avance sur l'ordination des espèces dans l'espace réduit obtenu par analyse des correspondances (par exemple dans Binet *et al.*, 1972), comme c'était le cas pour les composantes principales.

La représentation barycentrée n'est pas employée dans le cas des tableaux espèces x échantillons. Si l'on représente les espèces (descripteurs) et les stations (objets) en double projection dans le même graphique, celui-ci doit alors être interprété en fonction des remarques de la page 119, puisque l'analyse des correspondances d'un tableau de données objets x descripteurs est une variante de l'analyse en composantes principales. La pratique qui consiste à expliquer les échantillons par les espèces voisines sur le graphique donne souvent de bons résultats, mais elle ne permet pas de tirer toute l'information du graphique de double projection des correspondances. Au contraire, l'analyse directe du tableau espèces x échantillons par la méthode de la section 6.4, reprise au tableau 9.IV, devrait dégager toutes les correspondances entre espèces et échantillons. Cette application de l'analyse des tableaux de contingence se justifie par la même logique qui permet d'appliquer l'analyse des correspondances à ces matrices de données.

L'analyse des correspondances, comme plusieurs autres méthodes d'analyse multidimensionnelle, devra encore subir le test de plusieurs essais d'application à différents types de données, avec comparaison à d'autres méthodes, avant que son rôle spécifique dans l'analyse des complexes de données écologiques puisse être déterminé avec plus de précision. Le travail de Gauch *et al.* (1977), mentionné plus haut, est un exemple de telles comparaisons.

Application écologique 9.4 – Binet *et al.* (1972) ont comparé, par la méthode factorielle des correspondances, 64 échantillons décrits par 75 espèces de copépodes pélagiques provenant d'un cycle de récolte annuel (traits verticaux) à cinq stations du plateau continental et du large de la région congolaise.

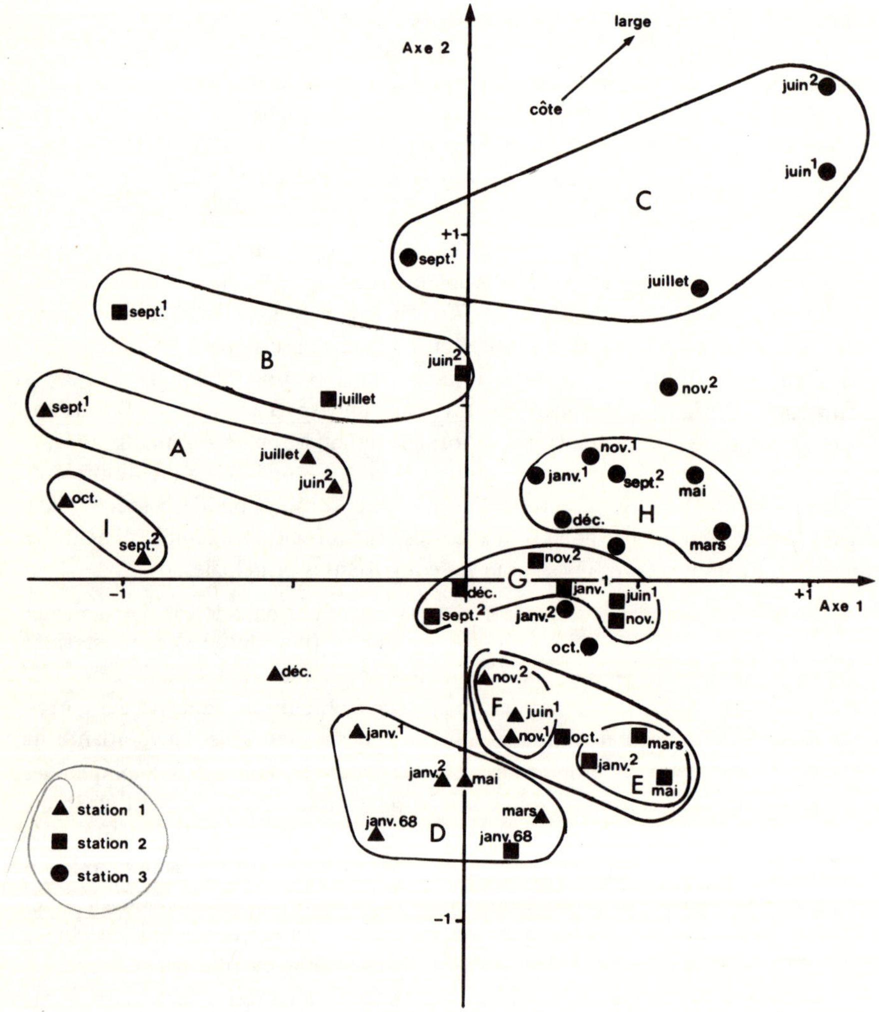

Figure 9.13 – Ordination des échantillons des stations 1, 2 et 3 dans l'espace des deux premiers axes principaux. Les mois des prélèvements sont indicés pour indiquer le premier ou le deuxième prélèvement du mois, en 1967. Les échantillons prélevés en janvier 1968 sont indiqués comme tel. Modifié de Binet *et al.* (1972).

Des analyses séparées ont été effectuées (1) sur l'ensemble des cinq stations, (2) sur les stations 1, 2 et 3 du plateau et (3) sur les stations 3, 4 et 6 du large. La station 3 pourrait appartenir à l'un ou l'autre des groupes. Seule l'analyse de l'ordination des récoltes des stations 1, 2 et 3 est présentée ici, en guise d'illustration des ordinations que produit l'analyse des correspondances. Cette ordination des récoltes par rapport aux axes I et II est reproduite à la figure 9.13. Les deux premiers axes principaux expliquent respectivement 18,8 et 17,4 % de la variance.

A la figure 9.13, les auteurs ont regroupé les échantillons selon des connaissances *a priori* quant à leur provenance ainsi que selon les saisons hydrologiques qui caractérisent ces eaux, en vue de trouver la signification des axes principaux qui sert par la suite à interpréter l'ordination des espèces par rapport aux mêmes axes principaux. Par exemple, le groupe A réunit les échantillons de la station 1 pendant la grande saison froide. L'ordination de ces groupes *a priori* mène à la conclusion que les axes principaux ont une signification composite : l'axe qui traverse à 45° les quadrants 1 et 3 indique le gradient côte-large (indiqué sur le graphique), tandis que celui qui traverse à 45° les quadrants 2 et 4 représente le gradient thermohalin. Les axes principaux représenteraient donc les quatre tendances possibles de la combinaison des critères température et éloignement de la côte.

Cette interprétation des axes principaux a été suivie d'une ordination des espèces par rapport à ces mêmes axes (non représentée ici). Les espèces qui présentent une similarité de leur profil de probabilités conditionnelles sont rapprochées sur ce graphique, quoiqu'un groupement des espèces ne se dégage pas clairement (ce problème se rencontre régulièrement dans les ordinations d'espèces). Cependant, des groupes d'espèces ont pu être tracés grâce à des connaissances *a priori* sur leur cycle annuel. Les correspondances entre groupes d'espèces et groupes d'échantillons ne sont pas évidentes, mais comme la signification des axes d'ordination est connue, il a été possible de trouver l'interprétation écologique des 10 groupes d'espèces.

9.5. – ANALYSE FACTORIELLE

En sciences humaines, l'analyse des relations entre les descripteurs d'une matrice de données multidimensionnelles est souvent effectuée par *analyse factorielle* (au sens strict). Cette appellation vient de ce que l'initiateur de la méthode, Spearman (1904), a tenté de mettre en évidence les descripteurs psychologiques se rapportant au *facteur g de l'intelligence,* d'où le nom d'analyse factorielle. Dans cette étude, Spearman avait d'abord reconnu *a priori* certains facteurs de l'esprit, plutôt que de laisser aux données le soin de révéler leur structure intrinsèque. Le principal objectif de l'*analyse en composantes principales* est de rendre compte d'un maximum de *variance* des données (p. 108); dans l'*analyse factorielle*, par contraste, on tente de rendre compte de la *covariance* entre les descripteurs. A cette fin, l'analyse factorielle suppose que les descripteurs sont des combinaisons linéaires de variables hypothétiques sous-jacentes (les *facteurs*). Il s'ensuit que l'analyse factorielle représente la structure de covariance des descripteurs en termes d'un modèle causal hypothétique (les descripteurs observés seraient causés par des facteurs sous-jacents), alors que l'analyse en composantes principales vise plutôt à résumer les données au moyen de combinaisons linéaires des descripteurs. Le lecteur trouvera un exposé simplifié de l'analyse factorielle dans Kim & Mueller (1978a, 1978b) et un traitement plus complet dans Mulaik (1972).

Il existe deux types d'analyse factorielle. L'*analyse factorielle exploratoire* permet d'établir le nombre minimum de facteurs hypothétiques nécessaires pour rendre compte de la covariation entre les descripteurs. L'*analyse factorielle confirmatoire*, quant à elle, peut être utilisée pour le test d'hypothèses relatives à la structure de causalité entre les facteurs sous-jacents et les descripteurs observés. L'analyse factorielle exploratoire est parfois utilisée par les écologistes, pour des raisons tenant surtout à la disponibilité de programmes d'ordinateur (SPSS et SAS, par exemple, proposent une gamme complète d'analyses factorielles). A l'exception de la rotation *varimax*, dont il sera question plus bas, les méthodes factorielles ne sont pas d'emploi courant en écologie. La présente section n'a pas pour but de recommander l'utilisation en écologie de l'analyse factorielle exploratoire, mais plutôt d'informer le chercheur qui pourrait être mis en présence de programmes d'ordinateur ou encore de résultats obtenus par ces méthodes. L'analyse factorielle confirmatoire, qui sera brièvement décrite à la fin de la présente section, n'a pas encore été utilisée en écologie ; elle pourrait peut-être constituer un moyen de tester les modèles simples de causalité (voir la sous-section 3 de 10.2).

En analyse factorielle, on définit deux types distincts de facteurs sous-jacents : les *facteurs communs*, qui sont en relation causale avec plusieurs descripteurs observés, et les *facteurs spécifiques*, dont chacun n'est en relation causale qu'avec une seule des variables observées (fig. 9.14). Dans l'analyse en composantes principales, on considère la variance totale, alors que l'analyse factorielle ne s'intéresse qu'à la variance relative aux seuls facteurs communs. Cette caractéristique de l'analyse factorielle tient à ce que les *facteurs spécifiques* ne contribuent pas à la covariation entre les descripteurs observés, au contraire des *facteurs communs*. Une hypothèse fondamentale de l'analyse factorielle est que la covariation observée entre les descripteurs provient de ce qu'il sont causés par les mêmes facteurs communs, par opposition à des relations causales directes entre les descripteurs eux-mêmes. Pour être d'une quelconque utilité, il faut que le nombre de facteurs communs soit nettement plus petit que le nombre de descripteurs.

La première étape de l'*analyse factorielle exploratoire* est l'extraction de facteurs initiaux, à partir d'une matrice de covariance appropriée. Ces facteurs initiaux sont sensiblement analogues aux vecteurs propres de l'analyse en composantes principales, mais ils ne concernent ici que cette partie de la variance de chaque descripteur dont rendent compte les facteurs communs, dite *communauté* ou *variance commune*. La fraction de la variance relative aux facteurs spécifiques (dite *spécificité, variance spécifique* ou *unicité*) est donc exclue. Il existe plusieurs méthodes pour extraire les facteurs initiaux : la recherche des facteurs principaux ("principal factoring" ou "principal axis factoring", en anglais), les méthodes fondées sur les moindres carrés – recherche des facteurs principaux avec estimation itérative des moindres carrés, méthode du résidu minimum ("minimum residual method" ou "Minres", en anglais) –, la méthode du maximum de vraisemblance ou recherche canonique des facteurs ("canonical factoring", en anglais), la recherche des facteurs selon le coefficient alpha ("alpha factoring", en anglais) et la recherche des facteurs selon l'image des variables ("image factoring" ou "image analysis", en anglais). Ces méthodes reposent sur des hypothèses diverses, mais elles permettent toutes de calculer un petit nombre de facteurs communs (orthogonaux), qui rendent compte de la covariation entre un nombre beaucoup plus grand de descripteurs observés.

Lorsqu'on examine les facteurs initiaux, on trouve généralement que chaque descripteur est expliqué par plusieurs facteurs (ceux dont les saturations sont significativement élevées), comme c'est d'ailleurs le cas en analyse en composantes principales. Le nombre de ces facteurs est la *complexité factorielle.* Il s'ensuit que la structure de causalité, qui émerge à cette étape entre les facteurs et les descripteurs, est relativement compliquée puisque chaque descripteur est plus ou moins expliqué par chaque facteur. L'étape suivante de l'analyse est la recherche d'une *structure simple*, où les relations causales entre les facteurs communs sous-jacents et les descripteurs observés sont simplifiées. On obtient cette structure simple à la suite d'une *rotation.*

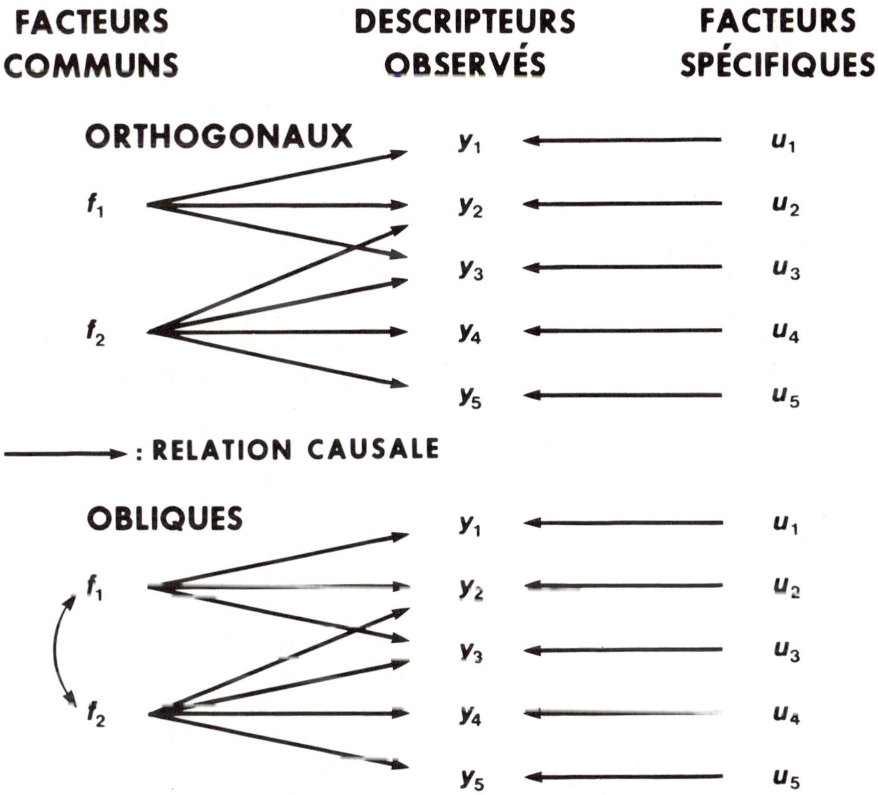

Figure 9.14 – Diagramme des coefficients de direction (p. 197), pour un cas hypothétique impliquant cinq descripteurs et deux facteurs communs. Différence entre la rotation orthogonale (facteurs communs indépendants l'un de l'autre) et la rotation oblique (facteurs communs en corrélation). Adapté de Kim & Mueller (1978a).

Le but de la rotation n'est pas d'améliorer l'ajustement des facteurs aux observations puisque, après rotation, les facteurs expliquent toujours la même quantité de covariance entre les descripteurs. Le seul but de la rotation est d'obtenir une structure simple, c'est-à-dire une solution où certaines saturations sont maximisées alors que d'autres sont minimisées. La rotation peut être orthogonale ou oblique : dans une *rotation orthogonale*, les facteurs communs sous-jacents ne doivent pas présenter de covariation tandis que, dans une *rotation oblique*, les facteurs peuvent être en corrélation (fig. 9.14). En un sens, la rotation orthogonale constitue donc un cas particulier de la rotation oblique (le cas où les corrélations entre facteurs communs sont nulles). Toutefois, par suite de la corrélation possible entre facteurs, l'interprétation d'une solution oblique peut être beaucoup plus compliquée que celle d'une solution orthogonale.

Plusieurs critères ont été proposés pour calculer la rotation orthogonale. La méthode *quartimax* (Burt, 1952) consiste à minimiser la somme des carrés des produits des saturations de chaque descripteur pour les différents facteurs, de façon à ce que chaque descripteur ait une saturation élevée pour un seul facteur et faible pour tous les autres. Alors que quartimax s'applique à simplifier les lignes de la matrice des saturations, la rotation *varimax* (Kaiser, 1958) tente d'en simplifier les colonnes, en maximisant la variance des carrés des saturations de chaque colonne. La rotation *equimax* tente pour sa part de simplifier à la fois les lignes et les colonnes. Une variante d'equimax s'appelle *biquartimax.* Une autre méthode de rotation orthogonale, qui minimise l'entropie, a été proposée par McCammon (1970). Parmi ces rotations orthogonales, varimax a été la plus employée en écologie ; on en trouvera des exemples dans Ibanez & Séguin (1972) et dans Parker (1975), ainsi qu'à l'application écologique 9.5 ci-dessous.

Par ailleurs, diverses rotations obliques ont été proposées dans la littérature, dont plusieurs sont disponibles dans des logiciels informatisés. Ce sont *oblimax* (Saunders, 1961), *quartimin*, *oblimin*, *covarimin* et *biquartimin* (Carroll, 1957) ; *binormamin* (Kaiser & Dickman, 1959); *rotation radiale, vecteurs prolongés* (Thurstone, 1947); *orthoblique* (Harris & Kaiser, 1964) ; *maxplane* (Cattell & Muerle, 1960 ; Eber, 1966) ; *promax* (Hendrickson & White, 1964). Ibanez (1976) présente une brève revue comparative de la plupart de ces rotations obliques.

Il devrait être maintenant clair que l'analyse factorielle vise principalement à l'analyse de la covariation entre les descripteurs si bien que, pour la plupart des modèles, la position relative des objets ne peut pas être calculée directement. Or, cette position des objets dans l'espace factoriel est souvent ce qui intéresse l'écologiste au premier titre. En analyse factorielle, les coordonnées des objets dans l'espace factoriel sont appelées les *échelles des facteurs* ("factor scales", en anglais). Kim & Mueller (1978b : 60 *et seq.*) décrivent plusieurs méthodes d'estimation de ces échelles des facteurs : estimation par régression, estimation fondée sur le critère des moindres carrés, méthode de Bartlett de minimisation de la variance de l'erreur, estimation avec contraintes d'orthogonalité et échelles fondées sur les facteurs.

Application écologique 9.5. – Pour en faciliter l'interprétation écologique, les axes de la figure 9.8 furent soumis à une rotation orthogonale varimax (à la suite d'une analyse en composantes principales, si bien que cette application ne constitue pas une analyse factorielle typique). A la figure 9.15, le facteur I peut être interprété comme le gradient entre le sable nu et les hautes herbes, en passant par la végétation raréfiée. Le facteur II forme un gradient des boisés jusqu'aux zones dégagées, en passant par les zones aux arbustes raréfiés (Aart, 1973).

L'*analyse factorielle confirmatoire*, pour sa part, permet le test d'hypothèses précises quant au nombre de facteurs communs et à leurs saturations pour chacun des descripteurs. Les hypothèses testées peuvent porter sur le nombre de facteurs communs impliqués, la nature de leur relations (modèle orthogonal ou oblique) ainsi que sur la valeur des saturations pour chaque descripteur. Ces hypothèses s'appuient sur des informations préliminaires quant aux relations causales impliquées ainsi que sur des prévisions quant aux saturations. Kim & Mueller (1978b : 46 *et seq.*) expliquent un programme général d'analyse factorielle confirmatoire, publié par Sörbom & Jöreskog (1966). Ce programme permet deux types d'analyse : le test d'une hypothèse pour un groupe d'objets ainsi que la comparaison d'hypothèses quant à la structure factorielle de plusieurs groupes d'objets.

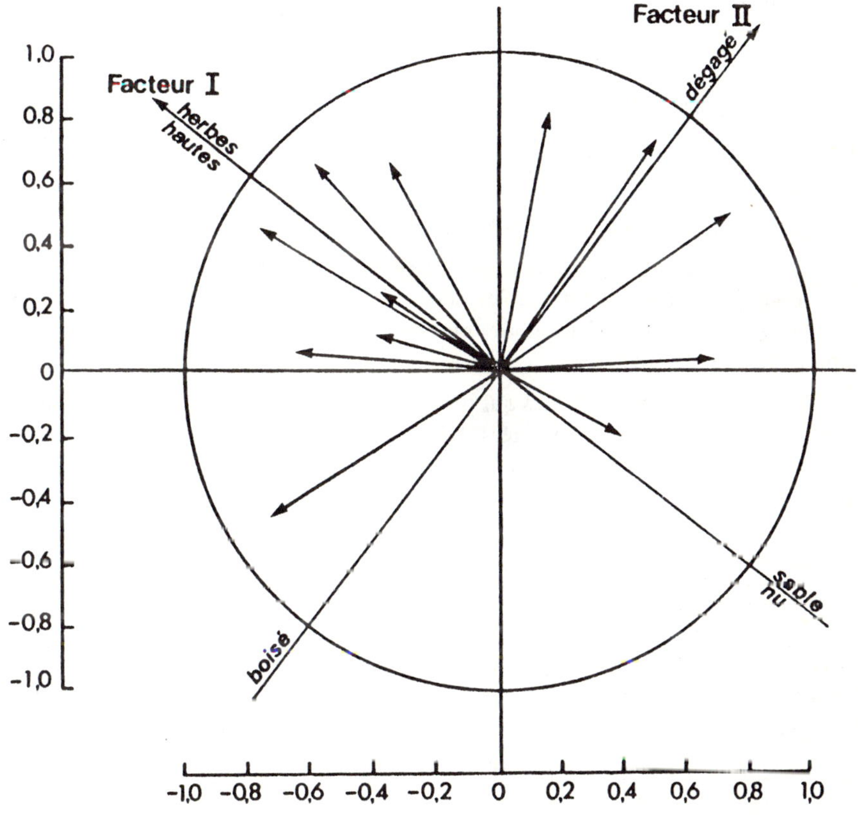

Figure 9.15 – Rotation varimax des axes de la figure 9.8. Modifié de Aart (1973).

CHAPITRE 10

L'INTERPRÉTATION DES STRUCTURES

10.0. – LES STRUCTURES ÉCOLOGIQUES

On a décrit, aux chapitres précédents, comment établir groupements et ordinations en vue de l'étude des relations entre phénomènes écologiques. Quel but précis l'écologiste poursuit-il à travers ces calculs ? Celui qui se contente d'analyser la structure d'une matrice de données multidimensionnelles, en termes de groupes ou de gradients, ne fait toujours que de l'écologie descriptive, même s'il met en œuvre des modèles plus complexes que ceux de l'écologie descriptive classique. Les applications écologiques des deux chapitres précédents ont montré comment les groupements ou les ordinations synthétisent la variabilité des données d'origine et la présentent sous une forme interprétable. Cette interprétation peut être réalisée, soit par les descripteurs mêmes de l'analyse multidimensionnelle, soit à l'aide d'autres descripteurs écologiques dont n'avait pas encore tenu compte l'analyse.

A la lumière des chapitres qui précèdent, il devient clair que l'on entend, par *structure* d'une matrice de données, l'organisation de l'ensemble des objets ou des descripteurs en gradients dans un continuum, ou encore en sous-ensembles, cette organisation étant une caractéristique de la matrice de données et découlant d'elle. L'analyse multidimensionnelle permet donc de caractériser la matrice de données, par une ou des structures d'objets ou de descripteurs.

Cette simplification n'a pour but que de permettre l'interprétation écologique du phénomène qui se trouve quantifié par la matrice de données. L'interprétation sera possible pour autant que l'on puisse mettre la structure ainsi dégagée en relation avec des descripteurs, identifiés comme potentiellement explicatifs par la théorie écologique ou par le modèle que l'on cherche à valider : le présent chapitre expose les méthodes propres à une telle interprétation.

Cette étape d'interprétation suppose enfin que l'analyse de la structure ait été conduite avec soin, par l'emploi de mesures d'association appropriées aux objets et aux descripteurs de l'étude ainsi que de méthodes d'analyse appropriées au but visé : ordination (chap. 9) si l'on recherche des gradients, groupement (chap. 8) si l'on désire plutôt partitionner les objets ou les descripteurs en un certain nombre de sous-ensembles. L'ordination, en fonction d'un descripteur ordonné, ou de deux à la fois, peut être réalisée dans l'espace d'origine. Lorsque, au contraire, le gradient recherché est la résultante de l'action combinée de plusieurs descripteurs, les méthodes factorielles permettent de faire cette ordination en espace réduit. D'autre part, il arrive que les ordinations servent de base à un groupement visuel : la section 10.1 traite de la combinaison du groupement et de l'ordination en vue de faciliter la partition des objets ou des descripteurs.

Il existe trois grands objectifs à l'interprétation des structures écologiques : (1) *l'explication* (souvent appelée *discrimination*) de la structure d'un ou de plusieurs descripteurs, au moyen des descripteurs mêmes qui sont à l'origine de cette structure ou au moyen d'un ensemble d'autres descripteurs, potentiellement explicatifs ; (2) la *prévision* d'un ou de plusieurs descripteurs (variables dépendantes) à partir d'un certain nombre d'autres descripteurs (variables indépendantes) ; (3) la *prédiction* d'un ou de plusieurs descripteurs, à l'aide de descripteurs sujets à manipulation expérimentale ou à variations environnementales. Chacun de ces objectifs couvre un grand nombre d'analyses numériques différentes, adaptées au niveau de précision des descripteurs en cause. La section 10.2 présente, de façon synoptique, une revue des méthodes disponibles.

Les trois sections suivantes décrivent de façon détaillée certaines méthodes de la section 10.2, fréquemment rencontrées dans les publications écologiques. Aux sections 10.3 et 10.4 sont exposées l'analyse discriminante et les corrélations canoniques, qui appartiennent toutes deux à la famille des méthodes factorielles, mais qui interviennent surtout dans l'analyse écologique au niveau de l'interprétation. La section 10.5 présente l'analyse des coefficients de direction, qui est utilisée pour vérifier les relations causales entre plusieurs descripteurs quantitatifs. Pour clore ce chapitre, la section 10.6 présente certains schémas d'analyse écologique multidimensionnelle.

Les logiciels BMDP, SAS et SPSS (voir le tableau 1.III), entre autres, permettent l'analyse discriminante ainsi que le calcul des corrélations canoniques. L'écologiste pourra aussi avoir recours aux programmes publiés, notamment, par Blackith & Reyment (1971), Cooley & Lohnes (1971) ou Davies (1971).

10.1. – GROUPEMENT ET ORDINATION

On a vu, à la section 8.2, que le groupement à liens simples reproduit de façon exacte les relations entre les paires d'objets les plus rapprochés. Par contre, sa tendance à l'enchaînement le rend peu adapté à l'étude de problèmes écologiques qui se situent la plupart du temps dans un continuum, à moins de l'employer en conjonction avec une ordination des objets. Si on positionne d'abord les objets dans un espace factoriel, les relations de distance entre les groupes principaux d'objets (ceux-là mêmes que l'on veut identifier) y seront respectées. Par contre, lorsqu'on ne considère que leurs deux ou trois premières dimensions, de telles ordinations en espace réduit peuvent aussi fausser la structure, en projetant ensemble des groupes d'objets qui sont séparés dans les dimensions subséquentes. Les méthodes de groupement permettent de séparer ces groupes d'objets, dont la projection en espace réduit tend parfois à obscurcir les relations.

Plusieurs auteurs (Gower & Ross, 1969 ; Rohlf, 1970 ; Schnell, 1970 ; Jackson & Crovello, 1971 ; Legendre, 1976) ont proposé indépendamment de profiter des avantages des deux méthodes, en associant groupement et ordination sur un même graphique. Lorsque les descripteurs sont quantitatifs, l'ordination peut être produite par analyse en composantes principales ; dans le cas contraire, on peut calculer des coordonnées principales, des correspondances ou un autre cadrage multidimensionnel à partir d'une matrice de similarité ou de distance entre objets, calculée à l'aide du coefficient le plus approprié (tableaux 7.III à 7.V, p. 48 et suivantes). Cette même matrice de similarité ou de distance peut aussi servir de base à un groupement. Toutes les méthodes de groupement sont utilisables, pour autant qu'elles sont appropriées aux données : si on choisit un groupement à liens, il sera facile de reporter sur l'ordination les liens entre objets jusqu'à un certain niveau de similarité, ou encore de représenter par des couleurs ou des traits différents les liens jusqu'à des niveaux de similarité différents (par exemple : trait plein pour $1,0 \geqslant S > 0,8$; tirets pour $0,8 \geqslant S > 0,6$; pointillé pour $0,6 \geqslant S > 0,4$; etc. ou toute autre combinaison de codes et de niveaux qui paraissent appropriés). Si on a plutôt choisi un groupement centroïde, ou un groupement par division, on pourra de même joindre ensemble, sur le graphique de l'ordination, les membres d'un même groupe. On rejoint ainsi l'opinion de Sneath & Sokal (1973), qui suggèrent de toujours mener de concert groupement et ordination d'un complexe d'objets, si bien que l'on peut recommander de superposer un groupement à toute ordination comme procédure routinière. Field *et al.* (1982) expriment la même opinion en ce qui concerne l'analyse des complexes de données en écologie marine.

Il est possible d'appliquer cette méthode, de la même façon, au groupement des descripteurs : il est tout aussi normal de mener une analyse de groupement sur une matrice de dépendance entre descripteurs que sur une matrice d'association d'objets et il peut être intéressant de procéder à une analyse de cette matrice par la méthode des coordonnées principales, à moins que l'ordination des descripteurs n'ait déjà été obtenue par analyse en composantes principales ou analyse des correspondances. Cette procédure permet de lever en partie les problèmes de l'ordination des descripteurs dans de tels espaces réduits, surtout si on a pris soin, avant le groupement, de transformer en similarités positives les corrélations négatives entre descripteurs, qui ne sont, au sens du groupement, que des indications de ressemblances avec inversion des échelles. Si la matrice d'association entre descripteurs viole l'inégalité du triangle, l'ordination des descripteurs pourra être réalisée par cadrage multidimensionnel non-métrique, plutôt que par les coordonnées principales.

Superposé à une ordination, le groupement à liens simples devient une procédure intéressante en écologie, en tant que méthode la plus complémentaire de l'ordination quant à ses effets de contraction d'espace. On obtient ainsi, d'une part, la position correcte des principaux groupes d'objets (ordination) et, d'autre part, les relations fines au niveau des paires d'objets les plus similaires (groupement à liens simples). Il est cependant préférable, dans ce cas, de ne reporter sur le diagramme d'ordination que la chaîne primaire des liens qui modifient la composition en objets des groupes (*dendrites, arbre de longueur minimum* ; "shortest spanning tree", "minimum length tree" ou "Prim network" en anglais) : on risque autrement de se retrouver avec un tel nombre de liens que la structure ne soit plus visible. Un exemple en est donné à l'application écologique *10.1.* On peut employer, de la même façon, le réseau associé à tout autre type de groupement hiérarchique (section 8.8).

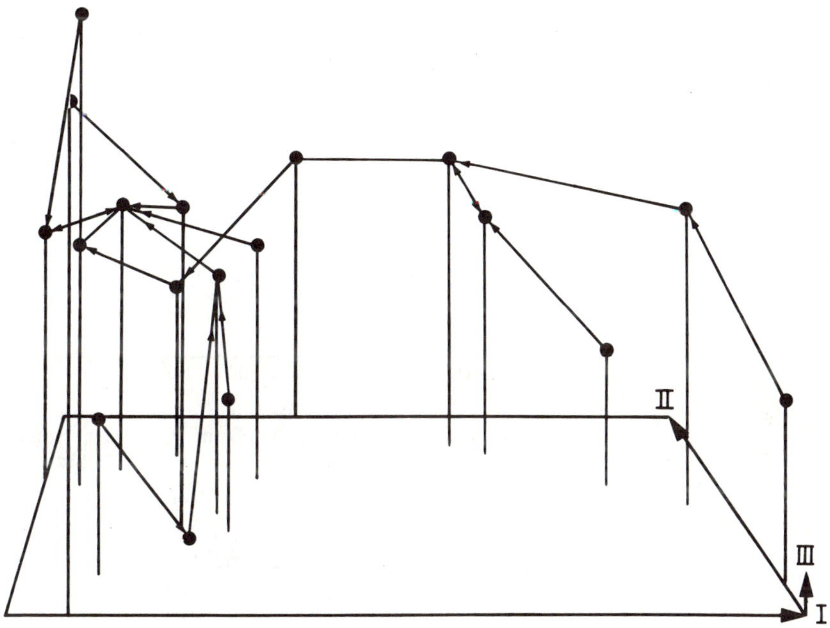

Figure 10.1 – Ordination à trois dimensions, structurée par les dendrites d'un groupement à liens simples. Les flèches indiquent la direction de la relation ; voir le texte. Modifié de Jackson & Crovello (1971).

Jackson & Crovello (1971) ont suggéré d'indiquer aussi la direction du lien sur de tels graphiques (fig. 10.1). Cette information peut être utile lorsqu'il s'agit de délimiter les groupes, quoique l'intensité des liens soit plus importante encore. Dans leurs graphiques, chaque lien de la chaîne primaire dans l'espace réduit est marqué d'une flèche qui indique qu'un objet $\mathbf{x}_1$ est le plus près de l'objet $\mathbf{x}_2$ dans l'espace des descripteurs d'origine (dans la matrice d'association entre objets) ; si $\mathbf{x}_2$ a aussi $\mathbf{x}_1$ comme plus proche voisin, la flèche est double, mais si $\mathbf{x}_1$ a plutôt

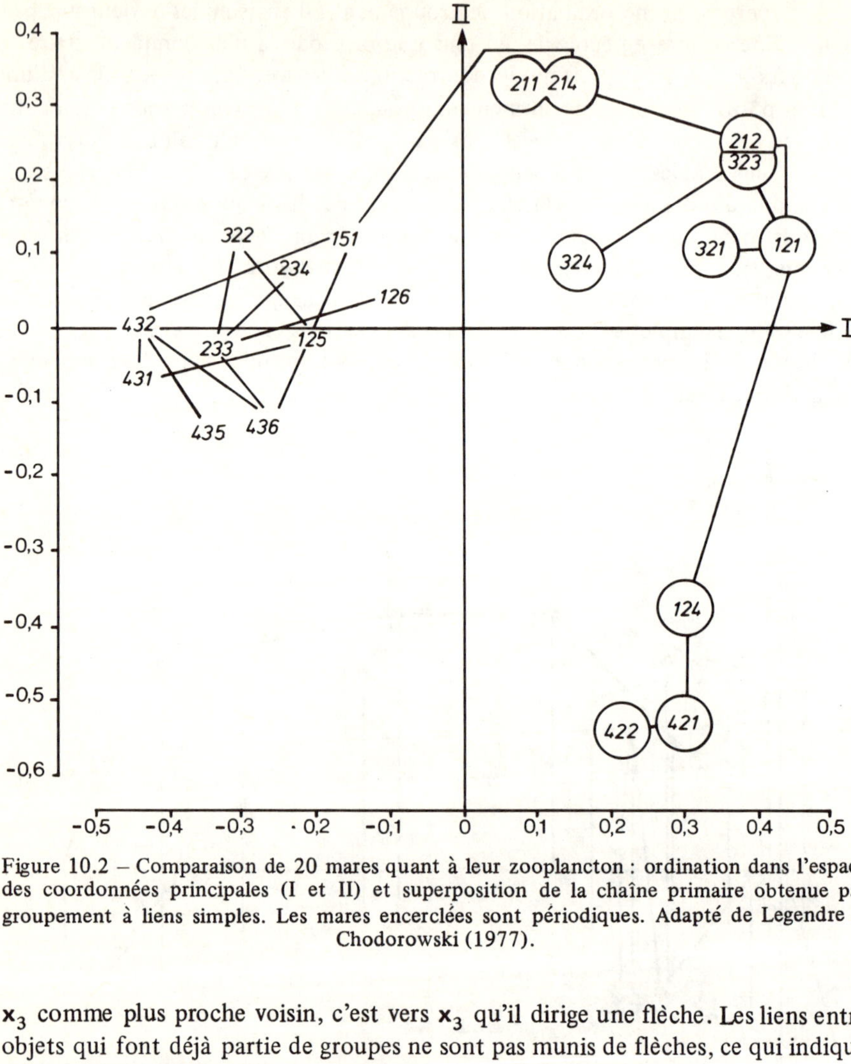

Figure 10.2 – Comparaison de 20 mares quant à leur zooplancton : ordination dans l'espace des coordonnées principales (I et II) et superposition de la chaîne primaire obtenue par groupement à liens simples. Les mares encerclées sont périodiques. Adapté de Legendre & Chodorowski (1977).

$\mathbf{x}_3$ comme plus proche voisin, c'est vers $\mathbf{x}_3$ qu'il dirige une flèche. Les liens entre objets qui font déjà partie de groupes ne sont pas munis de flèches, ce qui indique des liaisons possibles entre groupes distincts.

Manseau* a mis au point une méthode de *groupement simultané à liens simples* à partir de cette même philosophie : une première étape de groupement réunit tous les objets qui seraient reliés par des liens munis de flèches (unidirectionnelles ou réflexives) dans le diagramme de Crovello (fig. 10.1), séparant les groupes au niveau des liens sans flèches. Ces groupes fondamentaux sont dits formés des plus proches voisins. Des étapes subséquentes (ici, la méthode devient séquentielle) assemblent les groupes fondamentaux en une structure dendrogrammatique en recherchant les deuxièmes, troisièmes, etc. plus proches voisins de chaque objet : les liens qui causent la fusion des groupes sont donc connus.

---

* "Programme de classification automatique utilisant la méthode des plus proches voisins" : programme écrit en FORTRAN FTN. Liste du programme et guide de l'usager disponibles auprès de M. Hubert Manseau, Service de l'Informatique, Université du Québec à Montréal, C.P. 8888, Montréal, Québec, H3C 3P8.

Le logiciel CLUSTAN (section 1.2), qui contient toute une batterie de méthodes de groupement, permet de superposer les résultats d'un ou de plusieurs groupements (incluant la chaîne des liens primaires de similarité) à une ordination des objets en espace réduit de composantes principales.

Application écologique 10.1. – Le groupement à liens simples, à la section 8.2, était illustré par une application écologique (p. 56) tirée d'une étude de la similarité d'un groupe de mares quant à leur zooplancton. Cet exemple (Legendre & Chodorowski, 1977) est repris ici : 20 mares furent échantillonnées sur des îles du fleuve Saint-Laurent, au sud et à l'est de Montréal (Québec). Le coefficient de similarité S_{20} (p. 18) fut calculé entre elles avec $k = 2$. La matrice de similarité entre mares servit d'abord à un groupement à liens simples, puis à une ordination en espace réduit par les coordonnées principales. A la figure 10.2, la chaîne des dendrites est superposée à l'ordination afin de dégager la structure de groupement. On constate que les mares se divisent d'abord en un groupe de mares périodiques, sèches pendant une partie de l'année (encerclées), et un groupe de mares permanentes. On remarque aussi que les mares dont le numéro commence par le même chiffre (qui indique la région) ont tendance à se trouver les unes près des autres et à se grouper d'abord entre elles. Le deuxième chiffre du numéro d'une mare identifie l'île sur laquelle elle se trouve.

On peut aussi reconnaître des groupes parmi les objets ordonnés dans un espace réduit, en superposant simplement à celui-ci une grille régulière. Une telle grille peut être orthogonale (carrée ou rectangulaire) ou encore polaire (comme à la fig. 9.9). Une autre méthode consiste à diviser les objets selon les quadrants de l'ordination en espace réduit (en 2^d groupes pour un espace à d dimensions), selon la méthode de classification hiérarchique de Lefkovitch (1976), décrite à la p. 137

La figure 10.3 résume le calcul d'un groupement et d'une ordination en espace réduit à partir de la même matrice de ressemblance, suivi de la superposition du groupement à l'ordination. On peut par la suite comparer le groupement et/ou l'ordination à la matrice de ressemblance dont ils sont issus, au moyen de la corrélation de matrices ou d'autres méthodes de même type (section 8.8), en vue d'estimer leur valeur informative.

10.2. – LA MATHÉMATIQUE DE L'INTERPRÉTATION ÉCOLOGIQUE

La présente section rassemble, dans un cadre synthétique, les méthodes numériques d'interprétation des structures écologiques. Cette interprétation fait appel à des instruments mathématiques développés aux chapitres 4 à 9 ainsi qu'à de nombreuses autres méthodes, plus spécialisées. Certaines de ces techniques (analyse discriminante ou corrélations canoniques, par exemple), d'utilisation très répandue, seront traitées de façon détaillée aux sections 10.3 à 10.5, les autres étant succinctement décrites ci-dessous. Bon nombre des méthodes d'interprétation des structures écologiques présentées ici n'ont été, jusqu'à présent, que peu ou pas utilisées par les écologistes, si bien que de nombreux essais d'application seront nécessaires avant de déterminer celles qui retiendront la faveur des utilisateurs. La section 10.6, en fin de chapitre, examine des exemples d'interprétation écologique, dans le cadre de modèles généraux d'analyse proposés par différents auteurs.

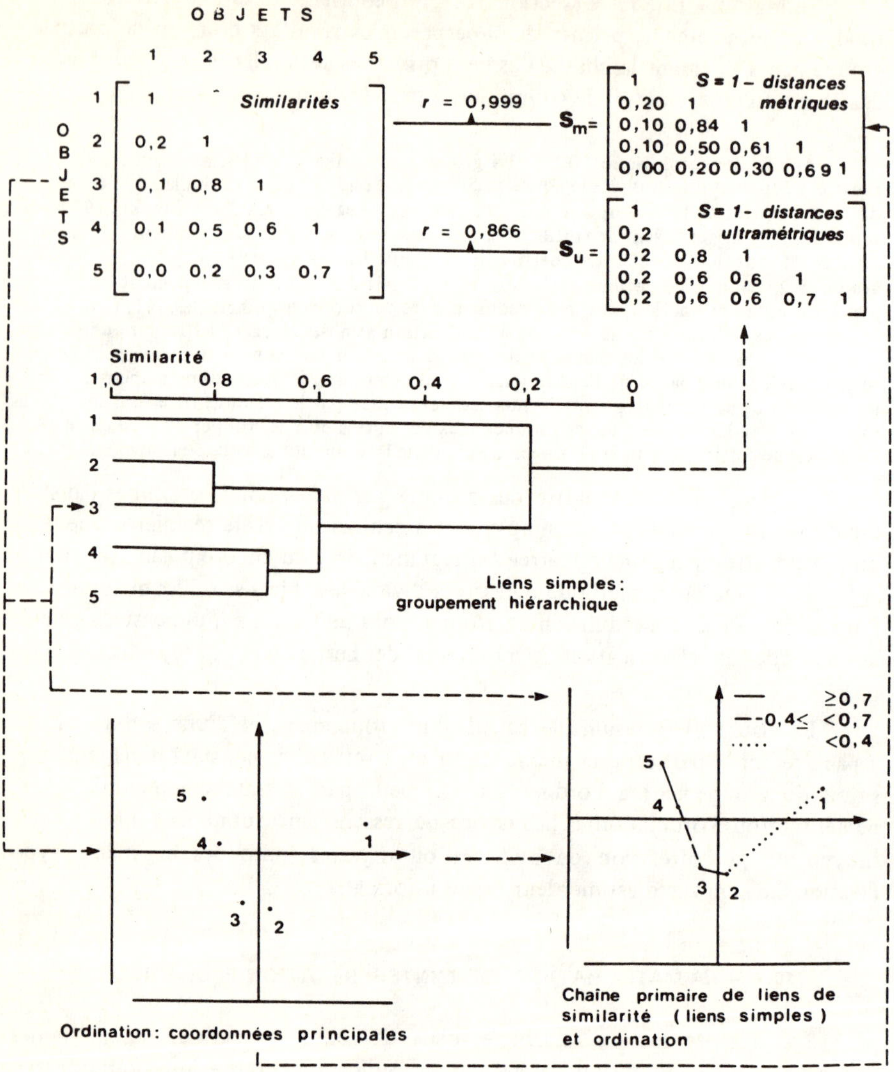

Figure 10.3 – Exemple de recherche de la structure d'un ensemble (fictif) de cinq objets, au moyen du groupement et de l'ordination. En bas à droite, la chaîne primaire est superposée à l'ordination en deux dimensions, comme aux figs 10.1 et 10.2. En haut à droite, on peut calculer une matrice de distances métriques (ou son complément $\mathbf{S}_m = [1 - D_m]$) à partir de l'ordination en espace réduit et la comparer à la matrice de ressemblance d'origine au moyen de la corrélation de matrices (ici, $r = 0{,}999$, ce qui est très élevé). De même, on peut calculer une matrice de distances ultramétriques à partir du dendrogramme et la comparer à la matrice de ressemblance d'origine (ici, $r = 0{,}866$). Figure tirée de Legendre & Legendre (1982).

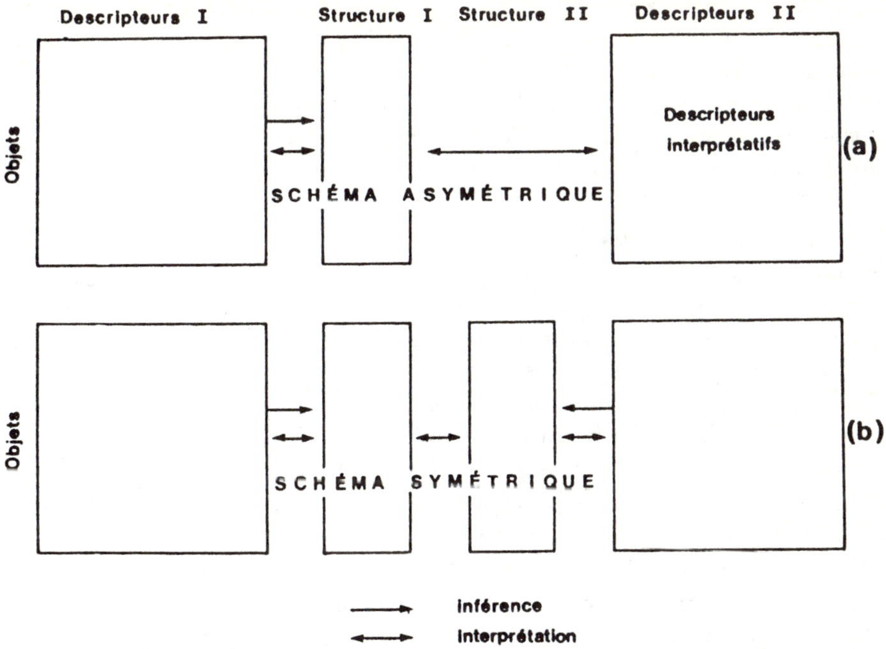

Figure 10.4 – Schémas asymétrique et symétrique d'analyse de la structure de descripteurs écologiques. Figure tirée de Legendre & Legendre (1982).

Les méthodes numériques, dans cette section, sont regroupées sous trois titres, qui correspondent aux trois grands objectifs de l'interprétation écologique établis en 10.0 : explication, prévision et prédiction. A chacun de ces objectifs correspond un tableau-synthèse (10.I à 10.III), qui permet au chercheur de choisir la ou les méthodes correspondant à la fois à ses objectifs écologiques et à la nature de ses données. Il existe des programmes disponibles pour toutes les méthodes présentées, souvent dans le cadre des logiciels couramment utilisés par les écologistes.

L'interprétation écologique, notamment en ce qui concerne l'*explication* ou la *prévision* de la structure de plusieurs descripteurs, peut être réalisée selon deux schémas, que Legendre & Legendre (1982) qualifient d'asymétrique et de symétrique (fig. 10.4). Dans un *schéma asymétrique*, la structure est établie pour un premier ensemble de données (par groupement ou par ordination, ou mieux encore par combinaison des deux méthodes comme à la section 10.1), puis elle est interprétée (a) au moyen des descripteurs qui lui ont donné naissance ou encore (b) à l'aide de descripteurs externes potentiellement explicatifs. Dans un *schéma symétrique*, au contraire, on traite simultanément les deux ensembles de données.

L'interprétation d'une structure, par les descripteurs qui sont à son origine, permet de reconnaître quels descripteurs ont surtout contribué à la structuration des objets. Dans certains types d'ordination (composantes principales, par exemple), les vecteurs propres permettent d'identifier ces descripteurs importants. D'autres modes d'ordination de même que les techniques de groupement ne dégagent pas directement cette information, qu'il faut donc obtenir *a posteriori*, en utilisant les méthodes applicables au schéma asymétrique. Dans ce type d'interprétation, il n'est pas possible de réaliser des tests de signification en utilisant les distributions habituelles, puisque la structure n'est alors qu'une autre facette des descripteurs eux-mêmes.

L'interprétation d'une structure par de l'information externe constitue à proprement parler l'analyse écologique des structures, où l'on tente de diagnostiquer les conditions abiotiques à partir de descripteurs biologiques, ou encore de prévoir le comportement du monde biotique à partir de descripteurs du milieu, par exemple. On peut, de la même façon, mettre en relation deux groupes de descripteurs biologiques, ou deux types de descripteurs du milieu. En écologie, on a favorisé jusqu'à présent le schéma asymétrique, par suite de problème méthodologiques liés aux méthodes classiques traitant les deux ensembles de données à la fois (section 10.4). De nouvelles méthodes d'analyse symétrique étant maintenant disponibles, il est à prévoir un recours plus fréquent au schéma symétrique dans la littérature écologique.

Au plan méthodologique, la distinction entre schéma symétrique et asymétrique ne soulève pas de problème majeur. En effet, dans un schéma asymétrique les descripteurs du premier ensemble de données sont réduits au mode unidimensionnel (classification ou axes orthogonaux que l'on interprète généralement un à la fois), si bien que les méthodes d'interprétation pour descripteur unidimensionnel sont directement applicables au cas asymétrique. C'est ce traitement de la question qui est retenu aux tableaux 10.I et 10.II.

1. – L'explication des structures écologiques

Le tableau 10.I réunit les méthodes qui permettent à l'écologiste d'*expliquer* la structure d'un ou de plusieurs descripteurs. La première grande dichotomie partage le tableau en méthodes applicables lorsque le descripteur à expliquer est unidimensionnel (et aussi pour le schéma asymétrique), par rapport au cas où il faut plutôt expliquer la structure d'une multivariable.

Les méthodes utilisées pour expliquer la structure d'un *descripteur unidimensionnel* peuvent être groupées en quatre grandes classes : les mesures de dépendance, les fonctions discriminantes, les méthodes pour descripteurs qualitatifs et les programmes ALSOS. Quant aux méthodes servant à l'explication de la structure d'une *multivariable*, ils comprennent deux grands types : les programmes ALSOS et les méthodes de type factoriel. Les paragraphes suivants passent brièvement en revue ces grands groupes de méthodes, en insistant surtout sur celles qui ne sont pas traitées ailleurs dans cet ouvrage.

Les *mesures de dépendance* pour deux descripteurs en relation monotone (*coefficients de corrélation* paramétrique et non-paramétrique) ont déjà été

Tableau 10.I – Méthodes numériques permettant d'*expliquer* la structure d'un ou de plusieurs descripteurs (1) au moyen des descripteurs à l'origine de cette structure* ou (2) grâce à d'autres descripteurs, potentiellement explicatifs. Les méthodes pour descripteurs mixtes sont évidemment valables pour les descripteurs quantitatifs, semi-quantitatifs ou qualitatifs. Entre parenthèses, le numéro de la section où est expliquée la méthode. Voir la suite du tableau à la page 170.

---

1) Explication de la structure d'un seul descripteur *ou* schéma asymétrique ⟶ voir 2

  2) Structure d'un descripteur quantitatif ou semi-quantitatif ⟶ voir 3

    3) Explication au moyen de descripteurs quantitatifs ou semi-quantitatifs ⟶ voir 4

      4) Pour *mesurer* la dépendance entre des descripteurs ⟶ voir 5

        5) Descripteurs deux à la fois: *r* de Pearson pour des descripteurs quantitatifs en relation linéaire (4.2), τ de Kendall ou *r* de Spearman pour des descripteurs quantitatifs ou semi-quantitatifs en relation monotone (5.2)

        5) Un descripteur quantitatif par rapport à plusieurs autres: *R* multiple (4.6)

        5) Plusieurs descripteurs en relations monotones: coefficient de concordance *W* (5.2)

      4) Pour *interpréter* la structure d'un descripteur: *r* (Pearson) partiel pour des descripteurs quantitatifs en relation linéaire (4.6), τ partiel pour des descripteurs quantitatifs ou semi-quantitatifs en relation monotone (5.2)

    3) Explication au moyen de descripteurs mixtes: *régression avec variables factices binaires* (10.2), *analyse de classification multiple* (10.2)

  2) Structure d'un descripteur qualitatif (*ou* d'une classification) voir 6

    6) Explication au moyen de descripteurs quantitatifs: *fonctions discriminantes* (10.3)

    6) Explication au moyen de descripteurs qualitatifs: *tableaux de contingence multidimensionnels* (6.3), *analyse discriminante discrète* (10.2)

    6) Explication au moyen de descripteurs mixtes: CRIMINALS (10.2), *analyse multivariable d'un descripteur nominal* (10.2), *régression logistique* (descripteur expliqué est binaire: 6.3)

  2) Structure d'un descripteur de n'importe quel type, expliquée au moyen de descripteurs mixtes: MORALS (10.2)

Tableau 10.I (suite)

1) Explication de la structure de plusieurs descripteurs ⟶ voir 7

7) La structure à expliquer est traitée en mode multidimensionnel (schéma symétrique) ⟶ voir 8

8) Structure de descripteurs quantitatifs expliquée par des descripteurs quantitatifs: *corrélations canoniques* (10.4), *analyse canonique de redondance* (10.4), *ordination en espace réduit* des deux groupes de descripteurs à la fois (note au bas de la p. 193)

8) Structure de descripteurs mixtes expliquée par des descripteurs mixtes: CORALS (10.2), OVERALS (10.2)

7) La structure à expliquer est réduite au mode unidimensionnel (schéma asymétrique) ⟶ voir 9

9) Ordination: chacun des axes d'ordination est traité comme la structure d'un descripteur quantitatif unique (voir 2, ci-dessus)

9) Groupement: la classification est traitée comme la structure d'un descripteur qualitatif unique (voir 2, ci-dessus)

* Si on explique une structure au moyen des descripteurs qui sont à son origine, on ne peut effectuer de tests de signification en utilisant les distributions habituelles.

examinées en détail aux chapitres 4 et 5. Lorsque l'analyse porte sur plus de deux descripteurs, on peut recourir à la *corrélation partielle* ou encore au *coefficient de concordance* (section 5.3). D'autres mesures de dépendance sont dérivées de la régression multiple ou de méthodes associées : (a) lorsque la variable expliquée est quantitative, il y a la *régression linéaire multiple* (variables explicatives quantitatives : section 4.3) et la *régression avec variables factices binaires* ainsi que l'*analyse de classification multiple* (variables explicatives mixtes) ; (b) lorsque la variable expliquée est qualitative, on peut l'expliquer au moyen de descripteurs mixtes grâce à l'*analyse multivariable d'un descripteur nominal*. Ces divers types de régression sont l'objet d'un exposé plus détaillé à la prochaine sous-section, en relation avec le tableau 10.II.

L'explication de la structure d'un descripteur qualitatif est souvent appelée *discrimination*, lorsqu'il s'agit d'identifier les descripteurs explicatifs qui permettent de faire la discrimination entre les descriptions du descripteur qualitatif. Les *fonctions discriminantes* permettent de réaliser une telle discrimination, lorsque les descripteurs explicatifs (quantitatifs) sont distribués à peu près multinormalement et que les matrices de dispersion intragroupe sont raisonnablement homogènes. Les fonctions discriminantes sont décrites à la section 10.3, dans le cadre de l'*analyse discriminante multiple*.

Lorsque le descripteur expliqué ainsi que les descripteurs explicatifs sont qualitatifs, on peut recourir *aux tableaux de contingence multidimensionnels*. Il faut alors respecter les règles exposées à la section 6.3, relatives à l'utilisation de ces tableaux lorsqu'on établit une distinction entre descripteurs explicatifs et descripteur expliqué. On a vu, à la section 6.3, que la *régression logistique* peut être préférable au tableau de contingence multidimensionnel, dans le cas particulier où la variable expliquée est binaire. Autre avantage de la régression logistique, les variables explicatives peuvent être de tout niveau de précision. L'équivalent, en mode qualitatif, de l'analyse discriminante, est appelé *analyse discriminante discrète*. Goldstein & Dillon (1978) décrivent les modèles utilisés en analyse discriminante discrète et présentent des programmes FORTRAN permettant leur mise en œuvre sur ordinateur.

Le terme ALSOS recouvre un ensemble de programmes, dont on trouve une description générale dans Young (1981)*. Certains de ces programmes ont été déjà cités pour les sections 4.7 (analyse de variance), 9.1 (analyse en composantes principales), 9.3 (cadrage multidimensionnel non-métrique) et 9.5 (analyse factorielle). ALSOS provient de deux expressions anglaises "alternating least squares" (ALS) et "optimal scaling" (OS). Ces programmes ont pour caractéristique d'accepter les données de tout niveau de précision, qu'elles soient qualitatives, semi-quantitatives ou quantitatives, grâce au principe de l'*échelle optimale* ("optimal scaling"). Cette technique permet d'attribuer, aux diverses descriptions d'un descripteur qualitatif, des valeurs numériques qui maximisent la relation entre les observations et le modèle d'analyse des données, tout en respectant les caractéristiques de mesure des données (par exemple, le caractère ordonné des observations semi-quantitatives). La méthode des *moindres carrés alternés* ("alternating least squares") consiste à appliquer la solution des moindres carrés, qui est déjà connue pour plusieurs modèles d'analyse des données quantitatives (voir par exemple la section 4.3, pour les modèles de régression), en utilisant les paramètres des données, codées sur une échelle optimale (OS) : on obtient ainsi une première estimation des paramètres du modèle (par exemple, les coefficients de régression multiple). Au moyen des paramètres du modèle, on tente alors d'optimiser les paramètres des données, toujours par la méthode des moindres carrés. Puis, on estime à nouveau les paramètres du modèle, par les moindres carrés, à partir des nouvelles estimations des paramètres des données. Et ainsi de suite jusqu'à convergence. L'utilisateur doit lui-même coder ses données, afin de fournir au programme le matériel à partir duquel sera calculée la première estimation des paramètres du modèle. Ce codage initial n'affecte pas la solution

* On peut se procurer les programmes (FORTRAN) ADDALS, ALSCAL, ALSCOMP, CORALS, FACTALS, GEMSCAL, MORALS, PRINCALS, PRINCIPALS, TUCKALS et WADDALS en écrivant à : Forrest W. Young, Psychometric Laboratory, Davie Hall 013-A, Univ. North Carolina, Chapel Hill, NC 27514, U.S.A. Les programmes ALSCOMP, CORALS, CRIMINALS, HOMALS, MANOVALS, MORALS, OVERALS, PATHALS, PRINCALS, PRINCIPALS et TUCKALS sont disponibles chez : Jan de Leeuw, Datatheorie, Rijksuniversiteit te Leiden, Breestraat 70, 2311 CS Leiden, Nederland (Pays-Bas).

finale, à moins que les calculs n'aboutissent à un minimum local, ce que tente justement de prévenir un "bon" codage initial par l'utilisateur, qui connaît le mieux ses données.

En ce qui concerne l'explication d'un descripteur par plusieurs autres, deux programmes ALSOS sont disponibles : MORALS (Young *et al.*, 1976), qui calcule la *régression multiple* pour des descripteurs de quelque nature que ce soit, et CRIMINALS (Gifi, 1981), qui permet l'*analyse discriminante multiple* (plusieurs descriptions ou groupes) au moyen de descripteurs discriminants mixtes.

Les programmes ALSOS peuvent aussi être utilisés pour l'explication d'un ensemble de descripteurs par un autre (schéma symétrique). Le programme CORALS (Young *et al.*, 1976) constitue une extension de MORALS (paragraphe précédent) permettant d'expliquer plusieurs descripteurs mixtes par plusieurs autres, réalisant ainsi l'équivalent du calcul de *corrélations canoniques* (voir ci-dessous et section 10.4). OVERALS (Gifi, 1981), est une extension de CORALS au cas ou il y a plusieurs ensembles de descripteurs mixtes à comparer simultanément.

La méthode classique permettant de comparer deux ensembles de descripteurs est sans contredit celle des *corrélations canoniques*, exposée à la section 10.4. On peut interpréter cette méthode comme une double analyse en composantes principales, suivie d'une rotation des axes canoniques pour leur permettre de se superposer. Les corrélations canoniques ne peuvent être utilisées que pour des descripteurs quantitatifs en relation linéaire, ce qui en limite l'utilité en écologie, puisqu'il est rare que tous les descripteurs soient en relation linéaire les uns avec les autres. Une application écologique est présentée à la p. 194. Une variante des corrélations canoniques est l'*analyse canonique de redondance* (Stewart & Love, 1968 ; Cooley & Lohnes, 1971 ; Wollenberg, 1977), qui examine jusqu'à quel point les descripteurs d'origine peuvent être prévus à partir des variables canoniques. Cette méthode est brièvement exposée à la section 10.4, à la suite des corrélations canoniques. Dans une note au bas de la p. 193, F.J. Rohlf fait remarquer que la solution des corrélations canoniques, même lorsqu'elle est mathématiquement possible, ne conduit pas nécessairement à des résultats intéressants. Il suggère qu'il serait plus simple de réaliser une *analyse en composantes principales* sur les descripteurs des deux ensembles à la fois, dont l'interprétation serait d'ailleurs plus facile que celle des corrélations canoniques. L'application écologique 9.1a, p. 119, est un exemple d'une telle analyse.

2. – La prévision des structures écologiques

Il importe de rappeler ici la distinction entre *prévision* et *prédiction*, en écologie. Une prévision ("forecasting", en anglais) permet une extension, vers le futur ou à d'autres situations, des relations structurelles dégagées d'un ensemble de données. Pour que la prévision soit valable, il faut toutefois, lorsqu'on l'effectue, que toutes les variables non-observées (ou non-contrôlées) présentent sensiblement les mêmes valeurs que celles qu'elles avaient lors de l'échantillonnage (ou de l'expérience). De plus, la prévision ne permet pas de déborder (extrapolation) l'étendue des variables observées. Les *modèles prévisionnels* (aussi appelés *modèles corrélatifs*) sont très fréquemment utilisés en écologie, la prévision étant souvent qualifiée de prédiction, par abus de mots. Ces modèles peuvent se révéler très utiles, à condition de ne pas aller au-delà de leur cadre d'application. Un *modèle prédictif* permet, quant à lui, d'estimer les effets qu'auraient, sur certaines variables, des changements apportés à d'autres variables. Il en sera brièvement question à la prochaine sous-section, en relation avec le tableau 10.III.

Les méthodes du tableau 10.II sont utilisées pour *prévoir* la structure d'un ou de plusieurs descripteurs. Tout comme dans le tableau 10.I, la première dichotomie du tableau établit une distinction entre les méthodes où il y a un seul descripteur expliqué (variable *dépendante*) – ce qui correspond aussi au cas du schéma asymétrique (voir plus haut) – et celles qui permettent de prévoir la structure de plusieurs descripteurs à la fois. Les principales méthodes de prévision de la structure peuvent être groupées sous trois titres principaux : les modèles de régression, les fonctions discriminantes et les programmes ALSOS.

Les méthodes du type *régression* sont particulièrement nombreuses, neuf d'entre elles étant citées dans le tableau 10.II. Plusieurs de ces méthodes conduisent aussi au calcul de mesures de dépendance, si bien qu'elles ont déjà été évoquées en relation avec le tableau 10.I. Les modèles de régression les plus couramment utilisés supposent tous des corrélations nulles ou faibles entre les descripteurs prévisionnels (variables *indépendantes*). C'est le cas de la *régression linéaire multiple* (sections 2.8 et 4.3), dont on rencontre malheureusement beaucoup d'exemples dans la littérature écologique où il y a multicolinéarité (corrélations élevées entre les variables indépendantes). Il peut en résulter des estimations erronées des coefficients de régression, dont le signe peut être même inversé (Hoerl & Kennard, 1970a). On verra ci-dessous qu'il existe des méthodes permettant de surmonter ce problème.

Lorsque des variables indépendantes sont qualitatives, on peut utiliser la régression linéaire multiple sous forme de *régression avec variables factices binaires* ("dummy variable regression", en anglais), disponible dans le logiciel SPSS. L'idée de base consiste à décomposer chaque descripteur qualitatif sous forme de descripteurs binaires. Pour chaque descripteur qualitatif à s descriptions, on crée $(s - 1)$ descripteurs binaires. Par exemple, un descripteur à quatre descriptions peut être remplacé par 3 descripteurs binaires, codés de la façon suivante :

Descriptions	Descripteurs binaires		
	1	2	3
1	1	0	0
2	0	1	0
3	0	0	1
4	0	0	0

Pour un objet présentant, dans ce cas, la description 3 du descripteur qualitatif, on attribuera la description 0 pour les descripteurs binaires 1 et 2 et la description 1 pour le descripteur binaire 3. On calcule alors la régression multiple par la méthode habituelle des moindres carrés, puisque chacun des descripteurs binaires peut être assimilé à un descripteur quantitatif. Une autre version de la régression avec variables binaires est l'*analyse de classification multiple* ("multiple classification analysis", en anglais: Andrews *et al.*, 1973), que l'on peut réaliser grâce au programme MCA du logiciel OSIRIS III. La principale différence entre les deux méthodes réside dans la présentation des résultats. Une extension de l'analyse de classification multiple, au cas où la variable dépendante est qualitative, a été proposée par Andrews & Messenger (1973) sous le nom d'*analyse multivariable d'un descripteur nominal* ("multivariate nominal scale analysis", en anglais). Cette méthode est intégrée au logiciel OSIRIS III (programme MNA). Cette analyse repose sur la division de la variable dépendante en $(s-1)$ descripteurs binaires, qui sont soumis à tour de rôle à la régression multiple avec variables binaires.

Lorsqu'il y a plusieurs variables dépendantes, le programme BMDP6R permet de calculer simultanément plusieurs régressions linéaires multiples, sous le nom de *régression multivariable.* Une autre forme de cette régression est possible avec le programme GLM, ci-dessous.

Toutes les méthodes de régression ci-dessus relèvent du *modèle linéaire général.* Ce modèle couvre l'ensemble des situations où la variable dépendante est fonction d'une combinaison linéaire de variables indépendantes (et possiblement d'interactions entre elles). On trouve dans le logiciel SAS le programme GLM, qui permet d'ajuster aux données une variété de modèles relevant du modèle linéaire général : régression, analyse de variance et de covariance, analyse de variance multidimensionnelle, etc. L'intérêt de ce programme, identifié dans le tableau 10.II sous le nom de *modèle linéaire général,* est qu'il permet, entre autres, de considérer plusieurs variables dépendantes à la fois (*régression multivariable*).

Lorsque les modèles habituels de régression ne conviennent pas et que l'écologiste désire ajuster à ses données un modèle théorique dont il connaît l'équation, les trois principaux logiciels (tableau 1.III) offrent des programmes de *régression non-linéaire* (voir aussi la section 4.3). Les différentes méthodes itératives disponibles dans ces programmes peuvent conduire à des estimations différentes des paramètres du modèle et, dans certains cas, il n'est pas possible d'obtenir des estimations satisfaisantes.

Deux méthodes spéciales ont été développées pour estimer les coefficients de régression même en conditions de *multicolinéarité*: ce sont les régressions à partir des composantes principales et pseudo-orthogonale. La *régression à partir des composantes principales* (programme BMDP4R) est réalisée à partir des composantes principales des variables indépendantes, plutôt qu'à partir des variables indépendantes elles-mêmes. Les composantes principales sont linéairement indépendantes (p. 108), alors que les variables indépendantes sont ici en corrélation. On peut, dans un deuxième temps, calculer des coefficients de régression

Tableau 10.II – Méthodes numériques permettant la *prévision* d'un ou de plusieurs descripteurs (variables dépendantes) à partir d'un certain nombre d'autres descripteurs (variables indépendantes). Entre parenthèses, le numéro de la section où est expliquée la méthode.

1) Une seule variable dépendante *ou* schéma asymétrique ——→ voir 2

  2) Variable dépendante: descripteur quantitatif ——→ voir 3

    3) Prévision à partir de descripteurs quantitatifs ——→ voir 4

      4) Corrélations nulles ou faibles entre les variables indépendantes: *régression linéaire multiple* (2.8), *régression non-linéaire* (4.3)

      4) Corrélations élevées entre les variables indépendantes: *rég. pseudo-orthogonale* (10.2), *rég. à partir des composantes principales* (10.2)

    3) Prévision à partir de descripteurs mixtes: *régression avec variables factices binaires* (10.2), *analyse de classification multiple* (10.2), MORALS (10.2)

  2) Variable dépendante: descripteur qualitatif (*ou* classification) voir 5

    5) Prévision à partir de descripteurs quantitatifs: *fonctions d'identification* (10.3)

    5) Prévision à partir de descripteurs mixtes: *analyse multivariable d'un descripteur nominal* (10.2), *régression logistique* (variable dépendante binaire: 6.3)

  2) Variables dépendante et indépendantes de n'importe quel type: MORALS (10.2)

1) Plusieurs variables dépendantes ——→ voir 6

  6) Les variables dépendantes sont traitées en mode multidimensionnel (schéma symétrique) ——→ voir 7

    7) Variables dépendantes et indépendantes quantitatives: *régression multivariable* (10.2), *modèle linéaire général* (10.2)

    7) Variables dépendantes et indépendantes mixtes: CORALS (10.2)

  6) Les variables dépendantes sont combinées entre elles (schéma asymétrique) ——→ voir 8

    8) Ordination: chacun des axes d'ordination est traité comme une variable dépendante quantitative (voir 2, ci-dessus)

    8) Groupement: la classification est traitée comme une variable dépendante qualitative (voir 2, ci-dessus)

pour les variables indépendantes, au moyen des coefficients estimés pour les composantes principales. L'application écologique 11.6 présente un exemple d'utilisation de la régression à partir des composantes principales. La *régression pseudo-orthogonale* ("ridge regression", en anglais : Hoerl, 1962 ; Hoerl & Kennard, 1970b) est possible grâce au logiciel BMDP (Dixon, 1981 : 701-702), en utilisant le programme BMDP2R de régression multiple. Pour calculer les coefficients de régression, on modifie l'équation de la régression multiple (section 2.8) :

$$\mathbf{b} = [\mathbf{X}'\mathbf{X}]^{-1} [\mathbf{X}'\mathbf{y}]$$

sous la forme :

$$\mathbf{b} = [\mathbf{X}'\mathbf{X} + k\,\mathbf{I}]^{-1} [\mathbf{X}'\mathbf{y}], \quad \text{où} \quad k > 0$$

Le problème consiste à choisir une valeur k optimale. La technique utilisée repose sur le concept de la "trace de crête" ("ridge trace"), dû à Hoerl (1959). Pour comprendre ce dont il s'agit, il suffit d'imaginer un système avec une variable dépendante et deux variables indépendantes. On peut représenter les trois variables simultanément de la façon suivante : les deux variables indépendantes déterminent un plan, au-dessus duquel se trouve une surface avec des vallées et des crêtes, qui sont les réponses de la variable dépendante aux deux variables indépendantes. La position des crêtes ("ridges", en anglais), sur le plan des deux variables indépendantes, correspond aux combinaisons de ces variables qui provoquent une réponse maximale de la variable indépendante. En ce qui concerne l'estimation des coefficients de régression b, il n'y a pas de méthode permettant de déterminer directement k, si bien qu'il faut essayer successivement plusieurs valeurs dans l'équation ci-dessus. La *trace de crête* est un graphique où l'on porte, en fonction des valeurs successives de k, les valeurs prises par les coefficients b et celles des sommes de carrés résiduelles. L'examen du graphique guide alors le choix de k. Bare & Hann (1981) présentent trois applications de la méthode à la foresterie, qui accompagnent une revue de la méthode, alors que Hocking (1976) compare la régression à partir des composantes principales à la régression pseudo-orthogonale.

Dernière méthode de régression dans le tableau 10.II : la *régression logistique*, présentée à la section 6.3, qui permet de prédire un descripteur qualitatif binaire à partir de descripteurs mixtes. On peut calculer cette régression au moyen des programmes BMDPLR et FUNCAT de SAS. Selon Fienberg (1980 : 109), la régression logistique serait supérieure aux fonctions d'identification (ci-dessous) lorsque la variable dépendante est binaire.

Correspondant aux fonctions discriminantes du tableau 10.I (voir la précédente sous-section), les *fonctions d'identification* permettent d'attribuer un objet à l'une des descriptions d'un descripteur qualitatif, à partir des valeurs prises par plusieurs descripteurs quantitatifs. Il faut toutefois que les variables indépendantes soient distribuées à peu près multinormalement et que leurs matrices de dispersion intragroupe soient raisonnablement homogènes. Les fonctions d'identification font partie de l'*analyse discriminante multiple*, exposée à la section 10.3.

Deux programmes ALSOS (p. 171) peuvent être utilisés ici avec avantage : MORALS (p. 172), pour la prévision d'un descripteur de quelque nature que ce soit par des descripteurs mixtes, et son extension multivariable CORALS, pour la prévision d'un ensemble de descripteurs mixtes.

3. – La prédiction écologique

Tel qu'expliqué dans l'Avant-propos, les modèles numériques ne relèvent pas comme tel de l'écologie numérique. Toutefois, certaines méthodes de l'écologie numérique servent à l'analyse des relations causales parmi un petit nombre de descripteurs, établissant ainsi un contact direct entre l'écologie numérique et les modèles prédictifs. Contrairement aux *modèles prévisionnels* ou *corrélatifs* (p. 173), les *modèles prédictifs* permettent à l'écologiste de se prononcer sur les effets qu'auraient, sur certains descripteurs, des modifications apportées à d'autres descripteurs. La prédiction est possible parce que le modèle se fonde sur l'existence de *relations causales* (pas seulement corrélatives) entre les descripteurs. De telles relations causales peuvent être posées par hypothèse (théorie) ou encore établies au moyen d'*expériences* (en laboratoire ou sur le terrain), au cours desquelles on observe les réponses de certains descripteurs à une manipulation contrôlée d'autres descripteurs, ceci par référence à un *témoin.* Employer le terme *expérience* alors qu'il n'y a pas de témoin, comme c'est souvent le cas dans la littérature écologique récente, est un abus de mots. Les méthodes numériques du tableau 10.III permettent, quant à elles, d'explorer un réseau hypothétique de relations causales, à partir des relations observées entre les descripteurs. Ces méthodes sont donc le prolongement de certaines analyses des tableaux 10.I et 10.II.

Deux types de méthodes s'offrent à l'utilisateur (tableau 10.III), selon que ses hypothèses (a) portent sur des relations causales entre les descripteurs observés ou (b) qu'elles font intervenir des facteurs sous-jacents qui seraient la cause des descripteurs observés. Les méthodes du premier type se rapportent toutes à l'*analyse des coefficients de direction*, alors que le second type est représenté

Tableau 10.III – Méthodes numériques permettant l'analyse des relations causales entre des descripteurs écologiques, en vue d'une *prédiction* d'un ou de plusieurs descripteurs à partir d'autres descripteurs. Entre parenthèses, le numéro de la section où est expliquée la méthode.

---

1) Hypothèses sur les relations causales entre les descripteurs observés ——→ voir 2

  2) Descripteurs quantitatifs, en relations causales linéaires: *analyse des coefficients de direction* (10.5)

  2) Descripteurs qualitatifs: *modèles logit et log-linéaires* (10.2)

  2) Descripteurs mixtes: PATHALS (10.2)

1) Hypothèses voulant que les descripteurs observés soient causés par des facteurs sous-jacents: *analyse factorielle confirmatoire* (9.5)

---

par l'*analyse factorielle confirmatoire.* Seules les méthodes du premier type sont brièvement examinées ici, puisque l'analyse factorielle confirmatoire a été expliquée à la section 9.5, dans le cadre de l'*analyse factorielle.*

Les principes généraux de l'*analyse des coefficients de direction* ("path analysis", en anglais), sont exposés à la section 10.5 en ce qui concerne les descripteurs quantitatifs. En bref, cette méthode permet de décomposer et d'interpréter les relations entre un petit nombre de descripteurs, supposant (a) que l'on connaît l'*ordre causal* parmi ces descripteurs et (b) que les relations entre les descripteurs sont en *causalité fermée.* Par *ordre causal* on entend que le chercheur est capable de déterminer, par exemple, que y_2 affecte peut-être (mais pas nécessairement) y_3 alors que y_3 ne peut en aucune façon affecter y_2 : une telle hypothèse permet d'établir un ordre causal entre y_2 et y_3. Quant à l'hypothèse de *causalité fermée,* elle implique l'indépendance des causes résiduelles, c'est-à-dire des facteurs non-contrôlés qui sont responsables de la variance résiduelle. Toutes ces méthodes sont limitées à l'analyse d'un petit nombre de descripteurs, parce que leur interprétation devient rapidement très complexe avec l'augmentation du nombre de variables impliquées.

Pour des descripteurs quantitatifs en relations causales linéaires, l'*analyse des coefficients de direction* (section 10.5) constitue un prolongement de la régression linéaire multiple. En ce qui concerne les descripteurs qualitatifs, Fienberg (1980 : chapitre 7) explique comment utiliser les *modèles logit* ou *log-linéaires* (section 6.3) pour déterminer le signe des relations causales entre de tels descripteurs, par référence à des diagrammes analogues aux *diagrammes des coefficients de direction* de la section 10.5. Enfin, dans le cadre des programmes ALSOS (p. 171), il est possible de mener une analyse des coefficients de direction avec des descripteurs mixtes, au moyen du programme PATHALS (Gifi, 1981).

10.3. – ANALYSE DISCRIMINANTE

Il arrive que, au cours d'une analyse écologique, on veuille séparer des groupes *connus* d'objets sur la base d'une série de descripteurs quantitatifs, que ce soit dans le but d'attribuer de nouveaux objets à l'un ou l'autre des groupes (identification) ou dans le but d'établir, par exemple, la niche des membres des différents groupes (discrimination). Le problème ne consiste plus ici à établir les groupes : on les suppose connus – *a priori* ou à la suite d'un groupement, d'une ordination ou de la superposition d'un groupement à une ordination – et ce type d'analyse a pour but de les interpréter.

A la base d'une telle analyse, on retrouve la matrice de données classique de l'écologiste, où des objets sont décrits par une série de descripteurs. Ces descripteurs doivent en plus être quantitatifs : la discrimination à l'aide de descripteurs non quantitatifs a été discutée à la section 10.2. De plus, on connaît l'appartenance de chaque objet à l'un ou l'autre groupe. Ces objets peuvent être des relevés ou des spécimens, ou tout autre objet d'étude écologique. On peut examiner chaque descripteur à tour de rôle et noter ceux qui permettent de distinguer certains groupes : cette information pourrait être notée par exemple dans une clef d'identification. Il arrive cependant qu'aucun descripteur ne puisse séparer complètement les groupes, comme à la figure 10.5 : on peut alors chercher la combinaison linéaire des descripteurs qui permet de séparer le mieux possible les différents groupes. A la figure 10.5, qui représente un exemple idéalisé de deux groupes A et B décrits par deux descripteurs seulement, les groupes ne peuvent être distingués sur aucun des deux axes considérés séparément. La solution est un

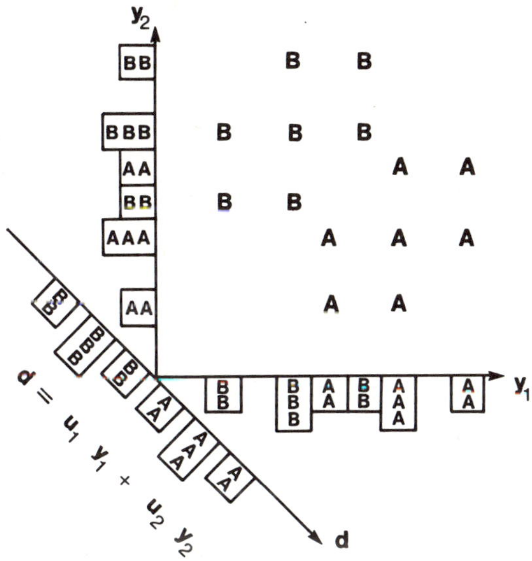

Figure 10.5 – Les deux groupes A et B de sept objets chacun ne peuvent pas être séparés sur l'axe-descripteur $\mathbf{y}_1$ ou sur $\mathbf{y}_2$ (histogrammes sur les axes). Par contre, il sont parfaitement séparés par un axe discriminant **d** sur lequel on trouve la position de chaque objet par l'équation $d_j = (\cos 45°)\, y_{1j} - (\cos 45°)\, y_{2j}$. Adapté de Jolicoeur (1959).

nouveau descripteur discriminant **d**, indiqué sur la figure, qui est une combinaison linéaire des deux descripteurs de départ : sur **d**, les deux groupes d'objets se séparent parfaitement. On peut remarquer que l'axe discriminant **d** passe dans la direction de plus grande variabilité *entre les deux groupes*, ce qui suggère que les poids de la fonction discriminante pourraient être les vecteurs propres d'une matrice de dispersion intergroupe.

Ce modèle d'analyse peut être généralisé au cas de plusieurs groupes et de plusieurs descripteurs. Il porte le nom d'*analyse discriminante* ou d'*analyse canonique* (voir la définition de la forme canonique d'une matrice, chap. 2) et il conduit au calcul de *fonctions discriminantes* si l'analyse, réalisée à partir de *descripteurs centrés réduits*, cherche à évaluer la contribution *relative* de chaque descripteur à la discrimination finale. Si le calcul est fait à partir des *descripteurs* *d'origine,* il produit plutôt des *fonctions d'identification,* qui permettent de calculer l'appartenance d'un nouvel objet à l'un des groupes* ; l'analyse discriminante est cependant rarement employée dans ce dernier but en écologie. On qualifie d'*analyse discriminante simple* le cas de deux groupes (une seule fonction suffit à distinguer les deux groupes) et d'*analyse discriminante multiple* ou de *variables canoniques* le cas de plusieurs groupes. Le modèle de l'analyse discriminante simple (deux groupes) peut être considéré comme un cas particulier de l'analyse canonique : il ne sera pas développé en détail ci-dessous.

Le problème consiste donc à trouver des combinaisons linéaires des descripteurs discriminants, qui maximisent la différence entre groupes tout en minimisant la variabilité à l'intérieur de chaque groupe. Les descripteurs doivent être quantitatifs, puisqu'on cherche à en faire des combinaisons linéaires. On suppose aussi qu'ils ont déjà été transformés de façon à s'approcher le plus possible de la condition de multinormalité : le modèle de l'analyse discriminante est assez robuste aux écarts de cette condition, mais les tests statistiques la présupposent.

Les calculs peuvent être effectués, soit sur les matrices de dispersion, soit sur les matrices de produits scalaires de descripteurs centrés, situées respectivement à droite et à gauche du tableau 10.IV. $\mathbf{T}$ est la matrice des produits scalaires des descripteurs centrés $[y - \bar{y}]$ pour l'ensemble des objets de tous les groupes à la fois. C'est donc la matrice qui, divisée par le nombre total de degrés de liberté $p - 1$, devient la matrice de dispersion $\mathbf{S}$ qui servirait de base à l'analyse en composantes principales : $\mathbf{T} = [y - \bar{y}]\,[y - \bar{y}]'$.

La variabilité à l'intérieur de tous les groupes, $\mathbf{W}$, se mesure en sommant les matrices $\mathbf{W}_1$ à $\mathbf{W}_g$ de produits scalaires des descripteurs des g groupes, chacune calculée à partir des descripteurs centrés pour les objets du groupe : la matrice $\mathbf{W}_j$ est donc le produit $[y - \bar{y}_j]\,[y - \bar{y}_j]'$ pour les objets membres du groupe j. Si on divise la matrice de variabilité totale intragroupe $\mathbf{W}$ par le nombre de degrés de liberté intragroupes $p - g$, on obtient la matrice de dispersion totale intragroupe $\mathbf{V}$.

La variabilité $\mathbf{B}$ entre les groupes se mesure en faisant la différence entre la variabilité totale $\mathbf{T}$ des données et la variabilité intragroupe $\mathbf{W}$. Puisque $\mathbf{B} = \mathbf{T} - \mathbf{W}$, le nombre de degrés de liberté par lequel il faut diviser $\mathbf{B}$ pour obtenir une matrice de dispersion $\mathbf{A}$ est donc $(p - 1) - (p - g) = g - 1$.

La solution au problème, qui consiste à maximiser les différences entre groupes tout en minimisant la variabilité à l'intérieur des groupes, passe par la recherche des valeurs et des vecteurs propres de la matrice qui décrit le rapport de la dispersion intergroupe $\mathbf{A}$ à la dispersion intragroupe $\mathbf{V}$. Comme $\mathbf{A}/\mathbf{V}$

---

* Les logiciels SPSS et BMDP produisent aussi des "fonctions de classification" qui permettent de calculer la probabilité qu'un objet fasse partie de chacun des groupes.

Tableau 10.IV – L'analyse discriminante peut être effectuée à partir des matrices de dispersion (à droite) ou à partir des matrices de produits scalaires de descripteurs centrés (à gauche). Les matrices de la colonne de droite sont simplement celles de gauche, divisées par leur nombre de degrés de liberté. Toutes sont d'ordre $(n \times n)$.

	Matrices de produits scalaires	Matrices de dispersion
Variabilité totale	$\mathbf{T}$	$\mathbf{S} = \mathbf{T}/p - 1$
Variabilité intragroupe	$\mathbf{W} = \mathbf{W}_1 + \ldots + \mathbf{W}_g$	$\mathbf{V} = \mathbf{W}/p - g$
Variabilité intergroupe	$\mathbf{B} = \mathbf{T} - \mathbf{W}$	$\mathbf{A} = \mathbf{B}/g - 1$

n'existe pas en langage matriciel, on écrit plutôt $\mathbf{V}^{-1}\mathbf{A}$ et le problème de maximisation est posé par l'équation matricielle

$$(\mathbf{V}^{-1}\mathbf{A} - \lambda_h \mathbf{I})\,\mathbf{u}_h = \mathbf{0}$$

qui a la même forme que l'équation de base de l'analyse en composantes principales. Si on prémultiplie les deux membres de cette équation par $\mathbf{V}$, on peut alors l'écrire sous la forme

$$(\mathbf{A} - \lambda_h \mathbf{V})\,\mathbf{u}_h = \mathbf{0}$$

On peut déjà en conclure que les vecteurs propres $\mathbf{u}_h$ ne seront pas orthogonaux dans le système des descripteurs d'origine puisque, dans la première forme de l'équation matricielle, la matrice $\mathbf{V}^{-1}\mathbf{A}$ dont on extrait les vecteurs propres n'est pas symétrique. On arrive à la même conclusion à partir du fait que, dans la deuxième forme de l'équation matricielle, la matrice $\mathbf{V}$ qui multiplie les λ_h a des valeurs en dehors de la diagonale principale alors que, dans les composantes principales, l'orthogonalité était obtenue par l'emploi de la matrice unité $\mathbf{I}$.

Ces vecteurs propres non-orthogonaux ont comme effet, lorsqu'on les dessine à angle droit, de redresser l'espace de référence et, avec lui, les ellipsoïdes de distribution des objets dans chaque groupe : il en résulte que, si on norme les vecteurs propres de façon appropriée, on peut rendre circulaire la distribution des objets dans les groupes (fig. 10.6), pour autant que les matrices de dispersion soient homogènes. On obtient ce résultat en divisant chaque vecteur propre $\mathbf{u}_h$ par la racine carrée de $\mathbf{u}'_h \mathbf{V} \mathbf{u}_h$, qui est un scalaire :

$$\mathbf{C} = \mathbf{U}(\mathbf{U}'\mathbf{V}\mathbf{U})^{-1/2}$$

où $\mathbf{C}$ est la matrice des vecteurs propres normés qui définissent l'espace *canonique* de l'analyse discriminante. Après cette transformation, même si les matrices de dispersion intragroupes ne sont pas homogènes, la variance entre les centroïdes des

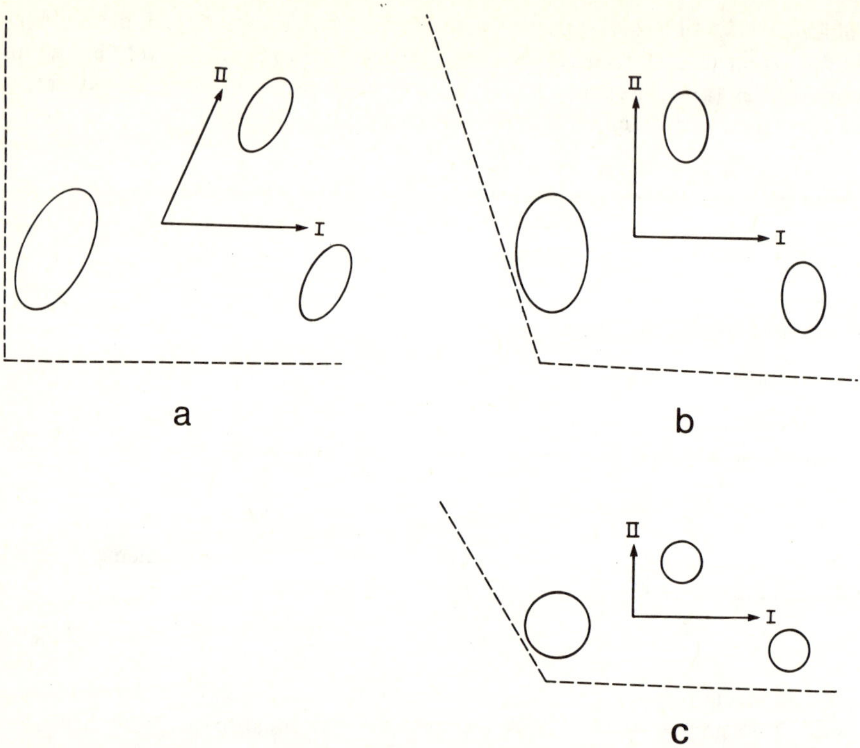

Figure 10.6 – Principe de l'analyse discriminante multiple (trois groupes). Tirets: deux descripteurs d'origine. Traits pleins : axes canoniques. Les variances des matrices intragroupes sont homogènes. (**a**) Les axes canoniques, non orthogonaux dans l'espace de référence des descripteurs d'origine, ont comme effet, lorsqu'on les prend comme espace de référence orthogonal (**b**), de redresser les ellipsoïdes de distribution des objets, ce qui permet (**c**) de rendre ces distributions circulaires en normant chaque vecteur propre $\mathbf{u}_h$ à $(\mathbf{u}_h' \mathbf{V} \mathbf{u}_h)^{1/2}$.

groupes est toujours maximale. On en conclut que les axes canoniques décrivent alors la variabilité *entre les groupes,* le premier axe canonique indiquant la direction de plus grande variabilité entre les *centroïdes* des groupes, et ainsi de suite pour les axes canoniques successifs, après que l'on ait redressé l'espace de référence pour rendre les groupes sphériques. On trouve aussi, dans la littérature, d'autres méthodes pour normer les vecteurs propres (par exemple, à la longueur 1 ou encore à $\sqrt{\lambda}$), mais les dispersions intragroupes ne sont alors pas sphériques.

Strictement, ces résultats ne sont obtenus que lorsque les conditions d'homogénéité des matrices de dispersion sont remplies. Même si la méthode est modérément robuste quant aux écarts à cette condition, il est cependant préférable de tester la variance des matrices intragroupes, par exemple à l'aide de la fonction de Kullback (1959) qui est distribuée approximativement comme χ^2 :

$$X^2 = \sum_{j=1}^{g} \frac{(p_j - 1)}{2} \ln \frac{|\mathbf{V}|}{|\mathbf{V}_j|} \quad \text{avec } (g-1)\, n\, (n+1)/2 \text{ degrés de liberté}$$

où p_j est le nombre d'objets dans le groupe j, $|\mathbf{V}|$ est le déterminant de la matrice totale de dispersion intragroupe $\mathbf{V}$ et $|\mathbf{V}_j|$ est le déterminant de la matrice de dispersion de chaque groupe j. Lorsque la valeur test X^2 est plus grande que la valeur critique du χ^2, on rejette l'hypothèse d'homogénéité.

Un autre test utile en analyse discriminante est le Λ (lambda) de Wilks (1932), qui permet d'établir si les groupes présentent des différences significatives quant à la position de leur centroïde. Λ est le rapport des déterminants des matrices de produits scalaires $\mathbf{W}$ et $\mathbf{T}$:

$$\Lambda = \frac{|\mathbf{W}|}{|\mathbf{T}|}$$

Ce rapport, qui peut varier de 0 (dispersion maximum des centroïdes) à 1 (pas de dispersion intergroupe), est testé comme un χ^2 avec $n(g-1)$ degrés de liberté grâce à une transformation en X^2 proposée par Bartlett (1938) :

$$X^2 = -\left[(p-1) - \frac{1}{2}(n+g)\right] \ln \Lambda$$

Le Λ de Wilks est donc une généralisation du t de Student (chap. 4) pour le cas de plusieurs groupes. Une autre généralisation multidimensionnelle du t, pour le cas de deux groupes, est le T^2 d'Hotelling, qui a été traité à l'occasion de la discussion de la distance généralisée de Mahalanobis (p. 29).

Le rapport de Wilks, pour les valeurs de λ au-delà de la k-ième fonction discriminante, peut se calculer par le produit

$$L = \prod_{i=k+1}^{n} \frac{1}{1+\lambda_i}$$

L'approximation du χ^2, ci-dessus, permet donc d'estimer la signification du pouvoir discriminant des $(n-k)$ fonctions restantes à la suite de l'acceptation des k premières (Bartlett, 1948) :

$$X^2 = \left[(p-1) - \frac{1}{2}(n+g)\right] \ln \left[\prod_{i=k+1}^{n} (1+\lambda_i)\right]$$

avec $(n-k)(g-k-1)$ degrés de liberté. Lorsque les $(n-k)$ dernières fonctions discriminantes ne permettent plus, toutes ensemble, d'obtenir au moins la valeur critique de χ^2 choisie, on peut considérer que ces valeurs propres ne diffèrent pas significativement de zéro et que le pouvoir discriminant réside dans les k premières fonctions.

La dernière étape du calcul consiste à trouver la position des objets dans l'espace des axes canoniques. On obtient la matrice transformée $\mathbf{F}$ en multipliant la matrice transposée des données centrées avec la matrice $\mathbf{C}$ des vecteurs propres normés :

$$\mathbf{F} = [y - \bar{y}]' \mathbf{C}$$

Puisqu'on emploie la matrice des données centrées $[y - \bar{y}]$, l'origine des axes canoniques est située au centre des objets, comme à la figure 10.6. Il est de pratique courante de trouver aussi la position des centroïdes des différents groupes dans l'espace canonique, en multipliant de la même façon la matrice transposée des centroïdes d'origine avec la matrice **C**. Le centroïde de chacun des groupes est le point dont les coordonnées sont constituées par la moyenne des objets de ce groupe pour chacun des descripteurs : la matrice des centroïdes a donc n lignes et g colonnes.

Comme dans l'analyse en composantes principales, on peut considérer que l'équation $\mathbf{F} = [y - \bar{y}]' \mathbf{C}$ forme une série de fonctions qui permettent de trouver la position de l'objet j par rapport à l'axe canonique h :

$$f_{hj} = (y_{1j} - \bar{y}_1) c_{1h} + \cdots + (y_{nj} - \bar{y}_n) c_{nh}$$

Les vecteurs propres normés $\mathbf{u}_h$ sont donc formés d'une série de poids avec lesquels on multiplie les $(y_{ij} - \bar{y}_i)$ pour trouver la position des objets par rapport aux nouveaux axes. Ces *variables canoniques* portent le nom de *fonctions discriminantes* lorsque les descripteurs sont *réduits* avant le début de l'étude : elles permettent alors de déterminer l'importance relative de chacun des descripteurs d'origine dans la discrimination entre les groupes, indépendamment des différences de variance entre les descripteurs, puisque ces différences ont été éliminées lors de la réduction des descripteurs. Si l'analyse a plutôt été effectuée à partir des descripteurs *non réduits*, les variables canoniques sont alors des *fonctions d'identification* qui permettent d'attribuer un nouvel objet à l'un ou à l'autre des groupes : il suffit en effet de mesurer les différents descripteurs de ce nouvel objet et de multiplier ces mesures par les c_{ih} pour obtenir la position de cet objet par rapport aux différents axes canoniques, ce qui permet d'identifier à quel groupe il appartient. Certains auteurs parlent de fonctions de classification plutôt que de fonctions d'identification, mais il semble préférable d'éviter cette terminologie dans un contexte où classifier consiste à établir des groupes, alors qu'identifier consiste à attribuer des objets à l'un ou l'autre des groupes préétablis.

Pour obtenir les matrices **V** et **A**, qui sont à la base du calcul de l'analyse canonique, on doit diviser les matrices **W** et **B** par leur nombre respectif de degrés de liberté. On peut éviter ces divisions en effectuant les calculs directement sur les matrices **W** et **B**. Lorsqu'on résout l'équation matricielle

$$(\mathbf{B} - l_h \mathbf{W}) \mathbf{u}_h = \mathbf{0}$$

les vecteurs propres obtenus sont les mêmes, alors que les valeurs propres l_h sont plus petites que les λ_h dans un rapport constant

$$l_h = \frac{g - 1}{p - g} \lambda_h$$

qui ne change pas le pourcentage de la variance de $\mathbf{W}^{-1}\mathbf{B}$ expliqué par chaque vecteur propre. Pour normer les vecteurs propres à partir de la matrice **W**, il faut cependant employer plutôt la formule

$$\mathbf{C} = \mathbf{U}\left(\mathbf{U}'\frac{\mathbf{W}}{p-g}\mathbf{U}\right)^{-1/2} = \mathbf{U}(\mathbf{U}'\mathbf{V}\mathbf{U})^{-1/2}$$

Le calcul des *fonctions d'identification* est illustré ci-après, au moyen d'un exemple fictif de sept objets répartis en trois groupes et décrits par deux descripteurs. Ces données ne sauraient normalement être soumises à cette analyse, puisque les variances des matrices intragroupes ne sont pas homogènes, mais elles permettent d'exposer les étapes du calcul. Les données de base sont :

$$\text{Groupes} = \quad \overbrace{\quad 1 \quad}^{} \quad \overbrace{\quad 2 \quad}^{} \quad \overbrace{\quad 3 \quad}^{}$$

$$\mathbf{Y} = \begin{bmatrix} 1 & 2 & 2 & 8 & 8 & 8 & 9 \\ 2 & 2 & 1 & 7 & 6 & 3 & 3 \end{bmatrix}$$

Les données centrées pour les objets et les centroïdes des trois groupes forment les matrices suivantes :

$$\text{Groupes} = \quad \overbrace{\qquad 1 \qquad}^{} \quad \overbrace{\quad 2 \quad}^{} \quad \overbrace{\quad 3 \quad}^{}$$

$$[\mathbf{Y}\ \text{centré}] = [y - \bar{y}] = \begin{bmatrix} -4{,}43 & -3{,}43 & -3{,}43 & 2{,}57 & 2{,}57 & 2{,}57 & 3{,}57 \\ -1{,}43 & -1{,}43 & -2{,}43 & 3{,}57 & 2{,}57 & -0{,}43 & -0{,}43 \end{bmatrix}$$

$$[\text{Centroïdes}] = \begin{bmatrix} -3{,}76 & 2{,}57 & 3{,}07 \\ -1{,}76 & 3{,}07 & -0{,}43 \end{bmatrix}$$

La matrice de produits scalaires entre descripteurs centrés est .

$$\mathbf{T} = [y-\bar{y}]\,[y-\bar{y}]' = \begin{bmatrix} 75{,}714 & 32{,}714 \\ 32{,}714 & 29{,}714 \end{bmatrix}$$

et la matrice totale de la variabilité intragroupe est calculée en sommant les trois matrices de produits scalaires intragroupes :

$$\mathbf{W} = \begin{bmatrix} 0{,}667 & -0{,}333 \\ -0{,}333 & 0{,}667 \end{bmatrix} + \begin{bmatrix} 0 & 0 \\ 0 & 0{,}5 \end{bmatrix} + \begin{bmatrix} 0{,}5 & 0 \\ 0 & 0 \end{bmatrix} = \begin{bmatrix} 1{,}167 & -0{,}333 \\ 0{,}333 & 1{,}167 \end{bmatrix}$$

La matrice de la variabilité intergroupe peut alors être calculée :

$$\mathbf{B} = \mathbf{T} - \mathbf{W} = \begin{bmatrix} 74{,}548 & 33{,}048 \\ 33{,}048 & 28{,}548 \end{bmatrix}$$

L'équation du déterminant $|\mathbf{B} - l\,\mathbf{W}| = 0$ permet de trouver les deux valeurs propres :

$$l_1 = 106{,}025 \quad \text{donc} \quad \lambda_1 = \frac{(7-3)}{(3-1)} \times 106{,}025 = 212{,}049 \ (93{,}13\ \%)$$

$$l_2 = 7{,}817 \quad \text{donc} \quad \lambda_2 = 2 \times 7{,}817 = 15{,}634 \ (6{,}87\ \%)$$

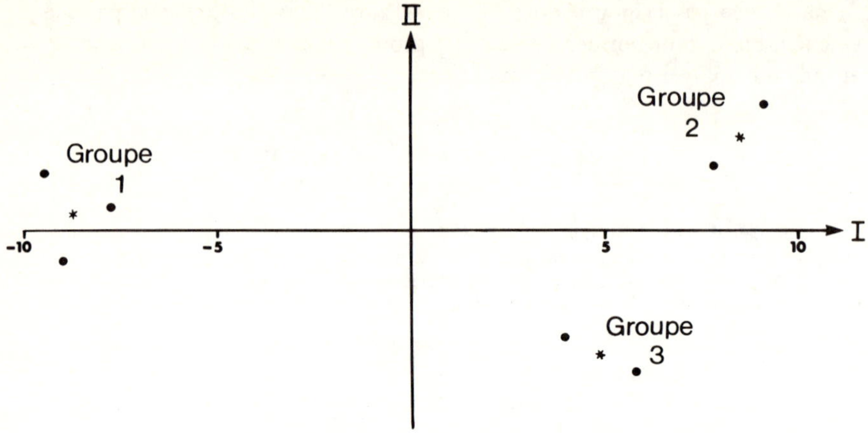

Figure 10.7 – Représentation des sept objets (cercles pleins) de l'exemple fictif et des centroïdes des trois groupes (étoiles) dans l'espace canonique.

à l'aide desquelles on peut calculer les deux vecteurs propres correspondants, au moyen de l'équation matricielle $(\mathbf{B} - l_h\mathbf{W})\,\mathbf{u}_h = \mathbf{0}$. Ces vecteurs, normalisés ici (normés à une longueur unité), forment les colonnes de la matrice $\mathbf{U}$:

$$\mathbf{U} = \begin{bmatrix} 0{,}812 & -0{,}479 \\ 0{,}584 & 0{,}878 \end{bmatrix}$$

Ces vecteurs ne sont pas orthogonaux puisque $\mathbf{u}_1'\mathbf{u}_2 = 0{,}124$. Pour établir la longueur finale des vecteurs propres, on calcule d'abord

$$\left(\mathbf{U}'\frac{\mathbf{W}}{p-g}\mathbf{U}\right)^{1/2} = \begin{bmatrix} 0{,}461 & 0 \\ 0 & 0{,}601 \end{bmatrix}$$

puis on divise chaque vecteur propre par le terme diagonal de cette matrice qui lui correspond, pour obtenir

$$\mathbf{C} = \begin{bmatrix} 1{,}761 & -0{,}796 \\ 1{,}266 & 1{,}460 \end{bmatrix}$$

La multiplication des transposées des matrices centrées des données brutes et des centroïdes avec $\mathbf{C}$ donne la position des objets et des centroïdes dans l'espace canonique (fig. 10.7) :

$$[\mathbf{Y}\text{ centré}]'\mathbf{C} = [y - \bar{y}]'\mathbf{C} = \begin{bmatrix} -9{,}61 & -7{,}84 & -9{,}11 & 9{,}05 & 7{,}78 & 3{,}99 & 5{,}75 \\ 1{,}44 & 0{,}64 & -0{,}82 & 3{,}17 & 1{,}71 & -2{,}67 & -3{,}47 \end{bmatrix}'$$

$$[\text{Centroïdes}]'\mathbf{C} = \begin{bmatrix} -8{,}85 & 8{,}41 & 4{,}87 \\ 0{,}42 & 2{,}44 & -3{,}07 \end{bmatrix}'$$

On peut vérifier que, dans cet espace canonique, la matrice $\mathbf{A}$ de la dispersion totale intergroupe est égale à la matrice des valeurs propres et que la matrice totale de dispersion intragroupe est la matrice unité $\mathbf{I}$.

Si le calcul avait plutôt porté sur les *fonctions discriminantes*, on aurait centré *et réduit* les données dès le départ :

$$\begin{bmatrix}\textbf{Y}\text{ centré}\\ \text{et réduit}\end{bmatrix} = \begin{bmatrix}\dfrac{y-\bar{y}}{s}\end{bmatrix} = \begin{bmatrix}\overbrace{-1{,}25 \quad -0{,}97 \quad -0{,}97}^{1} & \overbrace{0{,}72 \quad 0{,}72}^{2} & \overbrace{0{,}72 \quad 1{,}01}^{3}\\ -0{,}64 \quad -0{,}64 \quad -1{,}09 & 1{,}61 \quad 1{,}16 & -0{,}19 \quad -0{,}19\end{bmatrix}$$

$$[\text{Centroïdes}] = \begin{bmatrix}-1{,}06 & 0{,}72 & 0{,}87\\ -0{,}79 & 1{,}38 & -0{,}19\end{bmatrix}$$

La suite des calculs est alors la même que pour les fonctions d'identification, ci-dessus :

$$\mathbf{T} = \begin{bmatrix}6{,}000 & 4{,}138\\ 4{,}138 & 6{,}000\end{bmatrix}$$

$$\mathbf{W} = \begin{bmatrix}0{,}053 & -0{,}042\\ -0{,}042 & 0{,}135\end{bmatrix} + \begin{bmatrix}0{,}000 & 0{,}000\\ 0{,}000 & 0{,}101\end{bmatrix} + \begin{bmatrix}0{,}040 & 0{,}000\\ 0{,}000 & 0{,}000\end{bmatrix} = \begin{bmatrix}0{,}092 & -0{,}042\\ -0{,}042 & 0{,}236\end{bmatrix}$$

$$\mathbf{B} = \mathbf{T} - \mathbf{W} = \begin{bmatrix}5{,}908 & 4{,}180\\ 4{,}180 & 5{,}764\end{bmatrix}$$

$$l_1 = 106{,}03 \qquad l_2 = 7{,}82 \qquad \mathbf{U} = \begin{bmatrix}0{,}912 & 0{,}656\\ 0{,}411 & 0{,}755\end{bmatrix}$$

$$\left(\mathbf{U}'\frac{\mathbf{W}}{p-g}\mathbf{U}\right)^{1/2} = \begin{bmatrix}0{,}146 & 0{,}000\\ 0{,}000 & 0{,}232\end{bmatrix} \qquad \mathbf{C} = \begin{bmatrix}6{,}255 & -2{,}826\\ 2{,}816 & 3{,}249\end{bmatrix}$$

$$\begin{bmatrix}\textbf{Y}\text{ centré}\\ \text{et réduit}\end{bmatrix}'\mathbf{C} = \begin{bmatrix}-9{,}61 & -7{,}84 & -9{,}11 & 9{,}05 & 7{,}78 & 3{,}99 & 5{,}75\\ 1{,}44 & 0{,}64 & -0{,}82 & 3{,}17 & 1{,}71 & -2{,}67 & -3{,}47\end{bmatrix}'$$

$$[\text{Centroïdes}]'\,\mathbf{C} = \begin{bmatrix}-8{,}85 & 8{,}41 & 4{,}87\\ 0{,}42 & 2{,}44 & 3{,}07\end{bmatrix}'$$

Les méthodes pratiques de calcul par ordinateur diffèrent souvent du modèle ci-dessus. En particulier, les logiciels de programmes d'ordinateur contiennent habituellement une option de calcul pas à pas, par laquelle les descripteurs au pouvoir discriminant plus élevé sont inclus d'abord dans la fonction discriminante. On pourra avoir recours à cette procédure si on désire ne sélectionner que les plus importants, parmi un grand nombre de descripteurs, jusqu'à ce qu'on obtienne une discrimination convenable entre les groupes. Il faut cependant utiliser cette option avec prudence, comme d'ailleurs tout calcul pas à pas : en effet, la sélection de s descripteurs, successivement les plus discriminants, ne garantit nullement qu'il n'y ait pas un autre ensemble de s descripteurs plus discriminant.

L'application suivante montre comment utiliser l'analyse discriminante multiple en vue de l'étude de la niche écologique. On pourra aussi consulter Legendre *et al.* (1978), pour une application à la différenciation de régions écologiques, ainsi que Steiner *et al.* (1969), pour une application à l'interprétation agronomique de photographies aériennes, à partir d'une analyse densimétrique de différentes couleurs.

Application écologique 10.3. – Hudson (1976) a publié un travail dans lequel l'analyse discriminante multiple sert à déterminer comment un groupe de grands mammifères herbivores utilisent et se partagent les ressources de leur habitat des Rocheuses canadiennes, dans le sud-est de la Colombie-Britannique. Cet auteur a considéré que l'analyse canonique formait un modèle approprié à la description, en peu de dimensions, des niches multidimensionnelles d'Hutchinson (1957).

La région fut divisée en 340 unités de territoire (cellules) de 250 m × 250 m et chacune fut décrite par 15 paramètres physiques et biologiques (tableau 10.V). Les quatre mammifères herbivores les plus abondants, pendant l'hiver (novembre à février) et au début du printemps (mars et avril), furent observés en fonction de ces unités de territoire dont les descripteurs permirent par la suite d'étudier la niche des espèces. Une partie seulement des résultats de ce travail est rapportée ci-dessous. Les espèces étudiées sont le wapiti *(Cervus canadensis)*, le cerf mulet *(Odocoileus hemionus)*, le cerf de Virginie *(Odocoileus virginianus)* et le mouflon d'Amérique *(Ovis canadensis)*.

En premier lieu, l'auteur a cherché à établir la niche de chaque espèce, en hiver et au printemps séparément. Pour chaque espèce et chaque saison, les cellules de territoire furent divisées en deux groupes, selon que l'espèce y avait été observée ou non au cours de la saison. L'interprétation de l'absence d'une espèce dans une cellule donnée ne se pose pas ici, puisqu'il s'agit de données cumulées de plusieurs observations, ce qui permet de supposer que l'absence d'une espèce au cours de toute la saison est reliée à ses préférences écologiques. L'auteur a calculé des "fonctions de classification" (v. note p. 180) et des fonctions discriminantes. L'identification *a posteriori* des cellules par les "fonctions de classification" du programme BMD07M a permis d'établir la valeur de la division des cellules en fonction de leur utilisation ou non-utilisation par chaque espèce : en hiver, de 77 à 90 % des cellules se retrouvent correctement classées, alors qu'au printemps, de 85 à 99 % des cellules (selon l'espèce) sont bien classées. En général, le pouvoir prédictif des fonctions discriminantes, et donc la sélectivité apparente des espèces, augmente au printemps.

Comme les descripteurs semblent rendre bien compte de la division des cellules selon leur utilisation par chaque espèce, l'auteur a ensuite calculé huit analyses discriminantes de présence-absence, une par espèce à chacune des deux saisons. L'une de ces fonctions, celle du wapiti en hiver, est présentée au centre du tableau 10.V. Comme les descripteurs ont été réduits avant ces calculs, les coefficients de ces fonctions discriminantes indiquent le pouvoir séparateur de chaque descripteur : les coefficients les plus élevés en valeur absolue peuvent donc servir de base à la description de la niche de chaque espèce. Ainsi, la niche du wapiti en hiver a une diversité végétale élevée et les plantes fourragères y ont un contenu élevé en protéines. Les signes positifs ou négatifs des coefficients d'une fonction discriminante ne sont pas indicateurs du signe de la corrélation et ils pourraient être tous inversés sans en changer l'interprétation.

Dans une deuxième étape, cette étude a porté sur la répartition des ressources de l'écosystème entre les quatre espèces, qui constituent maintenant les quatre groupes. La section de droite du tableau 10.V montre les trois fonctions discriminantes qui résultent de l'analyse canonique des quatre groupes de cellules correspondant aux quatre espèces, au printemps. Le premier axe canonique, qui représente la direction de plus grande variabilité (63 %) intergroupe, reçoit les contributions des descripteurs suivants, en ordre décroissant : le contenu

Tableau 10.V – Coefficients des fonctions discriminantes basées sur les 15 descripteurs des unités de territoire. Au centre : discrimination entre les cellules où le wapiti a été observé et celles où il ne l'a pas été, en hiver. A droite : les trois fonctions de la discrimination entre les quatre espèces, au printemps. Les valeurs les plus discriminantes sont en caractères gras. D'après Hudson (1976).

Descripteurs des cellules	Niche du wapiti (en hiver)	Division des ressources (au printemps)		
		I	II	III
		λ_1:63,2%	λ_2:35,2%	λ_3: 1,6%
Paramètres physiques				
Pente (%)	0,025	-0,020	-0,012	0,044
Relief	0,031	0,073	**-0,139**	**-0,325**
Importance du roc	0,013	0,008	0,000	0,000
Orientation	0,049	0,001	0,085	**0,289**
Altitude	-0,001	0,000	-0,003	0,000
Neige: profondeur moyenne	0,097	---	---	---
Neige: % moyen couverture	---	---	---	---
Végétation: couverture et diversité				
Couverture forestière (%)	0,055	**-0,112**	**0,157**	**0,318**
Strate arbustive (%)	-0,024	0,003	0,006	0,002
Diversité	**-0,559**	**0,261**	**-0,264**	**0,392**
Végétation: plantes fourragères				
Biomasse	0,030	0,039	0,094	-0,051
Longueur moyenne, feuilles	-0,015	-0,008	0,013	0,044
Longueur moyenne, chaume	---	0,004	-0,013	-0,046
Teneur en protéines (%)	**-0,600**	**0,785**	**0,229**	-0,035
Utilisation des terres				
Importance du pâturage	0,010	-0,026	0,003	-0,018

du fourrage en protéines, la diversité de la végétation et la couverture forestière. Cet axe contribue surtout (fig. 10.8) à séparer le mouflon d'Amérique des autres espèces. Le deuxième axe canonique (35 % de la variance inter-espèces) est surtout influencé par le relief en plus des trois descripteurs importants pour le premier axe. Ce deuxième axe permet surtout de séparer le cerf de Virginie du groupe des deux autres cervidés. En hiver, d'autres descripteurs, tels l'orientation géographique et l'épaisseur de la neige, avaient aussi leur importance. Quoique cette étude n'ait pas considéré d'autres ressources, comme la composition de la diète, elle a cependant montré que ces espèces occupent différentes parties de l'écosystème, ce qui peut favoriser leur coexistence.

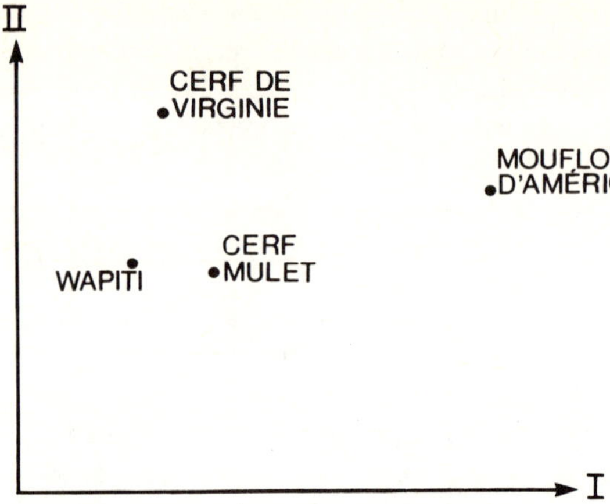

Figure 10.8 – Répartition des ressources au printemps : position des centroïdes des espèces sur les deux premiers axes canoniques. Adapté de Hudson (1976).

Lorsque les descripteurs (quantitatifs) discriminants s'éloignent beaucoup des conditions de multinormalité et/ou d'égalité des matrices de dispersion intragroupe, il faut alors recourir à l'une des méthodes citées au tableau 10.I. Pour des descripteurs discriminants qualitatifs, il y a l'*analyse discriminante discrète* (section 10.2) ainsi que les *tableaux de contingence multidimensionnels* (section 6.3). Dans le cas particulier où la classification (descripteur qualitatif) expliquée est binaire, on peut utiliser la *régression logistique* (*modèles logit* : section 6.3), qui accepte des descripteurs discriminants de tout niveau de précision. Deux méthodes permettent l'analyse discriminante d'une classification multiple au moyen de descripteurs mixtes : l'*analyse multivariable d'un descripteur nominal* et le programme CRIMINALS (section 10.2). On pourrait aussi utiliser le programme MORALS (section 10.2), grâce auquel il est possible d'expliquer un descripteur de n'importe quel type (donc, entre autres, qualitatif) au moyen de descripteurs de tout niveau de précision.

10.4. – CORRÉLATIONS CANONIQUES

Au cours d'une analyse écologique, il arrive que l'on veuille décider si un certain ensemble de descripteurs varie de façon semblable à un autre ensemble de descripteurs des mêmes objets et, si oui, quelle est la nature de cette conformité. On peut désirer, par exemple, mettre en corrélation un ensemble de descripteurs physiques avec un groupe d'espèces, ou encore des groupes de descripteurs de même nature : on pourrait vouloir vérifier l'hypothèse selon laquelle deux taxocènes (chap. 6) fluctuent de la même façon au cours de changements qui affectent leur milieu commun, ou encore cette autre hypothèse que les descripteurs physiques ou chimiques varient de la même façon dans deux parties de l'écosystème au cours de son évolution. Blackith & Reyment (1971) font remarquer que cette approche synoptique des problèmes biologiques, si elle n'est pas appropriée à l'étude de certains problèmes, comme c'est d'ailleurs le cas de toute autre méthode, peut permettre de dégager des informations intéressantes en d'autres circonstances.

La méthode des *corrélations canoniques* est une généralisation, due à Hotelling (1936), de la régression multiple et on verra que la corrélation linéaire (section 4.2) ainsi que la corrélation multiple (section 4.6) n'en sont que des cas particuliers. Elle a pour but de trouver la corrélation maximale entre des combinaisons linéaires (variables canoniques) de deux groupes de descripteurs : dans bien des cas, on trouve qu'il y a plusieurs paires de telles combinaisons linéaires. L'analyse des corrélations canoniques permet donc d'étudier les différents axes indépendants selon lesquels la corrélation entre les deux groupes de descripteurs est maximale : on peut en effet interpréter cette méthode comme une double analyse en composantes principales suivie d'une rotation des axes canoniques pour leur permettre de se superposer.

Le bref exposé ci-dessous n'a pour but que de dégager les principes généraux de cette méthode, qui devraient être plus faciles à saisir après l'étude des variables canoniques de la section précédente. L'écologiste intéressé à approfondir cette question en trouvera des exposés détaillés dans Kendall & Stuart (1966) pour la théorie, ainsi que dans Lefebvre (1980) pour les étapes du calcul.

On suppose que les objets (échantillons) sous étude sont décrits par deux séries de descripteurs : une première série de k espèces et une deuxième série de n descripteurs du milieu physique. La matrice de dispersion $\mathbf{S}$ de ces descripteurs est alors composée de quatre blocs :

$$\mathbf{S} = \begin{bmatrix} \mathbf{S}_{11} & \mathbf{S}_{12} \\ \mathbf{S}'_{12} & \mathbf{S}_{22} \end{bmatrix}$$

Les sous-matrices $\mathbf{S}_{11}$ d'ordre $(k \times k)$ et $\mathbf{S}_{22}$ d'ordre $(n \times n)$ se rapportent respectivement à chacune des deux séries de descripteurs, alors que $\mathbf{S}_{12}$ (d'ordre $k \times n$) et sa transposée $\mathbf{S}'_{12} = \mathbf{S}_{21}$ (d'ordre $n \times k$) représentent les interactions entre tous les descripteurs des deux groupes.

Le problème consiste à maximiser les dispersions entre les groupes de descripteurs par rapport aux dispersions intragroupes et, de façon analogue à l'analyse discriminante, l'expression à optimiser est $\mathbf{S}_{12}\,\mathbf{S}_{22}^{-1}\,\mathbf{S}'_{12}\,\mathbf{S}_{11}^{-1}$ puisque $\mathbf{S}_{12}\,\mathbf{S}'_{12}/\mathbf{S}_{11}\,\mathbf{S}_{22}$ n'existe pas en algèbre des matrices. La découverte des solutions indépendantes de ce problème d'optimisation passe par les valeurs et vecteurs propres. On trouve les corrélations canoniques en résolvant l'équation du déterminant

$$|\mathbf{S}_{12}\mathbf{S}_{22}^{-1}\mathbf{S}'_{12}\mathbf{S}_{11}^{-1} - \lambda_h \mathbf{I}| = 0$$

qui correspond à l'une ou l'autre des équations suivantes, résultant de la multiplication des deux membres de l'équation ci-dessus par $\mathbf{S}_{11}$ ou par $\mathbf{S}_{22}$:

$$|\mathbf{S}_{12}\mathbf{S}_{22}^{-1}\mathbf{S}'_{12} - \lambda_h \mathbf{S}_{11}| = 0$$

ou

$$|\mathbf{S}'_{12}\mathbf{S}_{11}^{-1}\mathbf{S}_{12} - \lambda_h \mathbf{S}_{22}| = 0$$

Les corrélations canoniques ρ_h sont les racines carrées des valeurs propres λ_h : $\lambda_h = \rho_h^2$. On trouve les mêmes λ_h comme résultats de l'une ou l'autre équation. L'étape suivante consiste à calculer les vecteurs propres des deux systèmes d'équations correspondant à ces valeurs propres. Ces vecteurs propres donnent les combinaisons linéaires des deux séries de descripteurs d'origine, correspondant aux valeurs propres. Les vecteurs propres $\mathbf{u}_h$ et $\mathbf{v}_h$ de chaque paire d'équations sont obtenus par les équations matricielles

$$(\mathbf{S}_{12}\mathbf{S}_{22}^{-1}\mathbf{S}'_{12} - \lambda_h \mathbf{S}_{11})\,\mathbf{u}_h = \mathbf{0}$$

et

$$(\mathbf{S}'_{12}\mathbf{S}_{11}^{-1}\mathbf{S}_{12} - \lambda_h \mathbf{S}_{22})\,\mathbf{v}_h = \mathbf{0}$$

On norme chaque vecteur propre, comme dans l'analyse discriminante, en divisant chaque $\mathbf{u}_h$ par le scalaire résultant de $(\mathbf{u}'_h\,\mathbf{S}_{11}\,\mathbf{u}_h)^{1/2}$ et chaque $\mathbf{v}_h$ par $(\mathbf{v}'_h\mathbf{S}_{22}\,\mathbf{v}_h)^{1/2}$, ce qui rend les variances des variables canoniques égales à l'unité. Les équations linéaires formant les deux matrices de transformation,

$$\mathbf{T}_u = \mathbf{Y}'_k\mathbf{U} = [y_{1j}\,u_{1h} + \cdots + y_{kj}\,u_{kh}] \quad \text{pour les } k \text{ premiers descripteurs}$$

et $$\mathbf{T}_v = \mathbf{Y}'_n\mathbf{V} = [y_{1j}\,v_{1h} + \cdots + y_{nj}\,v_{nh}] \quad \text{pour les } n \text{ derniers descripteurs,}$$

contiennent donc les coordonnées des objets dans chacun des deux systèmes d'axes principaux.

Si k est plus grand que n, il y a k valeurs propres possibles, mais $k - n$ d'entre elles sont nulles. Si les n valeurs propres positives sont distinctes, il n'y a qu'une seule paire possible de vecteurs propres $\mathbf{u}_h$ et $\mathbf{v}_h$ pour chacune d'elles ; leurs combinaisons linéaires ne sont pas en corrélation avec celles des autres axes canoniques.

Lorsqu'un groupe n'est composé que d'un seul descripteur (par exemple : $k = 1$ et $n > 1$), il n'y a alors qu'une seule valeur propre positive et les équations de corrélation canonique se réduisent à un problème de régression multiple (section 4.6). De plus, l'équation générale de la valeur propre se réduit à

$$\lambda = \rho^2 = \mathbf{s}_{12}\mathbf{S}_{22}^{-1}\mathbf{s}'_{12}/s_1^2$$

où $\mathbf{s}_{12}$ est un vecteur de covariances, ce qui correspond à l'équation de la corrélation multiple exprimée, à la section 4.6, en termes de $\mathbf{r}$ plutôt que de $\mathbf{s}$. Enfin, lorsque chaque groupe n'est composé que d'un seul descripteur ($k = n = 1$), l'équation de la valeur propre devient

$$\lambda = \rho^2 = s_{12}s_{22}^{-1}s_{12}s_{11}^{-1} = \frac{(s_{12})^2}{s_{11}s_{22}} = \frac{(s_{12})^2}{s_1^2\,s_2^2}$$

ce qui donne la formule d'une corrélation simple de Pearson (section 4.2).

Si on calcule les corrélations canoniques à partir de la matrice des corrélations plutôt que de la matrice de dispersion, l'interprétation doit tenir compte de ce que les combinaisons linéaires intéressent les descripteurs réduits et non plus les descripteurs d'origine.

L'interprétation des analyses de corrélations canoniques est plus délicate que celle des autres analyses multidimensionnelles. On doit surtout considérer que cette technique permet d'explorer la structure de données multidimensionnelles et qu'elle révèle au moins la corrélation maximale que l'on peut obtenir entre les fonctions linéaires de deux groupes de descripteurs (Kendall & Stuart, 1966). On limite habituellement l'étude détaillée des paires de vecteurs propres aux quelques premières corrélations canoniques, mais Blackith et Reyment (1971) rapportent un exemple tiré de Blackith et Albrecht (1959) où on s'intéresse aux corrélations canoniques les plus basses, qui permettent d'isoler un vecteur "phase" chez les criquets qui soit indépendant du vecteur "taille".

Les corrélations canoniques devraient théoriquement constituer un instrument de choix pour l'ordination et l'analyse de matrices doubles de données, constituées de descripteurs biologiques et de descripteurs physiques des échantillons. Cependant, Gauch et Wentworth (1976) ont montré, à l'aide de données expérimentales et de données simulées, que l'analyse en corrélations canoniques n'était applicable qu'à des descripteurs en relation linéaire, rares en écologie. Ces auteurs en concluent qu'il vaut mieux procéder en deux étapes : ordination par les descripteurs biologiques, suivie d'une interprétation des axes d'ordination par les descripteurs du milieu, comme on l'a vu à la section 10.2.

Ces constatations mènent à conclure que les corrélations canoniques doivent être employées avec prudence en écologie*. Un domaine, où des essais devraient toutefois conduire à des résultats intéressants, est celui des ordinations construites pour mettre en relation certains facteurs prédéterminés du milieu : si la corrélation canonique porte sur un groupe de descripteurs biologiques et ceux des descripteurs du milieu que l'on désire faire ressortir, l'ordination des échantillons sur les axes principaux du groupe de descripteurs biologiques, correspondant aux deux ou trois corrélations canoniques les plus importantes, devrait produire l'effet désiré, à condition que les descripteurs aient d'abord été transformés de façon à assurer la linéarité de leurs relations.

---

* Commentaire du Pr. F. James Rohlf, State University of New York at Stony Brook (comm. pers.) : "L'analyse des corrélations canoniques, quoique mathématiquement élégante, n'a que rarement ou même jamais d'interprétation biologique utile, par suite des contraintes mathématiques très sévères de son calcul. Je crois peu plausible que les axes orthogonaux de deux ensembles de variables correspondent à quoi que ce soit d'intéressant. Je recommanderais fortement que l'on calcule toujours les "coefficients de redondance" (p. 194), pour mesurer jusqu'à quel point les vecteurs qui ont une corrélation canonique élevée expliquent une fraction appréciable de la variance des données. Il pourrait facilement arriver que la relation linéaire correspondant à une corrélation maximale entre les deux ensembles de données n'explique qu'une proportion insignifiante de la variance de chaque ensemble. En fait, il est possible que les axes principaux qui correspondent à la plus petite valeur propre de chaque ensemble soient précisément orientés dans une direction telle que leur corrélation soit très élevée pour les deux ensembles de variables. Il est peu probable que cela soit très intéressant. On peut alors se demander quel est l'avantage de cette analyse par rapport à une analyse en composantes principales ou des correspondances générale, où l'on traiterait toutes les variables à la fois et qui aurait une interprétation mathématique beaucoup plus simple." (Voir l'application écologique *9.1a*, pour la mise en œuvre de cette dernière suggestion).

Application écologique 10.4. – Certains auteurs ont obtenu des résultats intéressants de l'analyse en corrélations canoniques. Aart et Smeenk-Enserink (1975) par exemple, dans une étude des araignées lycoses des Pays-Bas à partir de relevés effectués 10 ans après ceux de l'application écologique *9.1b* (p. 131), ont obtenu des corrélations canoniques très élevées entre les vecteurs propres de la distribution des espèces et ceux qui résument les descripteurs du milieu.

Les 28 relevés soumis à cette analyse étaient d'abord décrits par les abondances de 12 espèces d'araignées, normalisées par transformation logarithmique $\log(y + 1)$, ainsi que par 15 descripteurs du milieu ayant trait à la lumière, la végétation et le sol. Parmi tous les descripteurs du milieu qui avaient été observés, seuls furent sélectionnés pour cette analyse ceux qui étaient en bonne corrélation linéaire avec les descripteurs espèces, ce qui assurait la linéarité des relations entre les deux groupes de descripteurs. Les calculs ont été effectués sur la matrice des corrélations au lieu de celle des covariances, ce qui équivaut à réduire les descripteurs avant l'analyse.

Les résultats de cette analyse démontrent d'abord une très grande affinité entre les axes canoniques qui contrôlent les deux séries de descripteurs : en effet, les quatre premières corrélations canoniques sont plus élevées que 0,98. Les auteurs ont aussi trouvé une très forte ressemblance entre les contributions des 12 espèces aux deux premiers axes canoniques (fig. 10.9a) et aux deux premières composantes principales (non illustré ici : pratiquement le même graphique). Ces deux résultats permettent de conclure que les axes principaux de la variation des espèces peuvent être interprétés par les contributions des descripteurs du milieu (fig. 10.9b) aux axes canoniques correspondants. L'application écologique *10.6c* constitue un autre exemple où les corrélations canoniques ont produit des résultats intéressants.

Contrairement aux coefficients de détermination simple (section 4.2) et multiple (section 4.6), les carrés des corrélations canoniques (ρ_h^2, ci-dessus) ne donnent aucune information sur la proportion de la variance d'un ensemble de descripteurs qui est expliquée par ceux du second ensemble. Deux composantes mineures, qui n'expliquent que très peu de variance pour leur ensemble respectif, peuvent fort bien présenter une corrélation canonique élevée. Pour pallier à cette lacune, Stewart & Love (1968) et Cooley & Lohnes (1971) décrivent les *coefficients de redondance* (déjà mentionnés dans la note au bas de la p. 193), qui permettent de calculer la proportion de la variance des descripteurs d'un premier ensemble qui est expliquée par chacune des variables canoniques du second ensemble. Ces coefficients ne sont pas symétriques, puisque la variable canonique h du premier ensemble n'explique pas nécessairement la même proportion de variance du second ensemble que la variable canonique h de ce second ensemble en explique pour le premier. Les coefficients de redondance sont intégrés à divers programmes de calcul des corrélations canoniques, dont CANCORR de SAS. On en trouve une application à la limnologie dans Paloheimo *et al.* (1984).

Wollenberg (1977) propose d'étendre la notion de redondance à l'extraction même des facteurs. Pour ce faire, il considère des équations matricielles quelque peu différentes de celles ci-dessus :

$$(\mathbf{R}_{12}\,\mathbf{R}'_{12} - \lambda_h\,\mathbf{R}_{11})\,\mathbf{u}_h = \mathbf{0}$$

$$(\mathbf{R}'_{12}\,\mathbf{R}_{12} - \lambda_h\,\mathbf{R}_{22})\,\mathbf{v}_h = \mathbf{0}$$

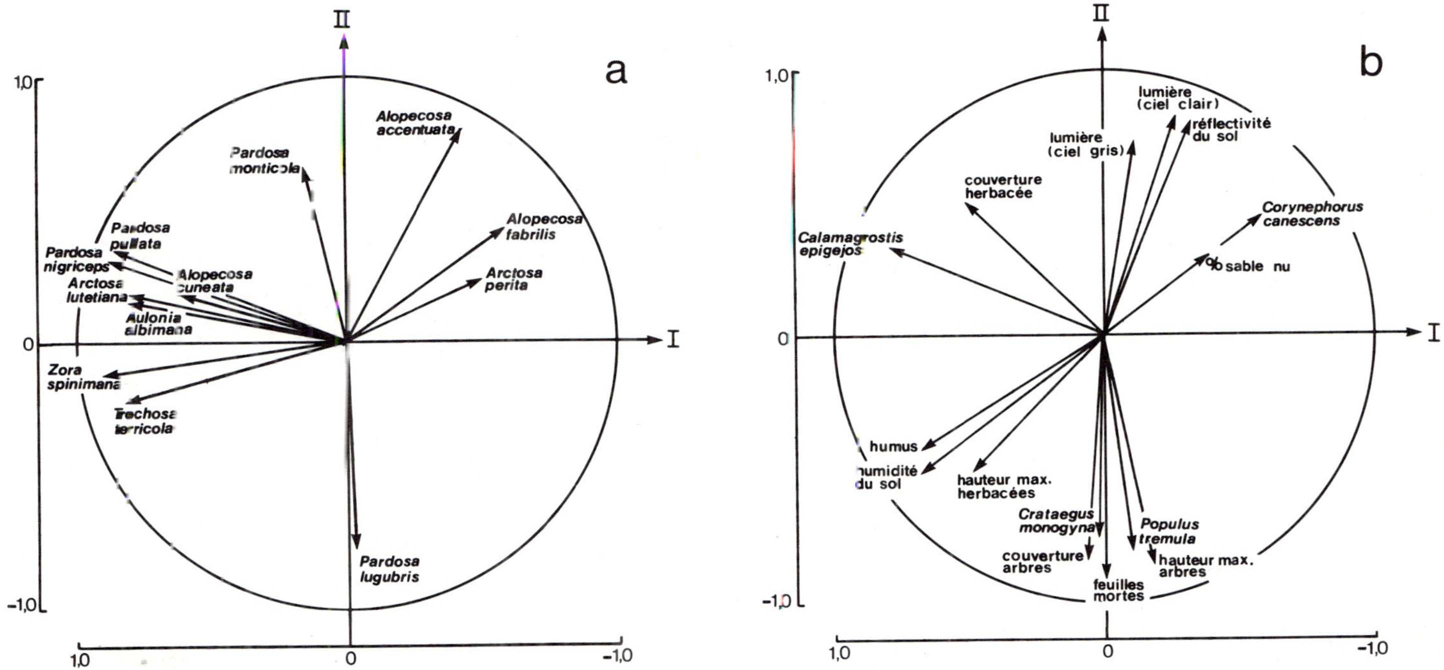

Figure 10.9 – Contribution des descripteurs aux deux premiers axes canoniques. (**a**) Les 12 espèces d'araignées. (**b**) Les 15 descripteurs du milieu : graphique produit à partir des données des auteurs. Adapté de Aart & Smeenk-Enserink (1975).

sur lesquelles se fonde l'*analyse canonique de redondance**. Les variables canoniques ainsi trouvées maximisent la variance expliquée, au sens des coefficients de redondance. Dans un contexte où l'on tente d'*expliquer* un premier ensemble de descripteurs par un second (section 10.2 et tableau 10.I), on peut se contenter de calculer les variables canoniques du second ensemble seulement, qui permettent d'expliquer les descripteurs du premier. En cas de réussite, les quelques premières variables canoniques devraient rendre compte d'une grande proportion de la variance des descripteurs expliqués. En cas d'échec, notamment par suite d'absence de linéarité entre les descripteurs, la proportion de variance expliquée par les premières variables canoniques sera faible.

Lorsque les descripteurs (quantitatifs) ne sont pas en relations linéaires ou lorsque les descripteurs ne sont pas quantitatifs, deux programmes ALSOS (section 10.2) peuvent être utilisés : CORALS (deux ensembles de descripteurs) ou OVERALS (plusieurs ensembles de descripteurs).

10.5. – ANALYSE DES COEFFICIENTS DE DIRECTION

On a déjà vu, à la section 4.6, que le simple examen des corrélations entre plusieurs descripteurs, qu'il s'agisse de corrélations simples, multiples ou partielles, ne permet pas d'établir de façon non ambiguë les relations causales entre ces descripteurs. Plusieurs modèles de causalité différents peuvent en effet rendre compte d'une même matrice de corrélation. Or, dans le cas d'une *prédiction* (par rapport à une *prévision*, voir 10.2), l'écologiste doit connaître les relations causales (et non seulement corrélatives) qui existent entre les descripteurs. *L'analyse des coefficients de direction* ("path analysis", en anglais) est une extension de la *régression linéaire multiple* (section 4.3), qui permet de décomposer et d'évaluer les relations *linéaires* entre un petit nombre de descripteurs. On peut ainsi formuler diverses *hypothèses* quant aux relations causales entre les descripteurs et en examiner les conséquences, compte tenu des coefficients de régression et de corrélation *calculés* entre ces descripteurs.

L'analyse des coefficients de direction, développée par Wright (1921, 1960), n'a été que peu utilisée en écologie, alors qu'on en trouve de nombreux exemples d'application en génétique des populations et en sciences sociales. Deux exposés de la méthode à l'intention des utilisateurs ont été récemment publiés, par Nie *et al.* (1975 : 383 *et seq.*) et par Sokal & Rohlf (1981 : 642 *et seq.*), auxquels le lecteur intéressé aux détails des calculs pourra se référer. Le bref exposé ci-dessous dégage les grandes lignes de l'analyse des coefficients de direction, pour conclure sur une application écologique.

---

* On peut se procurer un programme (FORTRAN) en écrivant à Arnold L. van den Wollenberg, Department of Mathematical Pyschology, Psychologisch Laboratorium, Universiteit Nymegen, Erasmuslaan 16, Nederland (Pays-Bas).

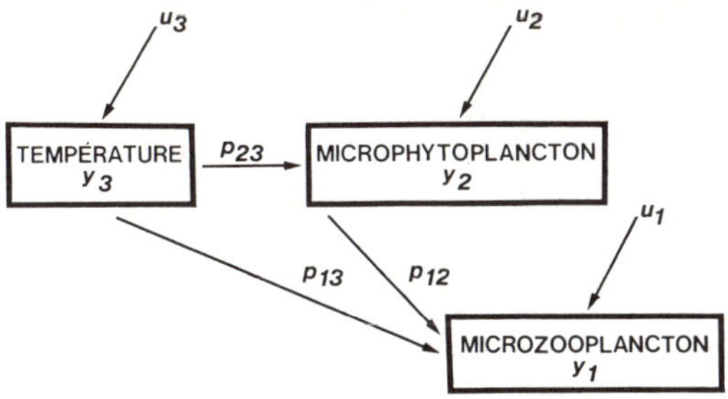

Figure 10.10 – Diagramme des coefficients de direction pour trois descripteurs en relation linéaire. Adapté de Nie *et al.* (1975).

Tel que mentionné à la section 10.2, l'analyse des coefficients de direction repose sur deux hypothèses de base. Pour utiliser cette analyse, le chercheur doit pouvoir établir (par hypothèse ou à la suite d'expériences) un *ordre causal* entre les descripteurs. Il s'agit ici de *causalité faible*, en ce sens que l'hypothèse se limite, par exemple, à établir que y_1 affecte peut-être y_2 alors que y_2 ne peut en aucune façon affecter y_1. Dans les *diagrammes des coefficients de direction* (voir figs 10.10 à 10.12 et aussi tableaux 4.II et 4.III), un tel ordre causal est représenté par une flèche $y_1 \rightarrow y_2$. Aucun modèle ne peut, bien sûr, expliquer toute la variance observée. Il faut donc tenir compte de ce qu'il y a des variables non-contrôlées u_i, qui sont les causes résiduelles de chacun des descripteurs y_i. L'hypothèse de *causalité fermée* implique l'indépendance des causes résiduelles, à savoir que, s'il faut presque toujours faire intervenir des *variables résiduelles* u_i (causes résiduelles des y_i) dans les modèles, par exemple $u_1 \rightarrow y_1$ ou $u_2 \rightarrow y_2$, en aucun cas ne peut-on considérer $u_1 \rightarrow y_2$ ou encore $u_2 \rightarrow y_1$.

Un exemple fictif, comprenant trois variables en relations causales, permet d'illustrer les principales caractéristiques de l'analyse des coefficients de direction. Cet exemple fictif est adapté de Nie *et al.* (1975 : 386 *et seq.*). On considère ici les relations entre la température de l'eau, le microphytoplancton (algues du type microflagellés) et le microzooplancton (ciliés, etc.), qui broute le microphytoplancton. La température de l'eau (y_3) affecte directement la croissance du microzooplancton (y_1) et aussi celle du microphytoplancton (y_2), dont l'abondance affecte à son tour celle du microzooplancton. La figure 10.10 schématise ce réseau hypothétique de relations causales. Comme les trois variables du modèle ne pourront probablement pas expliquer toute la variation observée, il faut aussi ajouter trois variables résiduelles u_1 à u_3.

On peut formuler, au moyen des trois équations suivantes, les hypothèses relatives à l'*ordre causal* des descripteurs de la fig. 10.10 :

$$y_3 = u_3$$

$$y_2 = p_{23}y_3 + u_2$$

$$y_1 = p_{13}y_3 + p_{12}y_2 + u_1$$

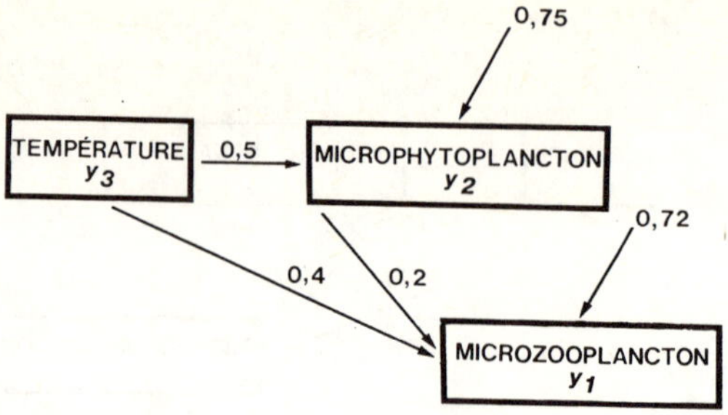

Figure 10.11 – Résultats de l'analyse des coefficients de direction de l'exemple fictif (voir fig. 10.10 et et le texte). Adapté de Nie *et al.* (1975).

où les p_{ij} sont les *coefficients de direction* et où toutes les variables sont centrées sur leur moyenne. L'hypothèse de *causalité fermée,* quant à elle, implique que :

$$s\,(u_1, u_2) = s\,(u_1, u_3) = s\,(u_2, u_3) = 0$$

puisque les causes résiduelles sont indépendantes (s est la covariance).

L'*estimation des coefficients de direction* se ramène à un problème de régression multiple, dont le calcul peut être réalisé au moyen de n'importe quel programme approprié :

$$\hat{y}_2 = p_{23} y_3$$

$$\hat{y}_1 = p_{13} y_3 + p_{12} y_2$$

les coefficients p_0 étant absents par suite du centrage des données. Si le modèle comporte n descripteurs, on peut estimer tous les coefficients de direction (coefficients de régression) au moyen d'au plus $n-1$ équations de régression : il suffit de prendre à tour de rôle, comme variable dépendante, chacun des $n-1$ descripteurs d'ordre causal inférieur et de le prédire (régression multiple) au moyen des descripteurs d'ordre causal supérieur. Pour l'exemple fictif ci-dessus, on utilise deux équations de régression pour calculer les trois coefficients de direction, dont les valeurs pourraient être :

$$\hat{y}_2 = 0{,}5\,y_3 \qquad R^2_{2.3} = 0{,}25$$

$$\hat{y}_1 = 0{,}4\,y_3 + 0{,}2\,y_2 \qquad R^2_{1.23} = 0{,}28$$

Ces coefficients de direction sont portés sur la fig. 10.11.

Les coefficients de corrélation linéaire simple entre les trois descripteurs pourraient être les suivants :

$$r_{12} = 0{,}4 \quad r_{13} = 0{,}5 \quad r_{23} = 0{,}5$$

La corrélation r_{13} dépend à la fois de la relation directe entre y_1 et y_3 et de leur relation indirecte par l'intermédiaire de y_2 (figs 10.10 et 10.11). L'analyse des coefficients de direction permet aussi d'interpréter la corrélation r_{13}, selon le modèle de relations causales choisi (voir par exemple Sokal & Rohlf, 1981 : 642 *et seq.*), à condition que les régressions aient été calculées à partir des variables *centrées réduites :*

$$\begin{aligned} r_{13} &= p_{13} + r_{23}\, p_{12} \\ &= 0{,}4 + 0{,}5 \times 0{,}2 \\ &= 0{,}4 + 0{,}1 = 0{,}5 \end{aligned}$$

La corrélation entre y_1 et y_3 est constituée de la contribution directe de y_3 à y_1 (coefficient de direction p_{13}) et aussi de la cause commune entre y_3 et toute autre variable (il n'y a ici que y_2) qui a un effet direct sur y_1. Ces diverses contributions peuvent, selon le cas, augmenter (comme ici) ou diminuer la corrélation entre les deux descripteurs. Le coefficient de corrélation r_{13} est donc constitué ici d'une composante directe (0,4) et d'une composante indirecte (0,1).

Le calcul des *coefficients de non-détermination* permet d'estimer le pourcentage de la variance des descripteurs qui demeure inexpliquée par le modèle :

$$r^2(u_2, y_2) = 1 - R^2_{2.3} = 1 - 0{,}25 = 0{,}75$$

$$r^2(u_1, y_1) = 1 - R^2_{1.23} = 1 - 0{,}28 = 0{,}72$$

On en conclut (fig. 10.11) que 75 % de la variance de microphytoplancton (y_2) et 72 % de la variance du microzooplancton (y_1) ne peuvent être expliqués par les relations causales incluses dans le modèle tel que formulé. On aurait pu en arriver aux mêmes résultats au moyen de la formule générale suivante (Sokal & Rohlf, 1981 : 646) :

$$\begin{aligned} r^2(u_1, y_1) &= 1 - \left[\sum_i p^2_{1i} + 2\sum_{ij} p_{1i}\, p_{1j}\, r_{ij}\right] \\ &= 1 - [(p^2_{12} + p^2_{13}) + 2\,(p_{12} p_{13} r_{23})] \\ &= 1 - [(0{,}04 + 0{,}16) + 2\,(0{,}2 \times 0{,}4 \times 0{,}5)] \\ &= 1 - [(0{,}20) + 2\,(0{,}04)] \\ &= 1 - 0{,}28 = 0{,}72 \end{aligned}$$

Tous ces résultats peuvent être rassemblés dans un tableau unique (tableau 10.VI). Dans cet exemple fictif, 20 % (0,1/0,5) de la covariation entre le microzooplancton (y_1) et la température (y_3) passe par le microphytoplancton. Par ailleurs, 50 % (0,2/0,4) de la relation observée entre le microzooplancton (y_1) et le microphytoplancton (y_2) n'est pas causale, constituant ainsi une fausse corrélation ("spurious correlation", en anglais), si l'on adopte le modèle des figs 10.10 et 10.11. Une telle fausse corrélation (tableau 4.II) se rencontre lorsque les deux descripteurs impliqués sont causés par un même troisième descripteur, non échantillonné dans le cas de cet exemple fictif.

Tableau 10.VI – Décomposition des covariations (variables centrées réduites) de la fig. 10.11. Adapté de Nie *et al.* (1975).

Relation	Covariation totale (A)	Covariation causale			Covariation non-causale (A-D)
		Directe (B)	Indirecte (C)	Totale (D=B+C)	
y_2y_3	$r_{23} = 0{,}5$	0,5	0,0	0,5	0,0
y_1y_3	$r_{13} = 0{,}5$	0,4	0,1	0,5	0,0
y_1y_2	$r_{12} = 0{,}4$	0,2	0,0	0,2	0,2

L'analyse des coefficients de direction peut évidemment être étendue à plus de trois variables (voir à ce propos les références citées au début de la section ainsi que l'application écologique ci-dessous). Toutefois, à mesure que le nombre de descripteurs s'accroît, l'interprétation des résultats devient de plus en plus complexe et le nombre de modèles possibles augmente rapidement. De façon pratique, l'analyse des coefficients de direction ne permet donc d'explorer la structure de causalité que de systèmes relativement simples. Dans bon nombre de situations écologiques, cette analyse peut toutefois rendre de grands services, en permettant au chercheur de formuler de façon explicite des hypothèses quant aux relations causales entre les descripteurs et d'en vérifier les conséquences à partir des covariations observées entre ceux-ci. Lorsque les descripteurs impliqués ne sont pas en relation linéaire ou lorsqu'ils ne sont pas quantitatifs, on peut alors recourir à l'une des autres méthodes du tableau 10.III.

Application écologique 10.5. – Harris & Charleston (1977) ont utilisé l'analyse des coefficients de direction pour comparer le microhabitat de deux mollusques pulmonés, *Lymnaea tomentosa* et *L. columella*. Les deux espèces vivent dans des marécages et il n'y a aucune différence évidente quant aux caractéristiques physiques et chimiques de leur habitat respectif. L'analyse des coefficients de direction a été utilisée en vue d'examiner, pour chacune des deux espèces, le modèle de relations causales schématisé à la fig. 10.12. Dans ce modèle, on suppose que la quantité d'eau affecte l'abondance des mollusques, directement et aussi par l'intermédiaire de la quantité de vase et de son caractère plus ou moins floconneux, puisque ces deux facteurs sont en partie déterminés par la quantité d'eau présente. De plus, on s'attend à ce que la quantité de vase influence directement les mollusques mais, comme les grandes étendues de vase contiennent probablement moins de végétation et ont donc un caractère plus floconneux, on doit aussi inclure dans le modèle une action indirecte par l'intermédiaire de cette voie.

Les résultats de l'analyse des coefficients de direction, pour les diverses stations où a été échantillonnée l'une ou l'autre espèce (fig. 10.12), suggèrent des différences importantes quant au microhabitat des deux espèces. De façon générale, *L. columella* semble favorisé par la présence d'eau ; de plus, *L. tomentosa* semble préférer une vase floconneuse tandis que *L. columella* est avantagé par une vase plus ferme. Les effets de l'eau et de la vase sur *L. tomentosa* sont donc indirects, par l'intermédiaire du caractère floconneux. Pour être vérifiées, ces hypothèses devraient être suivies d'expériences en laboratoire ou sur le terrain, qui ne seraient toutefois peut-être pas très faciles à réaliser.

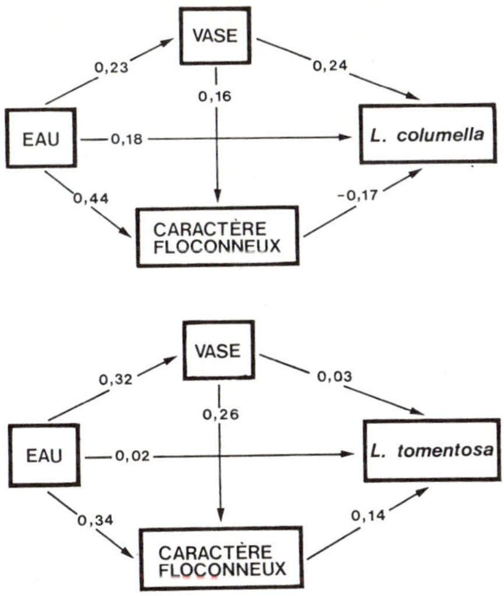

Figure 10.12 – Diagrammes des coefficients de direction quant à l'effet de l'eau, de la vase et de son caractère floconneux sur deux espèces de mollusques pulmonés. D'après Harris & Charleston (1977).

10.6. – SCHÉMAS D'ANALYSE

Afin d'illustrer les principes d'analyse et d'interprétation mis en avant dans les chapitres 7 à 10, cette dernière section du chapitre 10 présente quatre procédures d'analyse écologique, proposées par différents auteurs. Les applications écologiques des sections précédentes constituaient d'autres exemples de schémas d'interprétation. Il faut remarquer que plusieurs de ces schémas suivent la recommandation de Sneath & Sokal (1973) d'effectuer de pair groupement et ordination dans la recherche de la structure.

Toute analyse mathématique de données écologiques devrait reposer sur un examen sérieux des points suivants :

1) Les *objets* doivent représenter adéquatement la variation que l'on désire structurer. Ils doivent de plus constituer autant que possible des réalisations indépendantes du vecteur des descriptions observées : si ces réalisations ne sont pas indépendantes, l'analyse risque de ne dégager que la structure de l'artefact qu'est alors l'échantillonnage.

2) Les *descripteurs* : pour la découverte des associations d'espèces aussi bien que pour le groupement des échantillons, il est préférable que les espèces choisies comme descripteurs biologiques fassent partie du même taxocène (chap. 6) ; les descripteurs biotiques synthétiques (diversité, etc.) doivent aussi provenir de groupes d'espèces suffisamment homogènes pour que la mesure ait du sens ; les descripteurs du milieu physique retenus pour l'analyse doivent pour leur part être choisis de façon à correspondre au phénomène écologique étudié

et montrer des différences significativement mesurables entre les échantillons les plus différents, car certaines méthodes sont sensibles à la présence de variances nulles.

3) L'écologiste doit choisir une mesure de similarité appropriée aux descripteurs, au mode (Q ou R) de l'étude ainsi qu'au genre de problème étudié et faire subir aux données les transformations et recodages nécessaires. Tous ces détails devront être mentionnés dans la publication de l'étude. Il est dommage que des données acquises au prix de grands efforts soient souvent traitées de façon sub-optimale, si bien que l'analyse ne montre qu'une structure d'artefact ou encore des variations écologiques triviales (le jour et la nuit, la marée, l'été et l'hiver. . .) quand la mise en évidence de phénomènes écologiques plus fins n'aurait peut-être nécessité qu'un peu de soin dans le choix des méthodes. Les phénomènes évidents transparaissent souvent même après les pires manipulations, mais alors point n'est besoin d'un ordinateur pour les dégager.

4) La méthode d'analyse de la structure doit être clairement explicitée au niveau de la publication : groupement, ordination ou de préférence les deux. Même l'examen visuel de la matrice d'association, ou du diagramme de dispersion, peut être décrit clairement. Le choix des méthodes de recherche de la structure doit être guidé plutôt par la nature des données et du problème à résoudre que par les logiciels disponibles au centre de calcul.

5) Le travail décrit aux points 1 à 4 est quasi en pure perte si l'écologiste se contente de décrire la structure simplifiée de ses échantillons multidimensionnels. L'interprétation de cette structure constitue la recherche vraiment écologique, alors que sont mis en relation des phénomènes biotiques et abiotiques, ou des interactions au sein du monde biotique. L'analyse de la structure doit être fondée sur des méthodes choisies avec soin et il est souhaitable qu'elle comporte une évaluation des descripteurs qui ont donné naissance à cette structure ainsi qu'une interprétation par des descripteurs externes, potentiellement explicatifs. Autant que possible, cette analyse par les descripteurs écologiques externes doit tenter de mettre en évidence l'effet propre à chaque descripteur diagnostique et permettre une prévision *a posteriori* de la structure des objets écologiques.

Il faut enfin noter, avant d'aborder des exemples précis d'analyses, que le schéma général exposé ci-dessus ne doit pas nécessairement être suivi de façon linéaire : il peut au contraire être intéressant, dans certains cas, d'alterner entre analyse Q et analyse R afin de dégager la structure des données. Legendre (1975) a développé un tel algorithme itératif pour les études écologiques et taxonomiques : (*a*) mode Q : recherche d'un premier groupement basé sur l'ensemble des descripteurs ; (*b*) mode R : considérant seulement les objets qui sont indiscutablement membres de chaque groupe, évaluation du rôle de chaque descripteur interne par analyse discriminante ou coefficients de contingence ; (*c*) mode Q : groupement de tous les objets en tenant compte du poids relatif des descripteurs à l'étape *b* : au chapitre 7, on a expliqué comment les mesures de similarité S_{15}, S_{16}, S_{19} et S_{20} pouvaient être affectées de tels poids ; (*d*) répéter les étapes *b* et *c* jusqu'à l'obtention d'une solution stable. On peut définir la stabilité en fonction des objets de chaque groupe à la fin de passages successifs dans l'étape c ou encore en mesurant l'information commune à deux partitions successives produites par c. Le chercheur peut donc définir, à partir du schéma général, un modèle d'analyse approprié au problème étudié : ce modèle est à définir, en fait, dans chaque cas.

Application écologique 10.6a. – Orlóci (1978 : 122-124) présente un modèle d'analyse où une ordination sert d'intermédiaire entre un groupement floristique et son interprétation par un groupe de descripteurs physico-chimiques. Un groupement permet d'abord de reconnaître trois groupes floristiques (l'auteur ne mentionne cependant pas comment ce groupement a été obtenu, puisqu'il ne s'agit pour lui que d'un exemple). Une matrice de similarité entre échantillons est ensuite formée, dans laquelle une similarité de 1 est attribuée à deux échantillons qui possèdent le même type floristique. La similarité est de 0 dans les autres cas. Cette matrice est soumise à une méthode d'ordination, par exemple les coordonnées principales. Les coordonnées des échantillons sur les axes principaux sont mises en corrélation linéaire (r de Pearson) avec les descripteurs physico-chimiques (quantitatifs) des mêmes échantillons. Comme les corrélations avec le premier axe sont assez élevées, l'auteur en conclut que les types floristiques sont de bons indicateurs des conditions du sol.

Application écologique 10.6b. – Hinds & Rickard (1973) présentent une analyse en composantes principales de données météorologiques suivie d'une interprétation des composantes par des données de capture d'un coléoptère Tenebrionidae dans une région semi-désertique de l'ouest des Etats-Unis.

De 1963 à 1969, le nombre d'insectes capturés annuellement dans la même trappe est passé de 1800 à 60. Les adultes émergent à l'automne et ne survivent que quelques semaines, pendant lesquelles s'effectue la ponte. L'éclosion a lieu après une à deux semaines. La partie de l'étude rapportée ici répond à la question suivante : après combien de temps les larves deviennent-elles des adultes ? Le reste de l'étude traite de l'influence des variations climatiques sur la réduction observée de cette population d'insectes.

Chaque année d'échantillonnage est qualifée par six descripteurs climatiques pour l'année elle-même ainsi que pour chacune des deux années précédentes. Une analyse en composantes principales de la matrice de données réduites (18 × 18) produit sept vecteurs propres importants, qui rendent compte ensemble de 98 % de la variance. Les positions des années d'échantillonnage par rapport à ces sept axes principaux constituent les sept variables indépendantes qui sont employées, dans une analyse de régression multiple pas à pas, pour expliquer les données annuelles de capture (transformées par racine carrée).

Cette régression permet d'abord de constater que les trois premières composantes principales, qui suffisent à expliquer 91 % de la variance des données de capture, sont elles-mêmes expliquées par les descripteurs climatiques de l'année même ainsi que de la deuxième année antérieure, mais fort peu par les descripteurs de l'année précédente, ce qui porte à croire que les larves séjournent deux ans dans le sol avant de se transformer en adultes.

Application écologique 10.6c. – McIntire & Moore (1977) donnent un exemple d'application d'une procédure générale d'analyse, développée par Cassie (1972), qu'ils recommandent pour l'étude de la répartition d'espèces de diatomées. L'exemple comprend 51 échantillons décrits par un premier fichier de six descripteurs quantitatifs du milieu aquatique, centrés et réduits.

Une analyse en composantes principales de la matrice des abondances d'espèces produit une première composante qui décrit bien le gradient des espèces marines aux espèces d'eau douce en passant par les espèces d'eau saumâtre. Cette composante a été reliée aux descripteurs du milieu par corrélation multiple : cette corrélation est de 0,85 et elle est surtout due au descripteur salinité. De même, une corrélation multiple de chaque espèce pour l'ensemble des descripteurs du milieu aquatique produit des valeurs élevées de corrélation pour les espèces marines et d'eau douce, mais moins élevées pour les espèces d'eau saumâtre, comme on peut s'y attendre puisque ces espèces sont probablement tolérantes à une plus grande variété de salinités.

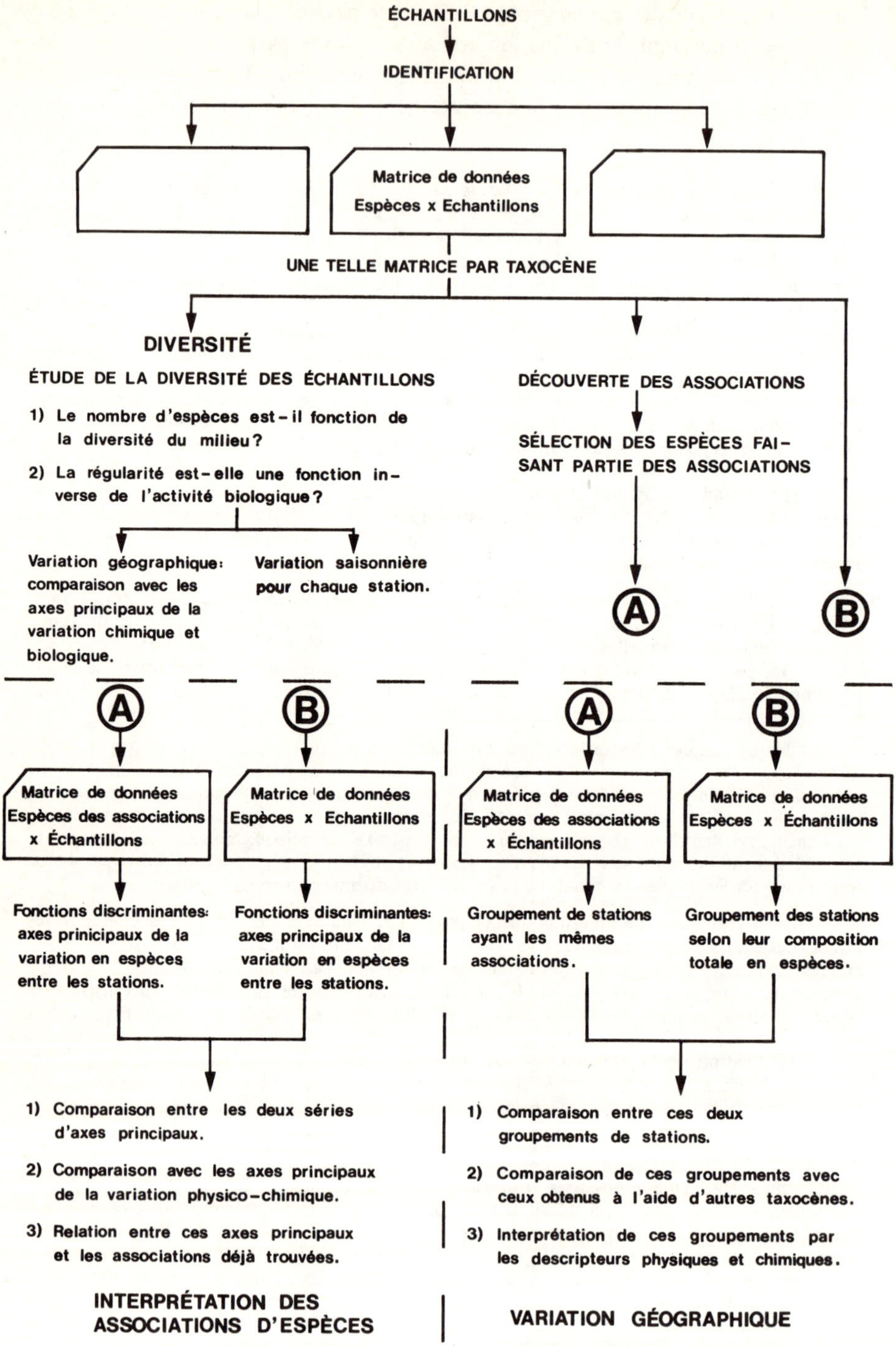

Figure 10.13 – Schéma de l'analyse proposée à l'application écologique 10.6d. L'étape préliminaire, qui consiste en la recherche des axes principaux de la variation physico-chimique entre les stations, n'est pas illustrée.

Les auteurs calculent ensuite des corrélations canoniques entre les deux matrices de données. Le premier axe canonique des données biologiques correspond à la première composante principale, puisqu'il établit un gradient entre les espèces marines et les espèces d'eau douce. Du côté des descripteurs du milieu, ce premier axe canonique met la salinité moyenne en évidence. Le deuxième axe canonique établit un contraste entre les espèces d'eau saumâtre et toutes les autres espèces, phénomène qui est expliqué, du côté des descripteurs du milieu, par l'écart moyen des salinités ainsi que la température moyenne. Cette analyse montre donc que les espèces d'eau saumâtre sous étude sont plutôt indifférentes aux fluctuations de salinité, ce que ne mettait pas en évidence l'analyse en composantes principales.

Finalement, les échantillons font l'objet d'un groupement quant à leur composition en diatomées. Trois groupes d'échantillons sont dégagés : ceux d'eau douce, d'eau saumâtre et d'eau salée. Des fonctions discriminantes multiples sont calculées entre ces trois groupes, basées sur les données biologiques : elles montrent que les échantillons forment un continuum, mais sans recouvrement entre les groupes. Les vecteurs contenant la position des échantillons sur ces deux premiers axes canoniques sont mis en corrélation avec les descripteurs du milieu : ceux-ci montrent que la première fonction discriminante suit la salinité moyenne alors que la seconde suit l'écart moyen des salinités, ce en quoi elles correspondent donc aux axes principaux de l'analyse des corrélations canoniques ci-dessus. Les auteurs mentionnent qu'il peut aussi être intéressant de calculer les fonctions discriminantes entre groupes directement à partir des descripteurs du milieu.

Application écologique 10.6d. – Legendre *et al.* (1974) ont proposé une procédure générale d'analyse des associations d'espèces dans les écosystèmes dulcicoles, que l'on peut résumer comme suit. La matrice de données consiste en une série de stations d'échantillonnage, chacune représentée par plusieurs échantillons. Les descripteurs sont d'une part des abondances d'espèces et d'autre part des mesures physico-chimiques du milieu.

Dans une étape préliminaire qui suit le début de l'échantillonnage, on calcule des fonctions discriminantes entre les stations d'échantillonnage à partir des descripteurs du milieu. Ceci permet de faire le choix définitif des stations d'échantillonnage en fonction du ou des axes de variabilité intéressants pour l'étude, ainsi que de déterminer quels sont les descripteurs du milieu physique qu'il faut continuer de mesurer.

A la fin de l'échantillonnage, les différentes matrices (une par famille ou ordre, par exemple) d'espèces aux différentes stations (données regroupées des différents échantillons d'une même station) servent à déterminer les associations d'espèces. Il s'agit ici d'associations sur des axes géographiques et non sur des axes temporels. Ces matrices permettent aussi l'étude de paramètres biotiques synthétiques comme la diversité. Les associations d'espèces peuvent être interprétées en établissant la relation entre les axes principaux de la matrice des échantillons décrits seulement par les espèces membres des associations, d'une part, et de l'autre les axes principaux de la matrice des échantillons décrits par les descripteurs du milieu physique (si les relations sont linéaires, cette comparaison peut se faire à l'aide des corrélations canoniques). Les axes principaux de la première matrice, qui correspondent aux associations découvertes au préalable, peuvent ainsi être interprétés en termes de préférences physico-chimiques (fig. 10.13).

Les échantillons sont alors regroupés, soit sur la base des abondances de toutes les espèces, soit à partir des seules espèces membres des associations, afin de déterminer la structure biogéographique des stations d'échantillonnage. Le groupement peut être obtenu par la méthode des liens simples projetés sur une ordination en coordonnées principales de la matrice des similarités. Ce groupement peut être interprété en calculant des fonctions discriminantes entre les groupes d'échantillons à partir des données physico-chimiques, ou encore par tableaux de contingence entre le descripteur "groupes" et les descripteurs du milieu physique. On peut enfin comparer les groupements des stations d'échantillonnage obtenus à partir de différents groupes d'organismes, qui peuvent fort bien être contrôlés par des facteurs différents du milieu physique.

CHAPITRE 11

ANALYSE DES SÉRIES ÉCOLOGIQUES

11.0. – LES SÉRIES ÉCOLOGIQUES

L'étude des *séries* de données retient l'attention d'un nombre grandissant d'écologistes, surtout depuis que des appareils permettent d'*enregistrer* automatiquement certaines variables du milieu. Les séries écologiques peuvent être constituées d'observations continues ou de valeurs discrètes (discontinues), échantillonnées selon l'axe temporel ou selon une direction spatiale.

Une série écologique est une suite d'observations *ordonnées* dans le temps ou dans l'espace, qui constituent un *processus* à composante aléatoire, qualifié de *processus stochastique.* La notion de *processus* se réfère à l'évolution d'une variable écologique (variable dépendante) en fonction d'un axe indépendant, qui est souvent le temps mais peut également être l'espace ou une composante du temps et de l'espace (échantillonnage au cours d'un trajet). Les *processus stochastiques* comportent des éléments déterministes et systématiques ainsi que des éléments aléatoires : les méthodes d'analyse numérique des séries visent à dégager les composantes déterministes et systématiques, en tenant compte du contexte probabiliste résultant de la présence de composantes aléatoires.

L'axe d'observation par excellence des données processuelles est le *temps,* puisque le développement des phénomènes écologiques y suit une direction irréversible et indépendante de toute décision du chercheur : l'évolution temporelle des populations est une donnée de perception immédiate, du plus grand intérêt pour l'écologiste. La variabilité écologique n'est toutefois pas une caractéristique exclusivement temporelle et son étude peut être menée tout aussi bien dans l'*espace* : le choix d'un axe d'observation, de même que sa direction, dépend alors de l'hypothèse de travail. La distinction entre spatial et temporel n'est pas toujours évidente en écologie : en un point fixe, le chercheur peut étudier, à l'aide d'une série temporelle, l'organisation spatiale d'un système en mouvement (courant marin, population en migration, etc.), alors qu'il lui faudra en enregistrer une série spatiale pour analyser l'évolution temporelle de ce même système.

L'intérêt des écologistes pour les fluctuations périodiques découle non seulement de l'importance des rythmes géophysiques dans la nature, mais aussi de l'existence de rythmes endogènes aux écosystèmes. Les cycles géophysiques, qui déterminent par exemple la périodicité solaire (jour, saisons) ou lunaire (marées), jouent certainement un rôle essentiel en écologie. Par ailleurs, des considérations de mécanique statistique non-linéaire (Yates *et al.*, 1972) et de thermodynamique des phénomènes irréversibles non-linéaires (Glansdorff & Prigogine, 1971) conduisent à considérer que l'existence de fluctuations régulières – qualifiées d'oscillations libres, puisqu'elles sont indépendantes de tout contrôle géophysique – constitue une caractéristique fondamentale de tout système biologique. Cette question est traitée succinctement par Platt & Denman (1975), dans le cadre d'un article de revue sur l'analyse spectrale en écologie.

L'analyse des séries peut donc permettre à l'écologiste une compréhension profonde des phénomènes qu'il étudie. Une telle analyse repose toutefois sur un échantillonnage mené de façon rigoureuse, en vue (1) de préserver la variabilité spatio-temporelle, que l'échantillonnage écologique tend souvent au contraire à minimiser, et (2) de respecter les conditions qu'imposent les méthodes numériques elles-mêmes, conditions qui sont explicitées en cours de chapitre. Un cadre encore plus exigeant prévaut à l'établissement de séries multidimensionnelles, où plusieurs variables écologiques sont échantillonnées simultanément. Il faut signaler que la plupart des méthodes d'analyse des séries exigent que celles-ci soient constituées d'un *grand nombre d'observations* ($p > 100$), afin que les résultats aient une valeur statistique compte tenu de la présence de fluctuations aléatoires. La réalisation de longues séries nécessite un échantillonnage intensif, auquel tendent à suppléer de plus en plus des enregistrements électroniques de variables écologiques.

La suite de l'exposé démontrera que les efforts consentis lors de l'échantillonnage trouvent leur justification au moment de l'analyse des données et de leur interprétation écologique.

On examinera, dans la suite de ce chapitre, quatre grandes orientations de l'étude des séries en écologie (tableau 11.I). La première vise à identifier les *périodes caractéristiques* d'une série, en contexte unidimensionnel (une seule variable) ou multidimensionnel (plusieurs variables, prises le plus souvent deux à la fois). Après un examen des caractéristiques des séries (section 11.1) et de leur traitement préalable (section 11.2), les sections 11.3 à 11.5 présentent différentes méthodes d'analyse de la périodicité des séries, toutes reliées à la première orientation des études sur les séries écologiques. La seconde orientation consiste à exprimer la variance de la série au moyen de son *spectre de variance* et à interpréter ce spectre en termes de processus écologiques (section 11.5). La troisième orientation tente d'ajuster à la série de données un *modèle prévisionnel* (section 11.6) ; on peut aussi utiliser les paramètres du modèle autorégressif pour calculer un *spectre par entropie maximum* (section 11.5). Enfin, la quatrième orientation a trait à l'*évolution d'un peuplement* au cours d'un seul ou de quelques cycles (section 11.7), ce qui se réfère souvent au concept de *succession* écologique. Dans ce dernier cas, la série peut être relativement courte (< 100 observations) et ne couvrir qu'un seul cycle d'évolution du peuplement ou même une partie seulement de ce cycle. Une

Tableau 11.I – Analyse des séries écologiques : objectifs et méthodes numériques, selon le niveau de précision des descripteurs.

Objectif	Descripteurs quantitatifs seulement	Descripteurs de tout niveau de précision
Périodes caractéristiques		
1. un seul descripteur	• Corrélogramme (11.3) • Périodogramme (11.4) • Spectre: Fourier (11.5), entropie maximum (11.5)	• Périodogramme de contingence (11.4) • Spectre (descripteurs binaires: 11.5)
2. deux descripteurs	• Corrélation paramétrique avec retard (11.3) • Spectres de cohérence et/ou de phase (11.5)	• Corrélation non-paramétrique avec retard (11.3) • Contingence avec retard (11.3)
3. multivariable	• Auto D_5^2 (11.3) • Spectres multivariables (11.5)	• Groupement suivi d'un périodogramme de contingence (11.4)
Série caractérisée par son spectre	• Spectres: univariable ou multivariables (11.5)	• Spectre (descripteurs binaires: 11.5)
Modèles prévisionnels	• Box & Jenkins (11.6)	
Evolution d'un peuplement	Groupement chronologique (11.7)	
Paramètres inconnus d'une population (en état stationnaire)	Modèle en chaîne de Leslie et formes dérivées (12.2)	
Structures spatiales (répartition bidimensionnelle)	Autocorrélation spatiale (11.8)	

cinquième orientation sera examinée au chapitre 12 : l'estimation des *paramètres inconnus d'une population* en état stationnaire.

Pour clore le chapitre 11, la section 11.8 présente des méthodes utilisées pour l'étude des structures spatiales. Plusieurs de ces méthodes, du type *groupement* (souvent *avec contrainte de contiguïté*), permettent de décrire la variabilité spatiale multidimensionnelle. L'*autocorrélation spatiale*, quand à elle, explore la liaison spatiale des échantillons, pour un descripteur.

11.1. – CARACTÉRISTIQUES DES SÉRIES

Une série écologique est constituée d'une séquence d'observations, *ordonnées* dans le temps ou dans l'espace. Cette *série* de données peut être interprétée par l'écologiste en termes (1) d'évolution *déterministe*, (2) de variabilité *systématique* et (3) de fluctuations *aléatoires*.

Les séries de données écologiques comportent souvent une composante déterministe, identifiée comme la *tendance* ("trend", en anglais). La tendance peut être de nature très variée : linéaire, polynomiale, cyclique, etc. Cette ten-

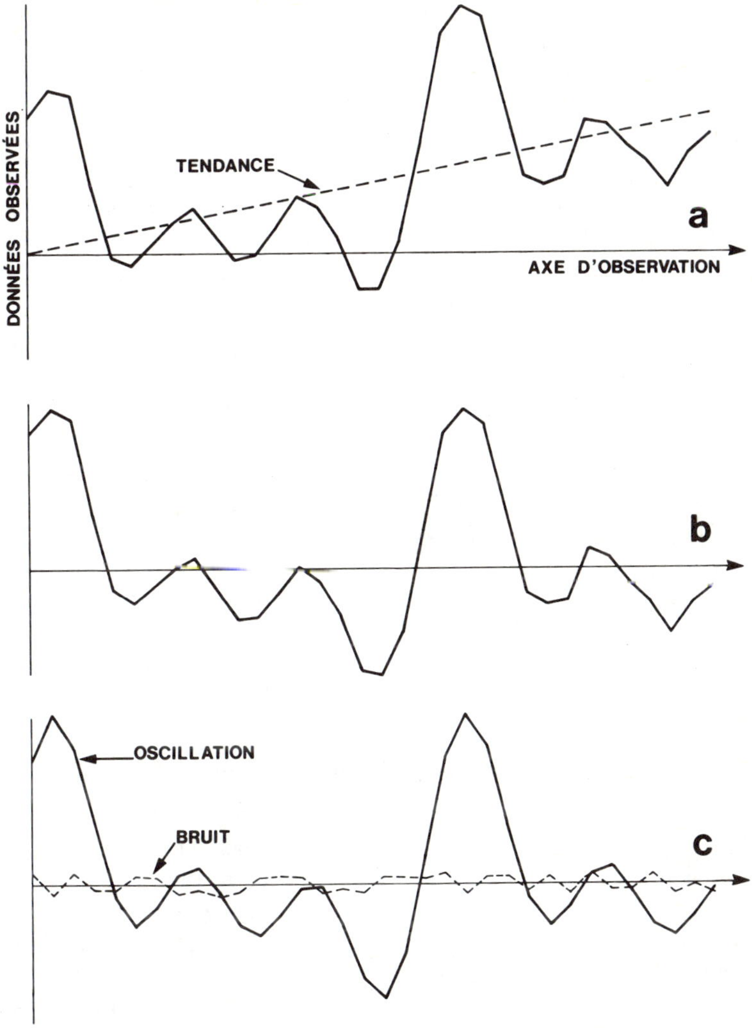

Figure 11.1 – Série fictive de données (a), dont est extraite une tendance linéaire (b) et qui est constituée (c) d'une oscillation systématique (voir fig. 11.12, p. 233), à laquelle se superpose un "bruit" aléatoire.

dance sous-tend l'évolution de la série (fig. 11.1a) et il faut, en tout début d'analyse, l'extraire des données : en effet, (1) la tendance peut constituer un phénomène d'intérêt écologique, qu'il importe de dégager, et (2) son extraction est nécessaire pour que la série devienne *stationnaire*. Une série stationnaire est celle dont la moyenne et la variance sont indépendantes du secteur où l'on se situe sur l'axe d'observation : de toute évidence, dans l'exemple fictif de la fig. 11.1, la série originale n'est pas stationnaire (a), alors qu'elle le devient après extraction de la tendance (b), à condition toutefois de considérer un segment de données raisonnablement long. Or, les méthodes d'analyse des séries ne sont conçues que pour des séries stationnaires, d'où l'exigence d'extraction de la tendance, qu'elle soit ou non d'intérêt écologique. En pratique, on pourra se contenter de *stationnarité réduite,* où la moyenne et la variance dépendent seulement de la longueur du segment considéré et non de sa position le long de l'axe d'observation.

La série stationnaire peut alors être analysée pour en dégager la composante systématique *(oscillation)* qui est une variabilité périodique, potentiellement à signification écologique. L'étude de la variabilité significative sera cependant d'autant plus difficile que seront plus importantes les fluctuations irrégulières et imprévisibles, dues à des facteurs perturbateurs non permanents et de moyenne nulle dans l'ensemble, qualifiées de *bruit* (fig. 11.1c).

Le problème qui se pose tout d'abord au chercheur est de déterminer si la série présente une *tendance.* On a proposé deux méthodes qui permettent de tester la présence d'une tendance dans la série. (1) On peut compter le nombre de différences positives dans la série, entre deux valeurs successives, et effectuer un *test des signes,* qui permet d'établir si ce nombre de différences positives est révélateur d'une tendance. (2) Il est possible de classer l'ensemble des valeurs de la série en ordre croissant, puis de déterminer le degré de ressemblance entre ce classement et la série originale, au moyen du *coefficient de corrélation de rang* (τ) *de Kendall* (p. 39) : si le coefficient est significativement différent de zéro, le série présente une tendance monotone.

Ces deux méthodes sont décrites de façon détaillée au chapitre 45 de Kendall & Stuart (1966). L'écologiste utilisateur préférera toutefois le test fondé sur le τ de Kendall, supérieur en ce qu'il considère l'ensemble de la série et non seulement les différences entre valeurs voisines. Le recours à l'ordinateur permet de surmonter facilement la complexité du calcul de τ.

Lorsque la série présente une tendance, il faut l'extraire au moyen d'une des méthodes de la section suivante. Si, après extraction de cette tendance, la moyenne de la série n'est toujours pas stationnaire, il faut alors procéder à l'extraction d'une autre tendance. Lorsque la série ne présente pas de tendance, ou bien après extraction de la tendance, l'écologiste doit déterminer, avant de passer à l'étude de la variabilité périodique (sections 11.3 *et seq.*), si la série stationnaire est marquée de variabilité systématique ou si elle n'est, au contraire, que le résultat de l'échantillonnage au hasard d'une population homogène. Il importe donc de vérifier si la série est purement aléatoire ou bien si elle présente une variabilité périodique qui puisse être analysée.

Dans certains cas, comme à la fig. 11.2, il est inutile de procéder à des tests poussés, puisque la nature aléatoire ou systématique de la série est évidente. Dans les autres cas, le chercheur peut enregistrer le nombre de *sommets* (pics et creux) de la série, ainsi que la distribution du nombre d'intervalles (longueur de phase) entre ces sommets, et déterminer si ces valeurs correspondent ou non à celles d'une série aléatoire (Kendall & Stuart, 1966). En pratique, toute série écologique

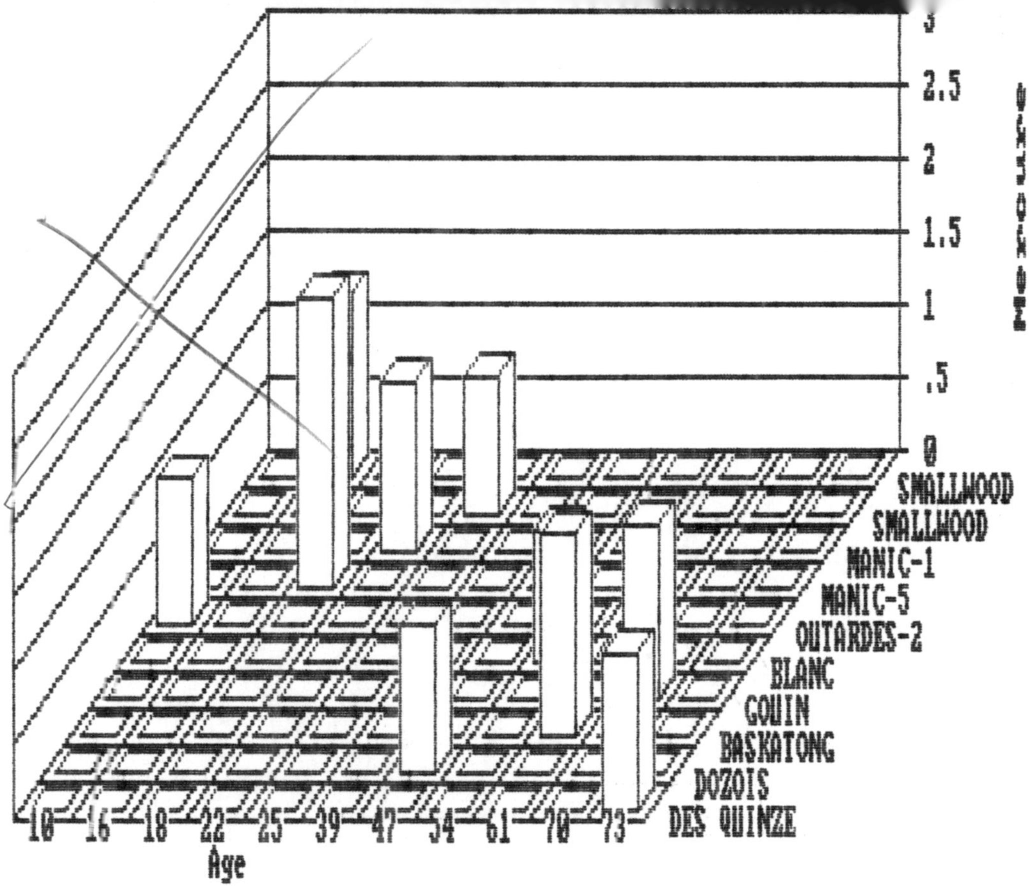

Mercure
0
.5
1
1.5
2
2.5
3
SMALLWOOD
SMALLWOOD
MANIC-1
MANIC-5
OUTARDES-2
BLANC
GOUIN
BASKATONG
DOZOIS
DES QUINZE
10
16
18
22
25
39
47
54
61
70
73
Age

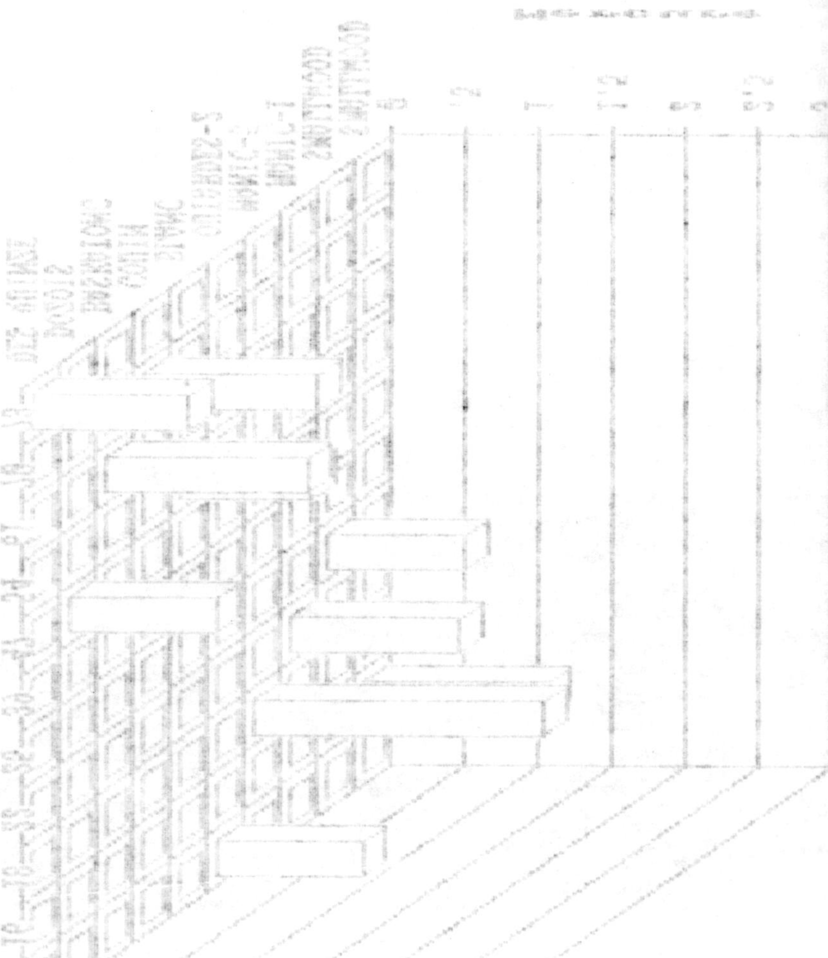

dont la phase est d'une longueur moyenne supérieure à deux intervalles peut être considérée comme non-aléatoire.

L'ensemble du cheminement de l'analyse des séries est résumé à la fig. 11.3. Les sections suivantes traitent des principales méthodes d'extraction de la tendance et des différentes stratégies, des plus simples aux plus complexes, d'étude des oscillations stationnaires. Il faut réaliser que, dans certains cas, l'oscillation de la série stationnaire est tellement faible qu'elle ne peut être analysée, puisqu'elle est alors essentiellement constituée de bruit aléatoire.

Par ailleurs, si on se propose de réaliser des tests statistiques paramétriques au cours de l'analyse de la série, il faut s'assurer que les données soient bien distribuées selon la loi normale (section 4.8) et, le cas échéant, il faut procéder à leur normalisation (section 1.3).

Enfin, les observations de la série doivent être séparées par des *intervalles égaux*. En l'absence d'égalité des intervalles, le chercheur peut, ou bien éliminer des données pour en arriver à la régularité, ou bien calculer les données manquantes par interpolation. Il vaut évidemment beaucoup mieux prévoir cette condition au moment de l'échantillonnage.

En plus des méthodes numériques exposées dans les prochaines sections, le chercheur peut utiliser les techniques d'analyse exploratoire des données, décrites par Tukey (1977 : chapitres 7 et 8), pour procéder à un examen préliminaire de la série. Ces techniques font appel à de l'arithmétique simple et à des graphiques faciles à réaliser, qui peuvent aider à décider quel traitement numérique appliquer aux données.

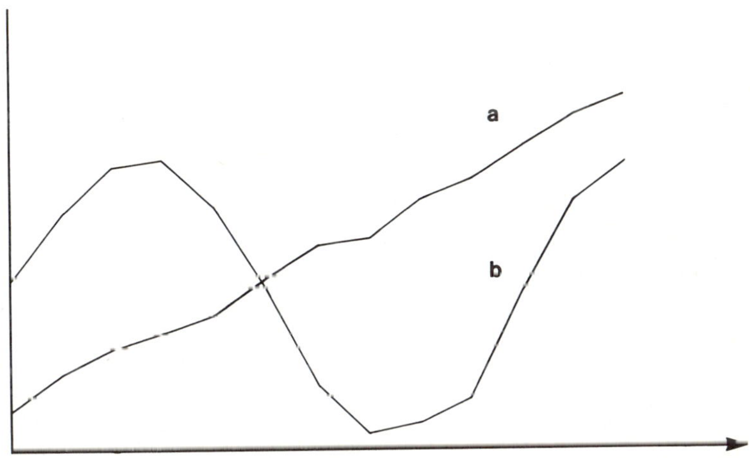

Figure 11.2 – Séries fictives de données, démontrant (a) le caractère aléatoire – après extraction de la tendance linéaire – ou (b) systématique de la série.

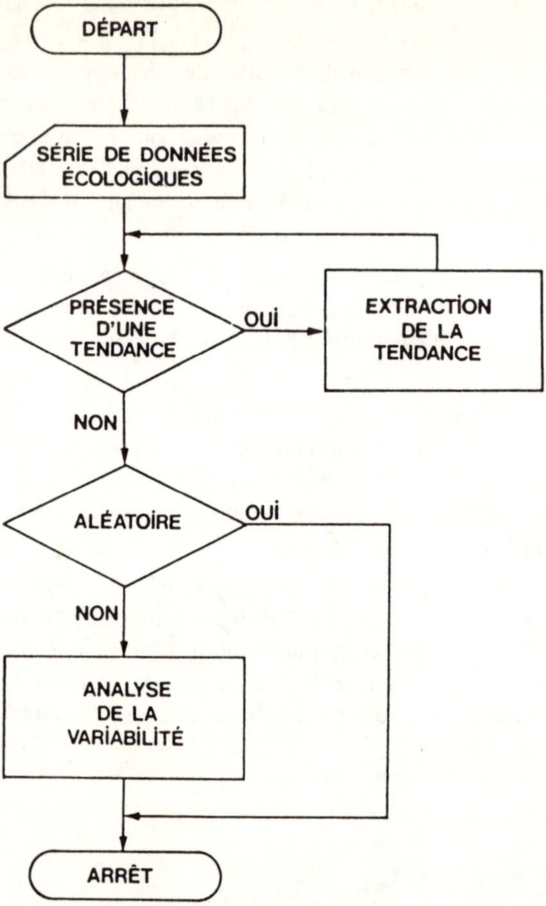

Figure 11.3 – Organigramme illustrant le cheminement de l'analyse des séries.

Il faut savoir, avant d'aborder l'analyse d'une série, que la longueur de celle-ci de même que le *pas* d'échantillonnage (Δ : intervalle entre deux échantillons successifs) déterminent la *fenêtre d'observation*, c'est-à-dire le domaine temporel ou spatial que l'écologiste peut "observer" au moyen de l'analyse de cette série. La longueur de la série ($p\Delta$) détermine la *période fondamentale* ($T = p\Delta$, dans le domaine temporel), la *longueur d'onde fondamentale* ($\lambda = p\Delta$, dans le domaine spatial), la *fréquence fondamentale* ($f = 1/T = 1/p\Delta$) ou le *nombre d'onde fondamental* ($1/\lambda = 1/p\Delta$). L'analyse statistique de la série ne permet d'étudier, au mieux, que des périodes ou des longueurs d'onde égales à la moitié de la longueur de la série ($p\Delta/2$). Par exemple, si l'on désire étudier des structures de l'ordre du kilomètre, l'échantillonnage doit couvrir *au moins* deux kilomètres (préférablement quatre). Par ailleurs, la période ou la longueur d'onde la plus petite qu'il est possible de résoudre est 2Δ ; en termes de fréquence, il s'agit donc

Harmonique i	Période (T_i) Longueur d'onde (λ_i)	Fréquence (f_i) Nombre d'onde i	
1	$p\Delta$	$1/p\Delta$	période ou fréquence fondamentale : toute la série de données
2	$p\Delta/2$	$2/p\Delta$	
.	.	.	
.	.	.	
.	.	.	
i	$p\Delta/i$	$i/p\Delta$	fenêtre d'observation
.	.	.	
.	.	.	
.	.	.	
$p/2$	2Δ	$1/2\Delta$	fréquence de Nyquist

de la plus haute fréquence à laquelle il sera possible d'accéder ($1/2\Delta$) et qui porte le nom de *fréquence de Nyquist*. Par exemple, si l'on désire analyser des variations aussi petites que 1 m, il faut prélever un échantillon à *au moins* tous les 50 cm. Dans le domaine temporel, la notion de fenêtre d'observation signifie, par exemple, que l'échantillonnage d'une variable écologique toutes les heures, pendant 24 h, ne permet d'étudier, au mieux, que des périodes de $(2 \times 1\text{ h}) = 2\text{ h}$ à $(24 \times 1\text{ h}/2) = 12\text{ h}$: les périodes plus petites que 2 h ou plus grandes que 12 h sont situées à l'extérieur de la fenêtre d'observation. Le chercheur ne peut donc pas explorer les fréquences plus hautes que $1/(2\text{ h}) = 0{,}5$ cycle/h = 12 cycles/jour (fréquence de Nyquist) ou plus basses que $1/(12\text{ h}) = 0{,}083$ cycle/h = 2 cycles/jour.

11.2. – EXTRACTION DE LA TENDANCE ET FILTRAGE

Lorsqu'une tendance caractérise l'évolution de la série, ce qui n'est pas toujours le cas, il importe de l'extraire des données avant d'en pousser plus avant l'analyse numérique.

La façon la plus simple de déterminer la *tendance* d'une série écologique est la *méthode graphique*, qui consiste en un ajustement à main levée d'une courbe résumant l'évolution générale de la série : la plus élémentaire, cette méthode est aussi celle qui est la plus sujette à erreur. La *méthode des points moyens* (ou des *moyennes cycliques*) est aussi une méthode graphique, où la tendance est représentée par une ligne, à mi chemin entre 2 lignes joignant respectivement les sommets et les creux des fluctuations cycliques de la série ; cette ligne peut ensuite faire l'objet d'un ajustement graphique par une courbe continue.

La *méthode des moyennes mobiles* est fréquemment utilisée pour calculer la tendance : elle consiste à effectuer, en se déplaçant le long de la série, les moyennes arithmétiques successives de $(2m + 1)$ données contiguës. Par exemple, si $m = 2$, on effectuera tout d'abord la moyenne $\hat{y}_3$ des 5 premières valeurs, puis celle des valeurs 2 à 6, suivie de la moyenne des valeurs 3 à 7, etc. Chaque moyenne est rapportée au centre de l'intervalle des $2m + 1$ données et on ne peut calculer que $p - 2m$ moyennes mobiles pour une série de p observations :

x_1	x_2	x_3	x_4	. . .	x_{p-2}	x_{p-1}	x_p
y_1	y_2	y_3	y_4	. . .	y_{p-2}	y_{p-1}	y_p

moyennes mobiles : $\hat{y}_3 = \frac{1}{5}\sum_{j=1}^{5} y_j \, , \; \hat{y}_4 = \frac{1}{5}\sum_{j=2}^{6} y_j \quad . \; . \; . \quad \hat{y}_{p-2} = \frac{1}{5}\sum_{j=p-5}^{p} y_j$

On peut aussi *pondérer* la moyenne mobile, en affectant un *poids* w_i à chacune des $2\,m + 1$ valeurs formant la moyenne : cette pondération permet d'attribuer une importance d'autant plus grande à une valeur, qu'elle est plus près de la valeur centrale. La formulation générale de la moyenne correspondant à x_j est alors :

$$\hat{y}_j = \sum_{i=-m}^{m} y_{(j+i)} \, w_i \Bigg/ \sum_{i=-m}^{m} w_i$$

Le choix des coefficients de pondération dépend de l'hypothèse sous-jacente : Kendall & Stuart (1966, p. 368-9) donnent les coefficients à employer dans l'hypothèse d'une tendance polynomiale du second, troisième, quatrième ou cinquième degré. Une autre méthode de pondération, plus simple, est celle des *moyennes itératives* : après avoir calculé une première série de moyennes mobiles, non pondérées, on calcule une seconde série de moyennes mobiles à partir des moyennes de la première série. Ainsi, lorsque $m = 1$, le calcul de séries successives de moyennes mobiles est-il équivalent aux pondérations suivantes (tableau 11.II):

première série $\quad \frac{1}{3} \sum_{i=-1}^{1} y_{(j+i)} w_i \quad w_0 = 1, \; w_{\pm 1} = 1$

deuxième série $\quad \frac{1}{9} \sum_{i=-2}^{2} y_{(j+i)} w_i \quad w_0 = 3, \; w_{\pm 1} = 2, \; w_{\pm 2} = 1$

troisième série $\quad \frac{1}{27} \sum_{i=-3}^{3} y_{(j+i)} w_i \quad w_0 = 7, \; w_{\pm 1} = 6, \; w_{\pm 2} = 3, \; w_{\pm 3} = 1$

Le lecteur pourra vérifier sans difficulté la justesse de cette méthode itérative, au moyen de calculs algébriques simples, suivant le tableau 11.II.

L'écologiste doit donc choisir l'*amplitude* $(2\,m + 1)$ de l'intervalle – ou *fenêtre* –, sur lequel est calculée la moyenne mobile, ainsi que la *forme* de la moyenne mobile (degré ou nombre d'itérations). Ce choix n'est pas simple et dépend en partie de l'objectif poursuivi, à savoir l'interprétation écologique de la *tendance* elle-même ou l'étude subséquente des *résidus* (données dont a été

Tableau 11.II – Méthode de calcul des moyennes mobiles itératives : développement du numérateur de la première et de la deuxième série de moyennes.

x_1	x_2	x_3	x_4	...	x_j	...
y_1	y_2	y_3	y_4	...	y_j	...
	$\hat{y}'_2 = y_1+y_2+y_3$	$\hat{y}'_3 = y_2+y_3+y_4$	$\hat{y}'_4 = y_3+y_4+y_5$	...	$\sum_{i=-1}^{1} y_{(j+i)}w_i$ $w_o = 1,\ w_{\pm 1} = 1$	...
		$\hat{y}''_3 = \hat{y}'_2+\hat{y}'_3+\hat{y}'_4$ $\hat{y}''_3 = y_1+2y_2+3y_3+2y_4+y_5$	$\hat{y}''_4 = \hat{y}'_3+\hat{y}'_4+\hat{y}'_5$ ...	... ...	$\sum_{i=-2}^{2} y_{(j+i)}w_i$ $w_o = 3,\ w_{\pm 1} = 2,\ w_{\pm 2} = 1$	...

éliminée la tendance). C'est à la lumière du résultat obtenu que le chercheur pourra juger du succès de l'extraction. Toutefois, lorsqu'on désire extraire une tendance cyclique, il est recommandé de choisir l'intervalle $(2m + 1)$ de la moyenne mobile égal à la période des fluctuations cycliques.

L'extraction de la tendance par moyennes mobiles peut introduire dans la série traitée un mouvement périodique artificiel, qu'il importe de reconnaître avant de procéder à l'étude de sa variabilité cyclique. C'est l'*effet de Slutzky-Yule*, ainsi nommé parce que ces deux statisticiens l'ont signalé, de façon indépendante, en 1927. Selon Kendall (1976 : 40-45), la période moyenne (T_{moy}) de ces oscillations artificielles peut être calculée à partir des $2\,m + 1$ poids w_i de la moyenne mobile :

$$T_{\text{moy}} = \frac{2\pi}{\theta} \quad \text{où} \quad \cos\theta = \sum_{i=1}^{2m+1} (w_{i+1} - w_i)(w_i - w_{i-1}) \Big/ \sum_{i=1}^{2m+2} (w_i - w_{i-1})^2$$

Par exemple, pour la deuxième série de moyennes itératives ci-dessus, où

$$[w_i] = [1 \quad 2 \quad 3 \quad 2 \quad 1]$$

$$\cos\theta = \frac{(2-1)(1-0)+(3-2)(2-1)+(2-3)(3-2)+(1-2)(2-3)+(0-1)(1-2)}{(1-0)^2+(2-1)^2+(3-2)^2+(2-3)^2+(1-2)^2+(0-1)^2} = \frac{3}{6}$$

d'où $$\theta = 1{,}047 \text{ rad} = 60^\circ$$

et $$T_{\text{moy}} = \frac{2\pi}{1{,}047} = \frac{360^\circ}{60^\circ} = 6$$

Si l'analyse de la série, traitée par ces moyennes itératives, met à jour une période $T \simeq 6$ unités, il y a une forte probabilité pour que cette période ne soit qu'un effet de la moyenne mobile et ne corresponde donc à aucune périodicité réelle dans la série d'origine. Si une périodicité voisine de 6 était alors d'intérêt écologique, il vaudrait mieux changer les poids de la moyenne.

La méthode la plus généralement utilisée pour calculer la tendance est la *méthode analytique,* qui consiste en l'ajustement, aux données de la série, d'un polynôme par la méthode des moindres carrés. Le modèle le plus simple est l'évolution *linéaire* :

$$\hat{y} = f(x) = b_0 + b_1 x$$

La croissance *exponentielle* est résolue par régression non-linéaire (section 4.3) ou, à défaut, de façon linéaire, après *transformation logarithmique* des données de la série, ce qui entraîne une distorsion des résidus :

$$\hat{y} = f(x) = b_0 b_1^x$$

$$\log(\hat{y} + c) = b'_0 + b'_1 x$$

Quant au modèle *polynomial*, il est facilement résolu par calcul matriciel (section 2.8) :

$$\hat{y} = f(x) = b_0 + b_1 x + b_2 x^2 + \cdots + b_d x^d$$

L'écologiste peut aussi rencontrer une croissance *logistique* (ou *autocatalytique*) dont le calcul est possible grâce aux programmes de régression non-linéaire (section 4.3) :

$$\hat{y} = f(x) = \frac{k}{1 + e^{(b_1 - b_0 x)}}$$

Malgré leur intérêt et leur facilité de calcul par ordinateur, ces méthodes fondées sur la *régression* rencontrent toutes le problème suivant : si on ajoute une ou plusieurs nouvelles observations à la série, il faut calculer une nouvelle régression ; il peut en résulter de nouvelles valeurs pour les coefficients de régression. Cependant, à mesure que la série s'allonge, l'estimation des coefficients de régression devient plus indépendante de la longueur de la série.

Lorsqu'une tendance a été définie, le chercheur peut alors passer à son interprétation, si elle présente un intérêt écologique : ainsi, Fortier *et al.* (1978) interprètent, en termes d'océanographie physique, une tendance cyclique de l'évolution temporelle du phytoplancton estuarien. Lorsque l'étude de la série doit être poussée plus avant, l'analyse est menée sur les *données résiduelles,* calculées comme suit :

$$\begin{matrix}\text{donnée}\\ \text{résiduelle}\end{matrix} = \begin{matrix}\text{donnée}\\ \text{observée}\end{matrix}\ (y_j) - \begin{matrix}\text{valeur de la}\\ \text{tendance en } x_j\end{matrix}\ (\hat{y}_j)$$

L'étude de la variabilité ne peut être entreprise qu'à condition d'avoir une série de données résiduelles qui soit stationnaire, ainsi que définie à la section précédente. Il peut arriver qu'il faille extraire successivement plusieurs tendances avant d'atteindre la stationnarité, mais, comme l'élimination de la tendance entraîne une distorsion des résidus, il faut agir avec prudence à ce niveau. Le programme BMDP1T (paragraphes ADJUST et FILTER) peut être utilisé pour l'extraction de tendances et le calcul de séries résiduelles.

Contrairement aux méthodes décrites ci-dessus, où l'on calculait tout d'abord une tendance pour la soustraire ensuite de la série observée (et obtenir ainsi la série résiduelle), la *méthode des différences successives* permet d'obtenir directement une série stationnaire. Il suffit de remplacer chaque valeur y_j par la différence $(y_{j+1} - y_j)$. Si l'on répète l'opération sur les séries successives ainsi produites, on constate généralement que la variance de la série se stabilise rapidement : la méthode des différences successives, appliquée une ou plusieurs fois sur une série, permet donc d'extraire toute tendance polynomiale. Seules les tendances exponentielles ou cycliques pourront parfois résister au traitement. Il est toutefois possible d'extraire une tendance cyclique, de période connue T, en effectuant des différences successives $y_{j+T} - y_j$. Ces différences peuvent être calculées au paragraphe ACF du programme BMDP2T ou au moyen des mots-clés DIFFERENCE et SDIFFERENCE du programme SPSS BOX-JENKINS, dans le cas d'une autocorrélation (section 11.3).

Le chercheur peut aussi souhaiter, en certains cas et en vue de mieux dégager les phénomènes écologiques étudiés, éliminer de ses données le *bruit* aléatoire. Cette opération, qui vise à extraire de la série la variabilité de haute fréquence, est qualifiée de *filtrage* : elle constitue, en un sens, le complément de l'extraction de la tendance, qui est une composante de basse fréquence. Par ailleurs, plusieurs spécialistes de l'analyse des séries tendent à généraliser la notion de *filtre* à tout traitement préliminaire de la série, qu'il s'agisse de l'extraction des basses fréquences (tendance) ou des hautes fréquences (bruit). Dans le contexte de l'analyse spectrale (section 11.5), le filtrage de la série est souvent qualifié de "préblanchiement". Ce nom provient de ce que le filtrage conduit à des spectres plus plats, comme l'est celui de la lumière blanche. L'opération réciproque (qualifiée de "recoloration") vise à ajuster le spectre calculé pour la série filtrée, afin qu'il représente plutôt la série non filtrée. La séquence [préblanchiement de la série] — [estimation du spectre de la série filtrée] — [recoloration du spectre] se justifie du fait que, plus le spectre est plat, plus son estimation est précise.

Outre les filtres présentés ci-dessus, qui visaient à extraire les basses fréquences (tendance), le programme BMDP1T (paragraphe BANDPASS) offre quatre filtres permettant d'éliminer, ou du moins d'atténuer, toutes les composantes qui se retrouvent à l'extérieur d'une certaine bande de fréquences (la "bande passante"). On peut ainsi conserver les basses fréquences (filtre LOW), les hautes fréquences (filtre HIGH) ou encore une bande de fréquences intermédiaires (filtre BAND) ; au contraire, on peut choisir d'éliminer une certaine bande intermédiaire de fréquences (réciproque de BAND : filtre NOTCH). Ces filtres sont surtout utilisés dans le contexte de l'analyse spectrale (section 11.5), mais le programme BMDP1T permet de générer les séries filtrées, que l'on peut par la suite analyser au moyen des méthodes des sections 11.3 et 11.4. Dans tous les cas, l'application de filtres aux données — incluant l'extraction de la tendance — requiert une bonne connaissance des techniques d'analyse numérique, puisque le filtrage modifie la série originale et influence de ce fait la suite des calculs : il ne doit donc pas être entrepris sans les conseils d'un chercheur expérimenté.

11.3. — ÉTUDE DE LA VARIABILITÉ : CORRÉLOGRAMME

La composante systématique de la série stationnaire est qualifiée d'*oscillation* ou de *variabilité*. De nombreuses méthodes d'analyse s'offrent à l'écologiste, dont les plus simples se situent dans le prolongement des méthodes statis-

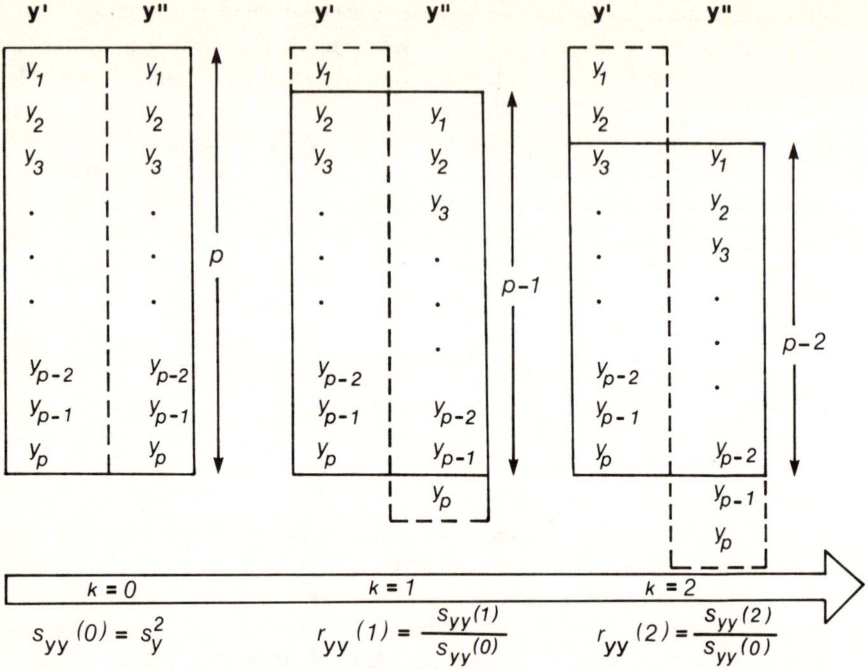

Figure 11.4 – Décalage progressif d'une série de données par rapport à elle-même, de k pas d'une unité, pour le calcul de son *autocovariance* (s_{yy}) et de son *autocorrélation* (r_{yy}) ; le nombre de termes impliqués dans le calcul ($p - k$) diminue avec l'augmentation de k.

tiques courantes : autocovariance et autocorrélation (corrélation en série), covariance et corrélation avec retard. Ces méthodes ayant toutes été utilisées en écologie, des applications de chacune seront présentées.

A cette étape de l'étude de la série, les données sont nécessairement *stationnaires,* que la tendance soit absente ou ait été extraite (données résiduelles), et la variabilité doit être assez importante pour ne pas se confondre avec le bruit aléatoire.

Une méthode générale d'analyse numérique de la variabilité découle des concepts de covariance et de corrélation, définis au chapitre 4 : il s'agit de l'*autocovariance* et de l'*autocorrélation.* Cette exploration de la nature interne de la série vise à mesurer la liaison entre les termes successifs de la série, en vue d'en déterminer le patron de variation.

L'*autocovariance* est une mesure de la covariance de la série avec elle-même. On sait déjà que la covariance d'une variable avec elle-même est sa *variance* :

$$s_{yy} = s_y^2 \quad \text{(section 4.1)}$$

Cependant, pour l'autocovariance, on décale progressivement la série par rapport à elle-même (fig. 11.4). Au décalage de k unités, chacune de ces unités constituant un *pas* de l'autocovariance, correspondent les moyennes $\bar{y}'$ et $\bar{y}''$ des $p - k$ termes de la série tronquée :

$$\bar{y}' = \frac{1}{(p-k)} \sum_{j=1}^{p-k} y_{j+k} \qquad \bar{y}'' = \frac{1}{(p-k)} \sum_{j=1}^{p-k} y_j$$

Ces 2 moyennes servent à définir, de façon analogue à la *covariance*, l'autocovariance $s_{yy}(k)$ de la série, pour un décalage de k pas :

$$s_{yy}(k) = \frac{1}{(p-k-1)} \sum_{j=1}^{p-k} (y_{j+k} - \bar{y}')(y_j - \bar{y}'')$$

Lorsque $k = 0$ (aucun décalage), l'autocovariance est alors, comme il se doit, la *variance* de la série :

$$s_{yy}(0) = \frac{1}{(p-1)} \sum_{j=1}^{p} (y_j - \bar{y})^2$$

L'autocovariance peut aussi être calculée pour des décalages de plus d'une unité à la fois. Le chercheur peut donc choisir un *pas* de plusieurs unités à la fois, s'il le juge à propos.

La *corrélation* linéaire est le quotient de la covariance par le produit des écarts types (section 4.2) :

$$r_{ki} = \frac{s_{ki}}{s_k s_i}$$

De façon tout à fait similaire, on définit l'*autocorrélation* de la série, pour un nombre de pas égal à k, comme le quotient de son autocovariance $s_{yy}(k)$ par sa variance $s_{yy}(0)$:

$$r_{yy}(k) = \frac{s_{yy}(k)}{s_y s_y} = \frac{s_{yy}(k)}{s_y^2} = \frac{s_{yy}(k)}{s_{yy}(0)}$$

Cette expression n'est valide que lorsque $(p - k)$ est grand.

L'autocorrélation porte aussi le nom de *corrélation en série* et elle décrit la dépendance moyenne des valeurs de la série, par rapport aux valeurs situées à k unités de distance.

On pourrait aussi évaluer directement l'autocorrélation $r_{yy}(k)$ avec un résultat identique, en calculant la *corrélation linéaire* entre les termes y_j et y_{j+k} de la série, à partir des couples possibles de ces valeurs dans la série observée et la série décalée :

$$r_{yy}(k) = \frac{s_{yy}(k)}{\sqrt{s_{y'}^2 \, s_{y''}^2}}$$

L'autocorrélation est aussi l'autocovariance de la variable *centrée réduite*.

Tableau 11.III – Autocovariance et autocorrélation de la série fictive de données de la fig. 11.1b (illustrées à la fig. 11.5).

Pas (k) *	Autocovariance $s_{yy}(k)$	Autocorrélation $r_{yy}(k)$
0	3,16	1,00
2	1,17	0,37
4	-1,17	-0,37
6	-0,26	-0,08
8	-0,31	-0,10
10	-1,13	-0,36
12	-0,48	-0,15
14	-0,47	-0,15
16	-1,20	-0,38
18	0,74	0,23
20	3,12	0,99
22	1,86	0,59

* Les valeurs correspondant aux pas impairs sont omises, afin d'éviter de surcharger le tableau.

Il faut par ailleurs remarquer que le nombre $p - k$, de termes impliqués dans le calcul de l'autocovariance ou de l'autocorrélation, diminue avec une augmentation de k : la précision de l'estimation, de même que le nombre de degrés de liberté disponibles, deviennent de plus en plus faibles, de telle sorte qu'on s'en tient généralement à un décalage maximum $K \leqslant p/4$. Le tableau 11.III présente l'autocovariance et l'autocorrélation de la série fictive de données stationnaires de la figure 11.1b.

On représente les valeurs successives de l'autocorrélation, en fonction de l'augmentation de k, au moyen du *corrélogramme* (fig. 11.5). Ce graphique de l'évolution de $r_{yy}(k)$ en fonction du nombre de pas, permet à l'écologiste de caractériser la série et d'interpréter sa variabilité. Dans l'hypothèse de normalité, on peut tracer sur le corrélogramme les intervalles de confiance qui permettent de déterminer si l'autocorrélation est significativement différente de zéro : selon Bartlett (1946), la variance de chacun des termes du corrélogramme dépend de toutes les autocorrélations de la série :

$$s^2[r_{yy}(k)] \simeq \frac{1}{p} \sum_{i=-\infty}^{+\infty} [\rho^2(i) + \rho^2(i-k)\,\rho^2(i+k) + 2\,\rho^2(i)\,\rho^2(k) - 4\rho^2(i)\,\rho^2(k)\rho^2(i-k)]$$

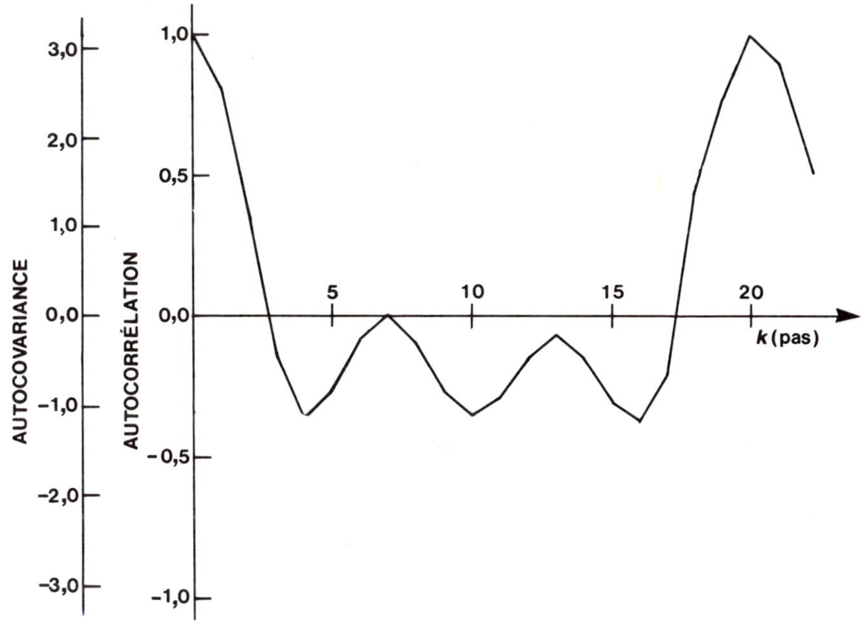

Figure 11.5 – Autocovariance et autocorrélation de la série fictive de données de la fig. 11.1b (voir le tableau 11.III).

De façon pratique, comme (a) le nombre total de pas de décalage est limité à $K \leqslant p/4$, (b) on ne connaît pas les paramètres ρ mais plutôt leurs estimations r et (c) les trois derniers termes de l'expression ci-dessus sont petits, on estime généralement la variance du corrélogramme au moyen d'une formule simplifiée :

$$s^2(r_{yy}) \simeq \frac{1}{p}\left[1 + 2 \sum_{i=1}^{K} r_{yy}^2(i)\right]$$

Pour $\alpha = 0{,}05$, lorsque le nombre d'observations dans la série $p > 50$, l'intervalle de confiance de part et d'autre de zéro est $\pm\ 1{,}96\ s(r_{yy})$. Il faut signaler que le programme BMDP2T calcule l'écart type $s(r_{yy})$ selon une formule différente.

Il arrive que des périodes présentes dans la série soient masquées, dans le corrélogramme, par d'autres périodes correspondant à une fraction plus élevée de la variance de la série. Après avoir identifié une ou plusieurs périodes sur un premier corrélogramme, il est possible de les extraire de la série en tant que tendances cycliques (section précédente) puis de calculer un nouveau corrélogramme, dans lequel pourraient éventuellement se manifester d'autres périodes caractéristiques de la série. Il faut toutefois éviter de recourir systématiquement à cette opération, puisque l'extraction de tendances successives peut rapidement entraîner une forte distorsion de la série résiduelle (p. 216).

Les deux prochaines applications écologiques illustrent l'utilisation du corrélogramme.

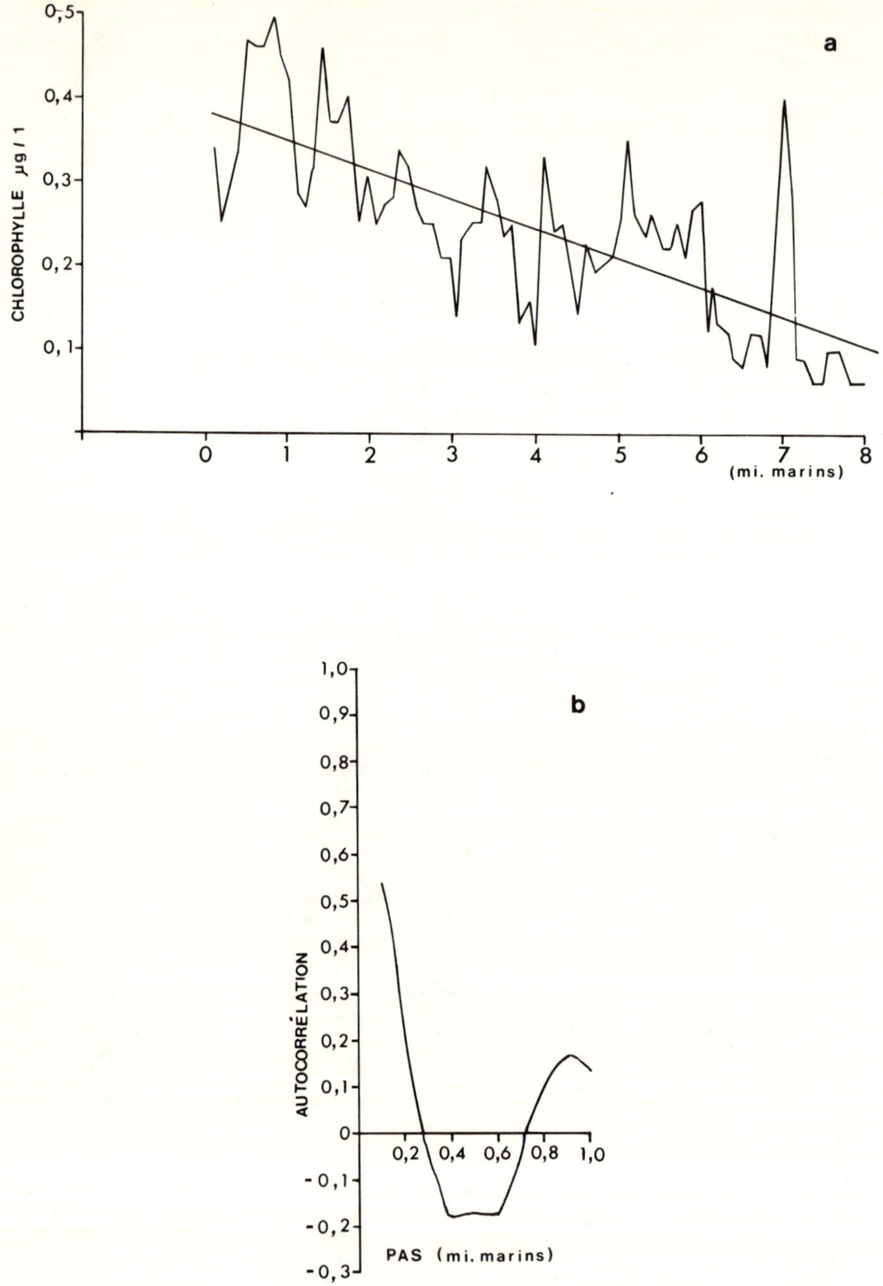

Figure 11.6 – Série spatiale de chlorophylle, dans le milieu côtier : (a) données prélevées le long d'une radiale de 8 mi. marins, manifestant une tendance linéaire et (b) autocorrélation, où le nombre de pas, en abscisse, est converti en distance (1 pas = 0,1 mi. marin). Adapté de Platt *et al.* (1970).

Application écologique 11.3a. – Au cours d'une étude sur la variabilité spatiale du phytoplancton marin côtier, Platt *et al.* (1970) ont prélevé des échantillons de chlorophylle le long d'une radiale de 8 mi. marins, à des intervalles de 0,1 mi. marin (1 mille marin = 1852 m). Les 80 valeurs de chlorophylle, prélevées le 27 juin 1968 à une profondeur de 10 m, sont illustrées à la fig. 11.6a.

La série présentait une *tendance* linéaire très nette, qui fut extraite en début d'analyse. Les données résiduelles furent alors l'objet d'une *autocorrélation,* jusqu'à un nombre maximum de pas k = 10 étant donnée la faible longueur de la série (fig. 11.6b). La position du premier zéro de l'autocorrélation serait probablement un bon indicateur du *rayon* apparent moyen des taches de phytoplancton, échantillonnées le long de la radiale. On adopte alors comme *modèle* celui de taches circulaires, séparées par une distance égale à leur taille : dans ce cas, le second zéro devrait se produire à un nombre de pas égal à 3 fois celui du premier. Dans le cas présent, le *diamètre* moyen des taches semble être 0,5 mi. marin, avec un espacement du même ordre de grandeur.

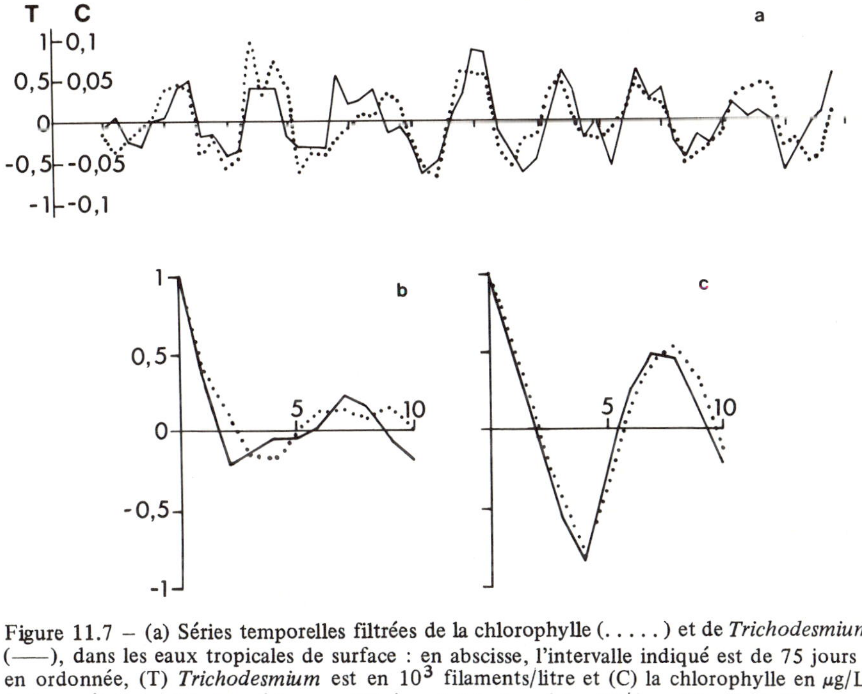

Figure 11.7 – (a) Séries temporelles filtrées de la chlorophylle (. . . . .) et de *Trichodesmium* (——), dans les eaux tropicales de surface : en abscisse, l'intervalle indiqué est de 75 jours ; en ordonnée, (T) *Trichodesmium* est en 10^3 filaments/litre et (C) la chlorophylle en μg/L. Autocorrélations (b) des séries non-filtrées et (c) des séries filtrées. Adapté de Steven & Glombitza (1972).

Application écologique 11.3b. – Steven & Glombitza (1972) ont échantillonné le phytoplancton tropical et la chlorophylle, à une station au large de la Barbade, pendant près de 3 ans. Les prélèvements étaient effectués à peu près à toutes les 2 semaines. Le milieu physique est considéré comme très stable et l'espèce phytoplanctonique la plus abondante, dans les eaux de surface, est *Trichodesmium thiebaudii.*

Les données brutes de chlorophylle et de *Trichodesmium* furent tout d'abord soumises à 2 transformations : (1) génération de données à intervalles réguliers de 15 jours, par interpolation, et (2) filtrage, en vue de réduire les fluctuations non dominantes. Les données filtrées sont présentées à la fig. 11.7a, où le synchronisme entre les 2 variables est apparent. L'autocorrélation des données non-filtrées (11.7b) et filtrées (11.7c) fait ressortir une oscillation cyclique de l'ordre de 8 pas × 15 jours/pas = 120 jours. Les données non-filtrées fournissent la même information que les données filtrées, mais avec un peu moins de netteté. Selon les auteurs, ces fluctuations cycliques pourraient être un exemple d'oscillations libres, puisqu'elles semblent indépendantes de toute contrainte du milieu, qui demeure stable tout au long de l'année. Cette même application sera reprise plus bas, dans le cadre de la corrélation avec retard et du périodogramme.

Une méthode, de même type que l'autocovariance et l'autocorrélation, permet d'analyser simultanément l'oscillation de 2 séries de données : il s'agit de la *covariance* et de la *corrélation avec retard* (en anglais, "lag correlation" ou "cross-correlation", d'où la traduction de *corrélation croisée*, parfois rencontrée).

Pour 2 séries $\mathbf{y}_h$ et $\mathbf{y}_i$, la *covariance avec retard* d'ordre k est définie de façon analogue à l'autocovariance, à l'aide de la moyenne des 2 séries tronquées :

$$\bar{y}_h = \frac{1}{(p-k)} \sum_{j=1}^{p-k} y_{h(j+k)} \qquad \bar{y}_i = \frac{1}{(p-k)} \sum_{j=1}^{p-k} y_{ij}$$

$$s_{hi}(k) = \frac{1}{(p-k-1)} \sum_{j=1}^{p-k} [y_{h(j+k)} - \bar{y}_h]\,[y_{ij} - \bar{y}_i]$$

Lorsque $k = 0$, la covariance avec retard est alors la *covariance* entre les 2 séries :

$$s_{hi}(0) = \frac{1}{(p-1)} \sum_{j=1}^{p} (y_{hj} - \bar{y}_h)(y_{ij} - \bar{y}_i)$$

Les expressions précédentes mettent en évidence une différence importante entre la *covariance avec retard* et l'*autocovariance*, à savoir que le sens relatif du décalage des 2 séries est important. En effet, le déplacement de la série h par rapport à la série i n'est pas équivalent au déplacement de i par rapport à h :

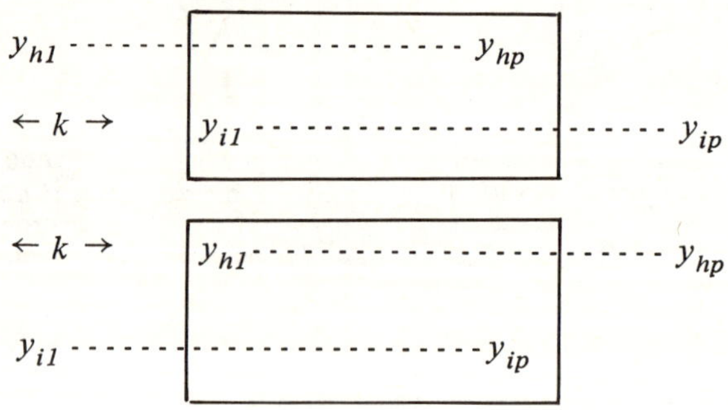

On aurait donc obtenu une covariance avec retard d'ordre k différente, si on avait choisi de remplacer $\mathbf{y}_h$ par $\mathbf{y}_i$, et vice-versa, lors du calcul de $s_{hi}(k)$. Pour distinguer entre les deux covariances avec retard différentes, correspondant à un même k, on identifie la première série de décalages comme étant positive et la seconde, négative ; le choix de la direction positive par rapport à la négative est purement arbitraire et sans conséquence. Il faut toutefois spécifier quelle est la variable qui précède l'autre. Dans le cas présent, on identifie donc la covariance avec retard de

$\mathbf{y}_h$ par rapport à $\mathbf{y}_i$ comme $s_{hi}(k)$ et la réciproque, comme $s_{hi}(-k)$. Dans le cas de l'*autocovariance*, on n'a pas établi de distinction entre les deux directions relatives de décalage, puisque $s_{yy}(k) = s_{yy}(-k)$.

Le graphique illustrant la variation de la covariance avec retard, en fonction du nombre de pas k, s'étend donc de part et d'autre de $k = 0$. La valeur maximale de $s_{hi}(k)$ n'est pas nécessairement atteinte lorsque $k = 0$, puisqu'il se peut fort bien que l'interaction entre les 2 séries soit maximale pour un décalage $k \neq 0$. Ainsi, dans un système prédateur-proie, la covariance sera à son maximum pour un décalage correspondant au temps de réponse de la population du prédateur aux fluctuations du nombre de proies.

On peut évidemment transformer la covariance avec retard en *corrélation avec retard.* Il suffit de diviser la covariance avec retard, d'ordre k, par le produit des écarts types correspondants :

$$r_{hi}(k) = \frac{\sum_{j=1}^{p-k} [y_{h(j+k)} - \bar{y}_h]\,[y_{ij} - \bar{y}_i]}{\sqrt{\sum_{j=1}^{p-k} [y_{h(j+k)} - \bar{y}_h]^2 \sum_{j=1}^{p-k} [y_{ij} - \bar{y}_i]^2}}$$

Comme la covariance avec retard, la corrélation avec retard est définie pour $+k$ et $-k$. Suivant le même principe, Fortier & Legendre (1979) ont utilisé le τ de Kendall (p. 39) à la place du coefficient de corrélation linéaire, pour mesurer la corrélation avec retard de variables en relations non-linéaires. Ils ont appelé cette mesure *corrélation de Kendall avec retard.* Une extension aux données qualitatives a été proposée par Legendre & Legendre (1982) sous le nom de *contingence avec retard.* Elle consiste tout simplement au calcul de la contingence (X^2 ou coefficient d'incertitude : chap. 6) entre deux séries qualitatives, décalées progressivement l'une par rapport à l'autre, comme pour la corrélation avec retard.

La covariance et la corrélation avec retard permettent donc d'explorer les *séries multidimensionnelles,* où plusieurs variables écologiques sont échantillonnées simultanément. L'intérêt de telles méthodes est évident pour l'écologiste, qui doit souvent interpréter les fluctuations d'une série de données en termes des variations de séries associées. Toutefois, ces méthodes ne permettent d'analyser que deux séries à la fois si bien que, pour des séries multidimensionnelles, on peut envisager d'étendre aux corrélations avec retard le concept des corrélations partielles (sections 4.6 et 7.5). Fréchette & Legendre (1982) ont pu ainsi résoudre une situation écologique complexe, où étaient impliquées trois variables, au moyen de corrélations partielles de Kendall (τ partiel) avec retard (application écologique *11.3d,* ci-dessous).

Application écologique 11.3c. – Au cours de leur travail sur la variabilité du phytoplancton tropical, déjà décrit à l'application écologique *11.3b* (p. 223), Steven & Glombitza (1972) ont comparé l'oscillation temporelle de la chlorophylle et de *Trichodesmium* au moyen de la corrélation avec retard (fig. 11.8). Cette analyse confirme que les oscillations

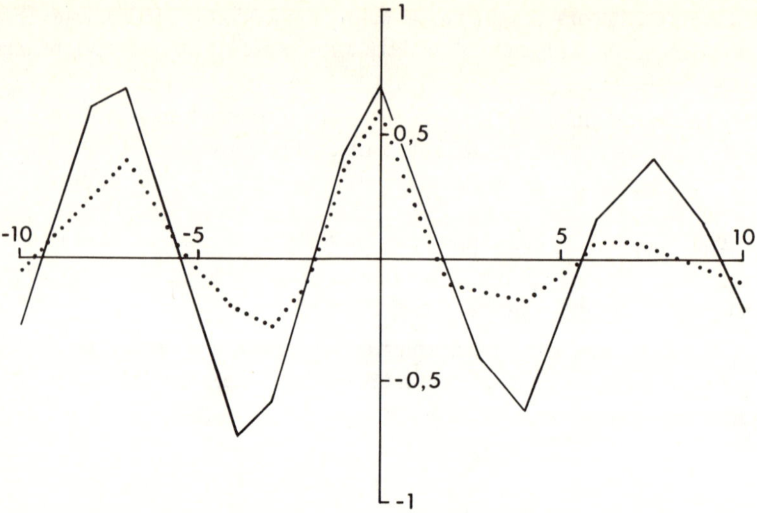

Figure 11.8 – Corrélation avec retard de la chlorophylle et de *Trichodesmium*, dans les eaux tropicales de surface, calculée pour les séries de données non-filtrées (——) et filtrées (· · · ·). Adapté de Steven & Glombitza (1972).

des 2 variables se produisent simultanément, pour un cycle de l'ordre de 8 pas × 15 jours/pas = 120 jours. Le filtrage des données n'améliore ici que très peu la corrélation avec retard. Ces résultats confirment donc les conclusions tirées des autocorrélations et démontrent que les fluctuations de la chlorophylle, à la surface, sont explicables en termes de la concentration des filaments de *Trichodesmium* dans le milieu. L'étude de cette application sera poursuivie à la section suivante.

Application écologique 11.3d. – Fréchette & Legendre (1982) ont mesuré à toutes les heures, pendant plus de 6 jours consécutifs, la capacité photosynthétique du phytoplancton (P^B_{max}) à une station fixe de l'estuaire maritime du Saint-Laurent (Québec), caractérisée par la propagation d'ondes internes. Deux variables physiques différentes répondent à la propagation des ondes internes : (1) des oscillations verticales de la masse d'eau (caractérisées dans cette étude par la profondeur de l'isopycne $\sigma_t = 22$, qui est la profondeur à laquelle se retrouvent les eaux de masse volumique 1 022 kg/m^3) et (2) la stabilité de la partie supérieure de la colonne d'eau (mesurée comme étant le gradient de masse volumique entre 1 et 25 m de profondeur). Deux hypothèses peuvent expliquer l'effet observé des ondes internes sur P^B_{max} : (1) la remontée d'eau profonde contenant des cellules avec un P^B_{max} plus faible, au flot de la marée interne, ou (2) une adaptation de P^B_{max} aux changements de stabilité verticale de la colonne d'eau. Comme les deux variables physiques impliquées sont régies par un même mécanisme (les marées internes), il peut être très difficile de dégager leur influence particulière sur le phytoplancton. Ce problème est résolu par le calcul de deux corrélations (τ) partielles avec retard : (1) entre P^B_{max} et la profondeur de $\sigma_t = 22$, contrôlant l'effet de la stabilité verticale, et (2) entre P^B_{max} et la stratification, contrôlant l'effet des déplacements verticaux. Dans ces corrélations partielles avec retard, on déplaçait la variable biologique dépendante (P^B_{max}) par rapport aux deux variables physiques. Les auteurs concluent que l'activité photosynthétique du phytoplancton répond aux changements de stabilité verticale causés par la propagation des ondes internes, constituant ainsi une adaptation des cellules aux variations de leur environnement lumineux.

Ibanez (1976) a utilisé la distance généralisée de Mahalanobis (1936 : D_5^2, p. 29) pour analyser des séries multidimensionnelles. Le calcul de l'*auto* D_5^2 est semblable à celui de l'autocorrélation mais, à chaque pas, c'est D_5^2 qui est calculé plutôt que la covariance ou la corrélation. Par ailleurs, en vue de détecter des discontinuités dans des enregistrements en continu de multivariables (par exemple, les enregistrements, en milieu aquatique, de température, salinité, fluorescence *in vivo*, etc.), Ibanez (1981) a proposé d'utiliser D_5^2 *au centre*. Il s'agit de calculer pour chaque nouvelle observation multidimensionnelle, sa distance D_5^2 par rapport au centroïde des m observations précédentes. A partir de séries de données simulées et réelles, l'auteur a démontré que des discontinuités de la multivariable se traduisent par des changements de D_5^2 *au centre*.

11.4. – ÉTUDE DE LA VARIABILITÉ : PÉRIODOGRAMME

En plus des méthodes simples de la section précédente, une autre voie, plus pénétrante, est ouverte à l'écologiste qui ne recule pas devant un certain degré de complexité mathématique. Cette méthode porte le nom *d'analyse harmonique* et elle conduit généralement à la production d'un *périodogramme*.

Tableau 11.IV – Distribution des données d'une série dans une table de Buys-Ballot.

	1	2	3	---	T
1	y_1	y_2	y_3	---	y_T
2	y_{T+1}	y_{T+2}	y_{T+3}	---	y_{2T}
.	.	.	.	---	
.	.	.	.	---	
.	.	.	.	---	
r	$y_{(r-1)T+1}$	$y_{(r-1)T+2}$	$y_{(r-1)T+3}$	---	$y_{rT} = y_p$
$\bar{y}$	$\bar{y}_{T,1}$	$\bar{y}_{T,2}$	$\bar{y}_{T,3}$	---	$\bar{y}_{T,T}$

La façon la plus simple de concevoir le périodogramme est à partir d'une *table de Buys-Ballot.* A supposer que les données d'une série oscillent selon une période T, la table de Buys-Ballot est un tableau à double entrée, où chaque ligne contient les T observations successives correspondant à un cycle et où les r lignes successives constituent autant de répétitions, aux variations aléatoires près, de la même oscillation (tableau 11.IV). A chacune des colonnes (c) de la table, est associée une moyenne $\bar{y}_{T,c}$, qui caractérise l'état du cycle à ce stade de son développement. Un problème se pose lorsque la période T n'est pas un multiple exact de l'intervalle entre 2 observations : la moyenne de la colonne T, dans ce cas, est estimée à partir de

$$\bar{y}_{T,T} = \frac{1}{r} \sum_{j=1}^{r} y_{[1+(j-1)T]}$$

où l'indice de y est systématiquement arrondi au prochain nombre entier. Ainsi par exemple, si $T = 24{,}5$, $\bar{y}_{T,T}$ est estimée à partir des valeurs $y_1, y_{26}, y_{50}, y_{75}, y_{99}$, etc., un intervalle de 24 et de 25 étant utilisé successivement, de telle sorte que la période moyenne est 24,5.

L'écologiste ne connaît évidemment pas, au départ, la valeur de la période T, puisque c'est précisément ce qu'il cherche à découvrir. Dans le cas où il existe une hypothèse quant à T, on peut construire une table de Buys-Ballot pour cette valeur et pour des valeurs voisines. Plus la période T choisie pour le calcul se rapproche de la périodicité réelle des données, plus les valeurs d'une même colonne tendront à être similaires : tous les sommets de l'oscillation tendront donc à se retrouver dans une même colonne et tous les creux, dans une autre, de telle sorte que l'écart entre la moyenne la plus grande et la plus petite deviendra maximum. Cet écart peut être mesuré par l'*étendue* des moyennes $[\bar{y}_{\max} - \bar{y}_{\min}]$ (Whittaker & Robinson, 1924) ou par

$$\sqrt{\frac{1}{T} \sum_{c=1}^{T} (\bar{y}_{T,c} - \bar{y}_T)^2} \; , \quad \text{où} \quad \bar{y}_T = \frac{1}{T} \sum_{c=1}^{T} \bar{y}_{T,c} \qquad \text{(Enright, 1965)}$$

Le graphique de cette mesure d'amplitude, en fonction des périodes considérées T_j, est le *périodogramme de Whittaker & Robinson.* L'interprétation du périodogramme est simple : la période pour laquelle l'amplitude est maximale est la meilleure estimation de la période d'oscillation primaire des données, si une telle oscillation est effectivement présente. Le calcul de ce périodogramme suppose qu'*une seule* oscillation *stable* caractérise la série, la présence d'une seconde oscillation pouvant conduire à une distorsion telle que l'interprétation peut être entièrement faussée. Enright (1965) fournit des exemples de telles distorsions, au moyen de séries artificielles.

Legendre *et al.* (1981) ont proposé un autre périodogramme, applicable à des séries de descripteurs non-quantitatifs. Dans le *périodogramme de contingence,* la table de Buys-Ballot est remplacée par un tableau de contingence (Colwell, 1974) où les T colonnes sont les mêmes que dans la table de Buys-Ballot mais où les lignes représentent les s descriptions du descripteur considéré. Le tableau de contingence est alors constitué de la fréquence d'observation f_{ik} de chacune des descriptions (lignes i) à chacun des temps (colonnes k) de la période T_j. Comme dans le cas précédent, il faut évidemment construire autant de tableaux qu'il y a de périodes T_j.

L'information (H) quant aux descriptions (S) dont rend compte une période T_j est l'information réciproque de S et de l'axe d'observation X (le plus souvent, le temps). Cette information est celle de l'intersection entre S et X, pour la période T_j :

$$H(\mathrm{S} \cap \mathrm{X}) = H(\mathrm{S}) + H(\mathrm{X}) - H(\mathrm{SX}) \quad \text{(section 6.2)}.$$

Le *périodogramme de contingence* est constitué du graphique des valeurs $H(\mathrm{S} \cap \mathrm{X})$ en fonction des périodes T_j. On peut aussi tracer sur le périodogramme les valeurs critiques $X^2_{\alpha,\nu}/2p$, où $X^2_{\alpha,\nu}$ est la valeur de χ^2 à un seuil de probabilité α avec $\nu = (s-1)(T-1)$. Les valeurs plus petites que la valeur critique correspondante ne sont pas significativement différentes de zéro au seuil de probabilité α. Toutefois, les valeurs plus grandes que la valeur critique correspondante ne sont pas nécessairement différentes de zéro, puisque les valeurs du périodogramme ne sont pas indépendantes.

Le périodogramme de contingence peut être directement utilisé avec un descripteur qualitatif. Quant aux descripteurs semi-quantitatifs, ils doivent le plus souvent être divisés en un petit nombre de classes avant d'être soumis au périodogramme de contingence. Legendre *et al.* (1981) décrivent une méthode pour effectuer cette division.*

Dans leur article, Legendre *et al.* (1981) démontrent que le périodogramme de contingence est robuste quant aux variations aléatoires, qui surviennent fréquemment dans les séries de données écologiques. Le périodogramme a identifié avec succès les périodes présentes dans des séries de données non-quantitatives. De plus, le périodogramme de contingence a été utilisé pour analyser une série multidimensionnelle (plusieurs espèces : application écologique 11.4b). Le périodogramme de contingence permet donc d'analyser des séries de données qualitatives et semi-quantitatives ainsi que des séries de données multidimensionnelles. Aucun autre type d'analyse n'existe pour ces dernières séries, à l'exception de l'*auto* D^2_5 d'Ibanez (1976) pour les séries multidimensionnelles, décrit à la p. 227.

Application écologique 11.4a. – Enright (1965) a réexaminé 17 séries temporelles, relatives à l'activité d'animaux aussi divers que le pinson, le rat de laboratoire, l'écrevisse, l'huître, la quahaug (mollusque) et le crabe violoneux. Le but du travail était de déterminer, à l'aide du périodogramme, si les cycles décrits pour ces organismes (*solaire* : 24 h, ou *lunaire* : 24,8 h) pouvaient résister à une analyse rigoureuse.

La méthode est illustrée à l'aide d'une série de 28 jours d'observation de l'activité d'un pinson, maintenu dans des conditions d'éclairement constant. Le périodogramme est présenté à la figure 11.9a et il en ressort nettement qu'une période de 21,8 h domine le patron des amplitudes. Les figures 11.9b, 11.9c et 11.9d illustrent la variation des moyennes de la table de Buys-Ballot, respectivement pour 21,8 h, 24,0 h et 24,8 h : de telles figures pourraient être tracées pour chacun des points du périodogramme, puisqu'une table a été calculée pour chacune des périodes représentées. En l'absence du périodogramme, le seul examen d'une table de Buys-Ballot pour une période de 24 h, par exemple, aurait pu conduire le chercheur à conclure à un rythme diurne d'activité, ou bien pour une période de 24,8 h, à un rythme lunaire (marées). Le périodogramme a donc permis (1) d'écarter des périodes intuitivement intéressantes, mais qui ne présentent toutefois pas d'amplitude significativement élevée, et (2) de dégager un rythme de 21,8 h, qui semble de nature endogène.

* Un programme, rédigé en PASCAL, peut être obtenu en écrivant à P. Legendre. Ce programme divise tout d'abord le descripteur en classes (si nécessaire), puis calcule le périodogramme de contingence.

L'étude de 17 séries de données ne démontre l'existence de cycles diurnes que pour seulement 2 séries d'activité locomotrice du rat et une série de bâillements (ouverture des valves) de la quahaug et *aucune* n'est en accord avec un cycle réellement lunaire (marées). Toutes ces données avaient été publiées avec la prétention de démontrer l'existence de cycles solaires ou lunaires, ce qui établit l'intérêt du périodogramme pour l'écologiste.

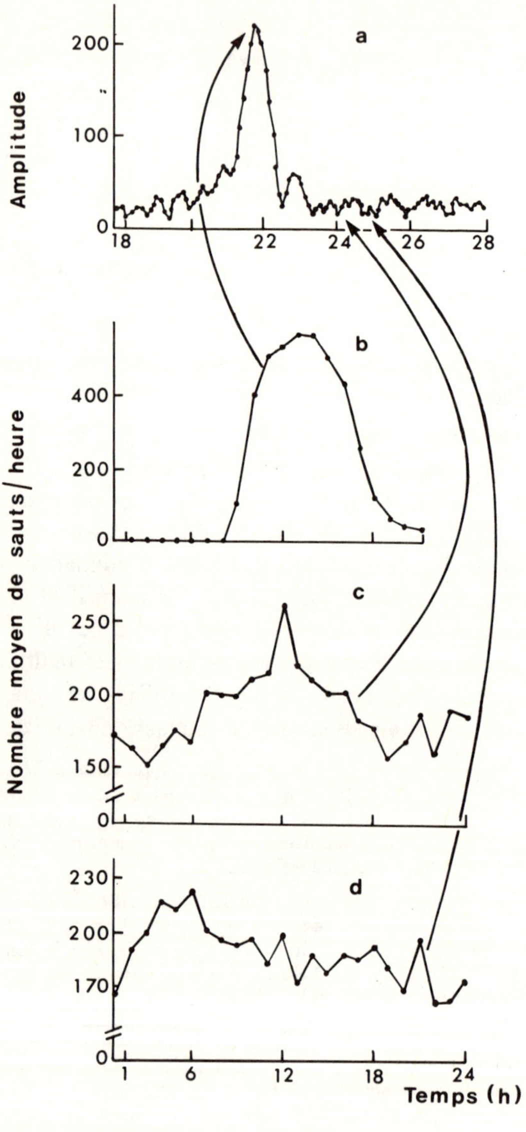

Figure 11.9 – (a) Périodogramme de l'activité du pinson, calculé à partir d'une série de 672 données ; l'amplitude est calculée selon la formule d'Enright (p. 228). Moyennes de la table de Buys-Ballot, en fonction du temps, pour des périodes de (b) 21,8 h, (c) 24,0 h et (d) 24,8 h ; ces valeurs sont celles qui ont servi à calculer le périodogramme. D'après Enright (1965).

Application écologique 11.4b. – Une série de 175 échantillons de phytoplancton ont été prélevés à une station fixe de l'estuaire moyen du Saint-Laurent, en juillet 1975. Legendre *et al.* (1981) ont analysé les 80 premières heures de cette série, qui correspondent aux marées de morte-eau, au moyen du périodogramme de contingence. Le descripteur de départ est constitué de 6 groupes taxonomiques fonctionnels. Ce descripteur *quantitatif à 6 dimensions* est transformé en descripteur *qualitatif unidimensionnel* au moyen d'un groupement flexible (p. 73) sur les prélèvements, au terme duquel chaque prélèvement de la série est attribué à un groupe (fig. 11.10). Chacun de ces groupes est l'une des descriptions du descripteur qualitatif multiple, constitué par la classification des prélèvements. Le périodogramme de contingence révèle une périodicité $T = 3$ h (fig. 11.11), qui suggère des oscillations rapides des eaux de surface à la station d'échantillonnage.

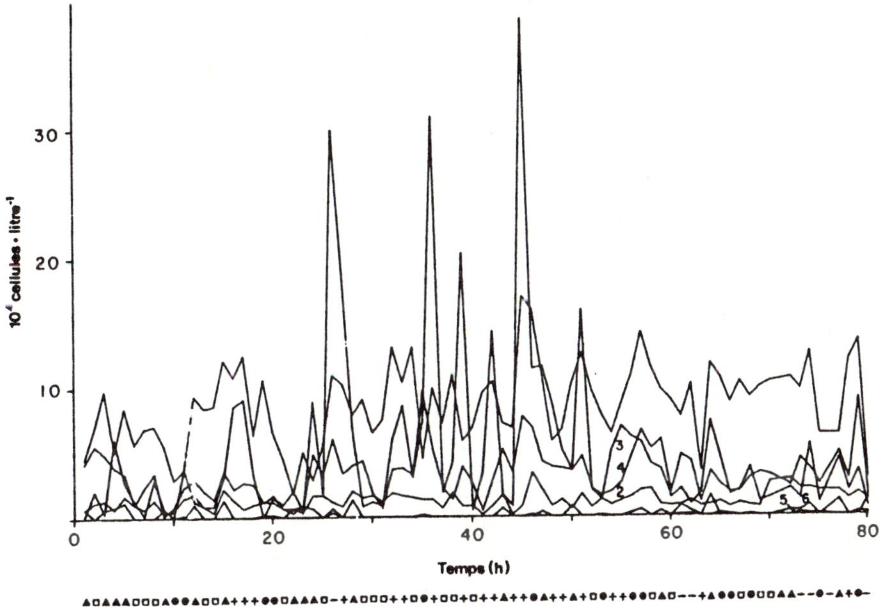

Figure 11.10 – Abondance de six groupes taxonomique de phytoplancton (1 à 6) dans l'estuaire du Saint-Laurent. L'appartenance de chaque échantillon de la série à l'un des cinq groupes (cinq symboles différents) est indiquée sous l'abscisse. Modifié de Legendre *et al.* (1981).

Il existe une autre façon de calculer le périodogramme, mathématiquement plus complexe, mais par ailleurs beaucoup plus riche de possibilités : elle est parfois désignée sous le nom *d'analyse harmonique* ou de *régression périodique*. Cette méthode repose sur le développement des composantes cycliques de la série de données en une somme de termes périodiques, impliquant la combinaison de sinus et de cosinus (fig. 11.12) :

$$y(x) = a_0 + \sum_i \left[a_i \cos\left(\frac{2\pi}{T_i} x\right) + b_i \sin\left(\frac{2\pi}{T_i} x\right) \right]$$

Ce mode de représentation porte le nom de *série de Fourier* et il permet de

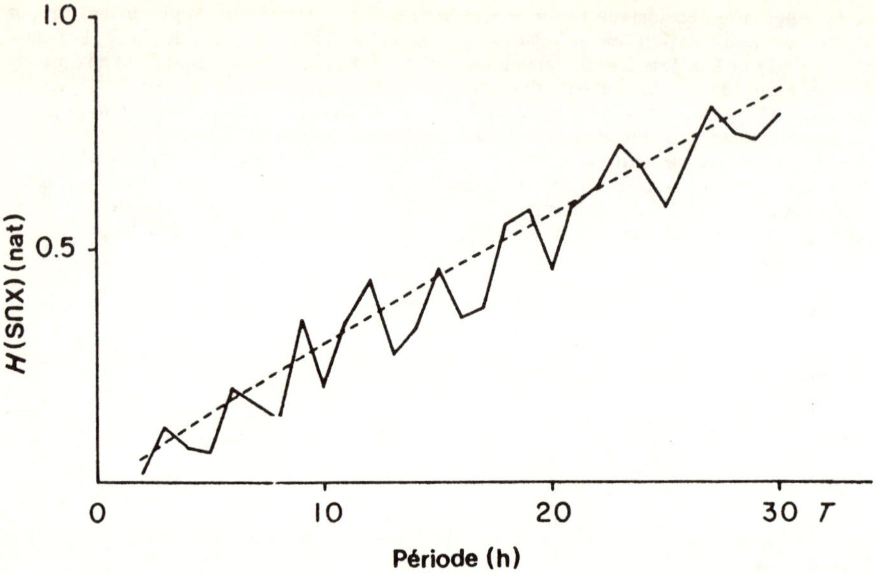

Figure 11.11 – Périodogramme de contingence du descripteur quantitatif (cinq groupes) de la fig. 11.10. Les tirets représentent les valeurs critiques pour $\alpha = 0{,}05$. Modifié de Legendre *et al.* (1981).

décomposer le système en une suite d'oscillations superposées. Le terme $\left(\frac{2\pi}{T_i}x\right)$ permet de transformer la variable indépendante x en variable cyclique. Le choix des périodes successives T_i peut être effectué de manière à ce que les oscillations superposées, qui décrivent la série de données, soit des *harmoniques* de la période fondamentale T_0 (fig. 11.12) :

$$T_i = \frac{T_0}{i}\ , \quad \text{où} \quad i = 1, 2, \ldots$$

La série de Fourier peut alors être récrite sous la forme :

$$y(x) = a_0 + \sum_i \left[a_i \cos\left(i\frac{2\pi}{T_0}x\right) + b_i \sin\left(i\frac{2\pi}{T_0}x\right)\right]$$

On choisit généralement T_0 comme égale à la longueur même de la série de données ($T_0 = p\Delta$, où Δ est la valeur de l'intervalle entre 2 données de la série) :

$$y(x) = a_0 + \sum_{i=1}^{p/2} \left[a_i \cos\left(i\frac{2\pi}{p\Delta}x\right) + b_i \sin\left(i\frac{2\pi}{p\Delta}x\right)\right]$$

Lorsque $i = p/2$, la valeur du cosinus est maximale et celle du sinus est nulle, de telle sorte que la valeur maximale de i est bien $p/2$.

Le but de l'analyse n'est pas, comme tel, de déterminer la valeur des coefficients a_i et b_i, mais bien de rechercher, parmi les périodes T_i possibles, celles qui

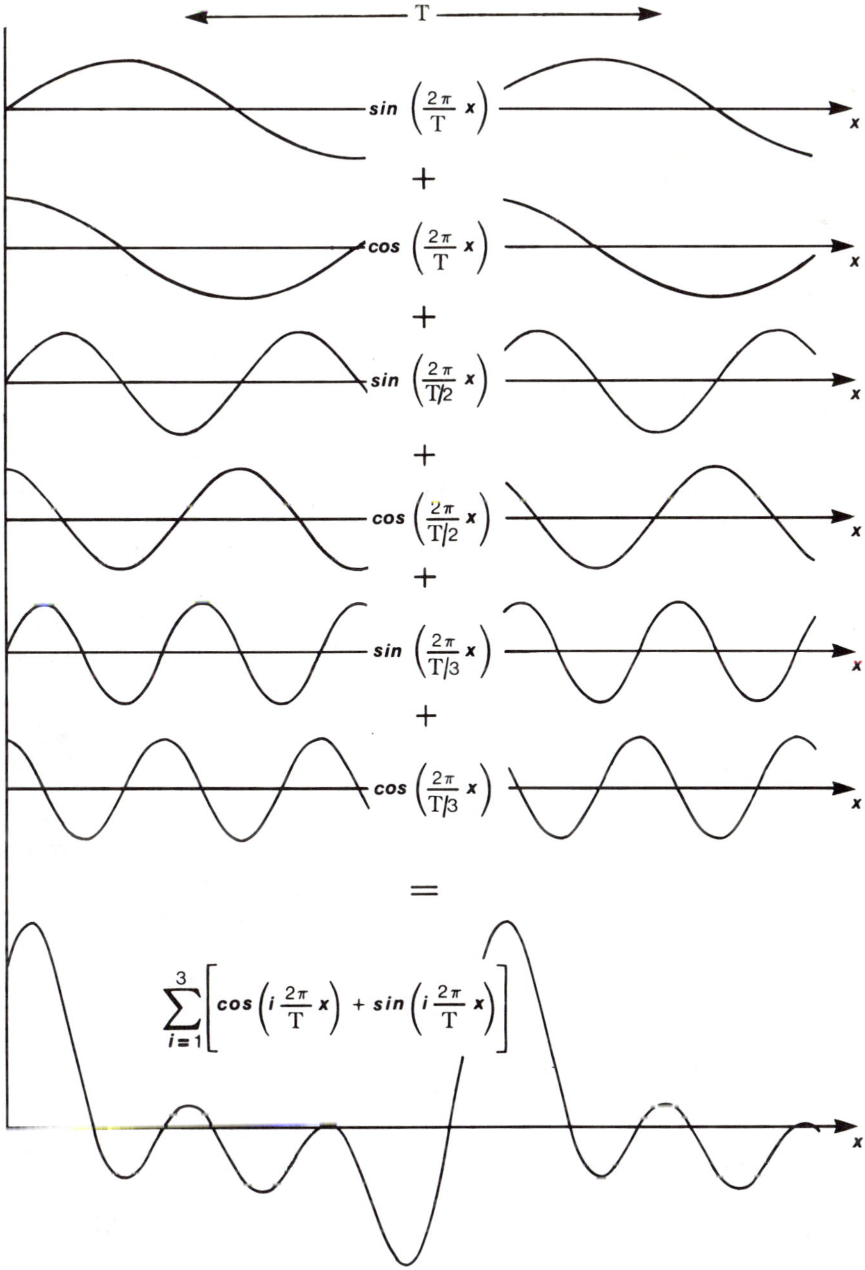

Figure 11.12 – Illustration de la série de Fourier : une oscillation périodique résulte de la somme de trois sinus et de trois cosinus, qui forment une suite harmonique. La moyenne de la série est nulle ($a_0 = 0$) et l'amplitude de chacune des oscillations superposées est égale à l'unité ($a_i = b_i = 1$).

semblent avoir une influence significative sur la variable dépendante $y(x)$. Le chercheur intéressé pourra calculer le périodogramme de Schuster au moyen du programme BMDP1T, grâce à l'énoncé PDGRAM du paragraphe SPECTRA.

On évalue l'amplitude du périodogramme, correspondant aux différentes périodes T_i, comme étant la *fraction de la variance* de la série qui est expliquée par l'existence d'une période T_i. Cette quantité est calculée à partir de l'estimation des coefficients a_i et b_i :

$$S^2(T_i) = \frac{1}{2}(a_i^2 + b_i^2)$$

Le périodogramme résulte donc d'un ajustement, à une série de p données, d'un *nombre fini* ($p/2$ dans le cas harmonique) de fonctions sinusoïdales et cosinusoïdales de différentes périodes, cet ajustement étant réalisé par la méthode des moindres carrés. Si l'analyse est harmonique, la période la plus courte qui puisse être considérée est de 2Δ ($T_{i\,\max} = p\Delta/(p/2) = 2\Delta$) : en effet, pour des observations séparées par un intervalle donné Δ, la limite de résolution de l'analyse est de 2Δ, puisqu'une période de 1Δ correspond tout simplement au rythme d'échantillonnage.

La représentation de ces amplitudes, en fonction des périodes successives T_i, est le *périodogramme de Schuster* (1898), qui permet de déterminer s'il existe des périodicités particulièrement significatives. Contrairement au périodogramme de Whittaker & Robinson, qui ne faisait appel à aucun modèle mathématique sous-jacent, le périodogramme de Schuster suppose que l'oscillation de la série de données peut être représentée par une série de Fourier. Le chercheur désireux d'utiliser le périodogramme devra donc choisir entre les deux modèles, selon que ses données présentent une périodicité très marquée (Schuster) ou moins robuste (Whittaker & Robinson). Il est possible de choisir les fréquences T_i harmoniques de T_0 ou, au contraire, des fréquences T_i à intervalles plus ou moins réguliers.

On peut calculer les valeurs critiques du périodogramme de Schuster au moyen d'une formule dérivée de Anderson (1971 : 110 *et seq.*) :

$$\frac{-2}{p}\log_e\left(1 - \sqrt[q]{1-\alpha}\right)$$

où p est égal au nombre d'observations de la série, q est la plus grande période harmonique calculée (normalement, $q = p/2$) et α est le seuil de probabilité. Par exemple, Demers & Legendre (1981) ont analysé des séries océanographiques de 76 h au moyen du périodogramme de Schuster ; la valeur critique du périodogramme, au seuil $\alpha = 0{,}05$, est alors :

$$\frac{-2}{76}\log_e\left(1 - \sqrt[38]{1-0{,}05}\right) = 0{,}174 = 17{,}4\ \%$$

Toute période expliquant plus de 17,4 % de la variance d'une série était donc significativement différente de zéro, au seuil $\alpha = 0{,}05$.

Application écologique 11.4c. – Le travail de Steven & Glombitza (1972), déjà présenté aux applications *11.3b* et *11.3c*, a donné lieu à une analyse harmonique des séries temporelles de phytoplancton tropical (chlorophylle et *Trichodesmium*).

Les résultats de l'analyse sont consignés au tableau 11.V ; chacune des 4 colonnes pourrait tout aussi bien être illustrée sous forme d'un périodogramme. La période d'oscillation de 120 jours, dégagée par autocorrélations (p. 223) et corrélations avec retard (p. 225), apparaît nettement dans l'analyse harmonique.

Tableau 11.V – Analyse harmonique des séries de chlorophylle et de *Trichodesmium,* réalisée par Steven & Glombitza (1972) dans des eaux tropicales marines. Le tableau présente les amplitudes correspondant à chacune des périodes harmoniques.

Harmonique	Période	Séries non-filtrées		Séries filtrées	
i	T_i= 840 jours/i	Chloro	*Trichod*	Chloro	*Trichod*
4	210	0,007	67	0,010	75
5	168	0,007	178	0,006	168
6	140	0,022	113	0,019	129
7	*120*	*0,039*	*318*	*0,038*	*311*
8	105	0,017	147	0,016	162
9	93	0,018	295	0,019	291
10	84	0,020	123	0,020	144

Legand (1958) a proposé d'utiliser le premier terme de la série de Fourier, lorsque l'étude porte sur un phénomène écologique à oscillation cyclique *sinusoïdale,* de période connue (par exemple, la variabilité circadienne). Cette méthode a été décrite sous le nom de *régression harmonique.* Comme pour la série de Fourier (voir ci-dessus), il suffit de transformer la variable indépendante (le moment de la journée, par exemple) en variable cyclique :

$$x' = \cos\left[\frac{2\pi}{T}(x + c)\right] \quad \text{(pour des angles exprimés en radians)}.$$

Dans cette expression, qui correspond en fait au premier terme d'une série de Fourier, T est la période (par exemple 24 h) ; x est la variable indépendante (par exemple l'heure locale) ; 2π est remplacé par 360°, pour des angles exprimés en degrés. La constante c permet d'ajuster la position du cosinus afin qu'elle corresponde à l'heure des minima et des maxima observés dans les données. La régression peut alors être évaluée simplement, par la méthode des moindres carrés :

$$\hat{y} = b_0 + b_1 x'$$

Application écologique 11.4d. – Angot (1961) a étudié le cycle diurne de la production primaire marine, près de la Nouvelle-Calédonie. Une variation cyclique régulière et diurne a été notée dans les valeurs de production primaire, de tels cycles pouvant être causés par une pulsation du rythme physiologique du phytoplancton. Après transformation logarithmique de la production primaire, l'auteur a pu calculer des régressions harmoniques *significatives,* où $T = 24$ h et $c = 3$ h, en utilisant l'heure locale comme variable indépendante. Les coefficients de régression b_0 et b_1 ont permis de comparer différentes stations.

Application écologique 11.4e. – Utilisant la régression harmonique, Taguchi (1976) s'est attaqué au problème de la variabilité à court terme de la production primaire marine pour différentes intensités lumineuses et différentes saisons. Les données, représentatives de conditions côtières diversifiées, furent transformées en rapport *production/chlorophylle.* La variable indépendante est l'heure locale, $c = 4$ h et T est en général 24 h. Le coefficient de régression b_0 représente la production moyenne alors que b_1 est la pente de la droite de régression : les 2 coefficients diminuent avec l'intensité lumineuse et varient selon la saison. L'auteur a interprété les changements dans les coefficients de régression en termes de la dynamique photosynthétique.

Le périodogramme présente un intérêt pour l'écologiste, par suite de la relative simplicité de son calcul et de la nature immédiatement perceptible de son interprétation. Cette méthode a tendance à être remplacée par un instrument beaucoup plus complexe, tant au plan du calcul qu'à celui de l'interprétation, dont il sera question à la prochaine section : il s'agit de la puissante *analyse spectrale,* qui constitue la méthode la plus pénétrante, mais la plus complexe, d'étude des séries. Dans plusieurs cas simples, où le recours à l'analyse spectrale s'avère un luxe inutile, l'écologiste aura avantage à utiliser le périodogramme.

11.5. – ÉTUDE DE LA VARIABILITÉ : ANALYSE SPECTRALE

L'analyse spectrale constitue la forme la plus avancée d'analyse des séries et elle est encore sujette à des développements importants. Les concepts généraux sur lesquels se fonde l'analyse spectrale sont décrits dans la suite de la section et illustrés au moyen d'applications écologiques. La mise en œuvre de cette analyse ne peut cependant être réalisée sans tenir compte de nombreux aspects théoriques et pratiques de la question, dont l'exposé dépasse nettement le cadre du présent ouvrage. Le lecteur intéressé à approfondir le sujet devra se référer aux articles de revue de Platt & Denman (1975) ou de Laurec (1982) et pourra consulter l'ouvrage de Bendat & Piersol (1971). Il est toutefois fortement conseillé, à l'écologiste désireux de soumettre ses données à l'analyse spectrale, de faire appel à un collègue ayant une *expérience pratique* de ce mode d'analyse, surtout utilisé jusqu'à présent par les ingénieurs et les physiciens.

A la section précédente, le périodogramme avait été défini à partir de l'ajustement aux données, par la méthode des moindres carrés, de la série de Fourier :

$$y(x) = a_0 + \sum_{i=1}^{p/2} \left[a_i \cos\left(\frac{2\pi}{T_i} x\right) + b_i \sin\left(\frac{2\pi}{T_i} x\right) \right]$$

Contrairement au périodogramme, où la variable indépendante est la période T, on considère plutôt en analyse spectrale la fréquence $f = 1/T$. On peut alors récrire la série de Fourier en termes de fréquences f_i:

$$y(x) = a_0 + \sum_{i=1}^{p/2} [a_i \cos(2\pi f_i x) + b_i \sin(2\pi f_i x)]$$

L'*intensité* du périodogramme, à la fréquence f_i, est calculée à partir de l'estimation, par la méthode des moindres carrés, des coefficients a_i et b_i :

$$I(f_i) = p(a_i^2 + b_i^2)/2$$

L'intensité du périodogramme n'est définie que pour les seules fréquences harmoniques $i/p\Delta$. Par contre, si l'on permet à l'intensité du périodogramme d'être une fonction *continue* pour toutes les fréquences, de *zéro* jusqu'à la *fréquence de Nyquist,* on obtient alors le *spectre* de la série :

$$S_{yy}(f) = p(a_f^2 + b_f^2)/2 \qquad 0 \leqslant f \leqslant f_{p/2}$$

Le spectre est donc une fonction *continue* de la fréquence, alors que le périodogramme est discontinu. Le calcul et l'interprétation des *spectres* est l'objet de l'*analyse spectrale.* Par suite de son origine dans le domaine des télécommunications, on qualifie quelquefois le spectre de "spectre de puissance" (en anglais, "power spectrum") ou de "spectre d'énergie", alors que, pour l'écologiste, on verra plus bas qu'il s'agit plutôt d'un "spectre de variance".

Il existe, en algèbre, des paires d'équations mathématiquement équivalentes, qui permettent de passer d'une variable indépendante à une autre : ainsi, 2 équations mathématiquement équivalentes, l'une étant exprimée en fonction de x et l'autre, en fonction de la fréquence $f = 1/x$, constituent une paire de *transformées de Fourier.* Or, on peut démontrer que la fonction d'*autocovariance* ou d'*autocorrélation* (section 11.3) et la fonction de *densité spectrale* forment une paire de transformées de Fourier.

La méthode du corrélogramme (11.3) et celle du périodogramme (11.4), lorsqu'on les généralise, conduisent donc toutes les deux à l'analyse spectrale, ce qui constitue un élément de synthèse fort intéressant, schématisé à la fig. 11.13.

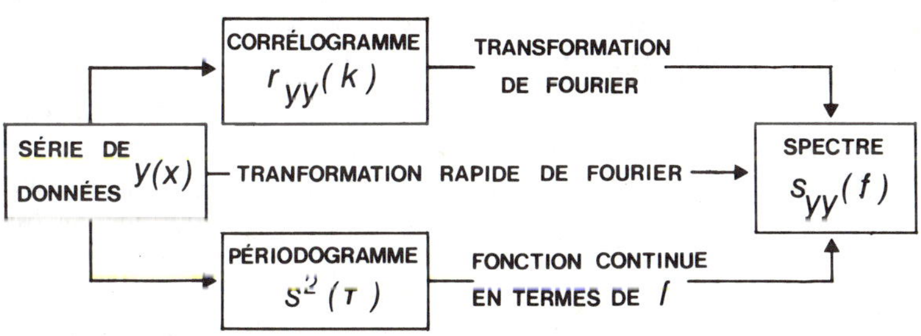

Figure 11.13 – Relation entre (1) la série de données, (2) le corrélogramme ou le périodogramme et (3) le spectre.

De façon classique, on calcule le spectre au moyen de la transformation de Fourier d'une autocorrélation, suivie d'un lissage ; il existe toutefois une méthode économe en temps de calcul, qualifiée de transformation rapide de Fourier, qui permet d'évaluer de façon très efficace la paire de transformées de Fourier écrites sous forme discrète. Cette dernière méthode présente l'avantage d'une économie de calcul, qu'accompagne toutefois une série de contraintes que seule la *pratique* de l'analyse spectrale permet d'apprécier correctement. Il en est de même du problème du *repliement* ("aliasing", en anglais), dont l'impact ne peut être évalué qu'à la suite d'une certaine expérience de la méthode : lorsque des hautes fréquences importantes sont ignorées, par suite du choix d'un intervalle d'échantillonnage Δ trop grand (fréquences ignorées > fréquence de Nyquist), elles apparaissent dans le spectre avec une fréquence inférieure à la fréquence de Nyquist, pouvant entraîner ainsi une interprétation erronée du spectre. En pratique, il est nécessaire de disposer d'au moins 4 valeurs par cycle de la plus courte période présente.

Le spectre calculé à partir du périodogramme ou de l'autocovariance constitue une estimation non biaisée du spectre réel ; toutefois, l'erreur type de l'estimation spectrale est de 100 %, quelle que soit la longueur de la série, si bien qu'il faut procéder à un *lissage* du spectre calculé afin d'en réduire la variance. Ce lissage est effectué au moyen d'une *fenêtre*, qui est une fonction par laquelle on multiplie le spectre lui-même (fenêtre spectrale) ou encore l'autocovariance (fenêtre des décalages), les deux opérations conduisant au même résultat. Un problème majeur du lissage provient de ce que la réduction de l'erreur type de l'estimation spectrale (en ordonnée) est toujours accompagnée d'un étalement de la variance (en abscisse), si bien que l'estimation spectrale à une fréquence donnée peut être contaminée par de la variance "coulant" des fréquences voisines: ce coulage peut conduire à des estimations lissées qui sont biaisées. Les différentes fenêtres décrites dans la littérature (Bartlett, Daniell, de la Valle-Poussin ou Parzen, Hamming, von Han, Tukey) constituent différents compromis entre la réduction de l'erreur type et la perte de résolution de l'estimation spectrale. Dans la littérature à l'intention des écologistes, Platt & Denman (1975) expliquent surtout la fenêtre de Bartlett, alors que Laurec (1982: 242-245) présente une comparaison des fenêtres de Bartlett, Daniell, Parzen (ou de la Valle-Poussin) et Tukey. Le programme BMDP1T permet l'utilisation des fenêtres des décalages de Hamming, von Han et de la Valle-Poussin (ou Parzen), grâce à l'énoncé CSHAPE du paragraphe COVARIANCE. Dans le programme SPECTRAL de SPSS (commande WINDOW), on trouve les fenêtres des décalages de Bartlett, de la Valle-Poussin (ou Parzen), Hamming et Tukey. La mise en pratique de l'analyse spectrale en écologie, y compris le choix de fenêtres, de filtres (section 11.2), etc., demande le plus souvent l'intervention d'un chercheur expérimenté.

L'interprétation écologique du spectre n'est pas nécessairement la même que celle du corrélogramme ou du périodogramme. Tout d'abord, le spectre constitue une authentique *partition de la variance* de la série, en fonction de la fréquence : l'analyse spectrale est donc un troisième mode d'analyse de la variance, qui s'ajoute à la partition classique selon les axes d'échantillonnage (section 4.8) et à la partition selon les axes principaux (section 4.4). La densité spectrale est donc exprimée en unités de [variance/fréquence] : [(unités de la variable dépendante $y)^2$ x (unités de la variable indépendante x)]. Par ailleurs, on ne s'intéresse généralement pas au spectre en vue de mettre à jour les harmoniques que recèle la série de données, mais on le considère plutôt comme une *caractéristique* de la série, que celle-ci soit ou non une somme véritable d'harmoniques (Kendall & Stuart, 1966) : pour Platt & Denman (1975), la caractérisation des écosystèmes selon leurs échelles spatio-temporelles devrait mener à l'établissement d'une *spectroscopie des écosystèmes,* laquelle constituerait une approche globale à l'étude des systèmes écologiques. Ces concepts deviendront plus clairs à l'examen d'applications écologiques.

Application écologique 11.5a. – Platt (1972) a établi, par fluorimétrie en continu à une station fixe, des séries temporelles de chlorophylle dans les eaux de surface du golfe du Saint-Laurent. L'analyse spectrale des données, après extraction de la tendance et par transformation de l'autocorrélation, révèle que le spectre est caractérisé par une pente de $-5/3$, pour les fréquences de 0,01 cycle/min à 1 cycle/min. Le courant étant d'une vitesse moyenne de l'ordre de 20 cm/s ($\simeq$ 10 m/min), la série temporelle couvre des échelles spatiales de l'ordre de 1 000 m à 10 m (longueur d'onde = vitesse/fréquence) : ces conclusions sont illustrées à la figure 11.14.

L'interprétation du spectre est celle d'une analyse de variance de la chlorophylle, où la variance totale de la série est l'objet d'une partition selon les fréquences considérées (ici : 0,03 cycle/min $< f <$ 1,5 cycle/min). La pente de $-5/3$ correspond à la forme du spectre d'un processus turbulent, ce qui permet à l'auteur de formuler l'hypothèse que la concentration locale du phytoplancton pourrait être en grande partie contrôlée par la turbulence. Dans leur article de revue, Platt & Denman (1975) citent d'autres travaux, réalisés au moyen de l'analyse spectrale, qui confirment l'hypothèse d'un contrôle de l'organisation spatiale du phytoplancton par des processus physiques, tant en milieux marins que lacustres. Ceci est en fait une version moderne du modèle de Kierstead & Slobodkin (1953), qui fait l'objet des applications écologiques *3.2d* et *3.3a.* Parmi les références disponibles sur l'analyse spectrale de séries de fluorescence *in vivo*, on peut citer Demers *et al.* (1979), Denman (1976, 1977), Denman & Platt (1975, 1976), Denman *et al.* (1977), Fasham & Pugh (1976), Lekan & Wilson (1978), Platt (1978), Platt & Denman (1975) et Powell *et al.* (1975).

Application écologique 11.5b. – Campbell & Shipp (1974) tentent d'expliquer les migrations d'un criquet australien à partir d'observations sur les rythmes de l'activité locomotrice du mâle et de la femelle. La migration estivale de 1970 a été suivie pendant 100 jours, à compter du 12 février, alors que l'activité locomotrice a été observée en laboratoire pendant près de 100 jours, tant pour le mâle que la femelle. Les spectres lissés des nombres de criquets en migration et ceux de l'activité locomotrice sont présentés, pour les 2 sexes, à la figure 11.15.

On observe des pics correspondant à des périodes d'approximativement 2,5, 5, 10 et 20 jours dans l'un ou l'autre spectre, ce qui suggère un rythme biologique à long terme possédant de nombreuses harmoniques. Il découle donc de l'analyse spectrale que les vagues migratrices peuvent être expliquées par la synchronisation du cycle d'activité locomotrice des individus qui constituent la population. Les migrations des mâles semblent s'effectuer selon un cycle de 20 jours et celles des femelles, selon un cycle d'une dizaine de jours : il est probable que, pendant ces périodes, les mâles attirent les femelles dans leur terrier, formant alors un couple relativement stable.

L'analyse spectrale permet aussi d'étudier les séries *multidimensionnelles*, où plusieurs variables écologiques sont échantillonnées *simultanément.* Cette analyse est une extension de la *covariance* ou de la *corrélation avec retard,* tout

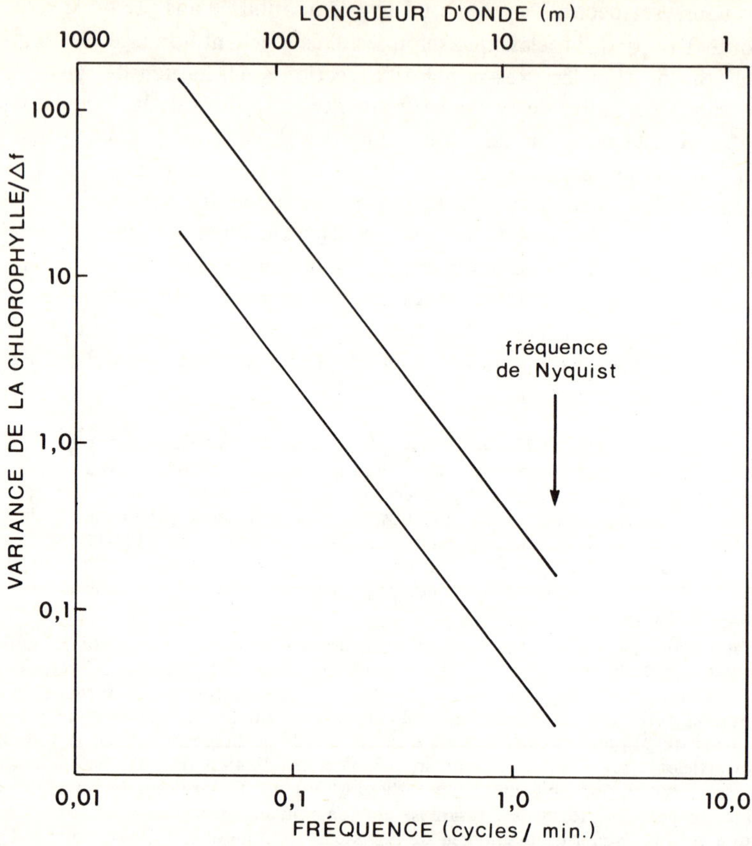

Figure 11.14 – Spectre de la distribution de la chlorophylle dans les eaux de surface du golfe du Saint-Laurent. Les valeurs de chlorophylle sont en unités arbitraires et les lignes définissent l'enveloppe des densités spectrales calculées; la fréquence de Nyquist est de 1,5 cycle/min. Adapté de Platt (1972).

comme le spectre est une généralisation de l'autocovariance ou de l'autocorrélation.

Etant données 2 séries de données, $\mathbf{y}_h$ et $\mathbf{y}_i$, on peut calculer 2 spectres lissés S_{hh} et S_{ii} ainsi qu'une fonction de corrélation avec retard $r_{hi}(k)$. Ces valeurs permettent de définir le *cospectre* (K_{hi}) et le *spectre de quadrature* (Q_{hi}) :

$$K_{hi}(f) = \text{transformée de Fourier de } 1/2\,[r_{hi}(k) + r_{hi}(-k)]$$
$$Q_{hi}(f) = \text{transformée de Fourier de } 1/2\,[r_{hi}(k) - r_{hi}(-k)]$$

Le *cospectre* est une mesure de la distribution, en fonction de la fréquence, de la covariance entre les composantes des 2 séries qui sont en phase, alors que le *spectre de quadrature* donne l'information correspondante pour un déphasage de 90° entre ces 2 composantes : le sinus et le cosinus, par exemple, sont en quadrature parfaite. Ces spectres sont utilisés dans le calcul ultérieur de la *cohérence*, de la *phase*, du *gain* et du *transfert*.

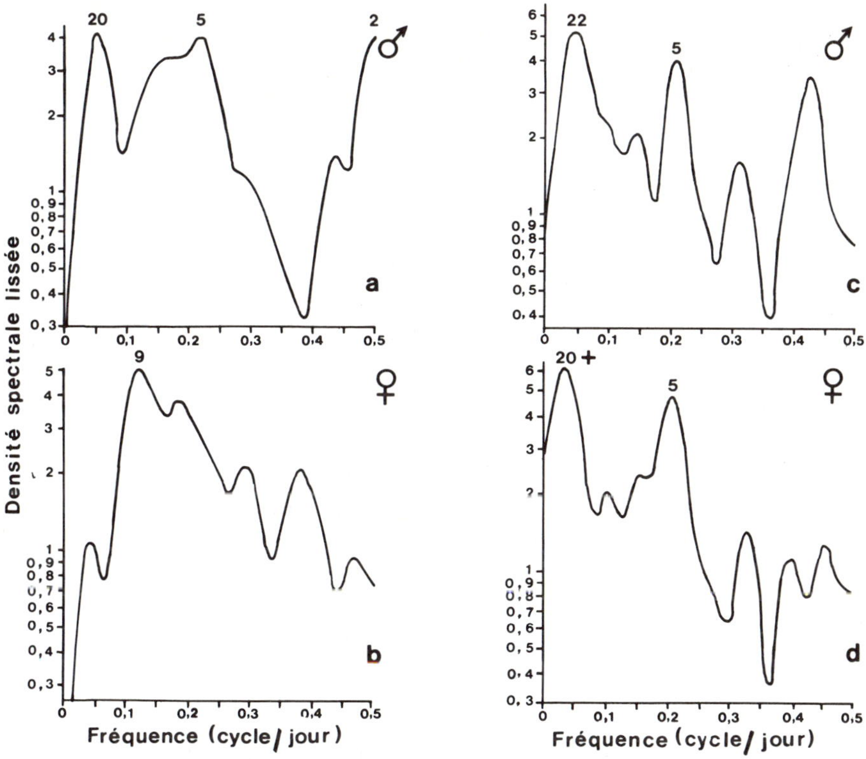

Figure 11.15 – Estimation du spectre lissé, pour (a) le nombre de criquets mâles et (b) femelles en migration, et pour l'activité locomotrice (c) du criquet mâle et (d) femelle. La fréquence de Nyquist est de 0,5 cycle/jour et les périodes correspondant aux pics principaux sont indiquées au-dessus de la courbe pour faciliter l'interprétation. Adapté de Campbell & Shipp (1974).

La quantité $(K_{hi}^2 + Q_{hi}^2)$ est appelée l'*amplitude* du spectre, ou *spectre d'amplitude avec retard.* Au moyen de ces différents spectres, on calcule la *cohérence* (C_{hi}) et le *spectre de phase* (Φ_{hi}) :

$$C_{hi}^2(f) = \frac{K_{hi}^2(f) + Q_{hi}^2(f)}{S_{hh}(f)\, S_{ii}(f)}$$

$$\Phi_{hi}(f) = \text{arc tan}\left(\frac{Q_{hi}(f)}{K_{hi}(f)}\right)$$

La *cohérence carrée* est interprétée comme la corrélation : une valeur égale à l'unité indique une corrélation parfaite entre les 2 séries alors qu'une valeur nulle implique le contraire. Le *spectre de phase,* quant à lui, indique le déphasage entre les 2 séries : lorsque la phase est une fonction régulière de la fréquence, la cohérence carrée est normalement significativement différente de zéro et, dans le cas contraire, lorsque la phase est très irrégulière, la cohérence carrée est généralement faible et non significative.

Lorsqu'on désire évaluer une relation de cause à effet entre deux variables, soit l'influence de $\mathbf{y}_h$ sur $\mathbf{y}_i$, il est recommandé de calculer la *fonction de gain* (R^2_{hi}) ou la *fonction de transfert* (H_{hi}) :

$$R^2_{hi}(f) = \frac{S_{hh}(f)\, C^2_{hi}(f)}{S_{ii}(f)}$$

$$H_{hi}(f) = \frac{K_{hi}(f) + \sqrt{-1}\, Q_{hi}(f)}{S_{hh}(f)}$$

Le *gain* est analogue au coefficient de régression, tout comme la cohérence est analogue au coefficient de corrélation. Quant à *la fonction de transfert*, elle évalue la réponse de $\mathbf{y}_i$ aux variations de $\mathbf{y}_h$, selon la fréquence.

Application écologique 11.5c. – Au cours d'une étude sur la variabilité spatiale du phytoplancton marin côtier, Platt *et al.* (1970) ont répété, en 1969, l'échantillonnage réalisé en 1968 et décrit à l'application *11.3a* (p. 223). Cette fois, en plus de la chlorophylle, on a recueilli des données de température et de salinité aux 80 stations de la radiale. La figure 11.16 présente les spectres de cohérence pour la série tridimensionnelle du 24 juin 1969 : la

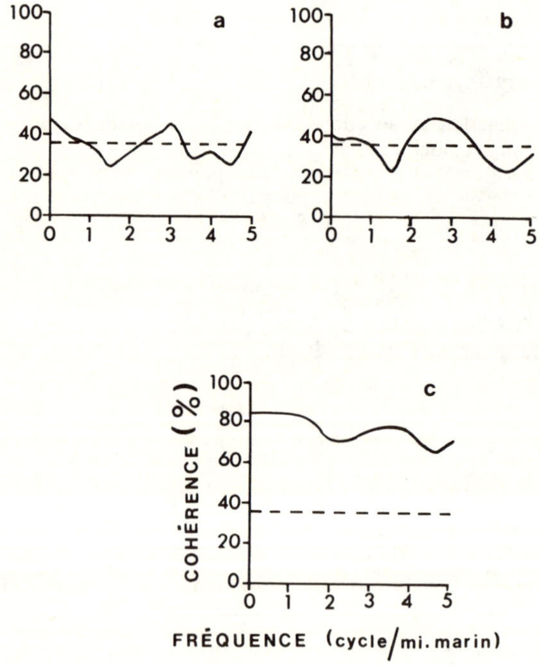

Figure 11.16 – Cohérence entre les paires de variables échantillonnées le long d'une radiale de 8 mi. marins, le 24 juin 1969 : (a) chlorophylle et température, (b) chlorophylle et salinité et (c) température et salinité. La ligne en tirets indique la limite de confiance approximative pour une probabilité de 0,05. Adapté et Platt *et al.* (1970).

forte cohérence entre la température et la salinité indique que ces deux variables identifient bien les masses d'eau au cours de l'expérience, alors que la cohérence significative entre la série de chlorophylle et les séries de température et de salinité, à ~ 3 cycles/mi. marin, supporte l'hypothèse d'un certain contrôle de la distribution spatiale du phytoplancton par la structure physique du milieu.

Application écologique 11.5d. – En vue de cerner les facteurs qui sont responsables de l'hétérogénéité spatiale du phytoplancton marin (distribution en taches), Denman & Platt (1975) ont analysé les valeurs de chlorophylle et de température, enregistrées en continu le long d'une radiale dans l'estuaire du Saint-Laurent. Deux systèmes de pompage ont été remorqués, à 5 m et à 9 m de profondeur, sur une distance de 16,6 km, l'intervalle d'échantillonnage étant de 1 seconde (ce qui correspond à 3,2 m, étant donnée la vitesse du navire). Après avoir extrait la tendance des séries, les calculs furent réalisés par transformation rapide de Fourier et 4 spectres de cohérence et phase furent produits : les résultats sont présentés à la figure 11.17.

La cohérence entre la température et la chlorophylle, à une même profondeur, est élevée pour les basses fréquences, alors que la phase demeure une fonction relativement régulière de la fréquence ; la phase devient aléatoire et la cohérence diminue rapidement pour

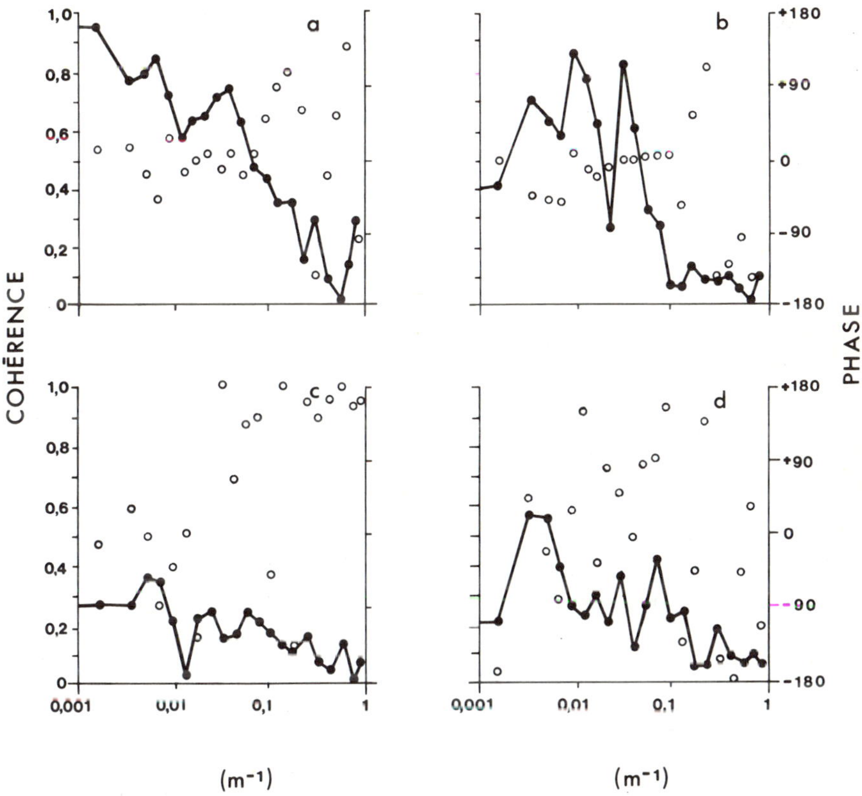

Figure 11.17 – Valeurs de cohérence (•——•) et de phase (○ ○) pour différentes paires de séries spatiales, enregistrées en continu dans l'estuaire du Saint-Laurent : (a) température et chlorophylle à 5 m, (b) température et chlorophylle à 9 m, (c) chlorophylle à 5 m et à 9 m, (d) température à 5 m et à 9 m. L'abscisse est ici le *nombre d'onde* (= 2π/longueur d'onde = 2π fréquence/vitesse). Adapté de Denman & Platt (1975).

les hautes fréquences. Par ailleurs, il ne semble pas y avoir de covariation entre les séries des deux profondeurs. Les processus physiques semblent donc de première importance pour la création et le contrôle de l'hétérogénéité d'échelle intermédiaire (de 50 mètres à plusieurs kilomètres) du phytoplancton. La faible cohérence entre les deux séries de prélèvements, qui n'ont entre elles qu'une distance verticale de 4 mètres, suggère la présence de forts gradients verticaux dans la structure physique du milieu. Il est connu que de tels gradients peuvent servir de support à la propagation d'ondes au sein même de la masse d'eau, de façon analogue aux ondes qui se propagent à la discontinuité que constitue l'interface air-eau. Les auteurs proposent que la forte cohérence entre température et chlorophylle, à chacune des deux profondeurs échantillonnées, serait partiellement liée à la présence de telles ondes internes.

Les méthodes décrites ci-dessus abordent le problème des séries multidimensionnelles en traitant les séries deux à deux. Brillinger (1975) expose les fondements mathématiques de méthodes qui permettent de traiter les séries multidimensionnelles en mode complètement multivariable. Dans le cas où une série stochastique dépend, d'une façon invariante dans le temps, de plusieurs autres séries, Brillinger (1975 : chap. 6) recommande la *régression selon les fréquences* ("frequency regression", en anglais), qui est l'analogue, dans le domaine des fréquences, de la régression linéaire multiple. Lorsque plusieurs séries sont considérées simultanément, on peut alors recourir à *l'analyse en composantes principales des spectres multivariables* (Brillinger, 1975 : chap. 9), au moyen de laquelle il est possible de calculer un spectre pour les différentes composantes principales, formées de combinaisons linéaires des variables en séries. Laurec (1979) a adapté et illustré cette méthode, encore peu utilisée en écologie. On en trouvera une application à une étude d'impact en milieu marin dans Arfi *et al.* (1982 : voir surtout les p. 362-363), où est présentée, pour la période intéressante de 6 heures, une analyse en composantes principales réalisée à partir des matrices de cospectres complexes.

On a vu que le calcul du spectre exige l'utilisation de *fenêtres* (p. 238). Burg (1967) a proposé d'améliorer la résolution spectrale en *extrapolant* la fonction d'autocorrélation au-delà du pas maximum (m) autorisé par la longueur de la série. A chaque pas $(m + k)$ de cette extrapolation, on choisit la valeur d'autocorrélation $r_{yy}(m + k)$ qui *maximise l'entropie* (voir chap. 6) de la distribution de probabilité correspondant à la fonction d'autocorrélation. La méthode de Burg (1967) ne sera pas décrite en détail ici, puisqu'un nouvel algorithme (Bos, 1971), expliqué ci-dessous, est maintenant utilisé pour le calcul de l'*analyse spectrale par entropie maximum.* En plus d'éliminer le recours aux fenêtres, cette analyse permet de calculer le spectre de séries très courtes, ce qui constitue un avantage certain en écologie.

Une série de données peut être décrite au moyen d'un processus linéaire stochastique (p. 206 et 267), dont le *modèle autorégressif* (AR : "autoregressive" ou "all-pole model", en anglais) constitue un cas simple. Un tel modèle autorégressif représente une régression linéaire de chaque observation $\tilde{y}_t$ (centrée sur la moyenne $\bar{y}$ de la série : $\tilde{y}_t = y_t - \bar{y}$) à partir des p observations qui la précèdent :

$$\tilde{y}_t = \phi_1 \tilde{y}_{t-1} + \phi_2 \tilde{y}_{t-2} + \ldots + \phi_p \tilde{y}_{t-p} + a_t$$

Les coefficients d'autorégression ϕ sont estimés à partir des observations de la série. Les résidus a_t doivent être indépendants les uns des autres (formant ainsi une série qualifiée de "bruit blanc") et leur variance est notée s_a^2. Le nombre p est l'*ordre* du processus et il spécifie jusqu'où en arrière il faut retourner pour prévoir la valeur $\widetilde{y}_t$. Ces modèles seront examinés de façon plus détaillée à la section 11.6.

En ce qui concerne la méthode d'entropie maximum (MEM) décrite ci-dessus, Bos (1971) a démontré qu'elle est équivalente à l'ajustement d'un modèle AR à la série de données : les coefficients d'autorégression ϕ permettent donc de calculer les mêmes densités spectrales qu'avec le calcul d'entropie proposé à l'origine par Burg (1967). Par conséquent, on évalue maintenant le spectre directement au moyen des coefficients ϕ du modèle AR, eux-mêmes estimés à partir des valeurs de la série. La densité spectrale à chaque fréquence f est donnée par :

$$S(f) = \frac{2s_a^2}{\left|1 - \sum_{j=1}^{p} \phi_j \exp\left(-\imath 2\pi f j\right)\right|^2}$$

où $\imath$ est l'imaginaire $\sqrt{-1}$.

L'analyse spectrale par entropie maximum ("maximum entropy spectral analysis", MESA ou MEM en anglais) présente, dans la pratique, un certain nombre de problèmes qui font encore l'objet de publications spécialisées. Un premier problème pratique est de déterminer l'*ordre* du modèle AR, qui convient à la série de données : divers critères objectifs ont été proposés dans plusieurs travaux, dont Berryman (1978) cite les références, alors que lui-même propose un critère empirique. Un second problème, examiné notamment par Ulrych & Clayton (1976), a trait à la *méthode de calcul* des coefficients du modèle AR. Un troisième problème, abordé aussi par Ulrych & Clayton (1976), est qu'il existe d'autres processus que le modèle AR, éventuellement mieux adaptés à la série de données (par exemple, un modèle à la fois autorégressif et de moyennes mobiles : "autoregressive-moving average model" ou ARMA, en anglais), dont l'estimation peut soulever des difficultés pratiques considérables. Par ailleurs, la décision éventuelle de recourir à des processus autres que le modèle AR repose sur des critères en partie intuitifs (voir p. 248).

Ulrych & Bishop (1975) font une brève revue des fondements théoriques des algorithmes de Burg (1967) et de Bos (1971). Ils présentent en outre des sous-programmes FORTRAN permettant de calculer les coefficients d'autorégression ϕ ("autoregression", "autoregressive" ou "prediction error filter coefficients", en anglais : G dans les sous-programmes) ainsi que la variance des résidus s_a^2 (PM dans les sous-programmes), selon deux algorithmes (ceux de Yule-Walker et de Burg). Ces sous-programmes permettent aussi d'utiliser la méthode d'Akaike pour choisir l'ordre du modèle AR à ajuster à la série de données. Il est alors facile de calculer les valeurs du spectre par entropie maximum, au moyen de l'équation donnée ci-dessus. Par ailleurs, Barrodale & Erickson (1980a) présentent un algorithme de calcul des coefficients du modèle AR, fondé sur les moindres carrés, qui permettrait une estimation plus précise des fréquences du spectre ; ces auteurs critiquent aussi, sur une base empirique, la méthode d'Akaike et proposent une solution nouvelle. Un programme FORTRAN (Barrodale & Erickson, 1980), qui fait appel à six sous-programmes, permet le calcul du spectre selon l'algorithme proposé.

L'analyse spectrale par entropie maximum, notamment exposée par Ables (1974) dans un article très didactique, a été utilisée avec succès en astronomie, en géophysique, en météorologie, etc. Son application aux séries écologiques ne fait que commencer, de telle sorte qu'on ne peut que souligner son intérêt pour les écologistes, sans pouvoir en faire dès maintenant une évaluation critique. La MEM est particulièrement adaptée aux séries courtes ou comportant d'importantes erreurs de mesures (Ables, 1974) et elle réussit à traiter des séries avec données manquantes (Ulrych & Clayton, 1976) : ce type d'analyse possède donc un fort potentiel d'utilisation en écologie. En fait, dans le cas de séries longues, la MEM perd ses avantages et il devient alors plus simple de calculer le spectre par l'une des méthodes habituelles (Berryman, 1978). Par ailleurs, tout comme la méthode classique qui permet de calculer des spectres de cohérence et de phase, la méthode par entropie maximum peut être généralisée aux séries multidimensionnelles (Ulrych & Jensen, 1974).

L'analyse spectrale, et par conséquent la seconde orientation des études sur les séries (interprétation des spectres de variance, voir p. 239), n'est actuellement possible que pour des descripteurs quantitatifs. Seule exception, le calcul du spectre de séries binaires constituées d'au moins 500 à 1 000 observations (Kedem, 1980). L'analyse spectrale par entropie maximum étant peu exigeante quant à la précision des données, on pourrait probablement l'utiliser pour des séries de descripteurs semi-quantitatifs à classes nombreuses. Dans tous les cas, il ne suffit pas de calculer des spectres, mais il faut encore en développer des modèles interprétatifs, comme ceux de Denman & Platt (1976) ou Denman *et al.* (1977) pour les spectres de répartition spatiale de la chlorophylle en milieu aquatique. Cette perspective, relativement récente en écologie, n'est pas simple mais elle pourra mener à d'importants progrès conceptuels si elle est utilisée avec rigueur.

Application écologique 11.5e. – Colebrook & Taylor (1984) ont analysé les variations temporelles du phytoplancton et du zooplancton, échantillonnés tous les mois dans l'Atlantique Nord et dans la Mer du Nord au cours de 33 années consécutives (1948 à 1980). Des séries parallèles de variables du milieu (température de l'eau de surface, etc.) sont aussi disponibles. Les séries furent traitées au moyen de la méthode par entropie maximum (MEM). Des spectres de cohérence furent aussi calculés entre certaines variables physiques et la première composante principale du plancton. L'examen des spectres de plancton (moyenne des spectres pour les différentes espèces et les 12 régions) révèle un certain nombre de périodes caractéristiques, dont quelques-unes peuvent être associées à une périodicité du milieu physique, par examen des spectres de cohérence. A titre d'exemple des résultats, une périodicité de 3-4 ans dans les abondances de plancton serait associée à des phénomènes d'échanges thermiques à la surface de l'océan. Toutefois, un certain nombre de périodes dans les spectres des variables physiques ou planctoniques ne peuvent être facilement expliquées. En fait, une série de 33 années est relativement courte par rapport aux variations météorologiques ou océanographiques à long terme, si bien que certaines des périodes identifiées peuvent ne pas correspondre à des cycles réels.

11.6. – MODÈLES DE BOX ET JENKINS

Les sections précédentes (11.3 à 11.5) ont été consacrées à l'analyse de la variabilité des séries écologiques. Il existe un autre type d'étude des séries, qui consiste à leur ajuster un modèle paramétrique, en vue d'en *prévoir* l'évolution ultérieure. Les modèles écologiques ne relèvent pas en tant que tels de l'écologie numérique (p. 177) mais, comme l'analyse de Box-Jenkins est souvent menée en parallèle avec les autres formes d'analyse des séries et qu'elle a déjà été évoquée dans le cas de l'analyse spectrale par entropie maximum (p. 245), un bref examen de ses principes trouve naturellement sa place dans le présent chapitre. Le chercheur intéressé pourra consulter Box & Jenkins (1976) pour la théorie ainsi que Dixon (1981) ou Hull & Nie (1981) pour la mise en œuvre des modèles au moyen des programmes BMDP2T ou SPSS BOX-JENKINS.

Les modèles (processus) stochastiques linéaires décrits ici sont fondés sur l'idée que chacune des observations d'une série, où les données successives sont fortement interreliées, peut être générée à partir d'une suite de "chocs" indépendants a_t. Ces chocs sont des tirages aléatoires au sein d'une distribution normale, de moyenne nulle et de variance σ_a^2. Une telle suite $a_t, a_{t-1}, a_{t-2}, \ldots$ est souvent qualifiée de "bruit blanc". On pourra donc représenter les observations de la série de données ($\tilde{y}_t = y_t - \bar{y}$: données centrées sur la moyenne de la série) comme une somme *pondérée* de la valeur présente et d'un certain nombre de valeurs précédentes du processus a :

$$\tilde{y}_t = a_t - \theta_1 a_{t-1} - \theta_2 a_{t-2} - \ldots - \theta_q a_{t-q}$$

Cette équation définit un *modèle de moyennes mobiles* (MA : "moving average model", en anglais), *d'ordre q*. L'équation a une certaine ressemblance avec celle des moyennes mobiles (p. 215), d'où le nom du processus.

Lorsque le modèle des moyennes mobiles ne convient pas à la série de données (voir plus bas), on peut alors tenter d'utiliser un autre modèle, où les observations sont représentées par une somme pondérée d'un certain nombre d'observations précédentes plus un choc aléatoire :

$$\tilde{y}_t = \phi_1 \tilde{y}_{t-1} + \phi_2 \tilde{y}_{t-2} + \ldots + \phi_p \tilde{y}_{t-p} + a_t$$

Ce *modèle autorégressif* (AR, voir p. 244) *d'ordre p* est constitué d'une régression de la série à partir de ses propres termes, s'étendant sur p valeurs. Au moyen de p termes successifs de la série, le modèle AR permet donc de prévoir le $(p + 1)$ème terme, avec bien sûr une certaine erreur a_t. Lors du calcul des coefficients d'autorégression ϕ, on peut estimer les erreurs résiduelles a_t en faisant la différence entre les valeurs observées de la série et les valeurs calculées par le modèle. Les valeurs résiduelles a_t, tel que spécifié ci-dessus dans la définition des modèles, doivent être indépendantes les unes des autres (l'autocorrélation de la série des a_t calculées ne doit pas présenter de valeurs significativement différentes de zéro), de moyenne nulle et distribuées normalement.

Le modèle autorégressif (AR) et celui des moyennes mobiles (MA) peuvent être combinés en un *modèle mixte autorégressif et de moyennes mobiles* (ARMA : "autoregressive - moving average model", en anglais), de la forme :

$$\tilde{y}_t = \phi_1 \tilde{y}_{t-1} + \phi_2 \tilde{y}_{t-2} + \ldots + \phi_p \tilde{y}_{t-p} + a_t - \theta_1 a_{t-1} - \theta_2 a_{t-2} - \ldots - \theta_p a_{t-p}$$

Un avantage important des modèles ARMA est de pouvoir rendre compte de la série de données au moyen d'un petit nombre de coefficients (ou paramètres). Toutefois, ces modèles ne peuvent être calculés que pour des *séries stationnaires* (sections 11.1 et 11.2).

L'une des méthodes décrites à la section 11.2 pour extraire la tendance d'une série est celle des différences successives (p. 216). Lors du calcul, on remplace chaque valeur y_t par la différence $y_t - y_{t-T}$, où T représente la période de la tendance :

$$\tilde{y}_t = y_t - y_{t-T}$$

Comme $\tilde{y}_t$ est une *différence,* on qualifie y_t de version *intégrée* de $\tilde{y}_t$. Si l'on applique un modèle ARMA aux différences $\tilde{y}_t$, on désigne alors ce modèle, par rapport à la série des y_t d'origine, sous le nom d'ARIMA ("autoregressive-integrated- moving average model", en anglais). Les programmes cités plus haut permettent d'estimer un modèle ARIMA (ou l'un des modèles plus simples) pour une série de données écologiques, tout en tenant compte d'un certain nombre d'aspects fondamentaux et pratiques qui font ici l'objet d'un bref examen. Les logiciels IMSL et SAS (programme AUTOREG : modèle autorégressif seulement) permettent aussi de réaliser ces calculs.

L'analyse de Box-Jenkins procède en quatre étapes. (1) La première consiste à identifier quel type de modèle doit être ajusté à la série de données. Box & Jenkins (1976) décrivent un certain nombre de propriétés statistiques de la série qui peuvent guider le chercheur dans ce choix (forme de l'autocorrélation, etc.). Toutefois, comme le signale Ibanez (1982 : 381) "l'identification du modèle reste encore aujourd'hui une étape assez intuitive". (2) Après avoir effectué le choix d'un modèle, qui peut n'être que provisoire, on procède alors à l'estimation de ses paramètres. Encore ici, différentes méthodes de calcul s'offrent à l'utilisateur. (3) Si le modèle correspond bien à la série de données et si ses paramètres ont été correctement estimés, les résidus devraient être indépendants et distribués normalement (voir plus haut). Dans le cas contraire, il faut revenir à la première étape et modifier le modèle. Les trois étapes décrites ci-dessus peuvent être reprises autant de fois que nécessaire, jusqu'à l'obtention d'un ajustement convenable : cette méthode constitue une recherche itérative du modèle. (4) Avec ce modèle, il est possible d'effectuer une prévision de la suite de la série, au-delà de la dernière observation.

Par ailleurs, il arrive que la série soit soumise à des influences externes, si bien que le modèle ARIMA ne peut s'appliquer comme tel. En effet, dans ce modèle, l'état actuel de la série est une fonction linéaire des seules observations

($\tilde{y}$) et erreurs aléatoires (a) antérieures. On peut pallier à ce problème en incluant dans le modèle une *fonction de transfert* (si la variable externe est elle-même une variable aléatoire) et/ou une composante d'*intervention* (si la variable externe n'est pas un processus aléatoire et si elle est binaire). Ces options sont disponibles dans BMDP2T.

Il est possible d'étendre la prévision d'une série au cas multidimensionnel, si on a échantillonné une multivariable. Les références à ce propos sont Whittle (1963) et Jones (1964).

Il faut insister en terminant sur le fait que ces modèles sont *prévisionnels* et non *prédictifs*. En effet, on *prévoit* ici la suite de la série, à partir tout simplement des observations antérieures. La prévision n'est donc valable qu'en autant que les conditions du milieu, les caractéristiques de la population étudiée (taux démographiques, déplacements, etc.) ainsi que les interventions humaines (méthodes d'exploitation, pollution, etc.) demeurent les mêmes. Pour *prédire* avec une certaine confiance la suite de la série, il faudrait élaborer un modèle de *relations causales* entre, par exemple, les nombres observés et les conditions du milieu, les caractéristiques de la population ou les interventions humaines, ce qui exige des connaissances préalables très étendues. Les modèles prévisionnels peuvent rendre de grands services en écologie, à condition toutefois de respecter leurs conditions d'utilisation.

Application écologique 11.6. – Boudreault *et al.* (1977) ont tenté de prévoir les débarquements de homards aux Iles-de-la-Madeleine (golfe du Saint-Laurent, Québec), au moyen de différentes méthodes d'analyse des séries. Dans une première étape, on a trouvé qu'un modèle autorégressif d'ordre 1 permettait d'expliquer environ 40 % de la variance de la série. Ce pourcentage relativement faible proviendrait de ce que la série d'observations (débarquements) n'est pas très homogène. Dans une deuxième étape, on ajoute au modèle des descripteurs physiques externes (température en décembre, 8,5 ans avant la saison de pêche, et température moyenne de l'hiver 3,5 ans avant), le pourcentage de variance expliquée passant alors à près de 90 %. Cette seconde partie des calculs est effectuée en recourant à la *régression à partir des composantes principales* (calculée, dans l'article, au moyen du programme BMD02M ; on peut maintenant réaliser cette même analyse grâce à BMDP4R). Les débarquements annuels dépendraient donc du stock disponible (relié aux débarquements de l'année précédente), de l'influence de la température sur la survie des larves (le homard atteindrait sa taille commerciale vers 8 ans) et de cette même influence sur le passage à maturité sexuelle (vers l'âge de 5 ans).

11.7. – ÉVOLUTION D'UN PEUPLEMENT

L'étude de l'évolution d'un peuplement, au cours du cycle annuel par exemple, est familière à tout écologiste et elle fait notamment appel au concept de succession saisonnière. Selon Margalef (1968), la théorie de la succession des espèces au sein des écosystèmes joue le même rôle en écologie que la théorie de l'évolution en biologie générale. Les phénomènes associés à la succession des espèces (accroissement de la diversité, de l'homéostasie, etc.) ont été résumés par Margalef (1968, 1974), Odum (1971), Frontier (1977) et Gutierrez & Fey (1980).

La façon la plus simple d'aborder le problème consiste à examiner simultanément les courbes représentant l'évolution de l'abondance des différentes espèces : on distingue ainsi, pour le phytoplancton marin, une succession Diatomées-Dinoflagellés qui se produit après le pullulement printannier (décrite par exemple à l'application écologique 8.6c, p. 93). Dans plusieurs cas, toutefois, le simple examen visuel des courbes d'abondance d'espèces ne permet pas d'établir la succession, si bien qu'il faut recourir à une analyse numérique.

Legendre *et al.* (1984a) ont décrit un modèle de succession, applicable à nombre de situations écologiques, qui se prête bien à l'analyse. Selon ce modèle, la succession procède par étapes, l'écosystème passant de l'une à l'autre par transition rapide (voir aussi Allen *et al.*, 1977, à ce sujet). Par ailleurs, les étapes à grande échelle* sont elles-mêmes formées d'étapes à plus petite échelle que l'on peut reconnaître à l'aide d'un échantillonnage approprié et d'une analyse plus fine.

Les méthodes d'analyse des séries présentées jusqu'ici dans ce chapitre ne sont pas appropriées à l'étude de la succession, puisque celle-ci n'impose aucune hypothèse de périodicité – sauf éventuellement une période annuelle triviale. D'autres méthodes ont cependant été proposées pour analyser ce phénomène. On en compte quatre types.

(1) Chernoff (1973) a proposé de dessiner des visages pour délimiter des intervalles de temps homogènes dans des carottes de sédiments. On sous-échantillonne la carotte à intervalles égaux, formant ainsi une série temporelle discontinue. Chaque échantillon est analysé et ses descripteurs servent à produire le dessin d'un visage. Chaque caractéristique de ce visage (le nez, la bouche, etc.) correspond à l'un des descripteurs et varie en taille ou en position, d'un échantillon à l'autre, selon la valeur du descripteur dans les échantillons successifs. Ce mode de représentation est apparenté aux représentations par flèches ou par polygones que les biologistes emploient depuis longtemps pour représenter graphiquement des échantillons multidimensionnels (par exemple, un ensemble de flèches de diverses longueurs rayonnant d'un centre commun, à angle fixe et dans un ordre déterminé). Chernoff souligne cependant que les visages possèdent un avantage important : nous avons tellement l'habitude de voir des visages et d'y détecter des changements d'attitude, qu'il devrait être facile de détecter par simple inspection les changements importants d'une série de visages de Chernoff. Une succession d'espèces, représentée de cette façon, est illustrée à la figure 11.18. Il faut noter cependant que, si les visages peuvent être une excellente méthode de représenter les résultats d'un groupement, les visages seuls ne conduisent pas différents observateurs à couper les séries de la même façon. De plus, des impressions différentes sont produites si l'attribution des descripteurs aux différentes caractéristiques faciales est modifiée.

---

* En écologie quantitative, on emploie souvent le terme "échelle" non au sens des géographes (rapport entre la dimension portée sur la carte et la valeur réelle correspondante), mais au sens plus usuel correspondant à l'ordre de grandeur des unités observées, par exemple : phénomènes observés à l'échelle du centimètre ou du kilomètre (Frontier, 1982b).

Figure 11.18 – Visages de Chernoff illustrant une série de 10 échantillons de zooplancton lacustre. Matériel inédit de l'étude de Legendre *et al.* (1984a).

(2) Plusieurs auteurs ont eu recours à l'ordination en espace réduit pour représenter des séries temporelles multi-spécifiques. En particulier, différentes méthodes d'ordination en espace réduit ont été employées par Williams *et al.* (1969 : végétation, coordonnées principales), par Levings (1975 : benthos, coordonnées principales), par Legendre *et al.* (1984b : benthos, composantes principales) et par Dessier & Laurec (1978 : zooplancton, composantes principales et analyse des correspondances). Pour sa part, Sprules (1980) a employé le cadrage multidimensionnel non-métrique pour des données de zooplancton (p. 141). On sait que les ordinations en espace réduit présupposent l'indépendance des échantillons. Ces auteurs s'attendent donc à ce que la série d'échantillons épouse une forme à peu près circulaire dans le premier plan de l'espace réduit, puisque des échantillons successifs seront probablement près l'un de l'autre dans l'espace multidimensionnel. Lorsqu'on observe des groupes plutôt qu'une répartition circulaire des échantillons, ces groupes sont considérés comme évidence de l'existence d'étapes discontinues dans la série. Dans les situations simples, on peut en effet observer de tels sous-ensembles dans ces projections en espace réduit (par exemple, à la fig. 9.5). Ces méthodes présentent cependant deux inconvénients majeurs, lorsque utilisées seules. (a) Les distances reliant, aux groupes principaux, des objets isolés qui en diffèrent d'une façon ou d'une autre, sont en général représentées par des axes principaux mineurs, perpendiculaires au plan de projection principal. En conséquence, ces échantillons peuvent fort bien être projetés, dans l'ordination en espace réduit, au sein de groupes dont ils sont très distants. De plus, on peut observer que le "cercle" d'échantillons est souvent déformé en "cuiller", si bien que des groupes qui sont distincts dans des dimensions supérieures peuvent souvent être confondus dans une partie du plan principal. Ces problèmes sont communs à toutes les méthodes d'ordination lorsqu'elles sont utilisées seules pour la reconnaissance des groupes ; ils affectent cependant moins les ordinations obtenues par cadrage multidimensionnel non-métrique qui, comme on l'a vu (section 9.3), réussit mieux que les autres

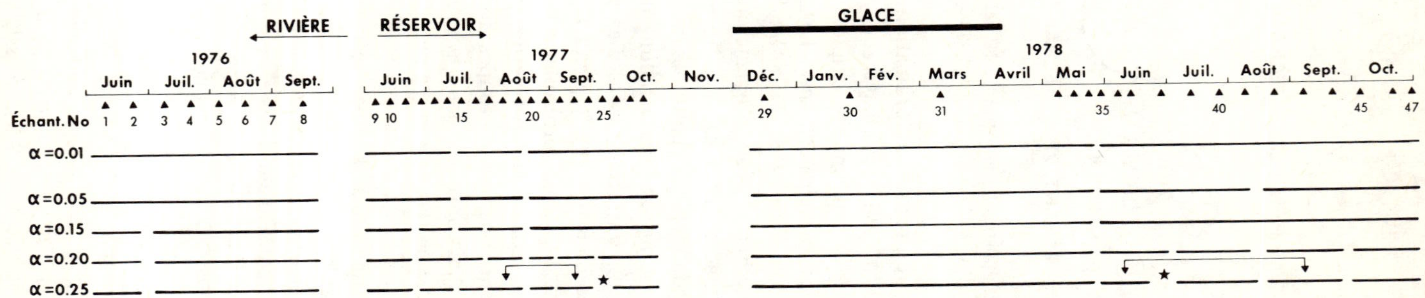

Figure 11.19 – Résultats du groupement chronologique de l'application écologique 11.7a, pour différents degrés de résolution. Pour $\alpha = 0,25$, les tests significatifs de relation entre les groupes sont représentés par des flèches. * : singletons. Modifié de Legendre *et al.* (1984a).

méthodes à condenser un phénomène multidimensionnel en un nombre prédéterminé de dimensions. On peut cependant lever cette hypothèque en associant les résultats d'un groupement à l'ordination, comme à la section 10.1 ; c'est ce qu'ont fait Allen *et al.* (1977 : groupement hiérarchique à liens complets), pour leur étude de la succession phytoplanctonique au lac Wingra. Voir aussi la figure 11.20 ci-dessous. (b) Le second inconvénient est l'absence de critère pour assigner les échantillons à des groupes, à partir d'un diagramme d'ordination seulement, avec le résultat que les groupes délimités sur les diagrammes que l'on retrouve dans la littérature laissent souvent une impression d'arbitraire.

(3) Hawkins & Merriam (1974) ont proposé une méthode permettant de segmenter une série multidimensionnelle en unités homogènes, par minimisation de la variabilité à l'intérieur des segments. Un premier problème que présenterait cette méthode pour l'analyse des successions écologiques (elle n'a pas été appliquée à ce type de problème) est la nécessité pour son utilisateur de déterminer lui-même le nombre de segments à obtenir ; l'augmentation de l'information expliquée par rapport au nombre de segments sert de guide au cours de l'opération. Un second problème, plus critique pour les écologistes, consiste à ce que des chaînes de zéros, dans la série de données multi-espèces, pourront produire des segments basés sur l'absence d'espèces. Cette méthode possède cependant deux propriétés intéressantes : (a) la série multidimensionnelle est divisée en groupes homogènes à l'aide d'un critère objectif de groupement et (b) cette partition est effectuée avec une contrainte de contiguïté le long de la série. Cette notion de contiguïté a d'ailleurs été suggérée par d'autres auteurs comme solution à des problèmes particuliers de groupement : contiguïté temporelle (Gordon & Birks, 1972 ; Gordon, 1973 ; North, 1977) ou contiguïté spatiale (Lefkovitch, 1978, 1980 ; Monestiez, 1978 ; Lebart, 1978 ; Roche, 1978 ; Perruchet, 1981). La contiguïté temporelle, en particulier, signifie qu'on ne permet le groupement que d'échantillons qui sont contigus le long de la série temporelle.

(4) Legendre *et al.* (1984a) ont réuni les éléments positifs des méthodes précédentes en un *groupement chronologique* qui identifie les discontinuités d'une série temporelle multi-espèces, en accord avec le modèle de succession par étapes résumé ci-dessus. La méthode tient compte de la séquence d'échantillonnage (contrainte de contiguïté temporelle) ; elle permet de plus l'élimination des "singletons" (au bridge, unique carte d'une certaine couleur, dans la main d'un joueur) ou échantillons uniques que l'on trouve souvent dans les séries écologiques. Les singletons sont le résultat de fluctuations aléatoires, de phénomènes migratoires ou de l'action ponctuelle de forces externes telles qu'un déplacement temporaire de masse d'eau, à une station fixe d'un écosystème aquatique. Le groupement procède à partir d'une matrice d'association entre les échantillons, calculée à l'aide d'un coefficient approprié (tableaux 7.III et 7.IV). On applique à cette matrice un groupement agglomératif (section 8.4) modifié pour inclure la contrainte de contiguïté. La fusion de deux groupes ne peut être effectuée avant qu'un test statistique, par la méthode des permutations (voir par exemple Sokal & Rohlf, 1981, "randomization test"), ait montré que le

nombre de distances fortes dans la matrice de distances intergroupes n'est pas significativement plus élevé que le nombre de distances fortes dans la matrice résultant de la fusion des deux groupes considérés. Lorsqu'on découvre un singleton, à l'aide du même test, on l'élimine temporairement de la série et on reprend le groupement à son début, puisque les singletons peuvent altérer la géométrie du groupement qui est effectué avec contrainte. Le résultat de ces opérations est une partition non-hiérarchique de la série en groupes homogènes qui ne se recoupent pas et que l'on associe aux étapes de la succession écologique. Des test *a posteriori* permettent d'analyser les relations entre les groupes, ainsi que l'origine des singletons. L'interprétation globale de la succession peut être facilitée en représentant les résultats du groupement sur une ordination en espace réduit.

Après avoir décomposé la succession en étapes par l'une des méthodes ci-dessus, on peut chercher si l'ensemble de la succession présente une tendance, à

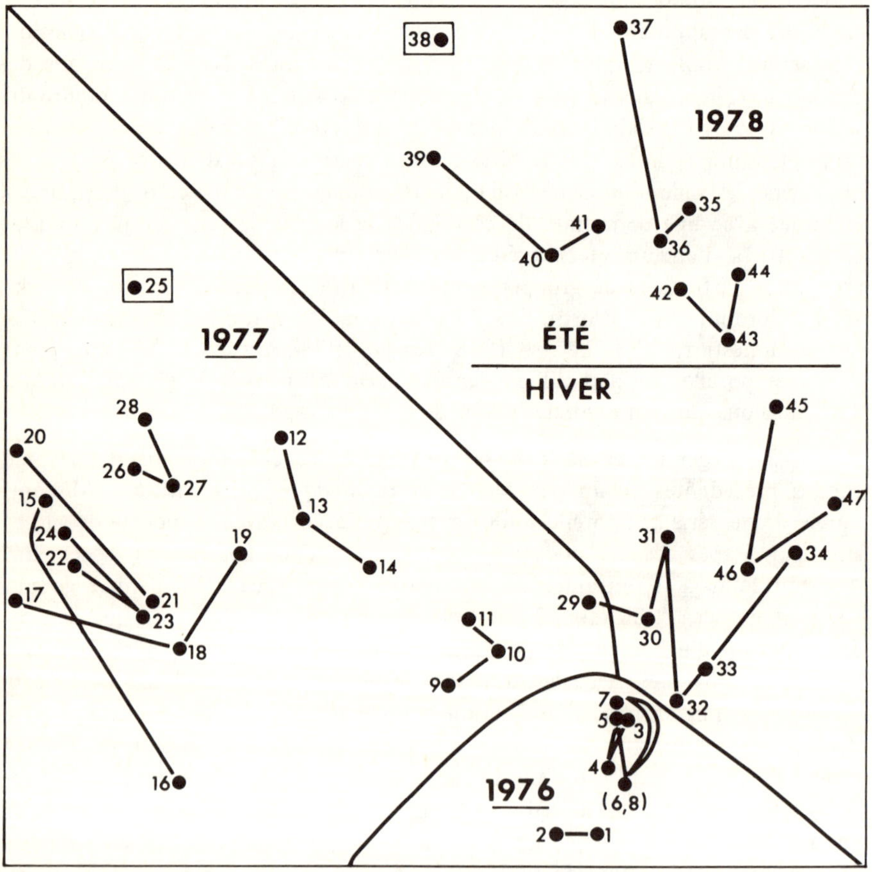

Figure 11.20 – Cadrage multidimensionnel non-métrique représentant, reliés par des traits, les groupes d'échantillons de la figure 11.19 identifiés à la résolution $\alpha = 0{,}25$. Modifié de Legendre *et al.* (1984a).

l'échelle de l'échantillonnage effectué. Orlóci (1981) propose une méthode pour la découverte d'une telle tendance et sa décomposition en tendance monotone et en tendances cycliques.

Application écologique 11.7a. – En mai 1977, la Société d'énergie de la baie James a mis en eau un petit réservoir (environ 7 km^2) portant le nom de Desaulniers, dans le nord-ouest québécois (77° 32′ W, 53° 36′ N). Les effets de la mise en eau furent étudiés avec soin, afin de servir de modèle permettant de prévoir les effets de la mise en eau de réservoirs beaucoup plus vastes, dans la même région. Plusieurs stations d'échantillonnage furent visitées avant et après la mise en eau. Les effets de la mise en eau sur la communauté zooplanctonique de la station la plus profonde de ce réservoir, située à environ 800 m du barrage, ont été étudiés par Legendre *et al.* (1984a) à l'aide du groupement chronologique décrit ci-dessus. Avant la mise en eau, cette station était située dans le lit d'une rivière. On n'y trouvait que du zooplancton dérivant des lacs situés en amont, et non une communauté propre à la rivière. Il s'agit donc d'un exemple de succession primaire.

Les résultats du groupement chronologique sont présentés à la figure 11.19 pour différents degrés de résolution α ; le groupement a été effectué à partir d'une matrice de distances de Canberra, après normalisation des descripteurs. Si on représente l'un de ces groupements dans une ordination obtenue par cadrage multidimensionnel non-métrique (fig. 11.20), on peut décrire l'évolution de la communauté zooplanctonique comme suit. En 1976, le zooplancton dérivait au hasard dans la rivière, tel que mentionné ci-dessus, ce que traduisent d'ailleurs le faible nombre d'espèces ainsi que les grandes fluctuations de l'indice de régularité de Pielou, indiquant l'absence d'une communauté stable à cette station. Après la mise en eau du réservoir, la communauté s'éloigne rapidement de sa structure de rivière (fig. 11.20) et forme un assemblage assez développé comportant 13 à 20 espèces, pendant l'été 1977, et ce malgré de fortes fluctuations dans la composition chimique et le niveau des eaux. Après le retournement d'automne et pendant l'hiver 1977-1978, la communauté s'éloigne de sa précédente composition estivale, si bien qu'au printemps suivant (échantillon no 35), la communauté a atteint une zone du cadrage non-métrique très éloignée de celle qu'elle occupait l'été précédent. La composition faunique est maintenant complètement dominée par les rotifères qui sont passés de 70 à 87 % en nombre et de 18 à 23 % en biomasse, de 1977 à 1978, avec décroissance correspondante des crustacés. Les conditions physiques et chimiques se sont aussi stabilisées (Pinel-Alloul *et al.*, 1982). Quand la succession estivale est de nouveau interrompue par le retournement, à l'automne 1978, le dernier groupe [45-47] de la série revient (fig. 11.20) près de la position qu'occupaient les échantillons de l'hiver précédent [29-34], indiquant par là que le cycle de l'année suivante pourrait ressembler à la succession saisonnière de 1978.

11.8. – STRUCTURES SPATIALES

L'analyse des données spatiales est un domaine connexe à l'étude des séries temporelles. On a vu plus haut des exemples (applications écologiques 11.3a, 11.5c et 11.5d) où l'une se fondait dans l'autre, ce qui a permis d'étudier la périodicité de structures spatiales unidimensionnelles au moyen des méthodes d'analyse des séries temporelles. La répartition spatiale bi- ou tridimensionnelle des phénomènes requiert cependant l'utilisation d'autres méthodes d'analyse, qui relèvent traditionnellement de la géographie et qui s'appliquent naturellement aux problèmes de biogéographie ainsi qu'à certaines catégories de problèmes de génétique des populations, d'autoécologie et de synécologie. On pourrait bien entendu inclure ici certains phénomènes dont la variabilité est spatio-temporelle. On trouvera dans Cicéri *et al.* (1977) une revue des méthodes d'analyse de l'espace développées par les géographes. On peut distinguer deux grandes catégories de problèmes : d'abord la description de la variabilité spatiale, ensuite l'analyse des processus générateurs de structures spatiales.

Dans la première catégorie se rangent les études de biogéographie quantitative. Dans un article de revue, Crovello (1981) rappelle que la science biogéographique s'intéresse à trois catégories de problèmes : (a) la description des structures de répartition géographique des êtres vivants, (b) l'explication des origines de ces structures spatiales (point de vue historique) ainsi que de leur persistance (point de vue écologique), enfin (c) la prévision des répartitions futures en fonction de différents scénarios de modification du milieu. La puissance de ces études est accrue par l'utilisation (a) des méthodes d'analyse statistique simples, (b) des méthodes générales d'analyse de données multidimensionnelles (groupement, ordination), (c) des méthodes de groupement modifiées contenant des hypothèses spatiales (groupement cladistique : voir les ouvrages de taxonomie numérique ; groupement avec contrainte de contiguïté spatiale : voir ci-dessous), (d) enfin des cartes et autres graphiques produits à l'aide des ordinateurs.

Application écologique 11.8a. – Dans la littérature récente, une étude-type est celle de Bock & Root (1981), qui décrit la répartition hivernale des oiseaux terrestres des Etats-Unis et du sud du Canada. Le territoire fut divisé en 51 carrés de cinq degrés de côté, chacun décrit par l'abondance des 303 espèces d'oiseaux recensées. Ces carrés furent réunis en régions biogéographiques par groupement selon l'association moyenne.

Peters (1971) résume plusieurs travaux de biogéographie quantitative cherchant à établir des régions biogéographiques pour différents groupes de vertébrés. Crovello (1981), quant à lui, présente surtout des exemples de nature botanique.

Plusieurs auteurs ont proposé de modifier les méthodes générales de groupement en leur ajoutant une contrainte de contiguïté spatiale (Lefkovitch, 1978, 1980 ; Monestiez, 1978 ; Lebart, 1978 ; Roche, 1978 ; Perruchet, 1981). Cette contrainte signifie qu'on limite le groupement aux unités de territoire contiguës, introduisant ainsi dans le modèle de groupement un élément proprement géographique. Cette contrainte permet la formation de régions "homogènes" selon les critères de similarité et de groupement employés, en prévenant le regroupement d'unités de territoire distantes.

Application écologique 11.8b. – Legendre & Legendre (1984) décrivent ainsi la dispersion postglaciaire des poissons d'eau douce de la péninsule québécoise, Comme à l'application écologique précédente, le territoire fut divisé en carrés ("pixels") qui avaient cette fois un degré de côté. Les 289 pixels ainsi formés furent décrits par la présence ou l'absence de 109 espèces. Les pixels furent d'abord réunis en 21 régions par groupement à liens intermédiaires avec contrainte de contiguïté spatiale ; la dispersion des espèces entre ces régions fut ensuite analysée à l'aide d'un *coefficient de direction de la dispersion*, construit à partir de deux critères biogéographiques. Différentes hypothèses (climatique, hydrologique, tectonique) sont examinées pour rendre compte des trajets de dispersion post-glaciaire ainsi inférés.

Les méthodes brièvement décrites ci-dessus permettent de décrire la variabilité spatiale biologique multidimensionnelle et d'associer celle-ci à des phénomènes externes potentiellement générateurs de cette variabilité. Ces méthodes sont suffisantes dans les cas où le processus générateur de la variabilité observée peut être associé à une cause externe (souvent, à grande échelle : voir la note au bas de la p. 250) dont l'effet est plus important que les phénomènes de contagion ou de sous-dispersion (autocorrélation : paragraphe suivant), à l'échelle d'observation utilisée dans l'étude.

Il arrive que la présence d'une certaine qualité en un lieu rende plus (ou moins) probable la présence de cette qualité en des lieux voisins. On dit alors que ce phénomène fait montre d'*autocorrélation spatiale*. Pour certains phénomènes, l'autocorrélation se manifeste à grande échelle alors que pour d'autres elle n'est perceptible qu'à petite échelle. Cliff & Ord (1973 et 1981) ont décrit différentes mesures d'autocorrélation spatiale pour variables qualitatives, semi-quantitatives ou quantitatives. On s'intéresse ainsi aux processus générateurs des structures spatiales par le biais de l'hypothèse selon laquelle la répartition spatiale des phénomènes peut fournir des informations quant aux causes de la variabilité.

Ces auteurs constatent que l'étude de l'autocorrélation spatiale est fondamentalement différente de l'autocorrélation des séries temporelles stationnaires, puisque la valeur de la variable n'est liée, dans la série temporelle, qu'aux valeurs antérieures, alors que la dépendance spatiale est omnidirectionnelle.

L'autocorrélation spatiale a pour but d'établir une relation entre les valeurs d'une variable aléatoire et la répartition spatiale de celles-ci, cette dernière information étant habituellement négligée au cours des analyses de données écologiques. Les données soumises à analyse concernent donc des lieux (places-échantillons ou surfaces) ; pour ces objets, on connaît la description prise par le descripteur mesuré – par exemple l'abondance d'une certaine espèce, la diversité, la productivité, etc. – ainsi que les distances (D) entre les paires d'objets, qui sont inscrites dans une *matrice de proximités*. La distance peut être définie de façon différente, selon la nature du problème et selon le type de phénomène générateur que l'on désire tester. Des exemples sont (a) la distance géographique entre les points échantillonnés ou entre les centroïdes des surfaces étudiées (ces distances doivent être transformées en classes de distances, pour des raisons qui deviendront évidentes lors du calcul des coefficients d'autocorrélation, plus bas) ; (b) la distance dans certaines directions seulement, si l'échantillonnage a été effectué selon une grille régulière : par analogie avec le jeu d'échecs, on distingue (fig. 11.21) les connexions suivant les mouvements d'une tour (horizontalement et verticalement), les déplacements d'un fou (diagonalement) ou la marche de la reine (combinaison du fou et de la tour) ; la distance entre deux cases de la grille est alors le plus petit nombre de frontières qu'il faut traverser pour passer d'une case à l'autre. Pour tester une hypothèse de dispersion radiale à partir d'un centre connu ou posé par hypothèse, on pourrait ainsi n'utiliser que les distances entre échantillons mesurées radialement par rapport à ce centre (Sokal & Oden, 1978a).

Deux exemples de données sont présentés aux figures 11.21 et 11.22. A la figure 11.21 (exemple fictif), il n'y a que deux classes de distance à cause de la petite taille de la grille d'échantillonnage, mais il y en a davantage dans l'exemple réel de la figure 11.22.

Cliff & Ord (1973, 1981) suggèrent deux coefficients pour mesurer à quel point la répartition spatiale de la variabilité est aléatoire : le I de Moran (1950), qui mesure l'autocorrélation spatiale de la variable aléatoire observée, et le c de Geary (1954), qui a plutôt le comportement d'une distance. On peut employer

$I(D)$ ou $c(D)$ pour le tracé du corrélogramme en fonction des classes de la distance D :

$$I\,(D) = \frac{(1/W) \sum_{i=1}^{p} \sum_{j=1}^{p} w_{ij}\,(y_i - \bar{y})\,(y_j - \bar{y})}{(1/p) \sum_{i=1}^{p} (y_i - \bar{y})^2} \qquad \text{pour } i \neq j$$

$$c\,(D) = \frac{(p-1) \sum_{i=1}^{p} \sum_{j=1}^{p} w_{ij}\,(y_i - y_j)^2}{2W \sum_{i=1}^{p} (y_i - \bar{y})^2} \qquad \text{pour } i \neq j$$

où les y_i sont les descriptions prises par la variable aléatoire pour chacun des p échantillons. Les w_{ij} sont, pour le moment, des deltas de Kronecker (voir p. 12). En effet, le corrélogramme est formé de valeurs du coefficient d'autocorrélation calculées à tour de rôle pour les différentes distances possibles entre échantillons : lors du calcul du coefficient pour les distances $D = 1$, on attribue $w_{ij} = 1$ à une paire de stations si sa distance est 1 et $w_{ij} = 0$ dans le cas contraire. On calcule, de la même façon, le coefficient correspondant aux distances $D = 2$, $D = 3$, etc. W est la somme des w_{ij} utilisés dans le calcul d'un coefficient donné, donc le nombre de distances égales à la valeur considérée dans toute la matrice carrée des proximités, pour le coefficient que l'on est à calculer.

Le coefficient se calcule à partir de toutes les valeurs de la matrice carrée pour permettre l'emploi de distances ou autres poids asymétriques. Par exemple, dans l'étude de polluants en fonction du drainage, la difficulté de parcours du polluant de A à B est souvent différente de celle de B à A. De même, dans les analyses spatio-temporelles, une observation antérieure peut influencer une observation postérieure au même endroit ou dans un lieu différent, mais jamais l'inverse. Il demeure cependant que, dans la plupart des cas, la matrice de distances est symétrique. Cliff & Ord (1973 et 1981) de même que Sokal & Oden (1978a) développent une forme du coefficient de Moran adaptée aux descripteurs qualitatifs.

On remarque que le coefficient de Moran a la même forme que le coefficient de corrélation linéaire de Pearson, le dénominateur se réduisant à la somme des $(y_i - \bar{y})^2$, puisque les deux variables du r de Pearson sont ici une seule et même variable ; la seule différence réside en ce que le numérateur et le dénominateur ne somment pas le même nombre de termes (le numérateur ne somme que les termes correspondant à certaines paires d'objets, chaque terme pouvant être accompagné d'un poids w_{ij}), ce qui fait qu'ils doivent être divisés par des nombres différents. Le

[a]

(1) 1	(2) 2	(3) 3
(4) 2	(5) 3	(6) 4
(7) 3	(8) 4	(9) 5

[b]

Descriptions	No sta.	Numéros de stations								
		1	2	3	4	5	6	7	8	9
1	1	-	1	2	1	0	0	2	0	0
2	2	1	-	1	0	1	0	0	2	0
3	3	2	1	-	0	0	1	0	0	2
2	4	1	0	0	-	1	2	1	0	0
3	5	0	1	0	1	-	1	0	1	0
4	6	0	0	1	2	1	-	0	0	1
3	7	2	0	0	1	0	0	-	1	2
4	8	0	2	0	0	1	0	1	-	1
5	9	0	0	2	0	0	1	2	1	-

$\bar{y} = 3$

[c]

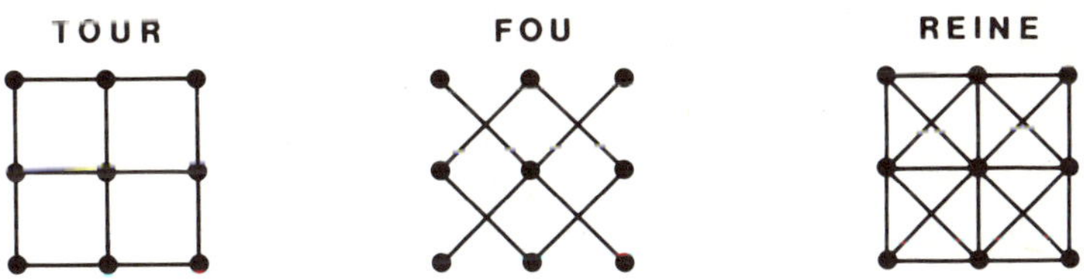

I (1) = 0,500 I (2) = − 0,250 I (1) = 0,000 I (2) = − 1,500 I (1) = 0,300 I (2) = − 0,656

c (1) = 0,333 c (2) = 1,333 c (1) = 0,667 c (2) = 2,667 c (1) = 0,467 c (2) = 1,667

Figure 11.21 – (a) Stations d'échantillonnage disposées en damier (p = 9). Les descriptions du descripteur mesuré sont au centre de chaque case (gradient fictif) ; les numéros des cases sont entre parenthèses. (b) Matrice des proximités et descriptions de la variable aléatoire aux différentes localités. Les distances sont mesurées dans cet exemple selon la marche de la tour et sont symétriques. (c) Valeurs du coefficient de Moran I et du coefficient de Geary c pour les points distants de 1 et de 2 unités, selon trois types de distances. Noter que les distances de la tour et du fou n'impliquent que les cheminements *directs*, comme dans la matrice de proximités (b) ci-dessus.

I de Moran prend habituellement des valeurs comprises entre − 1 (autocorrélation négative maximale : évitement extrême) et + 1 (autocorrélation positive maximale : surdispersion ou contagion maximale) ; dans certains cas, $|I|$ peut cependant excéder 1 (fig. 11.21c : distance du fou ; Cliff & Ord, 1981 . 21). Son espérance, dans l'hypothèse d'une répartition spatiale complètement aléatoire, est $\mathrm{E}(I) = -(p-1)^{-1}$ et non zéro comme dans le cas du coefficient de corrélation de Pearson. Quant au coefficient c de Geary, son numérateur est une distance euclidienne (somme de carrés d'écarts) où chaque terme de la somme est pondéré par w_{ij}. Son espérance, dans l'hypothèse d'une répartition spatiale aléatoire, est $\mathrm{E}(c) = 1$; son échelle est cependant inversée par rapport au coefficient de Moran, puisque le c de Geary est égal à 0 lorsque l'autocorrélation positive est maximale – comme on peut s'y attendre avec une distance – alors qu'il peut atteindre une valeur positive quelconque, plus grande que 1, si l'autocorrélation est négative.

Comme dans le cas de l'analyse des séries temporelles (fig. 11.5 *et seq.*), le corrélogramme (fig. 11.22b) est un graphique représentant les valeurs d'autocorrélation (ordonnée) en fonction des différentes classes de distance (abscisse). Le corrélogramme est une bonne façon d'explorer le phénomène de répartition spatiale lorsqu'on n'a pas d'hypothèse *a priori* à vérifier, hypothèse conduisant à la sélection de critères de connexion ou encore de poids w_{ij} particuliers.

Cliff & Ord (1973 et 1981) ainsi que Sokal & Oden (1978a) montrent comment tester la signification des coefficients d'autocorrélation spatiale. On calcule d'abord la variance du coefficient, variance que l'on introduit dans un calcul d'intervalle de confiance du coefficient dans l'hypothèse nulle d'une répartition spatiale aléatoire (absence d'autocorrélation spatiale). En bref, les formules à employer sont les suivantes :

$$\mathrm{var}(I) = \mathrm{E}(I^2) - [\mathrm{E}(I)]^2 = \frac{p[(p^2-3p+3)S_1 - pS_2 + 3W^2] - b_2[(p^2-p)S_1 - 2pS_2 + 6W^2]}{(p-1)(p-2)(p-3)W^2} - \frac{1}{(p-1)^2}$$

$$\mathrm{var}(c) = \frac{(p-1)S_1[p^2-3p+3-(p-1)b_2] - 0{,}25(p-1)S_2[p^2+3p-6-(p^2-p+2)b_2] + W^2[p^2-3-(p-1)^2 b_2]}{p(p-2)(p-3)W^2}$$

où $S_1 = \dfrac{1}{2} \sum_{i=1}^{p} \sum_{j=1}^{p} (w_{ij} + w_{ji})^2$ (à noter qu'il y a un terme de cette somme pour *chaque case* de la matrice des w_{ij}), $S_2 = \sum_{i=1}^{p} (w_{i.} + w_{.i})^2$ où $w_{i.}$ et $w_{.i}$ sont respectivement la somme de la i-ème ligne et de la i-ème colonne de la matrice des w_{ij} utilisés dans le calcul d'un coefficient précis ; $W = \sum_{i=1}^{p} \sum_{j=i}^{p} w_{ij}$ tel que défini plus haut ; $b_2 = p \sum_{i=1}^{p} (y_i - \bar{y})^4 \Big/ \left[\sum_{i=1}^{p} (y_i - \bar{y})^2\right]^2$ est le coefficient d'aplatissement.

Lorsque le nombre d'échantillons ou de localités est élevé, on peut considérer que les coefficients d'autocorrélation sont distribués normalement autour de leur espérance respective, dans l'hypothèse d'une répartition spatiale aléatoire de la variable mesurée. Lorsque le nombre d'échantillons est compris entre 9 et 50 – ce qui couvre la majorité des situations courantes – il convient d'ajouter un terme de correction à la formule de l'intervalle de confiance (équations 1 et 2, p. 261). Cette correction est valable pour les extrémités de la distribution, soit les niveaux de signification $\alpha \leqslant 0{,}10$ à chaque extrémité ; puisque le terme de correction devient négligeable lorsque $p > 50$, on peut l'inclure en permanence dans le programme de calcul des intervalles de confiance.

Souvent en écologie, le test est unilatéral puisque l'on cherche à mettre en évidence des phénomènes d'autocorrélation dont le signe est connu par hypothèse. Pour un niveau de signification α déterminé par l'écologiste (par exemple $\alpha = 0{,}05$), on cherche la valeur z_α dans une table de la courbe normale centrée réduite, par exemple $z_{0,05} = 1{,}645$; on choisit $+ 1{,}645$ si on teste une autocorrélation positive (I positif, $c < 1$) et $- 1{,}645$ dans le cas contraire. Les valeurs critiques du I de Moran et du c de Geary se calculent comme suit :

1) $I_\alpha = z_\alpha \sqrt{\mathrm{var}(I)} - (p-1)^{-1} k_\alpha$

2) $c_\alpha = 1 - z_\alpha \sqrt{\mathrm{var}(c)}$ si $c < 1$ (autocorrélation positive)

ou $c_\alpha = 1 - z_\alpha \sqrt{\mathrm{var}(c)} - (p-1)^{-1} k_\alpha$ si $c > 1$ (noter que z est alors négatif).

Pour connaître k_α, il faut établir si $4(p - \sqrt{p}) < W \leqslant 4(2p - 3\sqrt{p} + 1)$: si oui, $k_\alpha = \sqrt{10\alpha}$; dans le cas contraire, $k_\alpha = 1$. Lors d'un test bilatéral au niveau α, on emploie simplement $\alpha^* = \alpha/2$ lors du calcul de z_{α^*} et de k_{α^*}. Les formules mentionnées ci-dessus sont valables pour les situations les plus courantes ; le lecteur se référera cependant à Cliff & Ord (1973 ou 1981) pour le calcul des valeurs critiques si la matrice de proximités est asymétrique ou si p est très petit, de même que pour l'ensemble des calculs lorsque la variable est qualitative.

Pour tester l'hypothèse de dispersion d'un phénomène de proche en proche, on peut ne calculer l'autocorrélation que pour les distances de premier ordre ($D = 1$), en employant par exemple, pour des échantillons ponctuels, le critère de connexion de Gabriel (Gabriel & Sokal, 1969 : deux points A et B sont reliés si aucun autre point ne se trouve à l'intérieur du cercle dont le diamètre est le trait reliant ces deux points ; autrement dit, $D^2_{AB} < D^2_{AC} + D^2_{BC}$ pour tout triplet A, B et C de points de l'étude) ou encore, pour des surfaces irrégulières, en reliant toutes les paires de surfaces qui se touchent (Jumars *et al.*, 1977). Enfin, la distance peut être écologique (chapitre 7) plutôt que géographique.

Jumars *et al.* (1977) suggèrent que l'on peut attribuer aux w_{ij} des valeurs autres que 0 ou 1 pour accorder une plus grande importance aux petites distances, par exemple l'inverse de la distance réelle (D^{-1}), ou encore l'inverse de la distance au carré (D^{-2}), entre les points ou les centroïdes des surfaces appartenant à la classe de distances dont on calcule le coefficient d'autocorrélation. Ces auteurs expliquent que le choix des poids w_{ij} peut ainsi permettre de tester des hypothèses écologiques particulières de répartition spatiale.

On trouvera des applications de l'autocorrélation spatiale à des problèmes écologiques dans Jumars *et al.* (1977), Jumars (1978), Sokal (1979) et Sokal & Oden (1978b). Cette dernière publication contient, en outre, plusieurs applications de la méthode à des problèmes de génétique des populations. Goodall (1974) présente aussi des exemples écologiques d'étude de la structure spatiale d'une communauté, à l'aide d'une méthode d'association aléatoire des places-échantillons qui est très voisine de l'autocorrélation spatiale.

L'interprétation du corrélogramme doit être effectuée en fonction du phénomène générateur de la structure dont l'écologiste essaie de démontrer l'existence, tout comme le choix de la taille des cases et du type de distance dépend, au premier chef, de cette même hypothèse. Sokal (1979) présente un

Tableau 11.VI – Interprétation des valeurs significatives des corrélogrammes de répartition spatiale de la densité de populations biologiques. DT = diamètre des taches, DC = distance entre les cases, DIT = distance intertaches. Modifié de Sokal (1979).

Signe de I	Autocorrélation significative pour classes de distance faibles	élevées
+	(1a) Dispersion à partir de peu de foyers (1b) Grandes surfaces favorables (DT>DC, DIT>DC) (1c) Gradient (tendance)	(3a) Surface symétrique (3b) Répartition agrégée symétrique
–	(2) Région hétérogène, petites taches (DT≤DC)	(4) Gradient spatial (tendance)

tableau récapitulatif permettant d'interpréter les corrélogrammes décrivant la répartition spatiale de phénomènes biologiques (tableau 11.VI), telle la répartition des populations animales ou végétales. Sokal signale dans ce même article deux autres domaines d'application de l'autocorrélation spatiale à l'écologie : (a) la répartition spatiale de caractéristiques phénotypiques des populations (morphométrie, fréquence de gènes) en vue d'estimer certains paramètres sous-jacents de la dynamique des dites populations et (b) la répartition de la *présence* des différentes espèces d'une communauté en vue d'identifier les espèces associées par des structures spatiales communes (même corrélogramme) ; ce dernier type d'étude emploie nécessairement les versions du coefficient d'autocorrélation spatiale pour descripteurs qualitatifs.

Après avoir étudié le corrélogramme de différentes structures spatiales simulées, Sokal (1979) relie les caractéristiques des corrélogrammes aux types de phénomènes générateurs de la structure. Plusieurs éléments de la discussion qui suit sont tirés de cet article. Les numéros de paragraphes ci-dessous se réfèrent au tableau 11.VI.

1) Une autocorrélation positive pour les premières classes de distance peut être générée par trois types de phénomènes. (a) La structure est le résultat d'une invasion du territoire étudié à partir d'un seul ou d'un petit nombre de foyers ou encore par radiation, lors de la croissance de la population locale, d'organismes sociaux ou coloniaires. (b) Un second modèle de phénomène générateur est la présence de taches dans la répartition spatiale du substrat, des proies ou d'autres

éléments déterminants du milieu, ce qui provoque une répartition de l'espèce étudiée en grandes taches (exemple : fig. 11.22). "Grandes" signifie ici des taches nettement plus grandes que la distance entre le centroïde des cases ou des unités de territoire utilisées, ainsi que des distances inter-taches au moins du même ordre (puisque l'autocorrélation résulte aussi bien des valeurs fortes situées dans les taches que des valeurs faibles ou nulles dans la zone entre les taches). (c) Enfin, ce type de corrélogramme peut être le résultat d'un gradient dans la structure de la population (fig. 11.21), lui-même causé par un gradient du milieu ou par un phénomène de colonisation d'une région nouvelle, ce qui rejoint le point (a). Un gradient est reconnaissable par les autocorrélations négatives significatives pour les classes de distance élevées, en plus de l'autocorrélation positive aux distances faibles.

2) L'autocorrélation négative pour les premières classes de distance indique que la structure en taches, responsable de l'hétérogénéité du milieu, est du même ordre de grandeur ou plus petite que la maille d'observation spatiale (distance entre les centroïdes des unités de surface), si bien que les cases à valeur élevée de la variable (taches) ont souvent comme plus proche voisin des cases à valeur faible (intervalle entre les taches).

3) L'autocorrélation positive pour les classes de distance élevées s'observe (a) dans les surfaces symétriques (pour le type de distance employée) ainsi que (b) dans les répartitions en taches disposées de façon symétrique. Dans ces situations (disposition par bandes, par cercles concentriques, etc.), des cases éloignées se retrouvent avec des valeurs voisines de la variable observée.

4) L'autocorrélation négative pour les classes de distance élevées résulte de l'existence d'un gradient, dans lequel les cases éloignées ont des valeurs de plus en plus différentes pour le descripteur dont on étudie la répartition spatiale. Les gradients homogènes (fig. 11.21) aussi bien qu'agrégés (fig. 11.22) devraient donner naissance à des corrélations négatives à distance élevée.

Dans le cas de répartitions agrégées (contagieuses), les résultats peuvent varier selon la taille des cases ou la distance entre centroïdes des unités de surface employées, par rapport à la taille des agrégats ou taches et à leur degré d'isolement les unes des autres. Ainsi, on s'attend à trouver une autocorrélation positive pour les premières classes de distance lorsque le diamètre des taches est plus grand que le diamètre des cases de la grille (1b, ci-dessus), mais lorsque le diamètre des taches est plus petit que le diamètre des cases, on peut obtenir des corrélations négatives pour les premières classes de distance (2 ci-dessus) ou positives pour les classes de distances élevées (3 ci-dessus), selon le degré de régularité que manifeste la répartition des taches. En appliquant aux répartitions spatiales les principes de l'autocorrélation des séries temporelles (p. 212), il devient évident que la maille d'observation (distance entre les centroïdes des unités de surface) doit être *au moins* deux fois plus petite que la taille moyenne du phénomène générateur d'agrégation que l'on a posé par hypothèse, hypothèse que l'on désire tester par la méthode de l'autocorrélation spatiale. La taille de référence peut être celle des taches ou encore celle de la distance entre les agrégats, selon le cas. Suivant le même raisonnement, le territoire couvert par la grille devra être suffisamment grand pour que le plus grand phénomène périodique posé par hypothèse s'y retrouve au moins deux fois.

La position du premier "zéro" du diagramme d'autocorrélation (i.e., la plus petite distance où le corrélogramme croise l'espérance) est aussi un élément d'interprétation lorsque la structure est agrégée. Le premier zéro de ce graphique indique la distance où, en moyenne, on a autant de chances de rencontrer une paire de valeurs voisines qu'une paire de valeurs différentes. Ce zéro indique donc le rayon apparent moyen des taches et des surfaces inter-agrégats, en supposant une répartition uniforme à l'intérieur des taches, à condition que les taches aient approximativement la même taille que les surfaces inter-taches. C'est d'ailleurs en ce sens qu'il avait été interprété par Platt à l'application écologique 11.3a (p. 223), qui recherchait une structure spatiale unidimensionnelle. Selon le modèle d'agrégats quasi-circulaires et de distances inter-agrégats approximativement égales au diamètre des agrégats, le second zéro du corrélogramme devrait se produire à trois fois la classe de distance du premier zéro.

Le gradient est le type de structure spatiale le plus commun en biogéographie. L'autocorrélation positive pour les classes de distance faibles peut indiquer la présence d'un gradient (1c, ci-dessus) qui est régulier par rapport à la maille de la grille et au type de distance choisi. Si la grille est suffisamment fine pour distinguer les irrégularités à petite échelle, l'autocorrélation peut n'être significativement positive que pour les classes de distance un peu plus élevées. De toute façon, les classes de distance les plus grandes présentent alors une autocorrélation négative (point 4 au tableau 11.VI) L'écologiste peut préférer éliminer la tendance que présente le gradient par un calcul de régression (Cliff & Ord, 1981 : ch. 8) et poursuivre l'analyse de la structure sur les résidus de cette régression, ce qui est l'analogue du filtrage des séries temporelles (section 11.2).

L'absence d'autocorrélation significative peut enfin indiquer à l'écologiste (a) qu'à l'échelle d'observation employée, la surface étudiée est vraiment homogène et jouit donc de propriétés uniformes que l'on peut exploiter pour fins d'étude ou d'aménagement, ou encore (b) que la grille d'échantillonnage est inadéquate pour mettre en évidence la structure agrégée éventuellement observable à plus petite échelle. Ces aspects sont discutés par Sokal & Wartenberg (1981).

Application écologique 11.8a. – Au cours d'une étude des facteurs affectant la répartition spatiale des larves du cirripède *Balanus crenatus* dans l'estuaire du Saint-Laurent (Hudon *et al.*, 1983), on a soumis à la colonisation, dans la zone infralittorale, des plaques de substrat artificiel (plastique stratifié) disposées verticalement, parallèles les unes aux autres. L'une de ces plaques, immergée pendant 3 mois à l'été 1978 à la profondeur de 5 m sous la basse mer, a été divisée en 150 cases de 1,7 cm de côté suivant une grille régulière, dans lesquelles le nombre de balanes adultes a été dénombré par C. Hudon et P. Legendre pour la présente application écologique (étude non publiées *in op. cit.*). L'image des dénombrements selon cette grille forme la figure 11.22a. Le modèle à tester est une répartition des balanes en agrégats ; les balanes sont des animaux grégaires, dont les larves sont attirées vers un site d'attachement éventuel par une réaction de chimiosensibilité à l'arthropodine secrétée par les individus fixés (Gabbott & Larman, 1971). La distance euclidienne a été calculée entre toutes les paires de cases et arrondie à la valeur entière la plus rapprochée. Les corrélogrammes

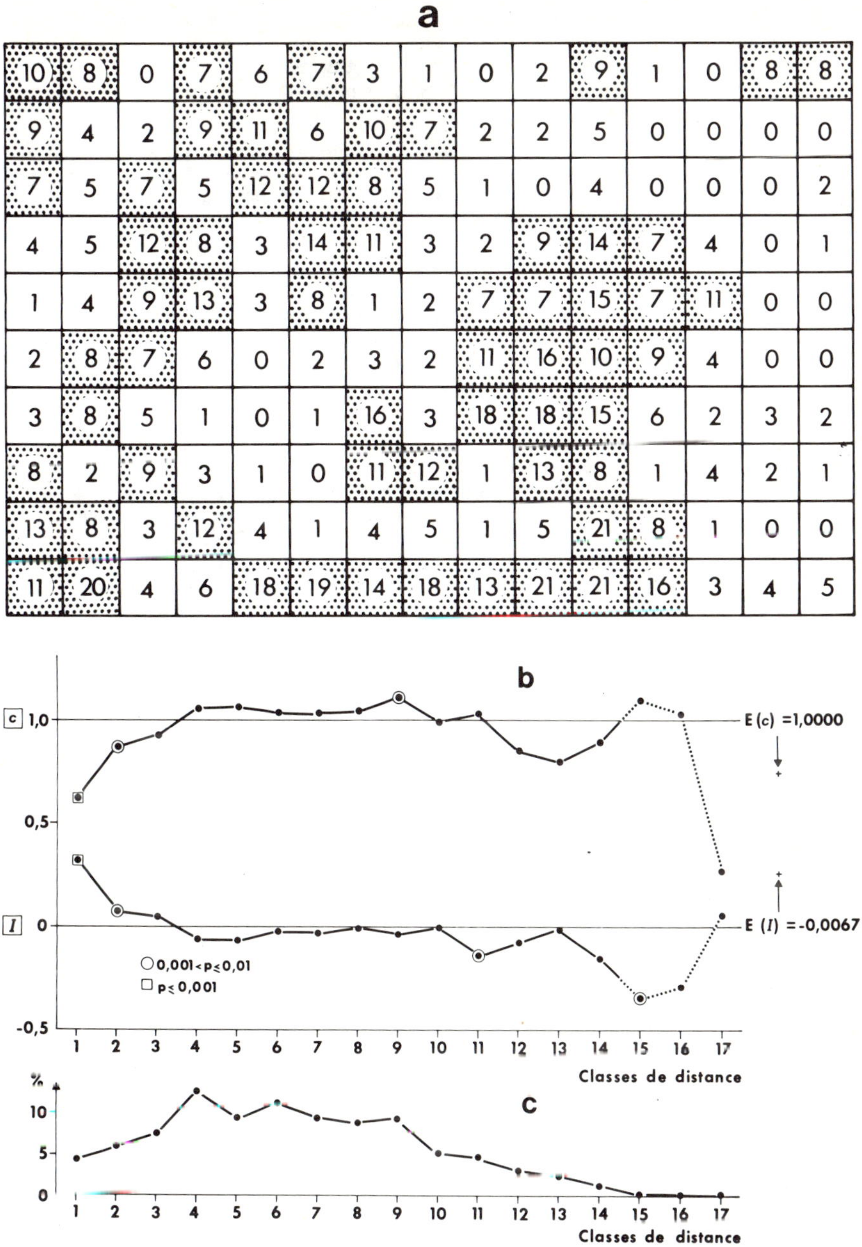

Figure 11.22 (a) Dénombrements de *Balanus crenatus* adultes sur une plaque de substrat artificiel, selon une grille régulière dont les cases ont 1,7 cm de côté. Cases ombrées : dénombrements plus grands que la moyenne. (b) Corrélogramme de I et de c par rapport aux classes de distance entre cases de la grille. L'espérance de I et de c est indiquée par les deux traits horizontaux. La direction de l'autocorrélation positive est indiquée à droite, pour chaque coefficient. La région en pointillés est basée sur trop peu de distances pour que les valeurs d'autocorrélation y soient fiables (voir graphique c). Les tests sont unilatéraux. (c) Proportion des 22350 distances entre cases utilisées dans le calcul de chaque autocorrélation.

sont présentés à la figure 11.22b. On remarque que les autocorrélations positives se trouvent vers le haut pour le coefficient *I* de Moran alors qu'elles sont situées vers le bas pour le *c* de Geary. La figure 11.22c permet de négliger les trois dernières classes de distance du corrélogramme, qui réunissent trop peu de paires de valeurs pour que les valeurs d'autocorrélation soient fiables.

Les autocorrélations positives significatives permettent d'abord de confirmer qu'il y a bien agrégation des balanes sur le substrat artificiel, les taches étant plus grandes que la maille d'observation (les cases de la grille). Les surfaces entre les agrégats sont elles aussi continues et plus grandes que la maille d'observation. Puisqu'elles occupent approximativement la même surface que les agrégats (il y a, parmi les 150 cases de la fig. 11.22a, 86 valeurs plus faibles que la moyenne de 6,17 balanes/case), on peut interpréter le premier zéro du corrélogramme : situé à environ 3,5 unités de distance, celui-ci signifierait que le diamètre apparent *moyen* des agrégats et des surfaces inter-taches est d'environ 7 unités de distance, soit 12 cm. En fait, le coefficient *c* de Geary n'est pas significativement différent de zéro pour les classes de distance comprises entre 3 et 8, mais on peut présumer pour les besoins du présent exemple que ces valeurs pourraient le devenir si la surface échantillonnée était plus grande (grille avec davantage de cases).

Enfin, l'autocorrélation négative significative à distance élevée (classe 9 pour le coefficient *c*, classe 11 pour le coefficient *I*, illustrant ici les différences de comportement des deux coefficients) indique la présence d'un gradient dans la surface étudiée. Ce gradient est en effet présent puisque les dénombrements dans les agrégats sont relativement faibles en haut ainsi qu'à gauche, intermédiaires au centre et nettement plus élevés en bas ainsi que vers la droite. Ce gradient pourrait être relié au phototropisme négatif des larves de balanes lors de leur fixation (Visscher, 1928), la gauche et la partie supérieure de cette plaque ayant été davantage exposés à la lumière, à cause de la position de cette surface dans la batterie de plaques verticales soumises simultanément à la colonisation.

CHAPITRE 12

PROCESSUS DE MARKOV ET MATRICE DE LESLIE

12.0. – LE PROCESSUS DE MARKOV EN ÉCOLOGIE

Le présent chapitre, tout comme le précédent, traite de l'étude des *séries* de données écologiques. La notion de *série,* ainsi que celle de *processus stochastique,* ont déjà fait l'objet d'une brève discussion à la section 11.0 (p. 206).

Il est utile de rappeler qu'une série écologique est constituée d'observations *ordonnées* dans le temps – ou éventuellement dans l'espace –, chacune de ces observations étant une réalisation de la variable aléatoire étudiée. Une telle série de données peut être décrite et interprétée par l'écologiste au moyen d'un *modèle aléatoire* ou *stochastique,* qui consiste en une formulation mathématique décrivant l'évolution de la série. Le *processus aléatoire* ou *stochastique* est un modèle probabiliste qui représente la condition de l'écosystème à des instants successifs, tenant compte de ce que, en tout point de la série, l'écologiste n'observe que l'une des réalisations possibles d'une variable aléatoire (revoir, si nécessaire, la notion de variable aléatoire définie à la section 1.1).

Il existe, en statistique, plusieurs types de processus stochastiques, dont le plus simple est le *processus de Markov,* particulièrement utile pour le travail sur les populations animales. Le processus de Markov représente l'écosystème, à chaque instant, comme un ensemble *fini* de r états mutuellement exclusifs $\{E_1, \ldots, E_r\}$: par exemple, si la série se rapporte au développement d'une population exploitée (chasse, pêche, etc.) elle pourra être décrite, à chaque instant et de façon simplifiée, au moyen de 4 états mutuellement exclusifs {*recrues, adultes non capturés, capturés, pertes naturelles*}. De plus, ce processus postule que la condition du système, en un instant donné, ne dépend que de sa condition à l'instant précédent et qu'elle est donc *indépendante de tous les autres instants antérieurs.* En d'autres termes, dans un processus de Markov, la condition actuelle du système écologique contient toute l'information nécessaire pour connaître son développement futur, alors que d'autres processus, plus complexes, font appel à l'histoire antérieure du système en vue de prédire son évolution. Selon Feller (1957, p. 369), ce processus est "l'analogue probabiliste des processus de la mécanique classique, où le développement futur est complètement déterminé par l'état présent et est indépendant de la façon dont l'état présent s'est développé".

Le processus de Markov est qualifié de *processus en chaîne d'ordre 1*, puisqu'il ne remonte qu'à *un* instant précédent. Le lecteur intéressé à des processus plus complexes pourra par exemple consulter, à titre d'introduction, *Processus aléatoires* de Girault (1965).

La chaîne de Markov finie a été proposée en 1907 par le mathématicien russe A.A. Markov, qui l'a illustrée en 1913 par une analyse statistique de l'alternance des voyelles et des consonnes du roman *Eugène Oniéguine* d'Alexandre Pouchkine.

12.1. – CHAÎNE DE MARKOV ET MATRICE DE TRANSITION

Tout comme les méthodes exposées au chapitre 11, le modèle de Markov exige que la série de données soit *stationnaire*, c'est-à-dire que sa moyenne et sa variance soient indépendantes du temps t : les sections 11.1 et 11.2 traitent de cette question.

L'évolution du processus de Markov dans le temps est caractérisée par des *probabilités de transition* (ou de passage) p_{hi}, qui sont des probabilités *conditionnelles* : sachant que l'état E_h est réalisé à l'instant t, la probabilité de l'état E_i à l'instant $t + 1$ est p_{hi}. Par exemple, sachant qu'un individu d'une population pêchée, au temps t, est un adulte (E_2), la probabilité qu'il ait été capturé (E_3) au temps $t + 1$ est p_{23}. Les écologistes se limitent souvent au cas où les probabilités de transition d'un état à un autre demeurent les mêmes au cours du temps, ce qui constitue la catégorie spéciale et importante des *chaînes de Markov homogènes.*

Pour une chaîne de Markov homogène, l'évolution du système écologique peut être décrite, très simplement, au moyen du *vecteur de l'état initial* ($\mathbf{v}_t$), du *vecteur de l'état final* ($\mathbf{v}_{t+1}$) et de la *matrice de transition* (ou matrice stochastique : $\mathbf{P}$)

$$\begin{matrix} \mathbf{P} & \mathbf{v}_t & = & \mathbf{v}_{t+1} \end{matrix}$$

$$\begin{bmatrix} p_{11} & \cdots & p_{h1} & \cdots & p_{i1} & \cdots & p_{r1} \\ \vdots & & \vdots & & \vdots & & \vdots \\ p_{1h} & \cdots & p_{hh} & \cdots & p_{ih} & \cdots & p_{rh} \\ \vdots & & \vdots & & \vdots & & \vdots \\ p_{1i} & \cdots & p_{hi} & \cdots & p_{ii} & \cdots & p_{ri} \\ \vdots & & \vdots & & \vdots & & \vdots \\ p_{1r} & \cdots & p_{hr} & \cdots & p_{ir} & \cdots & p_{rr} \end{bmatrix} \begin{bmatrix} v_{1t} \\ \vdots \\ v_{ht} \\ \vdots \\ v_{it} \\ \vdots \\ v_{rt} \end{bmatrix} = \begin{bmatrix} v_{1(t+1)} \\ \vdots \\ v_{h(t+1)} \\ \vdots \\ v_{i(t+1)} \\ \vdots \\ v_{r(t+1)} \end{bmatrix}$$

Les éléments des deux vecteurs représentent la *proportion* d'individus dans un état, au temps considéré : par exemple, v_{2t} = proportion de poissons *adultes* dans la population au temps t (la somme des éléments de chacun des vecteurs est donc égale à l'unité). Pour l'écologiste, plusieurs probabilités de la matrice de transition peuvent être zéro : en effet, il est souvent impossible en écologie de passer d'un état plus avancé à un état antérieur, par exemple de régresser du stade *capture* au stade *recrue* pour un poisson. Il convient toutefois d'examiner tout d'abord le cas le plus général de la matrice de transition, sans tenir compte des éventuelles probabilités nulles, afin de tirer des conclusions applicables à toutes les matrices possibles de l'écologiste.

Pour des raisons de commodité de présentation, les indices des éléments de $\mathbf{P}$ sont ceux d'une transposée. La somme des éléments (tous positifs) d'une colonne est égale à l'unité puisqu'elle représente l'ensemble des probabilités de passage d'un état vers tous les autres états. Le produit matriciel multiplie successivement chacune des lignes de la matrice $\mathbf{P}$ avec le vecteur de l'état initial $\mathbf{v}_t$: pour une ligne i, la valeur des r états au temps t est donc multipliée par la probabilité de transition de ces états vers l'état i, au temps $t + 1$, de telle sorte que la somme de ces r produits résulte bien en la valeur $v_{i(t+1)}$.

La matrice de transition $\mathbf{P}$ demeure constante, lorsque la chaîne est homogène, et il en résulte que l'évolution du système dans le temps peut être décrite au moyen d'équations matricielles simples :

$$\mathbf{v}_1 = \mathbf{P}\mathbf{v}_0 \qquad \text{(vecteur au temps } 1\text{)}$$

$$\mathbf{v}_2 = \mathbf{P}\mathbf{v}_1 = \mathbf{P}(\mathbf{P}\mathbf{v}_0) = \mathbf{P}^2\mathbf{v}_0 \qquad \text{(vecteur au temps } 2\text{)}$$

$$\ldots$$

$$\mathbf{v}_t = \mathbf{P}\mathbf{v}_{t-1} = \mathbf{P}(\mathbf{P}^{t-1}\mathbf{v}_0) = \mathbf{P}^t\mathbf{v}_0 \qquad \text{(vecteur au temps } t\text{)}$$

L'évolution du système entre deux instants t et $t + k$ ne dépend donc que de l'intervalle k, peu importe la valeur de t puisque $\mathbf{P}$ demeure inchangée en fonction du temps. Le comportement du système se ramène par conséquent à celui des puissances successives de la matrice $\mathbf{P}$.

Le calcul des puissances successsives de la matrice de transition peut être réalisé de façon efficace, lorsque k est grand, grâce à la première propriété des vecteurs propres (section 2.10, tome 1). A partir de la matrice $\mathbf{\Lambda}$ des valeurs propres de $\mathbf{P}$ et de la matrice $\mathbf{U}$ de ses vecteurs propres, $\mathbf{P}^k$ devient :

$$\mathbf{P}^k = \mathbf{U}\mathbf{\Lambda}^k\mathbf{U}^{-1} = \mathbf{U}\,[\lambda^k]\,\mathbf{U}^{-1}$$

Un exemple simple permet de dégager le rôle fondamental de l'évolution de la matrice de transition $\mathbf{P}$, à l'aide des puissances paires d'une matrice d'ordre 3 (Girault, 1965) :

$$\mathbf{P} = \begin{bmatrix} 0{,}4 & 0{,}2 & 0{,}1 \\ 0{,}3 & 0{,}4 & 0{,}5 \\ 0{,}3 & 0{,}4 & 0{,}4 \end{bmatrix}$$

$$\mathbf{P}^2 = \begin{bmatrix} 0{,}25 & 0{,}20 & 0{,}18 \\ 0{,}39 & 0{,}42 & 0{,}43 \\ 0{,}36 & 0{,}38 & 0{,}39 \end{bmatrix}$$

$$\mathbf{P}^4 = \begin{bmatrix} 0{,}205 & 0{,}202 & 0{,}201 \\ 0{,}416 & 0{,}418 & 0{,}418 \\ 0{,}379 & 0{,}380 & 0{,}380 \end{bmatrix}$$

$$\mathbf{P}^6 = \begin{bmatrix} 0{,}2027 & 0{,}2025 & 0{,}2024 \\ 0{,}4176 & 0{,}4177 & 0{,}4178 \\ 0{,}3797 & 0{,}3797 & 0{,}3798 \end{bmatrix}$$

Il faut tout d'abord remarquer que les puissances successives de $\mathbf{P}$ sont aussi des matrices de transition, puisque la somme des éléments de chaque colonne est égale à l'unité. A mesure que k augmente, $\mathbf{P}^k$ tend dans ce cas-ci vers une matrice composée de r colonnes identiques : quel que soit le vecteur de l'état initial, le vecteur de l'état final sera donc le même lorsque $k \to \infty$

$$\begin{bmatrix} 0{,}2025 & 0{,}2025 & 0{,}2025 \\ 0{,}4177 & 0{,}4177 & 0{,}4177 \\ 0{,}3797 & 0{,}3797 & 0{,}3797 \end{bmatrix} \begin{bmatrix} v_{10} \\ v_{20} \\ v_{30} \end{bmatrix} = \begin{bmatrix} 0{,}2025 \\ 0{,}4177 \\ 0{,}3797 \end{bmatrix}$$

puisque la somme des éléments du vecteur de l'état initial est égale à l'unité. Cet exemple démontre bien que le comportement du système dépend de l'évolution de la matrice de transition et non de l'état initial. Toutes les chaînes de Markov n'évoluent cependant pas vers un état limite unique et stationnaire, ce cas spécial, illustré ici, étant qualifié de chaîne de Markov *ergodique*.

On peut étudier facilement diverses évolutions non-ergodiques au moyen de matrices de transition schématiques, où les probabilités non-nulles sont représentées par X. Ainsi, les puissances successives de la matrice suivante conduisent-elles à une évolution *périodique* de la chaîne de Markov :

$$\mathbf{P} = \begin{bmatrix} 0 & 0 & X & 0 & 0 \\ 0 & 0 & X & 0 & 0 \\ 0 & 0 & 0 & X & X \\ X & X & 0 & 0 & 0 \\ X & X & 0 & 0 & 0 \end{bmatrix} \qquad \mathbf{P}^2 = \begin{bmatrix} 0 & 0 & 0 & X & X \\ 0 & 0 & 0 & X & X \\ X & X & 0 & 0 & 0 \\ 0 & 0 & X & 0 & 0 \\ 0 & 0 & X & 0 & 0 \end{bmatrix}$$

$$\mathbf{P}^3 = \begin{bmatrix} X & X & 0 & 0 & 0 \\ X & X & 0 & 0 & 0 \\ 0 & 0 & X & 0 & 0 \\ 0 & 0 & 0 & X & X \\ 0 & 0 & 0 & X & X \end{bmatrix} \qquad \mathbf{P}^4 = \begin{bmatrix} 0 & 0 & X & 0 & 0 \\ 0 & 0 & X & 0 & 0 \\ 0 & 0 & 0 & X & X \\ X & X & 0 & 0 & 0 \\ X & X & 0 & 0 & 0 \end{bmatrix} = \mathbf{P}$$

La chaîne est de *période* 3, puisqu'elle revient à l'état initial à $t + 3$. Par ailleurs, on peut démontrer que les 5 états de cette chaîne sont divisés en 3 *sous-ensembles cycliques* mutuellement exclusifs $\{1, 2\}$, $\{3\}$ et $\{4, 5\}$; par exemple, si le vecteur occupe l'état 3 au temps t, il se déplacera vers 1 et 2 au temps $t + 1$, puis vers 4 et 5 au temps $t + 2$, pour revenir à l'état 3 à $t + 3$:

$$\begin{matrix} & t & & t+1 \\ \mathbf{P} & \begin{bmatrix} 0 \\ 0 \\ X \\ 0 \\ 0 \end{bmatrix} & = & \begin{bmatrix} X \\ X \\ 0 \\ 0 \\ 0 \end{bmatrix} \end{matrix} \qquad \begin{matrix} & t+1 & & t+2 \\ \mathbf{P} & \begin{bmatrix} X \\ X \\ 0 \\ 0 \\ 0 \end{bmatrix} & = & \begin{bmatrix} 0 \\ 0 \\ 0 \\ X \\ X \end{bmatrix} \end{matrix} \qquad \begin{matrix} & t+2 & & t+3=t \\ \mathbf{P} & \begin{bmatrix} 0 \\ 0 \\ 0 \\ X \\ X \end{bmatrix} & = & \begin{bmatrix} 0 \\ 0 \\ X \\ 0 \\ 0 \end{bmatrix} \end{matrix}$$

Un tel comportement cyclique dépend évidemment de la position relative des zéros par rapport à celle des probabilités non-nulles.

Une autre évolution possible est celle d'une matrice de transition comportant 4 sous-matrices, dont une sous-matrice *carrée* **B** et une sous-matrice *nulle* **0**, de la forme suivante :

$$\mathbf{P} = \begin{bmatrix} \mathbf{B} & \mathbf{C} \\ \mathbf{0} & \mathbf{D} \end{bmatrix}$$

Il suffit alors de considérer une matrice schématique correspondant à cette forme générale, par exemple :

$$\mathbf{P} = \left[\begin{array}{cc|ccc} X & X & X & X & X \\ X & X & X & X & X \\ \hline 0 & 0 & X & X & X \\ 0 & 0 & X & X & X \\ 0 & 0 & X & X & X \end{array}\right]$$

L'examen de cette matrice révèle l'existence d'un *ensemble fermé* $\{1, 2\}$, à partir duquel il est impossible d'atteindre les autres états : cet ensemble fermé correspond aux états de la matrice **B**, par suite de la position relative de **B** et de **0**. Une matrice de transition de cette forme est qualifiée de *matrice réductible*.

Cox & Miller (1965), entre autres auteurs, établissent que toute matrice stochastique **P** possède au moins une valeur propre $\lambda = 1$ et que la valeur absolue d'aucune valeur propre ne peut être supérieure à l'unité : $|\lambda| \leqslant 1$. Ces auteurs démontrent ensuite qu'il est possible de prédire l'évolution finale d'une chaîne de Markov, à partir de certaines propriétés de sa matrice de transition. Ainsi :

1) la chaîne est *ergodique* (évolution vers un état limite unique et stationnaire), si **P**

a) est *irréductible* (non réductible)

b) possède *une seule* valeur propre $\lambda_1 = 1$, laquelle est plus élevée que toutes les autres : $\lambda_1 > |\lambda_2| > \cdots > |\lambda_n|$

2) la chaîne est *irréductible* (tous ses états sont intercommunicants) et *périodique* de période k, si **P**

a) est *irréductible*

b) possède k valeurs propres $|\lambda_1| = \cdots = |\lambda_k| = 1$, lesquelles

$$|\lambda_1| = \cdots = |\lambda_k| > |\lambda_{k+1}| > \cdots > |\lambda_r| ;$$

les r états de cette chaîne se divisent en k sous-ensembles cycliques mutuellement exclusifs.

3) la chaîne comporte des *états transitoires* (où il n'est pas certain qu'elle revienne éventuellement), si **P** est *réductible* ; le nombre d'*ensembles fermés* est égal à la multiplicité de la valeur propre $\lambda = 1$ (nombre de λ égaux à 1).

Ces quelques notions fondamentales sur les chaînes de Markov permettent de procéder à un bref examen de deux exemples d'applications écologiques de ce processus. Ces exemples étudient des peuplements sous l'aspect éthologique et synécologique ; on trouvera des applications autoécologiques lors de l'étude des formes dérivées (section 12.2) qui sont davantage adaptées aux problèmes monospécifiques et permettent d'évaluer certains paramètres des populations.

Application écologique 12.1a. – Thompson & Vertinsky (1975) ont développé, en se fondant sur le processus de Markov, une approche mathématique qui facilite l'interprétation des résultats de simulations écologiques complexes. La description d'un écosystème, sous forme d'un processus de Markov, comporte les étapes suivantes :

1) identification des états qui représentent le système, ceux-ci étant le plus souvent déterminés par le chercheur selon la nature du problème étudié ;

2) estimation des probabilités de transition, en fonction de considérations théoriques ou à partir des données ;

3) validation du modèle, qui consiste à vérifier si les hypothèses sous-jacentes au processus de Markov homogène sont applicables aux données ;

4) analyse du modèle en vue de comprendre le détail de son fonctionnement.

Les auteurs illustrent ces quatre étapes, en modelant une population de petits passereaux qui s'alimentent en bande. On reconnaît trois types d'activité – le mouvement, la recherche de proies et l'imitation d'autres oiseaux –, qui dépendent de la faim, de la position et du comportement des voisins ainsi que de la direction antérieure du mouvement :

deux modèles ont été élaborés, une chaîne complexe à 15 états et une version simplifiée, à 5 états. Le lecteur intéressé devra consulter la publication, afin de bien comprendre le détail de l'identification des états, de l'estimation des probabilités de transition, de la validation et de l'analyse du modèle : la procédure mathématique proposée est applicable à bon nombre de situations écologiques.

L'examen des résultats du modèle révèle que les oiseaux en bande augmentent leur taux de capture plus rapidement que les individus isolés ; par ailleurs, les oiseaux en bande atteignent un taux de capture à long terme plus faible que celui des solitaires lorsqu'un seul type de proies est disponible, alors que l'inverse se produit avec deux types de proies. On en conclut que le grégarisme serait particulièrement approprié lorsque les populations de proies sont polymorphes.

Application écologique 12.1b. – La seconde application traite d'un problème complexe, où un écosystème marin est soumis à l'exploitation commerciale. L'étude porte sur l'écosystème sardine-anchois du nord-est du Pacifique, qui présente les caractéristiques suivantes : les larves de sardines et d'anchois sont sujettes à la prédation des adultes des deux espèces, ainsi qu'à celle des compétiteurs de ces adultes ; lorsqu'elles atteignent une taille intermédiaire, les jeunes sardines ne sont plus soumises qu'à la prédation des compétiteurs des adultes ; après leur recrutement dans la population adulte, les sardines, de même que les anchois adultes et leurs compétiteurs, constituent des proies pour un ensemble de prédateurs, avec lesquels est en compétition l'homme qui pêche la sardine adulte. Le modèle stochastique, élaboré par Riffenburgh (1969), vise à comprendre la diminution des prises au cours des années 1950 (fig. 12.1) et à examiner diverses stratégies de pêche.

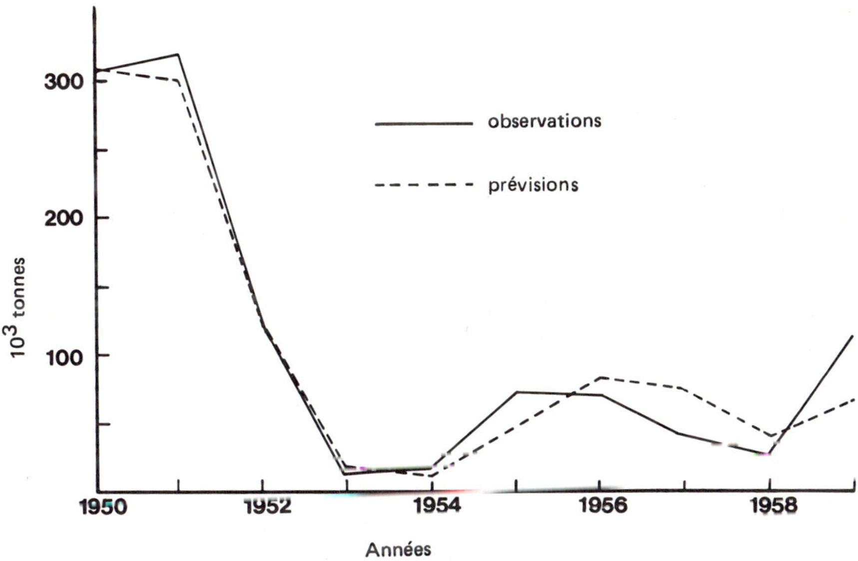

Figure 12.1 – Prises de sardines dans le nord-est du Pacifique, de 1950 à 1959 : valeurs observées et prévisions du modèle de Markov. D'après Riffenburgh (1969).

L'évolution de cet écosystème complexe est représentée au moyen d'une chaîne de Markov à 9 états, qui permet de décrire la répartition de la biomasse entre les diverses catégories écologiques, année après année. Les neuf catégories de biomasse retenues pour le modèle sont : (1) les larves de sardines, (2) les larves d'anchois, (3) les sardines d'un an, (4) les sardines adultes, (5) les anchois adultes, (6) les compétiteurs des sardines et des anchois adultes, (7) les prédateurs de 4, 5 et 6, (8) la pêche des sardines adultes et (9) les pertes du système. Le processus est non-homogène, par suite des changements de la matrice de transition à chaque année, puisque les taux de mortalité dépendent de la densité des populations et que le recrutement observé varie d'année en année. Le calcul des éléments de la matrice est expliqué en détail dans l'article de Riffenburgh, où il est démontré comment la "matrice de transition" du modèle est établie par sommation d'une matrice de transition et d'une matrice de croissance ; la matrice qui en résulte ne possède pas toutes les propriétés d'une matrice stochastique.

Les simulations et projections, réalisées grâce au modèle, permettent de conclure que la baisse des prises de sardines ne résulte vraisemblablement pas d'une pêche excessive, mais plutôt du déséquilibre de l'écosystème résultant de la pêche d'une seule des espèces impliquées. Il semblerait que l'exploitation limitée de l'anchois et des compétiteurs pourrait amener les captures de sardines à un niveau deux à trois fois plus élevé qu'en l'absence de cette exploitation simultanée. Par ailleurs, une prise maximale stable de l'ensemble des petites espèces exigerait une pêche plus importante de l'anchois et des compétiteurs, ce qui conduirait à des captures plus faibles de sardines mais à un débarquement total optimal. Le choix de l'une ou l'autre stratégie repose alors sur des considérations économiques, quant à la valeur relative des différentes espèces pêchées.

12.2. – MATRICE DE LESLIE ET FORMES DÉRIVÉES

L'écologiste qui s'intéresse au développement d'une population peut faire appel à un modèle déterministe en chaîne, qui a été formellement proposé par Leslie (1945) et qui rappelle la chaîne homogène de Markov. Cette même matrice avait été décrite antérieurement par Lewis (1942), dans une publication qui avait alors échappé à Leslie et à laquelle celui-ci rend crédit dans un article ultérieur (Leslie, 1948).

La matrice de Leslie (**M**) permet de prédire la structure d'âge des femelles d'une population animale, compte tenu de sa structure d'âge actuelle (vecteur initial $\mathbf{y}_t$), ainsi que des taux de fécondité et de survie des différentes classes d'âge. On ne considère que les femelles de la population, puisque le nombre de mâles n'influence généralement pas directement le nombre des jeunes à naître. Le produit de la matrice de Leslie, avec le vecteur de la population au temps t, détermine la population en $t + 1$, comme pour une chaîne de Markov :

$$\begin{bmatrix} f_0 & f_1 & f_2 & \dots & f_{m-1} & f_m \\ \mathrm{p}_0 & 0 & 0 & \dots & 0 & 0 \\ 0 & \mathrm{p}_1 & 0 & \dots & 0 & 0 \\ \cdot & \cdot & \cdot & & \cdot & \cdot \\ \cdot & \cdot & \cdot & & \cdot & \cdot \\ \cdot & \cdot & \cdot & & \cdot & \cdot \\ 0 & 0 & 0 & \dots & \mathrm{p}_{m-1} & 0 \end{bmatrix} \begin{bmatrix} y_{0t} \\ y_{1t} \\ y_{2t} \\ \cdot \\ \cdot \\ \cdot \\ y_{mt} \end{bmatrix} = \begin{bmatrix} y_{0(t+1)} \\ y_{1(t+1)} \\ y_{2(t+1)} \\ \cdot \\ \cdot \\ \cdot \\ y_{m(t+1)} \end{bmatrix}$$

Les éléments des vecteurs **y** de la structure d'âge, aux temps t et $t + 1$ sont ici des *nombres* de femelles : ainsi $y_{2(t+1)}$ représente le nombre de femelles vivantes, dans la classe d'âge [2 à 3], au temps $t + 1$. Les éléments de la matrice de Leslie sont de deux types :

p_i est la *probabilité* qu'une femelle d'âge [i à $i + 1$] au temps t soit vivante dans la classe d'âge suivante au temps $t + 1$;

f_i est le *nombre* de filles, nées au cours de l'intervalle $[t$ à $t + 1]$ – par femelle d'âge $[i$ à $i + 1]$ au temps t – et vivantes dans la première classe d'âge au temps $t + 1$.

De toute évidence, la matrice de Leslie n'est pas une matrice stochastique, puisque la somme des colonnes n'est pas égale à l'unité. Par ailleurs, le *pas* de la matrice – l'intervalle de temps entre t et $t + 1$ – est nécessairement égal à la durée des classes d'âge, puisqu'une femelle, au cours de cet intervalle, doit obligatoirement passer à la classe d'âge suivante ou disparaître : selon le problème étudié, la durée des classes d'âge peut être définie par le chercheur en termes annuels, mensuels, hebdomadaires, quotidiens, horaires, etc. ; en corollaire, la probabilité de survie à l'intérieur d'une même classe, du temps t au temps $t + 1$, est nulle. Enfin, la matrice de Leslie est carrée, ce qui permet d'en extraire des valeurs et des vecteurs propres.

L'écologiste s'intéresse généralement au cas où la chaîne est homogène : son développement est donc analogue à celui d'une chaîne de Markov homogène

$$\mathbf{y}_{t+k} = \mathbf{M}^k \mathbf{y}_t$$

D'autre part, le chercheur peut se demander si la population atteindra éventuellement une *distribution stable*, où les différentes classes d'âge conservent les mêmes proportions relatives, quel que soit le nombre total d'individus. Une telle évolution *constante* de la population, si elle existe, peut être décrite par :

$$\mathbf{y}_{t+1} = \mathbf{M}\mathbf{y}_t = c\mathbf{y}_t$$

où c est une valeur qui caractérise l'évolution constante de la population de t à $t + 1$. Les deux membres de droite de cette équation correspondent à la définition des vecteurs propres (chap. 2), de telle sorte que, si elle existe, la distribution d'âge stable est un vecteur propre $\mathbf{u}$ associé à l'une des valeurs propres λ de la matrice de Leslie $\mathbf{M}$. Pour être un vecteur légitime de la distribution d'âge de la population, il est essentiel qu'*aucun* des éléments de $\mathbf{u}$ ne soit négatif ; de même, il faut que λ soit positive (des valeurs négatives n'ayant aucun sens en écologie) :

$$\mathbf{u}_{t+1} = \mathbf{M}\mathbf{u}_t = \lambda\mathbf{u}_t$$

Sykes (1969) démontre qu'il y a toujours *une* des valeurs propres (λ_0) de la matrice $\mathbf{M}$ qui possède les propriétés suivantes : λ_0 est positive et plus grande ou égale à la valeur absolue de toutes les autres valeurs propres ($\lambda_0 \geqslant |\lambda_1|, |\lambda_2|, \ldots$) ; à cette valeur propre λ_0, et seulement à elle, est associé un vecteur propre $\mathbf{u}$ dont *tous* les éléments sont non-négatifs.

Le vecteur $\mathbf{u}$, associé à la valeur propre λ_0, est donc le *seul* vecteur stable de la distribution relative des classes d'âge. Le vecteur $\mathbf{u}$ existe *toujours*, ce qui signifie que, après une période initiale, la population atteint généralement une distribution d'âge stable, dont l'évolution est décrite par :

$$\mathbf{u}_{t+k} = \lambda_0^k \mathbf{u}_t$$

La valeur λ_0 permet de prédire, au-delà de la période de fluctuations initiales, le sort ultime de la population : lorsque $\lambda_0 = 1$, la population demeure constante ; lorsque $\lambda_0 > 1$, la population s'accroît à un taux constant $(\lambda_0 - 1)$; lorsque $\lambda_0 < 1$, la population décroît alors à un taux constant $(1 - \lambda_0)$.

Sykes (1969) démontre en outre que certaines matrices de Leslie permettent de prévoir, à terme, une *évolution cyclique* de la population. Cette situation se produit lorsque la fertilité de certaines classes d'âge est nulle ($f_i = 0$), de façon périodique par rapport aux classes d'âge : par exemple, si la première ligne d'une matrice de Leslie était

$$\begin{bmatrix} 0 & 0 & f_2 & 0 & 0 & f_5 & 0 & 0 & f_8 \end{bmatrix}$$

la fertilité serait alors qualifiée de périodique. Dans ce cas, la valeur absolue d'un certain nombre de valeurs propres serait égale à λ_0 ($\lambda_0 = |\lambda_1|, \ldots$), ce qui déterminerait un comportement cyclique de période égale au nombre de ces valeurs propres. Toutefois, une telle fertilité cyclique est rare et λ_0 est normalement *dominante* ($\lambda_0 > |\lambda_1|, |\lambda_2|, \ldots$).

Quand λ_0 est dominante, la population évolue vers un état stable. Skellam (1967) reconnaît deux degrés de stabilité :

1) lorsque λ_0 est beaucoup plus élevée que la valeur absolue des valeurs propres suivantes ($\lambda_0 \gg |\lambda_1|, |\lambda_2|, \ldots$), la population est *très stable* (évolution rapide vers la distribution d'âge stable, accompagnée d'oscillations faibles) ;

2) lorsque λ_0 n'est pas très élevée par rapport à la valeur absolue des valeurs propres suivantes ($\lambda_0 > |\lambda_1|, |\lambda_2|, \ldots$), la population est *médiocrement stable* (évolution lente vers la distribution d'âge stable, accompagnée d'oscillations importantes) ;

3) à la limite, $\lambda_0 = |\lambda_1|, \ldots$, ce qui caractérise une population à comportement complètement oscillatoire.

Le taux instantané de croissance de la population est lié à λ_0. Le modèle classique de la croissance exponentielle simple décrit l'évolution d'une population de N individus comme une fonction de son taux instantané de croissance (r) :

$$\frac{dN}{dt} = rN$$

d'où $$N_{t+k} = N_t e^{rk} \quad \text{en intégrant entre } t \text{ et } (t+k).$$

Ayant démontré plus haut que $N_{t+k} = \lambda_0^k \mathbf{u}_t$ et $N_t = \mathbf{u}_t$, on peut alors vérifier que

$$r = \ln \lambda_0$$

L'examen de la première valeur propre de la matrice de Leslie permet donc de connaître l'évolution éventuelle de la population. Un certain nombre d'applications écologiques, qui illustrent l'intérêt du modèle de Leslie, sont suivies de l'examen de formes plus élaborées de cette matrice.

Application écologique 12.2a. – Usher (1972, 1981) traite de la croissance des populations de rorquals bleus *(Balaenoptera musculus)* dans les années 1930, avant leur extinction virtuelle. La période de temps qui s'écoule entre les naissances est de 2 ans et à peu près la moitié de la population est constituée de femelles : la fécondité est donc aux environs de 0,5 fille par femelle à maturité sexuelle, pour un pas de 2 ans. La probabilité de survie dans la classe d'âge suivante est 0,77, pour un pas de 2 ans. Chacune des 7 classes d'âge considérées est d'une durée de 2 ans et la dernière classe regroupe toutes les femelles âgées de 12 ans et plus : comme les rorquals peuvent vivre jusqu'à 20 ans, il faut prévoir une probabilité non-nulle de survie à l'intérieur de la septième classe d'âge, ce qui constitue une modification légère de la matrice de Leslie, rendue nécessaire par le regroupement de tous les vieux individus dans une même classe terminale. La matrice **M** de la population de rorquals bleus, avec un pas de 2 ans, est alors :

$$\mathbf{M} = \begin{bmatrix} 0 & 0 & 0{,}19 & 0{,}44 & 0{,}50 & 0{,}50 & 0{,}45 \\ 0{,}77 & 0 & 0 & 0 & 0 & 0 & 0 \\ 0 & 0{,}77 & 0 & 0 & 0 & 0 & 0 \\ 0 & 0 & 0{,}77 & 0 & 0 & 0 & 0 \\ 0 & 0 & 0 & 0{,}77 & 0 & 0 & 0 \\ 0 & 0 & 0 & 0 & 0{,}77 & 0 & 0 \\ 0 & 0 & 0 & 0 & 0 & 0{,}77 & 0{,}78 \end{bmatrix}$$

Les premiers termes de fécondité sont nuls ou plus faibles que 0,5, les rorquals femelles n'atteignant la maturité sexuelle qu'à un âge de 4 à 7 ans.

La première valeur propre de cette matrice de Leslie est $\lambda_0 = 1{,}0072$, ce qui indique que la population de 1930 pouvait augmenter de quelques $(\lambda_0 - 1)\,100 \cong 0{,}7\ \%$ en 2 ans. Il en résulte qu'une exploitation équilibrée des rorquals bleus aurait pu permettre un prélèvement de près de 1 % de la population pour chaque période de 2 ans ; dans ce cas, chacune des classes d'âge de la population stable **u** aurait été également soumise à un même taux d'exploitation de 1 %.

$$\mathbf{u}' = [1{,}000 \quad 0{,}764 \quad 0{,}584 \quad 0{,}447 \quad 0{,}341 \quad 0{,}261 \quad 0{,}885]$$

Il faut noter que les éléments de **u** ne sont que des valeurs relatives à 1,000. Usher démontre en outre qu'une exploitation concentrée sur les premières classes d'âge aurait permis une chasse encore plus importante, tout en maintenant la population de rorquals bleus à un niveau équilibré (croissance nulle).

Application écologique 12.2b. – Les populations d'éléphants *(Loxodonta africana)*, en Ouganda, voient leur territoire se réduire progressivement, par suite de l'activité humaine : il en résulte une forte augmentation de la densité des populations, puisque cette espèce fait montre d'une grande longévité (jusqu'à 65-75 ans) ainsi que d'un taux élevé de survie, même dans ces conditions difficiles. Fowler & Smith (1973) proposent, pour des fins d'aménagement, une prévision de l'évolution de ces populations d'éléphants, tenant compte de leurs densités variables.

La fécondité des éléphants change selon la densité de la population : à un accroissement de la densité est associé (a) un retard de la maturation sexuelle des femelles, par suite de l'augmentation de compétition intraspécifique, (b) un allongement de l'intervalle entre les naissances, résultant du prolongement de la période de récupération post-natale et d'une plus faible disponibilité de nourriture, et (c) une augmentation de la mortalité des jeunes au cours de la première année, consécutive à la réduction du couvert ombragé ou à une insuffisance de production de lait par la mère. Les termes de fécondité de la matrice de Leslie sont donc fonction de la densité de la population : les auteurs proposent une équation empirique, permettant le calcul des f_i à partir de la densité. Quant aux probabilités de survie d'une classe d'âge à la suivante, elles semblent à peu près indépendantes de la densité, puisque les taux de survie des adultes sont élevés et constants.

L'étude de l'évolution de la population doit être menée en tenant compte de l'effet de la densité sur la fécondité, une matrice de Leslie différente étant nécessaire pour chaque niveau différent de densité de la population. Les matrices de Leslie utilisées ici sont 65 × 65 (65 classes d'âge) et seuls les termes de fécondité f_i changent d'une matrice à l'autre. La population est en état d'équilibre lorsque $\lambda_0 = 1$, ce qui correspond à une densité de population de 0,6 éléphant/km^2 (fig. 12.2). A cette densité, la maturité sexuelle est atteinte vers l'âge de 12 ans et l'intervalle entre les naissances est de quelque 4,5 ans. Lorsque la densité de la population augmente, il y a un déplacement de λ_0 ($\lambda_0 < 1$) et la population revient lentement vers la densité d'équilibre, où $\lambda_0 = 1$; la lenteur du retour à l'équilibre s'explique notamment par le taux élevé de survie des éléphants quelle que soit leur densité.

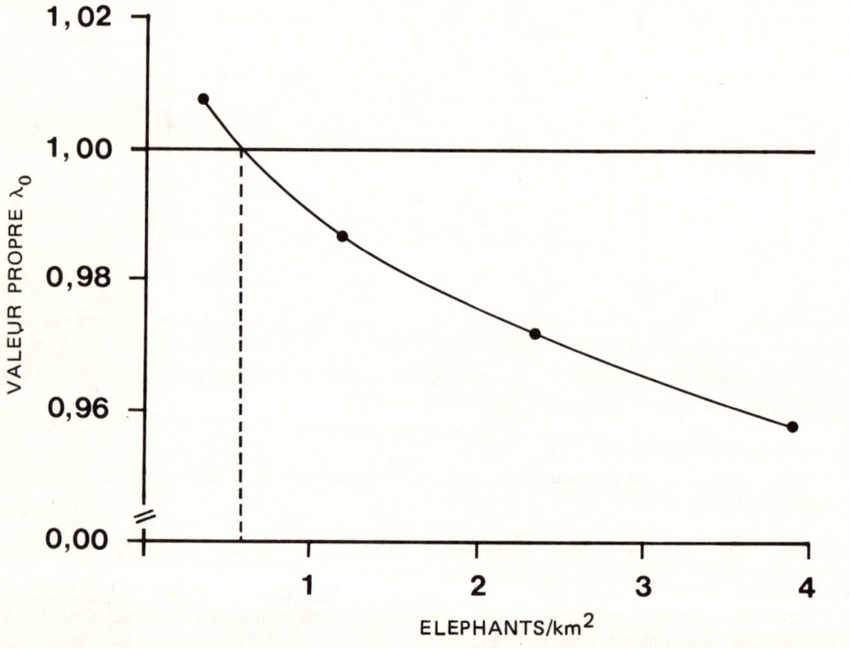

Figure 12.2 – Variation de la valeur propre λ_0 de la matrice de Leslie, en fonction de la densité d'une population d'éléphants africains. Adapté de Fowler & Smith (1973).

A la suite des mouvements de la population humaine, de 1945 à 1965, les éléphants ont été progressivement concentrés sur une superficie inférieure à un tiers de l'originale, de telle sorte que leur densité est passée d'environ 1 individu/km^2 à près de 4 individus/km^2. Parallèlement, la structure d'âge de la population a été modifiée radicalement, les individus d'âge intermédiaire devenant beaucoup plus nombreux que les jeunes, en conséquence d'une réduction de la fécondité avec l'augmentation de la densité de la population. Il y a un vecteur stable **u** de la structure d'âge de la population, qui correspond à $\lambda_0 = 1$. Or, une prévision, réalisée grâce au modèle de Leslie et tenant compte de l'évolution de la densité, indique que la population d'éléphants ne reviendra à une distribution d'âge équilibrée **u** que vers l'an 2000, à moins que des mesures d'aménagement appropriées ne soient prises. La réduction souhaitable des populations, jusqu'à un niveau compatible avec la capacité du milieu ($\simeq$ 0,6 éléphant/km^2), devrait donc être menée de façon sélective selon les classes d'âge, en vue de ramener la population vers la distribution d'âge équilibrée.

Application écologique 12.2c. – Le modèle de Leslie n'est applicable qu'aux situations où la croissance des populations demeure indépendante de leur taille : de telles situations écologiques sont rares et, s'il était possible de négliger les effets de la densité des populations dans l'application *12.2a*, par suite du faible nombre de rorquals bleus par rapport à l'étendue des océans, tel n'a pas été le cas de l'application *12.2b*, relative à l'évolution de populations d'éléphants. Il existe toutefois un cas où le modèle simple de Leslie peut être utilisé directement, puisque la population demeure alors à un niveau constant : il s'agit d'une population exploitée, où l'aménagement vise précisément à un rendement maximum, qui maintienne la population à une densité constante.

Mathématiquement, le problème se résume à trouver les paramètres d'exploitation optimale, qui fournissent une matrice de Leslie dont $\lambda_0 = 1$. Beddington & Taylor (1973) proposent un algorithme permettant le calcul du prélèvement maximum qui puisse être effectué sur la population, tout en maintenant ses caractéristiques constantes. Les auteurs démontrent que le rendement optimal repose sur le prélèvement *partiel* d'une classe d'âge, associé au prélèvement *total* d'une autre : il en résulte une réduction de la longévité maximale dans la population, puisque aucun individu ne peut dépasser l'âge du prélèvement total.

L'application de cet algorithme au cerf *(Cervus elaphus)* d'Ecosse permet de conclure que l'exploitation, qui assurerait un rendement maximum en termes de proportion de la population (nombre d'individus), est celle qui prélève la totalité de la neuvième classe d'âge et une fraction de la première ; quant au rendement maximum en masse moyenne par animal, il résulterait du prélèvement complet de la septième classe d'âge et partiel de la cinquième.

Il y a des situations écologiques de croissance d'une population qui ne sont toutefois pas réductibles au modèle simple de Leslie. Usher (1972) a préparé une revue de plusieurs cas où la matrice de Leslie a été modifiée substantiellement, notamment en vue de traiter simultanément des deux sexes, d'utiliser des fonctions en tant qu'éléments de la matrice, de calculer des réseaux écologiques, etc. Le travail d'Usher pourra être consulté avec profit par le chercheur intéressé aux applications variées de la matrice de Leslie.

On trouve notamment deux matrices dérivées de la forme initiale, qui sont particulièrement utiles en écologie. Ces matrices ont toutes les deux trait aux populations où l'âge des individus ne peut être évalué avec certitude – problème que rencontre assez fréquemment l'écologiste – ; ces deux formes dérivées sont présentées ici, accompagnée chacune d'un exemple d'application écologique.

Le premier cas de population, où l'âge des individus est incertain, consiste en celui des espèces à croissance continue où il n'est pas possible de déterminer les âges, soit à cause de la biologie même de l'espèce, soit par suite des contraintes de l'étude écologique. Cette question a été soulevée par Usher (1966), dans le cadre de la gestion des forêts, où il est nettement plus facile de mesurer la taille (circonférence) des arbres que de déterminer leur âge. Le chercheur doit alors fonder son travail sur des *classes de taille*, qui ont cette particularité qu'un individu peut très bien ne pas passer à la classe suivante au cours de l'intervalle t à $t + 1$. Il existe donc une probabilité non-nulle de séjour à l'intérieur d'une même classe, à moins de choisir un pas tellement grand que certains individus risquent en ce cas de sauter une classe de taille, de t à $t + 1$, ce qui compliquerait tout autant la matrice.

La matrice d'Usher comporte des éléments diagonaux (p_{ii}), qui constituent les probabilités de séjour dans une même classe de taille. Quant aux éléments subdiagonaux, ils sont analogues à ceux de la matrice de Leslie, puisqu'ils caractérisent la probabilité de passage d'une *classe de taille* à la suivante ; il en est de même des taux de fécondité f_i qui, en foresterie, deviennent des termes de régénération de la forêt. La matrice d'Usher prend la forme suivante :

$$\mathbf{M} = \begin{bmatrix} (f_0 + p_{00}) & f_1 & f_2 & \dots & f_{m-1} & f_m \\ p_{01} & p_{11} & 0 & \dots & 0 & 0 \\ 0 & p_{12} & p_{22} & \dots & 0 & 0 \\ \vdots & \vdots & \vdots & & \vdots & \vdots \\ 0 & 0 & 0 & \dots & p_{(m-1)m} & p_{mm} \end{bmatrix}$$

Nakamura (1973) démontre que cette matrice possède toujours une seule valeur propre positive, à laquelle correspond le seul vecteur propre dont tous les éléments soient non-négatifs, tout comme la valeur propre λ_0 de la matrice de Leslie. En l'absence d'évolution cyclique (p. 276), λ_0 est dominante ($\lambda_0 > |\lambda_1|$, $|\lambda_2| \dots$). En fait, Nakamura démontre que la matrice de Leslie est un cas particulier de la matrice d'Usher, où $p_{ii} = 0$, de telle sorte que les propriétés mathématiques qu'il dégage pour la matrice d'Usher sont les mêmes que celles de la matrice de Leslie.

Application écologique 12.2d. – Béland (1974) s'est intéressé à l'analyse du développement d'une population de bigorneaux *(Littorina saxatilis)* à l'aide de la matrice d'Usher. Il n'est pas possible de déterminer l'âge des bigorneaux de telle sorte que des classes de taille furent établies à partir du poids sec des individus. L'échantillonnage fut mené à toutes les 6 semaines, pendant plus de 2 ans, à 3 stations du littoral de la Nouvelle-Ecosse aux environs de Halifax (Canada). Deux espèces de bigorneaux (*L. saxatilis* et *L. obtusata*) sont présentes sur ce littoral, mais seuls les résultats ayant trait à la première espèce sont présentés ici.

L'auteur reconnaît 12 classes de taille et le pas choisi pour la matrice est de un mois. Le problème qui se pose alors au chercheur est celui de l'évaluation des éléments de la matrice : Béland opte pour la méthode de la table de survie, tandis que la prochaine application (*12.2e*) propose la régression multiple, qui peut mener à des valeurs négatives sans signification écologique.

A partir des données sur la reproduction de *L. saxatilis,* l'auteur évalue les termes de fertilité de la matrice, puis, en se fondant sur la courbe de croissance de l'espèce et sur une *estimation* des taux (inconnus) de survie, il calcule les probabilités de séjour dans une même classe et de passage à la classe suivante. Le lecteur intéressé au détail des calculs pourra consulter la thèse.

L'intérêt de porter, dans une matrice d'Usher, ces valeurs caractéristiques de la population réside dans le calcul de λ_0 et de son vecteur propre $\mathbf{u}$. Si $\lambda_0 \neq 1$, cela signifie que la population s'accroît ou diminue indéfiniment, ce qui ne correspond généralement pas à une population naturelle qui demeure plutôt à l'état stable. Lorsque $\lambda_0 \neq 1$, il est probable que l'écologiste n'a pas estimé correctement certains paramètres de la population, dans le cas présent, les taux de survie. L'étape suivante consiste par conséquent à modifier l'estimation de la survie des différentes classes, en vue de faire évoluer λ_0 vers l'unité et de rapprocher le vecteur stable $\mathbf{u}$ de la distribution moyenne des tailles, observée par le chercheur. Cette démarche peut être répétée plusieurs fois, jusqu'à ce qu'une solution satisfaisante soit atteinte.

Dans le travail sur les bigorneaux la valeur propre dominante, résultant de cette méthode itérative, est $\lambda_0 = 1{,}014$, ce qui semble très convenable. Le vecteur stable $\mathbf{u}$ est illustré à la fig. 12.3, en regard du vecteur moyen des observations. La seconde valeur propre est $|\lambda_1| = 0{,}738$, une valeur suffisamment plus petite que λ_0 pour indiquer une assez forte stabilité de la population, qui reviendrait donc rapidement vers l'état stable à la suite d'une perturbation.

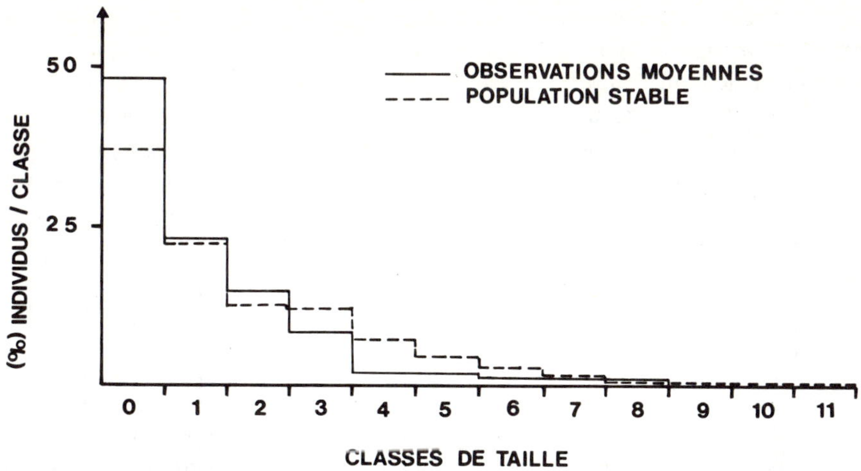

Figure 12.3. – Pourcentage du nombre total des *Littorina saxatilis* dans chacune des 12 classes de taille : population moyenne observée et population stable calculée. Valeurs tirées de Béland (1974).

La matrice d'Usher, en tant qu'instrument de l'écologie numérique, peut donc servir à calculer les paramètres inconnus d'une population, ce qui se révèle particulièrement utile pour l'écologiste praticien. Il suffit, en effet, de poser des valeurs approximatives de ces taux inconnus et de les raffiner ensuite à la faveur d'itérations successives : les critères qui guident l'écologiste au cours de cette évaluation progressive sont la valeur de λ_0 et la forme de la distribution stable **u**. La matrice de Leslie pourrait elle aussi, le cas échéant, servir de point de départ à une procédure itérative analogue.

La matrice d'Usher, comme la matrice de Leslie, a été conçue en vue de la projection, dans le *futur,* d'un vecteur représentant la structure de la population. Ces matrices se révèlent toutefois des instruments particulièrement adaptés à l'étude des caractéristiques *actuelles* des populations. L'utilisation analytique des matrices du type Leslie est d'autant plus intéressante pour l'écologiste que les taux de fertilité et de mortalité d'une population ne demeurent vraisemblablement pas constants pour de très longues périodes : les prédictions à long terme n'ont donc qu'une valeur limitée, tandis que le calcul des paramètres actuels d'une population permet de spécifier la condition présente de celle-ci. Il faut toutefois s'assurer que la population étudiée est bien dans un état stationnaire, avant de procéder à ce type de calculs.

Il y a un second cas, où l'âge ne peut être déterminé de façon utile : il s'agit des espèces à développement par métamorphoses, tel les arthropodes (insectes, crustacés, etc.), dont l'existence est partagée en stades de durée inégale. Lefkovitch (1965) a proposé une matrice adaptée à ce que la longueur des classes soit inégale ; par conséquent, à l'opposé de la matrice de Leslie, le pas de ce modèle est différent de la durée des classes.

Les termes de la matrice de Lefkovitch associent les unes aux autres *toutes* les paires de classes : chacun des éléments (p_{hi}) représente la dépendance biologique du stade *i*, au temps $t + 1$, par rapport au stade *h*, au temps *t* (il est à noter que Lefkovitch, dans sa publication, inverse l'ordre des indices). Il est évidemment possible qu'un certain nombre de ces termes de dépendance soient nuls. La matrice de Lefkovitch, dans sa forme la plus générale, se présente comme suit :

$$\begin{bmatrix} p_{00} & p_{10} & \cdots & p_{(m-1)0} & p_{m0} \\ p_{01} & p_{11} & \cdots & p_{(m-1)1} & p_{m1} \\ \cdot & \cdot & & \cdot & \cdot \\ \cdot & \cdot & & \cdot & \cdot \\ \cdot & \cdot & & \cdot & \cdot \\ p_{0m} & p_{1m} & \cdots & p_{(m-1)m} & p_{mm} \end{bmatrix} \begin{bmatrix} y_{0t} \\ y_{1t} \\ \cdot \\ \cdot \\ \cdot \\ y_{mt} \end{bmatrix} = \begin{bmatrix} y_{0(t+1)} \\ y_{1(t+1)} \\ \cdot \\ \cdot \\ \cdot \\ y_{m(t+1)} \end{bmatrix}$$

Il faut tout d'abord remarquer que, malgré son analogie avec la matrice de transition (p. 268), la matrice de Lefkovitch n'est pas une matrice stochastique puisque la somme des colonnes n'est pas égale à l'unité. En fait, la matrice de Lefkovitch est la formulation généralisée des matrices du type de Leslie/Usher.

Les éléments diagonaux et ceux du triangle inférieur ont la même signification que dans la matrice d'Usher. Les termes du triangle supérieur expriment la fertilité, tenant compte de ce que certains individus, selon la vitesse de leur développement par rapport au pas de la matrice, peuvent éventuellement naître, entre t et $t + 1$, et se retrouver dans un stade plus avancé que 0 au temps $t + 1$.

Application écologique 12.2e. – Lefkovitch (1965) a mis sa matrice à l'épreuve, au cours d'une étude en laboratoire du développement de populations du coléoptère *Lasioderma serricorne.* Différentes conditions furent simulées, de façon à reproduire un milieu où l'espace et la nourriture sont illimités ; un deuxième, où seul l'espace est limité ; un troisième, où l'espace et la nourriture sont tous les deux limités. Seule la première expérience est décrite ici, en vue d'illustrer la méthode.

Chacune des lignes *i* de la matrice de Lefkovitch prédit, à partir du vecteur observé au temps *t*, le nombre d'individus du stade *i* au temps $t + 1$. A partir des *p* observations successives de la population, il est donc possible d'estimer, par régression linéaire multiple (section 2.8), les termes d'une ligne *i* de la matrice de Lefkovitch, puisque :

$$\begin{bmatrix} y_{01} & y_{11} & \cdots & y_{m1} \\ y_{02} & y_{12} & \cdots & y_{m2} \\ \cdot & \cdot & & \cdot \\ \cdot & \cdot & & \cdot \\ \cdot & \cdot & & \cdot \\ y_{0(p-1)} & y_{1(p-1)} & \cdots & y_{m(p-1)} \end{bmatrix} \begin{bmatrix} p_{0i} \\ p_{1i} \\ \cdot \\ \cdot \\ \cdot \\ p_{mi} \end{bmatrix} = \begin{bmatrix} y_{i2} \\ y_{i3} \\ \cdot \\ \cdot \\ \cdot \\ y_{ip} \end{bmatrix}$$

Chaque ligne de cette matrice représente le vecteur de la population tel qu'observé, à un temps *t* : on ne considère ici que les $p - 1$ premières observations successives de la population. Le vecteur de gauche est la ligne *i* de la matrice de Lefkovitch. Le vecteur de droite représente le nombre d'individus observés dans le stade *i* aux temps $t + 1$: ce vecteur regroupe les $p - 1$ dernière observations du stade *i*. Cette équation fait nécessairement passer la droite par l'origine puisque est omise la première colonne de la matrice du modèle général de régression linéaire multiple (section 2.8), entièrement constituée de 1.

L'estimation successive de chacune des lignes *i* de la matrice de Lefkovitch peut être réalisée par régressions linéaires multiples portant successivement sur chacun des stades *i* de la population. Une telle estimation peut cependant conduire à des valeurs négatives, qui n'ont évidemment aucun sens en écologie ; de plus, la valeur propre λ_0 d'une matrice comportant des termes négatifs peut elle-même se révéler négative ou encore complexe (imaginaire). Lefkovitch propose de simplifier la matrice, obtenue par régression, selon les étapes suivantes et tenant compte de la nature de λ_0 :

1) λ_0 est positive et réelle : la connaissance de l'écologie de l'espèce peut permettre de poser directement certains éléments de la matrice comme zéro, indépendamment de leur valeur calculée par régression ; les éléments négatifs sont ramenés à zéro ; les éléments non significativement différents de zéro sont remplacés par zéro. Il y a évidemment un danger d'éliminer ainsi de l'information pertinente, ce qui peut être évalué grâce à l'écart entre λ_0 de la matrice simplifiée et λ_0 de la matrice originale : plus le changement est grand, plus il y a de chances que les valeurs éliminées aient été importantes.

2) λ_0 est négative et réelle : ceci indique que la période d'observation fut trop courte par rapport à l'ampleur des variations aléatoires.

3) λ_0 est complexe : il est possible que la population évolue de façon cyclique et il est préférable de ne pas tenter d'interpréter les éléments négatifs en termes biologiques ; on peut évidemment simplifier la matrice selon les mêmes règles que lorsque λ_0 est positive et réelle, obtenant ainsi une λ_0 positive et réelle.

Au cours de la première expérience de Lefkovitch sur *L. serricorne*, le milieu était non-limitant et la population s'est accrue de façon exponentielle tout au long des deux années d'observations. L'espèce comporte 4 stades de développement (oeuf, larve, nymphe et imago) et la matrice estimée par régressions linéaires multiples comporte quelques termes négatifs, pour un pas de 3 semaines :

$$\mathbf{M} = \begin{bmatrix} 0{,}341 & 1{,}803 & 4{,}119 & -0{,}785 \\ 1{,}203 & 0{,}998 & 27{,}776 & 15{,}309 \\ 0{,}125 & 0{,}101 & 0{,}085 & 1{,}265 \\ -0{,}130 & 0{,}875 & 0{,}919 & -0{,}279 \end{bmatrix}$$

La valeur propre dominante est positive et réelle ($\lambda_0 = 5{,}521$), ce qui signifie que la population stable (vecteur propre associé à λ_0) s'accroît d'un facteur de 5,521 à chaque 3 semaines.

La matrice est alors simplifiée selon les critères exposés ci-dessus, tenant compte de ce que chaque élément possède un écart type, puisqu'il est un coefficient de régression : un élément plus faible que le double de son écart type est alors considéré comme non significativement différent de zéro. La matrice, recalculée en tenant compte des éléments nuls, devient alors :

$$\mathbf{M} = \begin{bmatrix} 0 & 1{,}978 & 0 & 0 \\ 1{,}203 & 0{,}998 & 27{,}776 & 15{,}309 \\ 0{,}362 & 0{,}191 & 0 & 0 \\ 0 & 0{,}835 & 0 & 0 \end{bmatrix}$$

Il y a peu de changement dans la valeur propre dominante ($\lambda_0 = 5{,}432$), ce qui indique une perte d'information minimale par suite de la simplification. La seule ligne de la matrice qui demeure inchangée est la deuxième, où ne fut introduit aucun zéro. Pour les autres lignes, la régression fut recalculée en éliminant les stades correspondant aux valeurs nulles.

En termes biologiques, l'examen de la matrice révèle que, pour une période de 3 semaines, le nombre d'oeufs est à peu près le double du nombres antérieur de larves, le nombre de larves est une fonction des 4 stades, le nombre de nymphes est égal au tiers de celui des oeufs plus un cinquième de celui des larves présentes 3 semaines plus tôt, les adultes représentent 0,8 fois le nombre précédent de larves. L'intérêt écologique réside alors dans la comparaison, qu'effectue Lefkovitch, avec les deux autres conditions expérimentales.

L'ensemble des approches décrites dans ce chapitre permettent au chercheur une interprétation écologique, directe et relativement simple, des séries qui représentent notamment le développement d'une population. Le processus de Markov et la matrice de Leslie, qui relèvent en fait du domaine des modèles écologiques, peuvent donc aussi constituer des outils d'analyse synthétiques, qui complètent bien l'arsenal de l'écologiste praticien.

RÉFÉRENCES BIBLIOGRAPHIQUES

AART P.J.M. (van der) 1973. — Distribution analysis of wolfspiders (Araneae, Lycosidae) in a dune area by means of principal component analysis. *Neth. J. Zool.* 23 : 266-329.

AART P.J.M. (van der), & SMEENK-ENSERINK N. 1975. — Correlations between distributions of hunting spiders (Lycosidae, Ctenidae) and environmental characteristics in a dune area. *Neth. J. Zool.* 25 : 1-45.

ABLES J.G. 1974. — Maximum entropy spectral analysis. *Astron. Astrophys. Suppl.* 15 : 383-393.

ADAMS E.N. 1972. — Consensus techniques and comparison of taxonomic trees. *Syst. Zool.* 21 : 390-397.

ALLEN T.F.H., BARTELL S.M., & KOONEE J.F. 1977. — Multiple stable configurations in ordination of phytoplankton community change rates. *Ecology* 58 : 1076-1084.

ALLEN T.F.H., & STARR T.B. 1982. — *Hierarchy — Perspectives for ecological complexity.* University of Chicago Press, Chicago. xvi + 310 p.

ALTMANN S.A. 1965. — Sociobiology of Rhesus monkeys. II : Stochastics of social communication. *J. theoret. Biol.* 8 : 490-522.

AMANIEU M., GONZALEZ P.L., & GUELORGET O. 1981. — Critères de choix d'un modèle de distribution d'abondances. *Acta Oecologica/Oecol. Gener.* 2 : 265-286.

ANDERSON T.W. 1958. — *An introduction to multivariate statistical analysis.* J. Wiley & Sons, New York. xii + 374 p.

ANDERSON T.W. 1963. — Asymptotic theory for principal component analysis. *Ann. math. Statist.* 34 : 122-148.

ANDERSON T.W. 1971. — *The statistical analysis of time series.* John Wiley & Sons, New York. 704 p.

ANDREWS F.M., & MESSENGER R.C. 1973. — *Multivariate nominal scale analysis: a report on a new analysis technique and a computer program.* Institute for Social Research, Univ. Michigan, Ann Arbor. vi + 108 p.

ANDREWS F.M., MORGAN J.N., SONQUIST J.A., & KLEM L. 1973. — *Multiple classification analysis — A report on a computer program for multiple regression using categorical predictors. 2nd ed.* Institute for Social Research, Univ. of Michigan, Ann Arbor. ix + 104 p.

ANGOT M. 1961. — Analyse quantitative du cycle diurne de la production primaire dans le Pacifique subtropical près de la Nouvelle-Calédonie. *Bull. Inst. océanogr.*, Monaco (1200) : 1-34.

ARFI R., BLANC F., & CALMET D. 1982. — Etude d'impact en milieu marin : échantillonnage et traitement des données. 341-364 *in* : S. Frontier, éd. *Stratégies d'échantillonnage en écologie.* Masson, Paris et les Presses de l'Université Laval, Québec. xviii + 494 p.

ARMENGOL J. 1978. — Zooplankton crustaceans in Spanish reservoirs. *Verh. Internat. Verein. Limnol.* 20 : 1652-1656.

ATLAN H. 1972. — *L'organisation biologique et la théorie de l'information.* Hermann, Paris. xxi + 300 p.

AYRES F. 1973. — *Matrices, cours et problèmes.* Série Schaum, McGraw-Hill. 218 p.

BARE B.B., & HANN D.W. 1981. — Applications of ridge regression in forestry. *Forest Sci.* 27 : 339-348.

BARNES H. 1952. — The use of transformations in marine biological studies. *J. Conseil perm. int. Explor. Mer* 18 : 61-71.

BARRODALE I., & ERICKSON R.E. 1980a. — Algorithms for last-square linear prediction and maximum entropy spectral analysis — Part I : Theory. *Geophysics* 45 : 420-432.

BARRODALE I.,& ERICKSON R.E. 1980b. — Algorithms for least-square linear prediction and maximum entropy spectral analysis — Part II : Fortran program. *Geophysics* 45 : 433-446.

BARTLETT M.S. 1938. — Further aspects of the theory of multiple regression. *Proc. Camb. phil. Soc.* 34 : 33-40.

BARTLETT M.S. 1946. — On the theoretical specification and sampling properties of autocorrelated time-series. *Suppl. J. roy. stat. Soc.* 8 : 27-41.

BARTLETT M.S. 1948. — Internal and external factor analysis. *Brit. J. Psychol. stat. Sect.* 1 : 73-81.

BARTLETT M.S. 1950. — Tests of significance in factor analysis. *Brit. J. Psychol. stat. Sect.* 3 : 77-85.

BARTLETT M.S. 1954. — A note on the multiplying factors for various chi-squared approximations. *J. roy. stat. Soc., Ser. B* 16 : 296-298.

BARTON D.E., & DAVID F.N. 1956. — Some notes on ordered random intervals. *J. roy. stat. Soc., Ser. B* 18 : 79-94.

BEDDINGTON J.R., & TAYLOR D.B. 1973. — Optimum age specific harvesting of a population. *Biometrics* 29 : 801-809.

BÉLAND P. 1974. — *The effects of environmental stress on the demography of two intertidal gastropods.* Thèse Ph. D. Dalhousie University, Halifax. 182 p.

BENDAT J.S., & PIERSOL A.G. 1971. — *Random data : analysis and measurement procedures.* Wiley-Interscience, New York. xv + 407 p.

BENZÉCRI J.P. 1969. — Statistical analysis as a tool to make patterns emerge from data. 35-60 *in* : S. Watanabe, éd. *Methodologies of pattern recognition.* Academic Press, New York. xi + 578 p.

BENZÉCRI J.P. et coll. 1973. — *L'analyse des données.* Tome I : *La taxinomie.* Tome II : *L'analyse des correspondances.* Dunod, Paris. viii + 615, vii + 619 p.

BERRYMAN J.G. 1978. — Choice of operator length for maximum entropy spectral analysis. *Geophysics* 43 : 1384-1391.

BERTALANFFY L. (von) 1968. — *General system theory : foundations, development, applications.* Braziller, New York. xv + 289 p.

BEST D.J. 1974. — *Tables for Kendall's tau and an examination of the normal approximation.* Division of Mathematical Statistics, Technical paper no. 39. Commonwealth Scientific and Industrial Research Organization, Australia.

BEUM C.O. Jr., & BRUNDAGE E.G. 1950. — A method for analyzing the sociomatrix. *Sociometry* 13 : 141-145.

BINET D., GABORIT M., DESSIER A., & ROUX M. 1972. — Premières données sur les copépodes pélagiques de la région congolaise. II. Analyse des correspondances. *Cah. O.R.S.T.O.M., sér. Océanogr.* 10 : 125-137.

BISHOP Y.M.M., FIENBERG S.E., & HOLLAND P.W. 1975. — *Discrete multivariate analysis : theory and practice.* MIT Press, Cambridge, Mass. x + 557 p.

BLACKITH R.E., & ALBRECHT F.O. 1959. — Morphometric differences between the eye-stripe polymorphs of the red locust. *Scient. J. roy. Coll. Sci.* 27 : 13-27.

BLACKITH R.E., & REYMENT R.A. 1971. — *Multivariate morphometrics.* Academic Press, London. ix + 412 p.

BLANC F., CHARDY P., LAUREC A., & REYS J.-P. 1976. — Choix des métriques qualitatives en analyse d'inertie. Implications en écologie marine benthique. *Mar. Biol.* (Berl.) 35 : 49-67.

BLANC F., & LAUREC A. 1976. — De l'heuristique au thaumaturgique en traitement des données d'écologie marine. *Cah. O.R.S.T.O.M., sér. Océanogr.* 14 : 101-107.

BLOOM S.A. 1981. — Similarity indices in community studies : potential pitfalls. *Mar. Ecol. Prog. Ser.* 5 : 125-128.

BOCK C.E., & ROOT T.L. 1981. — Winter abundance patterns of landbirds in the United States and southern Canada. *American Birds* 35 : 891-897.

BOLTZMANN L. 1898. — *Vorlesungen über Gastheorie*, Vol. II. J.A. Barth, Leipzig.

BOS A. (van den) 1971. — Alternative interpretation of maximum entropy spectral analysis. *IEEE Trans. Inf. Theory* 17 : 493-494.

BOUDREAULT F.R., DUPONT J.D., & SYLVAIN C. 1977. — Modèles linéaires de prédiction des débarquements de homard aux îles de la Madeleine (Golfe du Saint-Laurent). *J. Fish. Res. Board Can.* 34 : 379-383.

BOUGIS P. 1974. — *Ecologie du plancton marin.* I. *Le phytoplancton.* Masson, Paris. ix + 196 p.

BOURBAKI N. 1960. — *Eléments d'histoire des mathématiques.* Hermann, Paris. 277 p.

BOURBEAU L., OUELLETTE F., & PINARD F. 1984. — *Le système BLOPS 2.0 : un dictionnaire morphologique informatisé du français et sa logithèque.* Université de Montréal.

BOX G.E.P., & COX D.R. 1964. — An analysis of transformations. *J. roy. stat. Soc., Ser. B* 26 : 211-243.

BOX G.E.P., & JENKINS G.M. 1976. — *Time series analysis, forecasting and control,* éd. rev. Holden-Day, San Francisco. xxi + 575 p.

BRADU D., & GABRIEL K.R.1978. — The biplot as a diagnostic tool for models of two-way tables. *Technometrics* 20 : 47-68.

BRAY R.J., & CURTIS J.T. 1957. — An ordination of the upland forest communities of southern Wisconsin. *Ecol. Monogr.* 27 : 325-349.

BRIAN M.V. 1953. — Species frequencies in random samples from animal populations. *J. anim. Ecol.* 22 : 57-64.

BRILL R., CHRISTANSON H., ESTABROOK G.F., FLEMING H.S., HANDLEY B., LEGENDRE P., OUELLETTE F., ROGERS D.J., & WIRTH M. 1972. — *Program CHARANAL — User's manual.* Assembled by H.S. Fleming & S.G. Appan, Gulf Universities Research Corp., NASA/Mississippi Test Facility, Bay St. Louis. 110 p.

BRILLINGER D.R. 1975. — *Time series: data analysis and theory.* Holt, Rinehart and Winston, New York. xii + 500 p.

BRILLOUIN L. 1956. — *Science and information theory.* Academic Press, New York. 320 p.

BROWN M.B. 1976. — Screening effects in multidimensional contingency tables. *Appl. Statist.* 25 : 37-46.

BUCKINGHAM E. 1914. — On physically similar systems; illustrations of the use of dimensional equations. *Phys. Rev. (2e serie)* 4 : 345-376.

BURG J.P. 1967. — Maximum entropy spectral analysis. Paper presented at the *37th Annual Meeting of Exploration Geophysicists,* October 31, Oklahoma City, Okla.

BURT C. 1952. — Tests of significance in factor analysis. *Brit. J. Psychol. stat. Sect.* 5 : 109-133.

CAILLIEZ F., & PAGÈS J.-P. 1976. — *Introduction à l'analyse des données.* Société de Mathématiques appliquées et de Sciences humaines, Paris. xxii + 616 p.

CAIN A.J., & HARRISON G.A. 1958. — An analysis of the taxonomist's judgement of affinity. *Proc. zool. Soc. Lond.* 131 : 85-98.

CAMPBELL D.J., & SHIPP E. 1974. — Spectral analysis of cyclic behaviour with examples from the field cricket *Teleogryllus commodus* (Walk.). *Anim. Behav.* 22 : 862-875.

CARROLL J.B. 1957. — Biquartimin criterion for rotation to oblique simple structure in factor analysis. *Science* (Wash. D.C.) 126 : 1114-1115.

CASSIE R.M. 1972. — A computer programme for multivariate statistical analysis of ecological data. *J. exp. mar. Biol. Ecol.* 10 : 207-241.

CASSIE R.M., & MICHAEL A.D. 1968. — Fauna and sediments of an intertidal mud flat : a multivariate analysis. *J. exp. mar. Biol. Ecol.* 2 : 1-23.

CATTELL R.B. 1952. — *Factor analysis — an introduction and manual for the psychologist and social scientist.* Harper, New York. 462 p.

CATTELL R.B. 1966. — The data box : its ordering of total resources in terms of possible relational systems. 67-128 *in* : R.B. Cattell, éd. *Handbook of multivariate experimental psychology.* Rand McNally & Co., Chicago. xxxi + 959 p.

CATTELL R.B., & MUERLE J.L. 1960. — The « maxplane » program for factor rotation to oblique simple structure. *Educ. Psychol. Measur.* 20 : 569-590.

CAVALLI-SFORZA L.L., & EDWARDS A.W.F. 1967. — Phylogenetic analysis : models and estimation procedures. *Evolution* 21 :550-570.

CHARDY P., GLEMAREC M., & LAUREC A. 1976. — Application of inertia methods to benthic marine ecology : practical implications of the basic options. *Estuarine and coastal marine Science* 4 : 179-205.

CHEETHAM A.H., & HAZEL J.E. 1969. — Binary (presence-absence) similarity coefficients. *J. Paleontol.* 43 : 1130-1136.

CHERNOFF H. 1973. — The use of faces to represent points in k-dimensional space graphically. *J. amer. stat. Assoc.* 68 : 361-368.

CHODOROWSKI A. 1959. — Ecological differentiation of turbellarians in Harsz-Lake. *Pol. Arch. Hydrobiol.* 6 : 33-73.

CICÉRI M.-F., MARCHAND B., & RIMBERT S. 1977. — *Introduction à l'analyse de l'espace.* Collection de Géographie applicable. Masson, Paris. ix + 173 p.

CLARK P.J. 1952. — An extension of the coefficient of divergence for use with multiple characters. *Copeia* 1952 : 61-64.

CLIFF A.D., & ORD J.K. 1973. — *Spatial autocorrelation.* Pion Limited, London. 178 p.

CLIFF A.D., & ORD J.K. 1981. — *Spatial processes: models and applications.* Pion Limited, London. 266 p.

CLIFFORD H.T., & GOODALL D.W. 1967. — A numerical contribution to the classification of the Poaceae. *Aust. J. Bot.* 15 : 499-519.

CLIFFORD H.T., & STEPHENSON W. 1975. — *An introduction to numerical classification.* Academic Press, New York. xii + 229 p.

COCHRAN W.G. 1954. — Some methods for strengthening the common χ^2 tests. *Biometrics* 10 : 417-451.

COCHRAN W.G. 1957. — Analysis of covariance : its nature and uses. *Biometrics* 13 : 261-281.

COLE L.C. 1949. — The measurement of interspecific association. *Ecology* 30 : 411-424.

COLE L.C. 1957. — The measurement of partial interspecific association. *Ecology* 38 : 226-233.

COLEBROOK J.M., & TAYLOR A.H. 1984. Significant time scales of long-term variability in the plankton and the environment. *Rapp. P.-v. Réun. Cons. int. Explor. Mer* 183 : 20-26.

COLWELL R.K. 1974. — Predictability, constancy and contingency of periodic phenomena. *Ecology* 55 : 1148-1153.

COOLEY W.W., & LOHNES P.R. 1971. — *Multivariate data analysis.* John Wiley & Sons, New York. 364 p.

COX D.R. 1957. — Note on grouping. *J. amer. stat. Ass.* 52 : 543-547.

COX D.R., & MILLER H.D. 1965. — *The theory of stochastic processes.* Methuen & Co., London. x + 398 p.

CRAMER H. 1946. — *Mathematical methods of statistics.* Princeton Univ. Press. xvi + 575 p.

CROVELLO T.J. 1981. — Quantitative biogeography: an overview. *Taxon* 30 : 563-575.

CZEKANOWSKI J. 1909. — Zur Differentialdiagnose der Neandertalgruppe. *Korrespondenz-Blatt deutsch. Ges. Anthropol. Ethnol. Urgesch.* 40 : 44-47.

CZEKANOWSKI J. 1913. — *Zarys metod statystycznych w zastosowaniu do antropologii.* Travaux de la Société des Sciences de Varsovie. III. Classe des sciences mathématiques et naturelles, no 5. iv + 228 p.

DAGET J. 1976. — *Les modèles mathématiques en écologie.* Collection d'Ecologie, No 8. Masson, Paris. viii + 172 p.

DAGET P. 1980. — Le nombre de diversité de Hill, un concept unificateur dans la théorie de la diversité écologique. *Acta Oecologica/Oecol. Gener.* 1 : 51-70.

DAGNELIE P. 1960. — Contribution à l'étude des communautés végétales par l'analyse factorielle. *Bull. Serv. Carte phytogéogr., B 5* : 7-71, 93-195.

DAGNELIE P. 1975. — *L'analyse statistique à plusieurs variables.* Les Presses agronomiques de Gembloux, Gembloux (Belgique). 362 p.

DAVIES R.G. 1971. — *Computer programming in quantitative biology.* Academic Press, London. xi + 492 p.

DAY W.H.E. 1977. — Validity of clusters formed by graph-theoretic cluster methods. *Math. Biosci.* 36 : 299-317.

DEEVEY E.S. 1969. — Coaxing history to conduct experiments. *Bioscience* 19 : 40-43.

DEMERS S., LAFLEUR P.E., LEGENDRE L., & TRUMP C.L. 1979. — Short-term covariability of chlorophyll and temperature in the St. Lawrence Estuary. *J. Fish. Res. Board Can.* 36 : 568-573.

DEMERS S., & LEGENDRE L. 1981. — Mélange vertical et capacité photosynthétique du phytoplancton estuarien (estuaire du Saint-Laurent). *Mar. Biol* (Berlin). 64 : 243-250.

De NEUFVILLE R., & STAFFORD J.H. 1971. — *Systems analysis for engineers and managers.* McGraw-Hill, New York. xiii + 353 p.

DENMAN K.L. 1976. — Covariability of chlorophyll and temperature in the sea. *Deep-Sea Res.* 23 : 539-550.

DENMAN K.L. 1977. — Short-term variability in vertical chlorophyll structure. *Limnol. Oceanogr.* 22 : 434-441.

DENMAN K.L., OKUBO A., & PLATT T. 1977. — The chlorophyll fluctuation spectrum in the sea. *Limnol. Oceanogr.* 22 : 1033-1038.

DENMAN K.L., & PLATT T. 1975. — Coherences in the horizontal distributions of phytoplankton and temperature in the upper ocean. *Mém. Soc. roy. Sci, Liège, sér. 6* (7) : 19-30.

DENMAN K.L., & PLATT T. 1976. — The variance spectrum of phytoplankton in a turbulent ocean. *J. mar. Res.* 34 : 593-601.

DESSIER A., & LAUREC A. 1978. — Le cycle annuel du zooplancton à Pointe-Noire (RP Congo). Description mathématique. *Oceanol. Acta* 1 : 285-304.

DÉVAUX J., & MILLERIOUX G. 1976a. — Possibilité de l'utilisation de la cotation d'abondance de Frontier (1969) pour l'analyse multivariable des populations phytoplanctoniques. *C.R. hedb. Séances Acad. Sci., Sér. D. Sci. nat.* 283 : 41-44.

DÉVAUX J., & MILLERIOUX G. 1976b. — Méthode d'estimation de la biomasse totale du phytoplancton à partir des nombres de cellules, issus d'une cotation d'abondance. *C.R. hebd. Séances Acad. Sci., Sér. D. Sci. nat.* 283 : 927-930.

DÉVAUX J., & MILLERIOUX G. 1977. — Sur la possibilité d'un calcul de la diversité spécifique de populations phytoplanctoniques à partir de dénombrements issus d'une cotation d'abondance. *C.R. hebd. Séances Acad. Sci., Sér. D. Sci. nat.* 284 : 1569-1571.

DICE L.R. 1945. — Measures of the amount of ecologic association between species. *Ecology* 26 : 297-302.

DICKMAN M. 1968. — Some indices of diversity. *Ecology* 49 : 1191-1193.

DIDAY E. 1971. — Une nouvelle méthode en classification automatique et reconnaissance des formes : les nuées dynamiques. *Rev. Stat. appl.* 19 : 19-35.

DINGLE H. 1969. — A statistical and information analysis of aggressive communication in the mantis shrimp *Gonodactylus bredini* Manning. *Anim. Behav.* 17 : 561-575.

DINGLE H. 1972. — Aggressive behavior in stomatopods and the use of information theory in the analysis of animal communication. 126-156 *in* : H.E. Winn & B.L. Olla, éd. *Behavior of marine animals — Current perspectives in research.* Vol. I : *Invertebrates.* Plenum Press, New York. xxix + 244 p.

DIXON W.J. éd. 1981. — *BMDP statistical software 1981.* Univ. California Press, Berkeley. x + 725 p.

DOWNING J.A. 1979. — Aggregation, transformation, and the design of benthos sampling programs. *J. Fish. Res. Board Can.* 36 : 1454-1463.

DRIEUX J.P., & JARLAUD A. 1977. — *Let's talk D.P. — Lexique d'informatique.* Dunod Informatique, Bordas, Paris. 117 p.

EBER H.W. 1966. — Toward oblique simple structure maxplane. *Multivar. Behav. Res.* 1 : 112-125.

EDDEN A.C. 1971. — A measure of species diversity related to the lognormal distribution of individuals among species. *J. exp. mar. Biol. Ecol.* 6 : 199-209.

EDWARDS A.W.F., & CAVALLI-SFORZA L.L. 1965. — A method for cluster analysis. *Biometrics* 21 : 362-375.

EISNER F. 1931. — Das Wiederstands Problem. *3e Congrès international de Mécanique appliquée,* Stockholm.

ENRIGHT J.T. 1965. — The search for rhythmicity in biological time-series. *J. theoret. Biol.* 8 : 426-468.

ESCOFIER-CORDIER B. 1969. — L'analyse factorielle des correspondances. *Cah. Bur. univ. Rech. opér. Univ. Paris* 13 : 25-59.

ESCOUFIER Y. 1975. — Le positionnement multidimensionnel. *Revue de Statistique appliquée* 23 (4) : 5-14.

ESTABROOK G.F. 1966. — A mathematical model in graph theory for biological classification. *J. theor. Biol.* 12 : 297-310.

ESTABROOK G.F., & ROGERS D.J. 1966. — A general method of taxonomic description for a computed similarity measure. *BioScience* 16 : 789-793.

EVANS R.B. 1969. — A proof that essergy is the only consistent measure of potential work (for work systems). Ph. D. dissertation, Dartmouth College, Hanover, New Hampshire. 143 p.

FAGER E.W. 1957. — Determination and analysis of recurrent groups. *Ecology* 38 : 586-595.

FAGER E.W. 1963. — Communities of organisms. 415-437 *in* : M.N. Hill, éd. *The sea.* Vol. 2. Interscience Publ., New York. ix + 554 p.

FAGER E.W., & McGOWAN J.A. 1963. — Zooplankton species groups in the North Pacific. *Science* (Wash. D.C.) 140 : 453-460.

FAITH D.P. 1983. — Asymmetric binary similarity measures. *Oecologia* (Berlin) 57 : 287-290.

FALCONER D.S. 1960. — *Introduction to quantitative genetics.* Ronald Press Inc., New York. ix + 365 p.

FASHAM M.J.R. 1977. — A comparison of nonmetric multidimensional scaling, principal component and reciprocal averaging for the ordination of simulated coenoclines, and coenoplanes. *Ecology* 58 : 551-561.

FASHAM M.J.R., & PUGH P.R. 1976. — Observations on the horizontal coherence of chlorophyll *a* and temperature. *Deep-Sea Res.* 23 : 527-538.

FELLER W. 1957. — *An introduction to probability theory and its applications. 2nd ed.* Vol. I. John Wiley & Sons, New York. xv + 461 p.

FIELD J.G. 1969. — The use of the information statistic in the numerical classification of heterogeneous systems. *J. Ecol.* 57 : 565-569.

FIELD J.G., CLARKE K.R., & WARWICK R.M. 1982. — A practical strategy for analysing multispecies distribution patterns. *Mar. Ecol. Prog. Ser.* 8 : 37-52.

FIELD J.G., & ROBB F.T. 1970. — Numerical methods in marine ecology. 2. Gradient analysis of rocky shore samples from False Bay. *Zool. afr.* 5 : 191-210.

FIENBERG S.E. 1970. — The analysis of multidimensional contingency tables. *Ecology* 51 : 419-433.

FIENBERG S.E. 1980. — *The analysis of cross-classified categorical data. 2nd ed.* MIT Press, Cambridge, Mass. xiv + 198 p.

FISHER R.A. 1940. — The precision of discriminant functions. *Ann. Eugen. Lond.* 10 : 422-429.

FISHER R.A., CORBET A.S., & WILLIAMS C.B. 1943. — The relation between the number of species and the number of individuals in a random sample of an animal population. *J. anim. Ecol.* 12 : 42-58.

FLOS J. 1976. — Seston superficial de la zona de afloramiento del NW de Africa. *Oecologia aquatica* 2 : 27-39.

FORTIER L., & LEGENDRE L. 1979. — Le contrôle de la variabilité à court terme du phytoplancton estuarien : stabilité verticale et profondeur critique. *J. Fish. Res. Board Can.* 36 : 1325-1335.

FORTIER L., LEGENDRE L., CARDINAL A., & TRUMP C.L. 1978. — Variabilité à court terme du phytoplancton de l'estuaire du Saint-Laurent. *Marine Biol.* (Berl.) 46 : 349-354.

FOURIER J. 1822. — Théorie analytique de la chaleur. *In* : G. Darboux, éd. 1888, *Oeuvres de Fourier*, Tome 1. Gauthier-Villars, Paris. xxviii + 563 p.

FOWLER C.W., & SMITH T. 1973. — Characterizing stable populations : an application to the African elephant population. *J. Wildl. Manage.* 37 : 513-523.

FRÉCHETTE M., & LEGENDRE L. 1982. — Phytoplankton photosynthetic response to light in an internal tide dominated environment. *Estuaries* 5 : 287-293.

FRIEDMAN M. 1937. — The use of ranks to avoid the assumption of normality implicit in the analysis of variance. *J. amer. stat. Ass.* 32 : 675-701.

FRONTIER S. 1969. — Sur une méthode d'analyse faunistique rapide du zooplancton. *J. exp. mar. Biol. Ecol.* 3 : 18-26.

FRONTIER S. 1973. — Evaluation de la quantité totale d'une catégorie d'organismes planctoniques dans un secteur néritique. *J. exp. mar. Biol. Ecol.* 12 : 299-304.

FRONTIER S. 1974. — L'analyse factorielle est-elle heuristique en écologie du plancton ? *Cah. O.R.S.T.O.M., sér. Océanogr.* 12 : 77-81.

FRONTIER S. 1976a. — Etude de la décroissance des valeurs propres dans une analyse en composantes principales : comparaison avec le modèle du bâton brisé. *J. exp. mar. Biol. Ecol.* 25 : 67-75.

FRONTIER S. 1976b. — Utilisation des diagrammes rang-fréquence dans l'analyse des écosystèmes. *J. Rech. océanogr.* 1 : 35-48.

FRONTIER S. 1977. — Réflexions pour une théorie des écosystèmes. *Bull. Ecol.* 8 : 445-464.

FRONTIER S. éd. 1982a. — *Stratégies d'échantillonnage en écologie.* Collection d'Ecologie, No 17. Masson, Paris et les Presses de l'Université Laval, Québec. xviii + 494 p.

FRONTIER S. 1982b. — Introduction. 1-11 *in* : S. Frontier, éd. *Stratégies d'échantillonnage en écologie.* Collection d'Ecologie, No 17. Masson, Paris et les Presses de l'Université Laval, Québec. xviii + 494 p.

FRONTIER S. 1982c. — L'échantillonnage de la diversité spécifique. 416-436 *in* : S. Frontier, éd. *Stratégies d'échantillonnage en écologie.* Collection d'Ecologie, No 17. Masson, Paris et les Presses de l'Université Laval, Québec. xviii + 494 p.

FRONTIER S., & IBANEZ F. 1974. — Utilisation d'une cotation d'abondance fondée sur la progression géométrique, pour l'analyse en composantes principales en écologie planctonique. *J. exp. mar. Biol. Ecol.* 14 : 217-224.

FRONTIER S., & VIALE D. 1977. — Utilisation d'une cotation d'abondance mise au point en planctologie pour l'évaluation des troupeaux de cétacés en mer *J. Rech. océanogr.* 2(4) : 15-22.

GABBOTT P.A., & LARMAN V.N. 1971. — Electrophoretic examination of partially purified extracts of *Balanus balanoïdes* containing a settlement inducing factor. 143-153 *in* : D.J. Crisp, éd. *Fourth european marine biology symposium.* Cambridge Univ. Press, Cambridge. ix + 599 p.

GABRIEL K.R. 1971. — The biplot graphic display of matrices with application to principal component analysis. *Biometrika* 58 : 453-467.

GABRIEL K.R., & SOKAL R.R. 1969. — A new statistical approach to geographic variation analysis. *Syst. Zool.* 18 : 259-278.

GALTON F. 1889. — *Natural inheritance.* Macmillan & Co., London. ix + 259 p.

GAUCH H.G. Jr. 1982. — *Multivariate analysis in community ecology.* Cambridge University Press, Cambridge. x + 298 p.

GAUCH H.G. Jr., & WENTWORTH T.R. 1976. — Canonical correlation analysis as an ordination technique. *Vegetatio* 33 : 17-22.

GAUCH H.G. Jr., WHITTAKER R.H., & WENTWORTH T.R. 1977. — A comparative study of reciprocal averaging and other ordination techniques. *J. Ecol.* 65 : 157-174.

GEARY R.C. 1954. — The contiguity ratio and statistical mapping. *The Incorporated Statistician* 5 : 115-145.

GIFI A. 1981. — *Nonlinear multivariate analysis* (édition préliminaire). Department of Data Theory, Univ. Leiden, Pays-Bas.

GINGUAY M. 1981a. — *Dictionnaire d'informatique anglais-français. Sixième édition.* Masson, Paris. 237 p.

GINGUAY M. 1981b. *Dictionnaire d'informatique français-anglais. Deuxième édition.* Masson, Paris. 200 p.

GIRAULT M. 1965. — *Processus aléatoires.* Dunod, Paris. viii + 151 p.

GLANSDORFF P., & PRIGOGINE I. 1971. — *Structure, stabilité et fluctuations.* Masson, Paris. 288 p.

GOKHALE D.V., & KULLBACK S. 1978. — *The information in contingency tables.* Marcel Dekker Inc., New York. x + 365 p.

GOLD H.J. 1977. — *Mathematical modelling of biological systems — An introductory guidebook.* John Wiley & Sons, New York. xii + 357 p.

GOLDSTEIN M., & DILLON W.R. 1978. — *Discrete discriminant analysis.* John Wiley & Sons, New York. x + 186 p.

GOODALL D.W. 1954. — Objective methods for the classification of vegetation. III. An essay in the use of factor analysis. *Aust. J. Bot.* 2 : 304-324.

GOODALL D.W. 1964. — A probabilistic similarity index. *Nature* (Lond.) 203 : 1098.

GOODALL D.W. 1966a. — A new similarity index based on probability. *Biometrics* 22 : 882-907.

GOODALL D.W. 1966b. — Deviant index : a new tool for numerical taxonomy. *Nature* (Lond.) 210 : 216.

GOODALL D.W. 1974. — A new method for the analysis of spatial pattern by random pairing of quadrats. *Vegetatio* 29 : 135-146.

GOODMAN L.A., & KRUSKAL W.H. 1954. — Measures of association for cross classifications. *J. amer. statist. Ass.* 49 : 732-764.

GOODMAN L.A., & KRUSKAL W.H. 1959. — Measures of association for cross classifications. II. Further discussion and references. *J. amer. statist. Ass.* 54 : 123-163.

GOODMAN L.A., & KRUSKAL W.H. 1963. — Measures of association for cross classifications. III. Approximate sampling theory. *J. amer. statist. Ass.* 58 : 310-364.

GORDON A.D. 1973. — Classification in the presence of constraints. *Biometrics* 29 : 821-827.

GORDON A.D., & BIRKS H.J.B. 1972. — Numerical methods in Quaternary palaeoecology. I. Zonation of pollen diagrams. *New Phytol.* 71 : 961-979.

GOWER J.C. 1966. — Some distance properties of latent root and vector methods used in multivariate analysis. *Biometrika* 53 : 325-338.

GOWER J.C. 1967. — A comparison of some methods of cluster analysis. *Biometrics* 23 : 623-637.

GOWER J.C. 1971. — A general coefficient of similarity and some of its properties. *Biometrics* 27 : 857-871.

GOWER J.C. 1982. — Euclidean distance geometry. *Math. Scientist* 7 : 1-14.

GOWER J.C. 1984a. — Measures of similarity, dissimilarity and distance. *In* : S. Kotz, N.L. Johnson & C.B. Read, éds. *Encyclopaedia of Statistical Sciences*, Vol. 5. John Wiley & Sons, New York.

GOWER J.C. 1984b. — Ordination, multidimensional scaling and allied topics. 727-781 *in* : W. Lederman, éd. *Handbook of Applicable Mathematics.* Vol. VI : E. Lloyd, éd. *Statistics.* John Wiley & Sons, Chichester.

GOWER J.C., & ROSS G.J.S. 1969. — Minimum spanning trees and single linkage cluster analysis. *Appl. Statist.* 18 : 54-64.

GREEN P.E., & CARROLL J.D. 1976. — *Mathematical tools for applied multivariate analysis.* Academic Press, New York. xiii + 376 p.

GREEN R.H. 1979. — *Sampling design and statistical methods for environmental biologists.* John Wiley & Sons, New York. xi + 257 p.

GREENBERG J.H. 1956. — The measurement of linguistic diversity. *Language* 32 : 109-115.

GUTIERREZ L.T., & FEY W.R. 1980. — *Ecosystem succession — A general hypothesis and a test model of a grassland.* MIT Press, Cambridge. xiv + 231 p.

HAJDU L.J. 1981. — Geographical comparison of resemblance measures in phytosociology. *Vegetatio* 48 : 47-59.

HÁJEK J. 1969. — *A course in nonparametric statistics.* Holden-Day, San Francisco. viii + 184 p.

HALL A.V. 1965. — The peculiarity index, a new function for use in numerical taxonomy. *Nature* (Lond.) 206 : 952.

HARRIS C.W., & KAISER H.F. 1964. — Oblique factor analytic solutions by orthogonal transformations. *Psychometrika* 29 : 347-362.

HARRIS R.E., & CHARLESTON W.A.G. 1977. — An examination of the marsh microhabitats of *Lymnaea tomentosa* and *L. columella* (Mollusca : Gastropoda) by path analysis. *N.Z. J. Zool.* 4 : 395-399.

HARTIGAN J.A. 1972. — Direct clustering of a data matrix. *J. amer. statist. Assoc.* 67 : 123-129.

HASTINGS C. 1955. — *Approximations for digital computers.* University Press, Princeton. viii + 201 p.

HATHEWAY W.H. 1971. — Contingency-table analysis of rain forest vegetation. 271-313 *in* : G.P. Patil, E.C. Pielou & W.E. Waters, éd. *Statistical ecology.* Vol. 3 : *Many species populations, ecosystems, and systems analysis.* Pennsylvania State University Press, University Park and London. 462 p.

HAWKINS D.M., & MERRIAM D.F. 1974. — Zonation of multivariate sequences of digitized geologic data. *J. int. Assoc. math. Geology* 6 : 263-269.

HAWKSWORTH F.G., ESTABROOK G.F., & ROGERS D.J. 1968. — Application of an information theory model for character analysis in the genus *Arceuthobium* (Viscaceae). *Taxon* 17 : 605-619.

HAYES W.L., & WINKLER R.L. 1970. — *Statistics; probability, inference and decision.* Vol. 1. Holt, Rinehart & Winston, New York. 650 p.

HAZLETT B.A., & BOSSERT W.H. 1965. — A statistical analysis of the aggressive communications systems of some hermit crabs. *Anim. Behav.* 13 : 357-373.

HENDRICKSON A.E., & WHITE P.O. 1964. — Promax : a quick method for rotation to oblique simple structure. *Brit. J. stat. Psychol.* 17 : 65-70.

HENDRICKSON J.A.Jr., & EHRLICH P.R. 1971. — An expanded concept of « species diversity ». *Not. nat.* (Phila.) 1971 (439) : 1-6.

HILL A.V. 1950. — The dimensions of animals and their muscular dynamics. *Sci. Prog.* 38 : 209-230.

HILL M.O. 1973a. — Diversity and evenness : a unifying notation and its consequences. *Ecology* 54 : 427-432.

HILL M.O. 1973b. — Reciprocal averaging : an eigenvector method of ordination. *J. Ecol.* 61 : 237-249.

HILL M.O. 1974. — Correspondence analysis : a neglected multivariate method. *Appl. Statist.* 23 : 340-354.

HILL M.O., & GAUCH H.G. Jr. 1980. — Detrended correspondence analysis, an improved ordination technique. *Vegetatio* 42 : 47-58.

HINDS W.T., & RICKARD W.H. 1973. — Correlations between climatological fluctuations and a population of *Philolithus densicollis* (Horn) (Coleoptera : Tenebrionidae). *J. anim. Ecol.* 42 : 341-351.

HIRSCHFELD H.O. 1935. — A connection between correlation and contingency. *Proc. Camb. phil. Soc.* 31 : 520-524.

HOCKING R.R. 1976. — The analysis and selection of variables in linear regression. *Biometrics* 32 : 1-49.

HOERL A.E. 1959. — Optimum solution of many variables equations. *Chem. Eng. Progr.* 55(11) : 69-78.

HOERL A.E. 1962. — Application of ridge analysis to regression problems. *Chem. Eng. Progr.* 58(3) : 54-59.

HOERL A.E., & KENNARD R.W. 1970a. — Ridge regression : biaised estimation for nonorthogonal problems. *Technometrics* 12 : 55-67.

HOERL A.E., & KENNARD R.W. 1970b. — Ridge regression : applications to nonorthogonal problems. *Technometrics* 12 : 69-82.

HOLMES R.T., & STURGES F.W. 1975. — Bird community dynamics and energetics in a northern hardwoods ecosystem. *J. anim. Ecol.* 44 : 175-200.

HOTELLING H. 1931. — The generalization of Student's ratio. *Ann. math. Statist.* 2 : 360-378.

HOTELLING H. 1933. — Analysis of a complex of statistical variables into principal components. *J. educ. Psychol.* 24 : 417-441, 498-520.

HOTELLING H. 1936. — Relations between two sets of variates. *Biometrika* 28 : 321-377.

HOTELLING H., & PABST M.R. 1936. — Rank correlation and tests of significance involving no assumption of normality. *Ann. math. Statist.* 7 : 29-43.

HUDON C., BOURGET E., & LEGENDRE P. 1983. — An integrated study of the factors influencing the choice of the settling site of *Balanus crenatus* cyprid larvae. *Can. J. Fish. aquat. Sci.* 40 : 1186-1194.

HUDSON R.J. 1976. — Resource division within a community of large herbivores. *Naturaliste can.* 103 : 153-167.

HULL C.H., & NIE N.H. éds. 1981. — *SPSS update 7-9. New procedures and facilities for releases 7-9.* McGraw-Hill, New York. xxi + 402 p.

HURLBERT S.H. 1971. — The nonconcept of species diversity : a critique and alternative parameters. *Ecology* 52 : 577-586.

HURLBERT S.H. 1978. — The measurement of niche overlap and some relatives. *Ecology* 59 : 67-77.

HUTCHINSON G.E. 1957. — Concluding remarks. *Cold Spring Harbor Symp. quant. Biol.* 22 : 415-427.

HUTCHINSON G.E. 1965. — *The ecological theater and the evolutionary play.* Yale Univ. Press, New Haven. xiii + 139 p.

IBANEZ F. 1971. — Effet des transformations des données dans l'analyse factorielle en écologie planctonique. *Cah. océanogr.* 23 : 545-561.

IBANEZ F. 1972. — Interprétation de données écologiques par l'analyse des composantes principales : écologie planctonique de la mer du Nord. *J. Cons. int. Explor. Mer* 34 : 323-340.

IBANEZ F. 1973. — Méthode d'analyse spatio-temporelle du processus d'échantillonnage en planctologie, son influence dans l'interprétation des données par l'analyse en composantes principales. *Ann. Inst. océanogr.*, Paris 49 : 83-111.

IBANEZ F. 1976. — Contribution à l'analyse mathématique des événements en écologie planctonique. Optimisations méthodologiques; étude expérimentale en continu à petite échelle de l'hétérogénéité du plancton côtier. Thèse de doctorat d'état ès sciences naturelles, Université Paris VI. *Bull. Inst. océanogr.*, Monaco 72 (1431) : 1-96.

IBANEZ F. 1981. — Immediate detection of heterogeneities in continuous multivariate, oceanographic recordings. Application to time series analysis of changes in the bay of Villefranche sur Mer. *Limnol. Oceanogr.* 26 : 336-349.

IBANEZ F. 1982. — L'échantillonnage en continu en océanographie. 365-384 *in* : S. Frontier, éd. *Stratégies d'échantillonnage en écologie.* Collection d'Ecologie, No 17. Masson, Paris et les Presses de l'Université Laval, Québec. xviii + 494 p.

IBANEZ F., & SEGUIN G. 1972. — Etude du cycle annuel du zooplancton d'Abidjan. Comparaison de plusieurs méthodes d'analyse multivariable : composantes principales, correspondances, coordonnées principales. *Invest. Pesq.* 36 : 81-108.

JACCARD P. 1900. — Contribution au problème de l'immigration post-glaciaire de la flore alpine. *Bull. Soc. vaudoise Sci. nat.* 36 : 87-130.

JACCARD P. 1901. — Etude comparative de la distribution florale dans une portion des Alpes et du Jura. *Bull. Soc. vaudoise Sci. nat.* 37 : 547-579.

JACCARD P. 1908. — Nouvelles recherches sur la distribution florale. *Bull. Soc. vaudoise Sci. nat.* 44 : 223-270.

JACKSON R.C., & CROVELLO T.J. 1971. — A comparison of numerical and biosystematic studies in *Haplopappus. Brittonia* 23 : 54-70.

JAMBU M. 1978. — *Classification automatique pour l'analyse des données.* 1) *Méthodes et algorithmes.* Dunod, Paris. 310 p.

JAMBU M., & LEBEAUX M.-O. 1978. — *Classification automatique pour l'analyse des données.* 2) *Logiciels.* Dunod, Paris. 399 p.

JAMBU M., & LEBEAUX M.-O. 1983. — *Cluster analysis and data analysis.* Elsevier-North-Holland, Amsterdam. xxiv + 898 p.

JARDINE N., & SIBSON R. 1968. — The construction of hierarchic and non-hierarchic classifications. *Computer J.* 11 : 177-184.

JARDINE N., & SIBSON R. 1971. — *Mathematical taxonomy.* John Wiley, London. xviii + 286 p.

JENKINS S.H. 1975. — Food selection by beavers. A multidimensional contingency table analysis. *Oecologia* (Berl.) 21 : 157-173.

JOHNSON S.C. 1967. — Hierarchical clustering schemes. *Psychometrika* 32 : 241-254.

JOLICOEUR P. 1959. — Multivariate geographical variation in the wolf *Canis lupus* L. *Evolution* 13 : 283-299.

JOLICOEUR P. 1975. — Linear regression in fishery research : some comments. *J. Fish. Res. Board Can.* 32 : 1491-1494.

JOLICOEUR P., & MOSIMANN J.E. 1960. — Size and shape variation in the painted turtle. A principal component analysis. *Growth* 24 : 339-354.

JOLIVET E. 1982. — *Introduction aux modèles mathématiques en biologie.* INRA Actualités Scientifiques et Agronomiques, No 11. Masson, Paris. 151 p.

JONES R.H. 1964. — Prediction of multivariate time series. *J. appl. Meteorol.* 3 : 285-289.

JØRGENSEN S.E. éd. 1983. — *Application of ecological modelling in environmental managenent, Part A.* Developments in Environmental Modelling, 4A. Elsevier, Amsterdam. viii + 735 p.

JØRGENSEN S.E., & MEJER H. 1977. — Ecological buffer capacity. *Ecol. Modelling* 3 : 39-61.

JØRGENSEN S.E., & MEJER H. 1979. — A holistic approach to ecological modelling. *Ecol. Modelling* 7 : 169-189.

JUMARS P.A. 1978. — Spatial autocorrelation with RUM (Remote Underwater Manipulator) : vertical and horizontal structure of a bathyal community. *Deep-Sea Research* 25 : 589-604.

JUMARS P.A., THISTLE D., & JONES M.L. 1977. — Detecting two-dimensional spatial structure in biological data. *Oecologia* (Berl.) 28 : 109-123.

KAISER H.F. 1958. — The varimax criterion for analytic rotation in factor analysis. *Psychometrika* 23 : 187-200.

KAISER H.F., & DICKMAN K.W. 1959. — *Analytic determination of common factors.* Illinois Univ. Polycopié.

KEDEM B. 1980. — *Binary time series.* Lecture notes in pure and applied mathematics, vol. 39. Marcel Dekker, New York. ix + 140 p.

KENDALL D.G. 1971. — Seriation from abundance matrices. 215-252 *in* : F. R. Hodson, D.G. Kendall & P. Tautu, éds. *Mathematics in the archaeological and historical sciences.* Edinburgh University Press, Edinburgh. 565 p.

KENDALL M.G. 1948. — *Rank correlation methods.* Charles Griffin & Co., London. vii + 160 p.

KENDALL M.G. 1976. — *Time series.* Charles Griffin & Co., London. ix + 197 p.

KENDALL M.G., & BUCKLAND W.R. 1960. — *A dictionary of statistical terms. 2nd ed.* Oliver and Boyd, Edinburgh. xi + 575 p.

KENDALL M.G., & STUART A. 1966. — *The advanced theory of statistics,* vol. 3. Hafner Publ. Co., New York. ix + 552 p.

KIERSTEAD H., & SLOBODKIN L.B. 1953. — The size of water masses containing plankton blooms. *J. mar. Res.* 12 : 141-147.

KIM J.O., & MUELLER C.W. 1978a. — *Introduction to factor analysis. What is it and how to do it.* Sage University Paper series on Quantitative Applications in the Social Sciences, 07-013. Sage Pubns., Beverly Hills, Calif. 80 p.

KIM J.O., & MUELLER C.W. 1978b. — *Factor analysis. Statistical methods and practical issues.* Sage University Paper series on Quantitative Applications in the Social Sciences, 07-014. Sage Pubns., Beverly Hill, Calif. 88 p.

KROONENBERG P. M. 1983. — *Three-mode principal component analysis : theory and applications.* DSWO Press, Leiden. 398 p.

KRUSKAL J.B. 1964a. — Multidimensional scaling by optimizing goodness of fit to a nonmetric hypothesis. *Psychometrika* 29 : 1-27.

KRUSKAL J.B. 1964b. — Nonmetric multidimensional scaling : a numerical method. *Psychometrika* 29 : 115-129.

KRUSKAL J.B., & CARMONE F. 1971. — *How to use M-D-SCAL (version 5M) and other useful information.* Bell Telephone Laboratories, Murray Hill, New Jersey, U.S.A. and University of Waterloo, Waterloo, Ontario, Canada.

KRYLOV V.V. 1968. — Species association in plankton. *Oceanology* (traduit de Okeanologiya en russe) 8 : 243-251.

KULCZYNSKI S. 1928. — Die Pflanzenassoziationen der Pieninen. *Bull. int. Acad. polonaise Sci. et Lettres. Classe Sci. math. et nat., Série B.* Suppl. II (1927) : 57-203.

KULLBACK S. 1959. — *Information theory and statistics.* John Wiley & Sons, New York. xvii + 395 p.

LAFORGE H. 1981. — *Analyse multivariée pour les sciences sociales et biologiques avec applications des logiciels BMD, BMDP, SPSS, SAS.* Etudes vivantes, Montréal. xii + 317 p.

LANCE G.N., & WILLIAMS W.T. 1965. — Computer programs for monothetic classification (« association analysis »). *Computer J.* 8 : 246-249.

LANCE G.N., & WILLIAMS W.T. 1966a. — A generalized sorting strategy for computer classifications. *Nature* (Lond.) 212 : 218.

LANCE G.N., & WILLIAMS W.T. 1966b. — Computer programs for hierarchical polythetic classification (« similarity analyses »). *Computer J.* 9 : 60-64.

LANCE G.N., & WILLIAMS W.T. 1966c. — Computer programs for classification. *Proc. ANCCAC Conference,* Canberra, May 1966, Paper 12/3..

LANCE G.N., & WILLIAMS W.T. 1967a. — Mixed-data classificatory programs. I. Agglomerative systems. *Aust. Computer J.* 1 : 15-20.

LANCE G.N., & WILLIAMS W.T. 1967b. — Mixed-data classificatory programs. II. Divisive systems. *Aust. Computer J.* 1 : 82-85.

LANCE G.N., & WILLIAMS W.T. 1967c. — A general theory of classificatory sorting strategies. I. Hierarchical systems. *Computer J.* 9 : 373-380.

LANCE G.N., & WILLIAMS W.T. 1967d. — A general theory of classificatory sorting strategies. II. Clustering systems. *Computer J.* 10 : 271-277.

LANCE G.N., & WILLIAMS W.T. 1968. — Note on a new information-statistic classificatory program. *Computer J.* 11 : 195.

LANGHAAR H.L. 1956. — *Analyse dimensionnelle et théorie des maquettes.* Dunod, Paris. xvii + 230 p.

LARNTZ K. 1978. — Small sample comparisons of exact levels for chi-square goodness-of-fit statistics. *J. amer. stat. Assoc.* 73 : 253-263.

LAUREC A. 1979. — *Analyse des données et modèles prévisionnels en écologie marine.* Thèse Univ. Aix-Marseille, multigr. 405 p. + annexes.

LAUREC A. 1982. — Traitement des signaux quantitatifs et implications dans l'échantillonnage. 217-270 *in* : S. Frontier, éd. *Stratégies d'échantillonnage en écologie.* Collection d'Ecologie, No 17. Masson, Paris et les Presses de l'Université Laval, Québec. xviii + 494 p.

LAWS E.A., & ARCHIE J.W. 1981. — Appropriate use of regression analysis in marine biology. *Mar. Biol.* (Berlin) 65 : 13-16.

LEBART L. 1978. — Programme d'agrégation avec contraintes (C.A.H. contiguïté). *Cah. Anal. Données* 3 : 275-287.

LEBART L., & FÉNELON J.-P. 1971. — *Statistique et informatique appliquées.* Dunod, Paris. 426 p.

LEBART L., MORINEAU A., & FÉNELON J.-P. 1979. — *Traitement des données statistiques — Méthodes et programmes.* Dunod, Paris. xiii + 510 p.

LEFEBVRE J. 1980. — *Introduction aux analyses statistiques multidimensionnelles. 2e éd.* Masson, Paris. xviii + 259 p.

LEFEBVRE J., BOITARD M., & REY J.-F. 1981. — *Logiciels d'analyses statistiques multidimensionnelles sur micro-ordinateurs.* Masson, Paris. viii + 152 p.

LEFKOVITCH L.P. 1965. — The study of population growth in organisms grouped by stages. *Biometrics* 21 : 1-18.

LEFKOVITCH L.P. 1976. — Hierarchical clustering from principal coordinates : an efficient method for small to very large numbers of objects. *Math. Biosci.* 31 : 157-174.

LEFKOVITCH L.P. 1978. — Cluster generation and grouping using mathematical programming. *Math. Biosci.* 41 : 91-110.

LEFKOVITCH L.P. 1980. — Conditional clutering. *Biometrics* 36 : 43-58.

LEGAND M. 1958. — Variations diurnes du zooplancton autour de la Nouvelle-Calédonie. *O.R.S.T.O.M., Inst. fr. Océanie Section Océanogr., Rapp. sci.* (6) : 1-42.

LEGENDRE L. 1971a. — *Phytoplankton structures in Baie des Chaleurs.* Ph. D. dissertation, Institute of Oceanography, Dalhousie University, Halifax, Canada. 137 p.

LEGENDRE L. 1971b. — Production primaire dans la Baie-des-Chaleurs (Golfe Saint-Laurent). *Naturaliste can.* 98 : 743-773.

LEGENDRE L. 1973. — Phytoplankton organization in Baie des Chaleurs (Gulf of St-Lawrence). *J. Ecol.* 61 : 135-149.

LEGENDRE L., FRÉCHETTE M., & LEGENDRE P. 1981. — The contingency periodogram : a method of identifying rhythms in series of nonmetric ecological data. *J. Ecol.* 69 : 965-979.

LEGENDRE L., & LEGENDRE P. 1978. — Associations. 261-272 *in* : A. Sournia, éd. *Phytoplankton manual.* Monographs on oceanographic methodology, 6. Unesco. 338 p.

LEGENDRE L., & LEGENDRE P. 1983a. — *Numerical ecology.* Developments in Environmental Modelling, 3. Elsevier, Amsterdam. xvi + 419 p.

LEGENDRE L., & LEGENDRE P. 1983b. — Partitioning ordered variables into discrete states for discriminant analysis of ecological classifications. *Can. J. Zool.* 61 : 1002-1010.

LEGENDRE P. 1975. — A posteriori weighting of descriptors. *Taxon* 24 : 603-608.

LEGENDRE P. 1976. — An appropriate space for clustering selected groups of western North American *Salmo. Syst. Zool.* 25 : 193-195.

LEGENDRE P. 1983. — Numerical ecology: developments and recent trends. 505-523 *in* : J. Felsenstein, éd. *Numerical taxonomy: Proceedings of a NATO Advanced Study Institute.* NATO Advanced Study Institute Series G (Ecological Sciences), No. 1. Springer-Verlag, Berlin. x + 644 p.

LEGENDRE P., & BEAUVAIS A. 1978. — Niches et associations de poissons des lacs de la Radissonie québécoise. *Naturaliste can.* 105 : 137-158.

LEGENDRE P., & CHODOROWSKI A. 1977. — A generalization of Jaccard's association coefficient for *Q* analysis of multi-state ecological data matrices. *Ekol. Pol.* 25 : 297-308.

LEGENDRE P., CHODOROWSKI A., & AHMAD A. 1974. — Associations biologiques dans les écosystèmes aquatiques : procédure d'analyse. *Ann. ACFAS* (Assoc. can. fr. Av. Sci.) 41 : 216.

LEGENDRE P., DALLOT S., & LEGENDRE L. 1984a. — Succession of species within a community : chronological clustering, with applications to marine and freshwater zooplankton. *Am. Nat.* 125 : (sous presse).

LEGENDRE P., & LEGENDRE L. 1982. — Echantillonnage et traitement des données. 161-216 *in* : S. Frontier, éd. *Stratégies d'échantillonnage en écologie.* Collection d'Ecologie, No 17. Masson, Paris et les Presses de l'Université Laval, Québec. xviii + 494 p.

LEGENDRE P., & LEGENDRE V. 1984. — The postglacial dispersal of freshwater fishes in the Québec peninsula. *Can. J. Fish. aquat. Sci.* 40 : (sous presse).

LEGENDRE P., LONG F., BERGERON R., & LEVASSEUR J.-M. 1978. — Inventaire aérien de la faune dans le Moyen Nord québécois. *Can. J. Zool.* 56 : 451-462.

LEGENDRE P., PLANAS D., & AUCLAIR M.-J. 1984b. — Succession des communautés de gastéropodes dans deux milieux différant par leur degré d'eutrophisation. *Can. J. Zool.* 62 : (sous presse).

LEGENDRE P., & ROGERS D.J. 1972. — Characters and clustering in taxonomy : a synthesis of two taximetric procedures. *Taxon* 21 : 567-606.

LEGENDRE P., SCHRECK C.B., & BEHNKE R.J. 1972. — Taximetric analysis of selected groups of Western North American *Salmo* with respect to phylogenetic divergences. *Syst. Zool.* 21 : 292-307.

LEGENDRE P., TROUSSELLIER M., & BALEUX B. 1984c. — Indices descriptifs pour l'étude de l'évolution des communautés bactériennes. 71-84 *in* : A. Bianchi, éd. *Bactériologie marine : Colloque international no 331.* Editions du CNRS, Paris. 240 p.

LEHN W.H. 1979. — Atmospheric refraction and lake monsters. *Science* (Wash. D.C.) 205 : 183-185.

LEHN W.H., & SCHROEDER I. 1981. — The Norse merman as an optical phenomenon. *Nature* (Lond.) 289 : 362-366.

LEKAN J.F., & WILSON R.E. 1978. — Spatial variability of phytoplankton biomass in the surface waters of Long Island Sound. *Estuarine coastal mar. Sci.* 6 : 239-251.

LEPS J., OSBORNOVA-KOSINOVA J., & REJMANEK M. 1982. — Community stability, complexity and species life history strategies. *Vegetatio* 50 : 53-63.

LESLIE P.H. 1945. — On the use of matrices in certain population mathematics. *Biometrika* 33 : 183-212.

LESLIE P.H. 1948. — Some further notes on the use of matrices in population mathematics. *Biometrika* 35 : 213-245.

LEVINGS C.D. 1975. — Analyses of temporal variation in the structure of a shallow-water benthic community in Nova Scotia. *Int. Revue ges. Hydrobiol.* 60 . 449-470.

LEWIS E.G. 1942. — On the generation and growth of a population. *Sankhya* 6 : 93-96.

LILLIEFORS H.W. 1967. — The Kolmogorov-Smirnov test for normality with mean and variance unknown. *J. amer. stat. Ass.* 62 : 399-402.

LLOYD M., & GHELARDI R.J. 1964. — A table for calculating the « equitability » component of species diversity. *J. anim. Ecol.* 33 :217-225.

LLOYD M., INGER R.F., & KING F.W. 1968. — On the diversity of reptile and amphibian species in a Bornean rain forest. *Am. Nat.* 102 : 497-515.

LUKASZEWICZ J. 1951. — Sur la liaison et la division des points d'un ensemble fini. *Colloquium math.* 2 : 282-285.

MacARTHUR R.H. 1957. — On the relative abundance of bird species. *Proc. nat. Acad. Sci. Wash.* 43 : 293-295.

MACNAUGHTON-SMITH P. 1963. — The classification of individuals by the possession of attributes associated with a criterion. *Biometrics* 19 : 364-366.

MACNAUGHTON-SMITH P., WILLIAMS W.T., DALE M.B., & MOCKETT L.G. 1964. — Dissimilarity analysis : a new technique of hierarchical sub-division. *Nature* (Lond.) 202 : 1034-1035.

MacQUEEN J. 1967. — Some methods for classification and analysis of multivariate observations. 281-297 *in* : L.M. Le Cam & J. Neyman, éds. *Proceedings of the Fifth Berkeley Symposium on Mathematical Statistics and Probability*, vol. 1. University of California Press, Berkeley. xvii + 666 p.

MAHALANOBIS P.C. 1936. — On the generalized distance in statistics. *Proc. natl. Inst. Sci. India* 2 : 49-55.

MANDELBROT B. 1953. — *Contribution à la théorie mathématique des jeux de communication.* Publ. Inst. Statist. Univ. Paris 2 : 1-124.

MANDELBROT B. 1977. — *Fractals—Form, chance, and dimension.* W.H. Freeman, San Francisco. xvi + 363 p.

MARCOTORCHINO J.F., & MICHAUD P. 1979. — *Optimisation en analyse ordinale des données.* Masson, Paris. xii + 211 p.

MARGALEF R. 1951. — Diversidad de especies en las comunidades naturales. *Publ. Inst. Biol. apl.*, Barcelona 9 : 5-27.

MARGALEF R. 1958. — Information theory in ecology. *General Systems* 3 : 36-71.

MARGALEF R. 1968. — *Perspectives in ecological theory.* Univ. Chicago Press, Chicago. viii + 111 p.

MARGALEF R. 1974. — *Ecologia.* Ediciones Omega, Barcelona. xv + 951 p.

MARGALEF R., & GONZÁLEZ BERNÁLDEZ F. 1969. — Grupos de especies asociadas en el fitoplancton del mar Caribe (NE de Venezuela). *Invest. Pesq.* 33 : 287-312.

MARGALEF R., & GUTIÉRREZ E. 1983. — How to introduce connectance in the frame of an expression for diversity. *Am. Nat.* 121 : 601-607.

MARGUSH T., & McMORRIS F.R. 1981. — Consensus n-trees. *Bull. math. Biol.* 43 : 239-244.

MATHER K. 1972. — *Statistical analysis in biology. 6th ed.* Science Paperbacks. Chapman & Hall Ltd., London. 267 p.

MAXWELL J.C. 1871. — Remarks on the mathematical classification of physical quantities. *Proc. Lond. math. Soc.* 3 : 224-232.

MAY R.M. 1974. — General introduction. 1-14 *in* : M.B. Usher & M.H. Willamson, éds. *Ecological stability.* Chapman and Hall, London. xii + 196 p.

McCAMMON R.B. 1970. — Minimum entropy criterion for analytic rotation. *Univ. Kansas Computer Contribution*, (43).

McINTIRE C.D., & MOORE W.W. 1977. — Marine littoral diatoms : ecological considerations. 333-371 *in* : D. Werner, éd. *The biology of diatoms.* U. California Press, Berkeley & Los Angeles. ix + 498 p.

McINTOSH R.P. 1967. — An index of diversity and the relation of certain concepts to diversity. *Ecology* 48 : 392-404.

MEJER H., & JØRGENSEN S.E. 1979. — Exergy and ecological buffer capacity. 829-846 *in* : S.E. Jørgensen, éd. *State-of-the-Art in Ecological modelling*, Vol. 7. International Society for Ecological Modelling. 890 p.

MENHINICK E.F. 1964. — A comparison of some species-individuals diversity indices applied to samples of field insects. *Ecology* 45 : 859-861.

MEULMAN J. 1982. — *Homogeneity analysis of incomplete data.* DSWO Press, Leiden. 168 p.

MILLER R.G. 1966. — *Simultaneous statistical inferences.* McGraw-Hill, New York. 272 p.

MONESTIEZ P. 1978. — Méthodes de classification automatique sous contraintes spatiales. 367-379 *in* : J.M. Legay & R. Tomassone, éds. *Biométrie et écologie.* Institut national de la Recherche agronomique, Jouy-en-Josas. xi + 387 p.

MOORE R.W. 1978. — *Introduction to the use of computer packages for statistical analyses.* Prentice-Hall, Englewood Cliffs, N.J. xii + 115 p.

MORAN P.A.P. 1950. — Notes on continuous stochastic phenomena. *Biometrika* 37 : 17-23.

MOREAU G., & LEGENDRE L. 1979. — Relation entre habitat et peuplements de poissons : essai de définition d'une méthode numérique pour des rivières nordiques. *Hydrobiologia* 67 : 81-87.

MORICE E. 1968. — *Dictionnaire de statistique.* Dunod, Paris. ix + 196 p.

MORRALL R.A.A. 1974. — Soil microfungi associated with aspen in Saskatchewan : synecology and quantitative analysis. *Can. J. Bot.* 52 : 1803-1817.

MORRISON D.F. 1976. — *Multivariate statistical methods.* McGraw-Hill, New York. xv + 415 p.

MOSS W.W. 1967. — Some new analytic and graphic approaches to numerical taxonomy, with an example from the Dermanyssidae (Acari). *Syst. Zool.* 16 : 177-207.

MOTOMURA I. 1932. — Etude statistique de la population écologique (en nippon). *Doobutugaku Zassi* 44 : 379-383.

MOTYKA J. 1947. — O zadaniach i metodach badan geobotanicznych. Sur les buts et les méthodes des recherches géobotaniques. *Ann. Univ. Mariae Curie-Sklodowska Sect. C, Suppl. I.* viii + 168 p.

MULAIK S.A. 1972. — *The foundations of factor analysis.* McGraw-Hill, New York. xvi + 453 p.

NAKAMURA M. 1973. — A general limit theorem for dynamic systems with an application to population growth. *Math. Biosci.* 16 : 177-187.

NEU C.W., BYERS C.R., & PEEK J.M. 1974. — A technique for analysis of utilization-availability data. *J. Wild. Manage.* 38 : 541-545.

NIE N.H., HULL C.H., JENKINS J.G., STEINBRENNER K., & BENT D.H. 1975. — *SPSS — Statistical package for the social sciences. Second edition.* McGraw-Hill, New York. xxiv + 675 p.

NISHISATO S. 1980. — *Analysis of categorical data : dual scaling and its applications.* Mathematical expositions, No. 24, University of Toronto Press, Toronto. xiii + 276 p.

NORTH P.M. 1977. — A novel clustering method for estimating numbers of bird territories. *Appl. Statist.* 26 : 149-155.

OCHIAI A. 1957. — Zoogeographic studies on the soleoid fishes found in Japan and its neighbouring regions. *Bull. Jap. Soc. sci. Fish.* 22 : 526-530.

ODUM E.P. 1950. — Bird populations of the Highlands (North Carolina) plateau in relation to plant succession and avian invasion. *Ecology* 31 : 587-605.

ODUM E.P. 1971. — *Fundamentals of ecology. 3rd edition.* W.B. Saunders, Philadelphia. 574 p.

ODUM H.T., CANTLON J.E., & KORNICKER L.S. 1960. — An organizational hierarchy postulate for the interpretation of species-individual distributions, species entropy, ecosystem evolution, and the meaning of a species-variety index. *Ecology* 41 : 395-399.

ORCIARI R.D., & HUMMON W.D. 1975. — A comparison of benthic oligochaete populations in acid and neutral lentic environments in southeastern Ohio. *Ohio J. Sci.* 75 : 44-49.

ORLÓCI L. 1966. — Geometric models in ecology. I. The theory and application of some ordination methods. *J. Ecol.* 54 : 193-215.

ORLÓCI L. 1967a. — Data centering : a review and evaluation with reference to component analysis. *Syst. Zool.* 16 : 208-212.

ORLÓCI L. 1967b. — An agglomerative method for classification of plant communities. *J. Ecol.* 55 : 193-205.

ORLÓCI L. 1975. — *Multivariate analysis in vegetation research.* Dr. W. Junk B.V., The Hague. ix + 276 p.

ORLÓCI L. 1978. — *Multivariate analysis in vegetation research. 2nd ed.* Dr. W. Junk B.V., The Hague. ix + 451 p.

ORLÓCI L. 1981. — Probing time series vegetation data for evidence of succession. *Vegetatio* 46 : 31-35.

OSIRIS. 1973. — *OSIRIS III system and program description.* Institute for Social Research, U. Michigan, Ann Arbor. xi + 846 p.

PALOHEIMO J.E., & DICKIE L.M. 1965. — Food and growth of fishes. I. A growth curve derived from experimental data. *J. Fish. Res. Board Can.* 22 : 521-542.

PALOHEIMO J.E., ZIMMERMAN A.P., SPRULES W.G., & GATES M.A. 1984. — The structure of aquatic ecosystems and its dependence on environmental variables. 85-104 *in* : M.J.R. Fasham, éd. *Flows of energy and materials in marine ecosystems : Theory and practice.* NATO Conference Series, Series IV : Marine Sciences. Plenum Press, New York. ix + 733 p.

PANKHURST R.C. éd. 1964. — *Dimensional analysis and scale factors.* Chapman & Hall, London. 151 p.

PARKER R.H. 1975. — *The study of benthic communities. — A model and a review.* Elsevier Oceanography Series, 9. Elsevier Sci. Publ. Co., Amsterdam. x + 279 p.

PATRICK R. 1949. — A proposed biological measure of stream conditions, based on a survey of the Conestoga basin, Lancaster County, Pennsylvania. *Proc. Acad. nat. Sci. Phila.* 101 : 277-341.

PATTEN B.C. 1962. — Species diversity in net phytoplankton of Raritan Bay. *J. mar. Res.* 20 : 57-75.

PEARSON K. 1900. — On the criterion that a given system of deviations from the probable in the case of a correlated system of variables is such that it can be reasonably supposed to have arisen from random sampling. *Philos. Mag., Ser. 5* 50 : 157-172.

PEARSON K. 1926. — On the coefficient of racial likeness. *Biometrika* 18 : 105-117.

PEET R.K. 1974. — The measurement of species diversity. *Annu. Rev. Ecol. Syst.* 5 : 285-307 .

PERRUCHET C. 1981. — Classification sous contrainte de contiguïté continue. 71-92 *in : Classification automatique et perception par ordinateur.* Collection Séminaires de l'Institut national de Recherche en Informatique et en Automatique (C 118), Rocquencourt. 178 p.

PERRUCHET C. 1983. — Significance tests for clusters : overview and comments. 199-208 *in* : J. Felsenstein, éd. *Numerical taxonomy : Proceedings of a NATO Advanced Study Institute.* NATO Advanced Study Institute Series G (Ecological Sciences), No. 1. Springer-Verlag, Berlin. x + 644 p.

PETERS J.A. 1971. — *A new approach in the analysis of biogeographic data.* Smithsonian Contributions to Zoology, No. 107. Smithsonian Inst. Press, Washington, D.C. 28 p.

PHIPPS J.B. 1971. — Dendrogram topology. *Syst. Zool.* 20 : 306-308.

PIAZZA A., & CAVALLI-SFORZA L.L. 1975. — Spectral analysis of patterned covariance matrices and evolutionary relationships. 76-105 *in* : G.F. Estabrook, éd. *Proceedings of the eight international conference on numerical taxonomy.* W.H. Freeman, San Francisco. xvii + 429 p.

PIELOU E.C. 1966. — The measurement of diversity in different types of biological collections. *J. theor. Biol.* 13 : 131-144.

PIELOU E.C. 1969. — *An introduction to mathematical ecology.* John Wiley & Sons, New York. viii + 286 p.

PIELOU E.C. 1975. — *Ecological diversity.* John Wiley & Sons, New York. viii + 165 p.

PINEL-ALLOUL B., MAGNIN E., & CODIN-BLUMER G. 1982. — Effets de la mise en eau du réservoir Desaulniers (Territoire de la Baie de James) sur le zooplancton d'une rivière et d'une tourbière réticulée. *Hydrobiologia* 86 : 271-296.

PINTY J.-J., & GAULTIER C. 1971. — *Dictionnaire pratique de mathématiques et statistiques en sciences humaines.* Editions universitaires, Paris. 298 p.

PLACKETT R.L. 1974. — *The analysis of categorical data.* Griffin's statistical monographs and courses, no 35. Griffin, London. viii + 159 p.

PLATT T. 1969. — The concept of energy efficiency in primary production. *Limnol. Oceanogr.* 14 : 653-659.

PLATT T. 1972. — Local phytoplankton abundance and turbulence. *Deep-Sea Res.* 19 : 183-187.

PLATT T. 1978. — Spectral analysis of spatial structure in phytoplankton populations. 73-84 *in* : J.H. Steele, éd. *Spatial pattern in plankton communities.* Plenum Press, New York. ix + 470 p.

PLATT T. 1981. — Thinking in terms of scale: introduction to dimensional analysis. 112-121 *in* : T. Platt, K.H. Mann & R.E. Ulanowicz, éds. *Mathematical models in biological oceanography.* The Unesco Press, Paris. 156 p.

PLATT T., & DENMAN K.L. 1975. — Spectral analysis in ecology. *Annu. Rev. Ecol. Syst.* 6 : 189-210.

PLATT T., DICKIE L.M., & TRITES R.W. 1970. — Spatial heterogeneity of phytoplankton in a near-shore environment. *J. Fish. Res. Board Can.* 27 : 1453-1473.

PLATT T., & SUBBA RAO D.V. 1970. — Energy flow and species diversity in a marine phytoplankton bloom. *Nature* (Lond.) 227 : 1059-1060.

PLATT T., & SUBBA RAO D.V. 1973. — Some current problems in marine phytoplankton productivity. *Fish. Res. Board Can. tech. Rep.* (307) : 1-90.

POWELL T.M., RICHERSON P.J., DILLON T.M., AGEE B.A., DOZIER B.J., GODDEN D.A., & MYRUP L.O. 1975. — Spatial scales of current speed and phytoplankton biomass fluctuations in Lake Tahoe. *Science* (Wash. D.C.) 189 : 1088-1090.

PRESTON F.W. 1948. — The commonness, and rarity, of species. *Ecology* 29 : 254-283.

PRIM R.C. 1957. — Shortest connection networks and some generalizations. *Bell System technical Journal* 36 : 1389-1401.

QUENOUILLE M.H. 1950. — *Introductory statistics.* London.

RAJSKI C. 1961. — Entropy and metric spaces. 44-45 *in* : C. Cherry, éd. *Information theory.* Butterworths, London. 476 p.

RATTENBURY J., & VAN ECK N. 1973. — *OSIRIS architecture and design.* U. Michigan, Ann Arbor. xi + 305 p.

RENYI A. 1961. — On measures of entropy and information. 547-561 *in* : J. Neyman, éd. *Proc. 4 th Berkeley symposium on mathematical statistics and probability.* Berkeley.

REYSSAC J., & ROUX M. 1972. — Communautés planctoniques dans les eaux de Côte d'Ivoire. Groupes d'espèces associées. *Mar. Biol.* (Berl.) 13 : 14-33.

RICKER W.E. 1973. — Linear regressions in fishery research. *J. Fish. Res. Board Can.* 30 : 409-434.

RICKER W.E. 1975. — A note concerning Professor Jolicœur's comments. *J. Fish. Res. Board Can.* 32 : 1494-1498.

RIFFENBURGH R.H. 1969. — A stochastic model of interpopulation dynamics in marine ecology. *J. Fish. Res. Board Can.* 26 : 2843-2880.

RIGLER F.H. 1982. — The relation between fisheries management and limnology. *Trans. amer. Fish. Soc.* 111 : 121-132.

ROBERT P. 1971. — *Dictionnaire alphabétique et analogique de la langue française.* Tomes 1 à 6 et Supplément. Société du nouveau Littré Le Robert, Paris.

ROCHE C. 1978. — Exemple de classification hiérarchique avec contrainte de contiguïté. Le partage d'Aix-en-Provence en quartiers homogènes. *Cah. Anal. Données* 3 : 289-305.

ROGERS D.J., & TANIMOTO T.T. 1960. — A computer program for classifying plants. *Science* (Wash. D.C.) 132 : 1115-1118.

ROHLF F.J. 1963. — Classification of *Aedes* by numerical taxonomic methods (Diptera : Culicidae). *Ann. entomol. Soc. Am.* 56 : 798-804.

ROHLF F.J. 1970. — Adaptive hierarchical clustering schemes. *Syst. Zool.* 19 : 58-82.

ROHLF F.J. 1972. — An empirical comparison of three ordination techniques in numerical taxonomy. *Syst. Zool.* 21 : 271-280.

ROHLF F.J. 1974. — Methods of comparing classifications. *Annu. Rev. Ecol. Syst.* 5 : 101-113.

ROHLF F.J. 1978. — A probabilistic minimum spanning tree algorithm. *Information Processing Letters* 7 : 44-48.

ROHLF F.J. 1982. — Single linkage clustering algorithms. *In* : P.R. Krishnaih, éd. *Handbook of Statistics.* North-Holland, Amsterdam.

ROHLF F.J., KISHPAUGH J., & KIRK D. 1971. — *NT-SYS. Numerical taxonomy system of multivariate statistical programs.* Tech. Rep. State University of New York at Stony Brook, New York.

ROUTLEDGE R.D. 1980. — Bias in estimating the diversity of large, uncensused communities. *Ecology* 61 : 276-281.

ROUX M., GABORIT-REZZOUK M., & BINET D. 1973. — Copépodes pélagiques du plateau ivoirien. II — Utilisation de l'arbre de longueur minimum dans le classement des récoltes. *Doc. scient. Centre Rech. océanogr. Abidjan* 4 : 1-16.

ROUX M., & REYSSAC J. 1975. — Essai d'application au phytoplancton marin de méthodes statistiques utilisées en phytosociologie terrestre. *Ann. Inst. océanogr.,* Paris 51 : 89-97.

RUSSELL P.F., & RAO T.R. 1940. — On habitat and association of species of anopheline larvae in south-eastern Madras. *J. Malar. Inst. India* 3 : 153-178.

SANDERS H.L. 1968. — Marine benthic diversity : a comparative study. *Am. Nat.* 102 : 243-282.

SAS. 1982. — *SAS user's guide : statistics, 1982 edition.* SAS Institute Inc., Cary, North Carolina. 584 p.

SAUNDERS A.A. 1936. — *Ecology of the birds of Quaker Run Valley, Allegany State Park, New York.* Handb. N.Y. St. Mus. 16. 174 p.

SAUNDERS D.R. 1961. — The rationale for an « oblimax » method of transformation in factor analysis. *Psychometrika* 26 : 317-324.

SCHEIDER W., & WALLIS P. 1973. — An alternate method of calculating the population density of monsters in Loch Ness. *Limnol. Oceanogr.* 18 : 343.

SCHERRER B. 1982. — Techniques de sondage en écologie. 63-162 *in* : S. Frontier, éd. *Stratégies d'échantillonnage en écologie.* Collection d'Ecologie, No 17. Masson, Paris et les Presses de l'Université Laval, Québec. xviii + 494 p.

SCHNELL G.D. 1970. — A phenetic study of the suborder Lari (Aves). I. Methods and results of principal components analyses. *Syst. Zool.* 19 : 35-57.

SCHOENER T.W. 1970. — Nonsynchronous spatial overlap of lizards in patchy habitats. *Ecology* 51 : 408-418.

SCHUSTER A. 1898. — On the investigation of hidden periodicities with application to a supposed 26 day period of meteorological phenomena. *Terrestrial Magnetism* 3 : 13-41.

SEARLE S.R. 1966. — *Matrix algebra for the biological sciences (including applications in statistics).* John Wiley & Sons, New York. xii + 296 p.

SHANNON C.E. 1948. — A mathematical theory of communications. *Bell System technical Journal* 27 : 379-423, 623-656.

SHELDON R.W., & KERR S.R. 1972. — The population density of monsters in Loch Ness. *Limnol. Oceanogr.* 17 : 796-798.

SHEPARD R.N. 1962. — The analysis of proximities : multidimensional scaling with an unknown distance function. *Psychometrika* 27 : 125-139, 219-246.

SHEPARD R.N. 1966. — Metric structures in ordinal data. *J. math. Psychol.* 3 : 287-315.

SIEGEL S. 1956. — *Nonparametric statistics for the behavioral sciences.* McGraw-Hill Series in Psychology, McGraw-Hill, New York. xvii + 312 p.

SIMPSON E.H. 1949. — Measurement of diversity. *Nature* (Lond.) 163 : 688.

SKELLAM J.G. 1967. — Seasonal periodicity in theoretical population ecology. *Proc. fifth Berkeley Symp. math. Stat. Prob.* 4 : 179-205.

SLUTZKY E. 1927. — The summation of random causes as the source of cyclic processes. Problèmes de conditions économiques (en russe). Institut de la conjoncture, Moscou. 3 (1). Traduction anglaise révisée par l'auteur en 1937. *Econometrica* 5 : 105-146.

SNEATH P.H.A. 1957. — The application of computers to taxonomy. *J. gen. Microbiol.* 17 : 201-226.

SNEATH P.H.A. 1966. — A comparison of different clustering methods as applied to randomly-spaced points. *Classification Soc. Bull.* 1 : 2-18.

SNEATH P.H.A., & SOKAL R.R. 1973. — *Numerical taxonomy — The principles and practice of numerical classification.* W.H. Freeman, San Francisco. xv + 573 p.

SOKAL R.R. 1979. — Ecological parameters inferred from spatial correlograms. 167-196 *in* : G.P. Patil & M.L. Rosenzweig, éds. *Contemporary quantitative ecology and related ecometrics.* Statistical Ecology Series, Vol. 12. International Co-operative Publ. House, Fairland, Maryland. 550 p.

SOKAL R.R., & MICHENER C.D. 1958. — A statistical method for evaluating systematic relationships. *Univ. Kansas Sci. Bull.* 38 : 1409-1438.

SOKAL R.R., & ODEN N.L. 1978a. — Spatial autocorrelation in biology. 1. Methodology. *Biol. J. Linnean Soc.* 10 : 199-228.

SOKAL R.R., & ODEN N.L. 1978b. — Spatial autocorrelation in biology. 2. Some biological implications and four applications of evolutionary and ecological interest. *Biol. J. Linnean Soc.* 10 : 229-249.

SOKAL R.R., & ROHLF F.J. 1962. — The comparison of dendrograms by objective methods. *Taxon* 11 : 33-40.

SOKAL R.R., & ROHLF F.J. 1981a. — *Biometry — The principles and practice of statistics in biological research. 2nd edition.* W.H. Freeman and Co., San Francisco. xviii + 859 p.

SOKAL R.R., & ROHLF F.J. 1981b. — Taxonomic congruence in Leptopodomorpha re-examined. *Syst. Zool.* 30 : 309-325.

SOKAL R.R., & SNEATH P.H.A. 1963. — *Principles of numerical taxonomy.* W.H. Freeman, San Francisco. xvi + 359 p.

SOKAL R.R., & WARTENBERG D.E. 1981. — Space and population structure. 186-213 *in* : D. Griffith & R. McKinnon, éds. *Dynamic spatial models.* Sijthoff and Noordhoff, Alphen aan den Rijn, The Netherlands. viii + 443 p.

SÖRBOM D., & JÖRESKOG K.G. 1976. — *COFAMM : Confirmatory factor analysis with model modification. User's guide.* National Educational Resources, Inc., Chicago.

SØRENSEN T. 1948. — A method of establishing groups of equal amplitude in plant sociology based on similarity of species content and its application to analysis of the vegetation on Danish commons. *Biol. Skr.* 5 : 1-34.

SOUTHWOOD T. R.E. 1966. — *Ecological methods with particular reference to the study of insect populations.* Chapman and Hall, London. xviii + 391 p.

SPEARMAN C. 1904. — « General intelligence», objectively determined and measured. *Am. J. Psychol.* 15 : 201-293.

SPRULES W.G. 1980. — Nonmetric multidimensional scaling analyses of temporal variation in the structure of limnetic zooplankton communities. *Hydrobiologia* 69 : 139-146.

STEINER D., BAUMBERGER K., & MAURER H. 1969. — Computer-processing and classification of multi-variate information from remote sensing imagery — A review of the methodology as applied to a sample of agricultural crops. 895-907 *in : Proc. sixth int. Symp. on Remote Sensing of Environment*, Vol. II. Willow Run Laboratories, Inst. of Science and Technnology, Univ. of Michigan.

STEPHENSON W., WILLIAMS W.T., & COOK S.D. 1972. — Computer analyses of Petersen's original data on bottom communities. *Ecol. Monogr.* 42 : 387-415.

STEPHENSON W., WILLIAMS W.T., & COOK S.D. 1974. — The benthic fauna of soft bottoms, southern Moreton Bay. *Mem. Queensl. Mus.* 17 : 73-123.

STEWART D.K., & LOVE W.A. 1968. — A general canonical correlation index. *Psychol. Bull.* 70 : 160-163.

STEVEN D.M., & GLOMBITZA R. 1972. — Oscillatory variation of a phytoplankton population in a tropical ocean. *Nature* (Lond.) 237 : 105-107.

STOUT I.J., & SONENSHINE D.E. 1974. — A striped skunk population in Virginia, 1963-69. *Chesapeake Sci.* 15 : 140-145.

STRÖMGREN T., LANDE R., & ENGEN S. 1973. — Intertidal distribution of the fauna on muddy beaches in the Borgenfjord area. *Sarsia* 53 : 49-70.

SWAN J.M.A. 1970. — An examination of some ordination problems by use of simulated vegetational data. *Ecology* 51 : 89-102.

SYKES Z.M. 1969. — On discrete stable population theory. *Biometrics* 25 : 285-293.

TAGUCHI S. 1976. — Short-term variability of photosynthesis in natural marine phytoplankton populations. *Mar. Biol.* (Berl.) 37 : 197-207.

TATSUOKA M.M. 1971. — *Multivariate analysis.* John Wiley & Sons, New York. 310 p.

TETT P. 1973. — The use of log-normal statistics to describe phytoplankton population from the Firth of Lorne area. *J. exp. mar. Biol. Ecol.* 11 : 121-136.

THOMPSON W.A., & VERTINSKY I. 1975. — Application of Markov chains to analysis of a simulation of birds' foraging. *J. theoret. Biol.* 53 : 285-307.

THORRINGTON-SMITH M. 1971. — West Indian Ocean Phytoplankton : a numerical investigation of phytohydrographic regions and their characteristic phytoplankton associations. *Mar. Biol.* (Berl.) 9 : 115-137.

THURSTONE L.L. 1947. — *Multiple-factor analysis — A development and expansion of the vectors of mind.* Chicago Univ. Press, Illinois. xix + 535 p.

TRANTER D.J., & SMITH P.E. 1968. — Filtration performance. 27-56 *in : Zooplankton sampling.* Monographs on oceanographic Methodology, 2. Unesco. 174 p.

TRIBUS M., & McIRVINE E.C. 1971. — Energy and information. *Scient. Am.* 224 (3) : 179-188.

TROUSSELLIER M., & LEGENDRE P. 1981. — A functional evenness index for microbial ecology. *Microb. Ecol.* 7 : 283-296.

TUKEY J.W. 1977. — *Exploratory data analysis.* Addison-Wesley, Reading, Mass. xvi + 688 p.

ULRYCH T.J., & BISHOP T.N. 1975. — Maximum entropy spectral analysis and autoregressive decomposition. *Rev. Geophys. Space Phys.* 13 : 183-200.

ULRYCH T.J., & CLAYTON R.W. 1976. — Time series modelling and maximum entropy. *Phys. Earth planet. Inter.* 12 : 188-200.

ULRYCH T.J., & JENSEN O. 1974. — Cross-spectral analysis using maximum entropy. *Geophysics* 39 : 353-354.

UPTON G.J.G. 1978. — *The analysis of cross-tabulated data.* John Wiley & Sons, New York. xii + 148 p.

USHER M.B. 1966. — A matrix approach to the management of renewable resources, with special reference to selection forests. *J. appl. Ecol.* 3 : 355-367.

USHER M.B. 1972. — Developments in the Leslie matrix model. 29-60 *in* : J.N.R. Jeffers, éd. *Mathematical models in ecology*. The 12th symposium of the Bristish ecological Society, Grange-over-Sands, Lancashire. Backwell Sci. Publ., Oxford. 398 p.

USHER M.B. 1981. — Leslie matrix models and whale populations. 345-348 *in : Mammals in the seas*. FAO Fisheries Series No. 5, Vol. 3 : *General papers and large cetaceans*. FAO, Rome.

VENRICK E.L. 1971. — Recurrent groups of diatoms in the North Pacific. *Ecology* 52 : 614-625.

VIEIRA DA SILVA J. 1979. — *Introduction à la théorie écologique*. Collection d'Ecologie, No 14. Masson, Paris. 112 p.

VINCENT J., & BÉDARD J. 1976. — Fat reserves in snow buntings. *Can. J. Zool.* 54 : 1051-1063.

VISSCHER J.P. 1928. — Reactions of the cyprid larvae of barnacles at the time of attachment. *Biol. Bull.* (Woods Hole) 54 : 327-335.

WARD J.H. Jr. 1963. — Hierarchical grouping to optimize an objective function. *J. amer. statist. Ass.* 58 : 236-244.

WATSON L., WILLIAMS W.T., & LANCE G.N. 1966. — Angiosperm taxonomy : a comparative study of some novel numerical techniques. *J. Linn. Soc. Lond. Bot.* 59 : 491-501.

WHITTAKER E.T., & ROBINSON G. 1924. — *The calculus of observations — A treatise on numerical mathematics*. Blackie & Son, London. xvi + 396 p.

WHITTAKER R.H. 1952. — A study of summer foliage insect communities in the Great Smoky Mountains. *Ecol. Monogr.* 22 : 1-44.

WHITTAKER R.H. 1960. — Vegetation of the Siskiyou Mountains, Oregon and California. *Ecol. Monogr.* 30 : 279-338.

WHITTAKER R.H. 1962. — Classification of natural communities. *Bot. Rev.* 28 : 1-239.

WHITTAKER R.H. 1967. — Gradient analysis of vegetation. *Biol. Rev.* (Camb.) 42 : 207-264.

WHITTAKER R.H. 1970. — *Communities and ecosystems*. Macmillan, London. xi + 162 p.

WHITTAKER R.H., & GAUCH H.G. 1973. — Evaluation of ordination techniques. 287-321 *in* : R.H. Whittaker, éd. *Handbook of vegetation science*, part V. Dr. W. Junk, The Hague. vi + 737 p.

WHITTINGTON H.B., & HUGHES C.P. 1972. — Ordovician geography and faunal provinces deduced from trilobite distribution. *Philos. Trans. R. Soc. London, Ser. B* 263 : 235-278.

WHITTLE P. 1963. — On the fitting of multivariate autoregressions and the approximate canonical factorization of a spectral density matrix. *Biometrika* 50 : 129-154.

WILHM J.L. 1968. — Use of biomass units in Shannon's formula. *Ecology* 49 : 153-156.

WILHM J.L., & DORRIS T.C. 1968. — Biological parameters for water quality criteria. *BioScience* 18 : 477-481.

WILKS S.S. 1932. — Certain generalizations in the analysis of variance. *Biometrika* 24 : 471-494.

WILKS S.S. 1935. — The likelihood test of independence in contingency tables. *Ann. math. Statist.* 6 : 190-196.

WILLIAMS C.B. 1964. — *Pattern in the balance of nature and related problems in quantitative ecology*. Academic Press, New York. vii + 324 p.

WILLIAMS D.A. 1976. — Improved likelihood ratio tests for complete contingency tables. *Biometrika* 63 : 33-37.

WILLIAMS E.J. 1952. — Use of scores for the analysis of association in contingency tables. *Biometrika* 39 : 274-289.

WILLIAMS W.T., CLAY H.J., & BUNT J.S. 1982. — The analysis, in marine ecology, of three-dimensional data matrices with one dimension of variable length. *J. exp. mar. Biol. Ecol.* 60 : 189-196.

WILLIAMS W.T., & DALE M.B. 1965. — Fundamental problems in numerical taxonomy. *Adv. bot. Res.* 2 : 35-68.

WILLIAMS W.T., & LAMBERT J.M. 1959. — Multivariate methods in plant ecology. I. Association-analysis in plant communities. *J. Ecol.* 47 : 83-101.

WILLIAMS W.T., & LAMBERT J.M. 1961. — Multivariate methods in plant ecology. III. Inverse association-analysis. *J. Ecol.* 49 : 717-729.

WILLIAMS W.T., LAMBERT J.M., & LANCE G.N. 1966. — Multivariate methods in plant ecology. V. Similarity analyses and information-analysis. *J. Ecol.* 54 : 427-445.

WILLIAMS W.T., LANCE G.N., DALE M.B., & CLIFFORD H.T. 1971. — Controversy concerning the criteria for taxonometric strategies. *Computer J.* 14 : 162-165.

WILLIAMS W.T., LANCE G.N., WEBB L.J., TRACEY J.G., & DALE M.B. 1969. — Studies in the numerical analysis of complex rain-forest communities. III. The analysis of successional data. *J. Ecol.* 57 : 515-535.

WILLIAMS W.T., & STEPHENSON W. 1973. — The analysis of three-dimensional data (sites x species x times) in marine ecology. *J. exp. mar. Biol. Ecol.* 11 : 207-227.

WIRTH M., ESTABROOK G.F., & ROGERS D.J. 1966. — A graph theory model for systematic biology, with an example for the Oncidiinae (Orchidaceae). *Syst. Zool.* 15 : 59-69.

WISHART D. 1969. — FORTRAN II programs for 8 methods of cluster analysis (CLUSTAN I). *Kansas Geol. Surv. Computer Contrib.* No 38. 112 p.

WOLDA H. 1981. — Similarity indices, sample size and diversity. *Oecologia* (Berl.) 50 : 296-302.

WOLLENBERG A.L. (van den) 1977. — Redundancy analysis. An alternative for canonical correlation analysis. *Psychometrika* 42 : 207-219.

WRIGHT S. 1921. — Correlation and causation. *J. agric. Res.* 20 : 557-585.

WRIGHT S. 1960. — Path coefficients and path regressions : alternative or complementary concepts ? *Biometrics* 16 : 189-202.

YATES F.E., MARSH D.J., & IBERALL A.S. 1972. — Integration of the whole organism — A foundation for a theoretical biology. 110-132 *in : Challenging biological problems : directions towards their solutions.* Oxford Univ. Press, New York. 502 p.

YOUNG F.W. 1981. — Quantitative analysis of qualitative data. *Psychometrika* 46 : 357-388.

YOUNG F.W., de LEEUW J., & TAKANE Y. 1976. — Regression with qualitative and quantitative variables : an alternating least square method with optimal scaling features. *Psychometrika* 41 : 505-529.

YULE G.U. 1927. — On a method of investigating periodicities in disturbed series, with special reference to Wolfer's sunspot numbers. *Phil. Trans. A* 226 : 267-298.

Table A – Nombre d'espèces n' et diversité spécifique $M(n')$ selon le modèle du bâton brisé. La table peut être utilisée (1) pour évaluer la diversité M du bâton brisé correspondant au nombre $n = n'$ d'espèces observées, ou (2) pour trouver le nombre d'espèces n' que prédit le modèle, pour une diversité calculée $H(n) = M(n')$. Tiré de Lloyd & Ghelardi (1964), avec l'autorisation de Blackwell Scientific Publications, Oxford.

n'	$M(n')$	n'	$M(n')$	n'	$M(n')$	n'	$M(n')$
1	0,0000	51	5,0941	102	6,0792	205	7,0783
2	0,8113	52	5,1215	104	6,1069	210	7,1128
3	1,2997	53	5,1485	106	6,1341	215	7,1466
4	1,6556	54	5,1749	108	6,1608	220	7,1796
5	1,9374	55	5,2009	110	6,1870	225	7,2118
6	2,1712	56	5,2264	112	6,2128	230	7,2434
7	2,3714	57	5,2515	114	6,2380	235	7,2743
8	2,5465	58	5,2761	116	6,2629	240	7,3045
9	2,7022	59	5,3004	118	6,2873	245	7,3341
10	2,8425	60	5,3242	120	6,3113	250	7,3631
11	2,9701	61	5,3476	122	6,3350	255	7,3915
12	3,0872	62	5,3707	124	6,3582	260	7,4194
13	3,1954	63	5,3934	126	6,3811	265	7,4468
14	3,2960	64	5,4157	128	6,4036	270	7,4736
15	3,3899	65	5,4378	130	6,4258	275	7,5000
16	3,4780	66	5,4594	132	6,4476	280	7,5259
17	3,5611	67	5,4808	134	6,4691	285	7,5513
18	3,6395	68	5,5018	136	6,4903	290	7,5763
19	3,7139	69	5,5226	138	6,5112	295	7,6008
20	3,7846	70	5,5430	140	6,5318	300	7,6250
21	3,8520	71	5,5632	142	6,5521	310	7,6721
22	3,9163	72	5,5830	144	6,5721	320	7,7177
23	3,9779	73	5,6027	146	6,5919	330	7,7620
24	4,0369	74	5,6220	148	6,6114	340	7,8049
25	4,0937	75	5,6411	150	6,6306	350	7,8465
26	4,1482	76	5,6599	152	6,6495	360	7,8870
27	4,2008	77	5,6785	154	6,6683	370	7,9264
28	4,2515	78	5,6969	156	6,6867	380	7,9648
29	4,3004	79	5,7150	158	6,7050	390	8,0022
30	4,3478	80	5,7329	160	6,7230	400	8,0386
31	4,3936	81	5,7506	162	6,7408	410	8,0741
32	4,4381	82	5,7681	164	6,7584	420	8,1087
33	4,4812	83	5,7853	166	6,7757	430	8,1426
34	4,5230	84	5,8024	168	6,7929	440	8,1757
35	4,5637	85	5,8192	170	6,8099	450	8,2080
36	4,6032	86	5,8359	172	6,8266	460	8,2396
37	4,6417	87	5,8524	174	6,8432	470	8,2706
38	4,6792	88	5,8687	176	6,8596	480	8,3009
39	4,7157	89	5,8848	178	6,8758	490	8,3305
40	4,7513	90	5,9007	180	6,8918	500	8,3596
41	4,7861	91	5,9164	182	6,9076	550	8,4968
42	4,8200	92	5,9320	184	6,9233	600	8,6220
43	4,8532	93	5,9474	186	6,9388	650	8,7373
44	4,8856	94	5,9627	188	6,9541	700	8,8440
45	4,9173	95	5,9778	190	6,9693	750	8,9434
46	4,9483	96	5,9927	192	6,9843	800	9,0363
47	4,9787	97	6,0075	194	6,9992	850	9,1236
48	5,0084	98	6,0221	196	7,0139	900	9,2060
49	5,0375	99	6,0366	198	7,0284	950	9,2839
50	5,0661	100	6,0510	200	7,0429	1 000	9,3578

Explications dans le texte, tome 1 p. 199.

Table B – Test d'adéquation de Kolmogorov-Smirnov : valeurs critiques de D qui permettent de tester si un échantillon est tiré d'une population normale, lorsque la moyenne et la variance sont estimées à partir de cet échantillon. Quand l'*écart maximum* D entre les données *cumulées* (fréquences relatives) et la distribution normale cumulée dépasse la valeur critique de la table, on rejette l'hypothèse voulant que les données proviennent d'une distribution normale. Tiré de Lilliefors (1967) avec l'autorisation de l'American Statistical Association, Washington, D.C.

Nombre d'obs. p	Niveau de signification				
	0,20	0,15	0,10	0,05	0,01
4	0,300	0,319	0,352	0,381	0,417
5	0,285	0,299	0,315	0,337	0,405
6	0,265	0,277	0,294	0,319	0,364
7	0,247	0,258	0,276	0,300	0,348
8	0,233	0,244	0,261	0,285	0,331
9	0,223	0,233	0,249	0,271	0,311
10	0,215	0,224	0,239	0,258	0,294
11	0,206	0,217	0,230	0,249	0,284
12	0,199	0,212	0,223	0,242	0,275
13	0,190	0,202	0,214	0,234	0,268
14	0,183	0,194	0,207	0,227	0,261
15	0,177	0,187	0,201	0,220	0,257
16	0,173	0,182	0,195	0,213	0,250
17	0,169	0,177	0,189	0,206	0,245
18	0,166	0,173	0,184	0,200	0,239
19	0,163	0,169	0,179	0,195	0,235
20	0,160	0,166	0,174	0,190	0,231
25	0,149	0,153	0,165	0,180	0,203
30	0,131	0,136	0,144	0,161	0,187
> 30	$\frac{0,736}{\sqrt{p}}$	$\frac{0,768}{\sqrt{p}}$	$\frac{0,805}{\sqrt{p}}$	$\frac{0,886}{\sqrt{p}}$	$\frac{1,031}{\sqrt{p}}$

Table C – Valeurs critiques du coefficient de corrélation de rang τ_a de Kendall. Une valeur de τ_a plus grande ou égale à la valeur dans la table est significative au niveau α indiqué en tête de colonne (première ligne : test unilatéral ; deuxième ligne : test bilatéral). Table dérivée des valeurs de la table 1 de Best (1974), avec l'autorisation de l'auteur.

α (unilat.) ►	0,10	0,05		0,01	
α (bilat.) ►		0,10	0,05		0,01
n. obs.					
4	1,00000	1,00000	---	---	---
5	0,80000	0,80000	1,00000	1,00000	---
6	0,60000	0,73333	0,86667	0,86667	1,00000
7	0,52381	0,61905	0,71429	0,80952	0,90476
8	0,42857	0,57143	0,64286	0,71429	0,78571
9	0,38889	0,50000	0,55556	0,66667	0,72222
10	0,37778	0,46667	0,51111	0,60000	0,64444
11	0,34545	0,41818	0,49091	0,56364	0,60000
12	0,30303	0,39394	0,45455	0,54545	0,57576
13	0,30769	0,35897	0,43590	0,51282	0,56410
14	0,27473	0,36264	0,40659	0,47253	0,51648
15	0,27619	0,33333	0,39048	0,46667	0,50476
16	0,25000	0,31667	0,38333	0,43333	0,48333
17	0,25000	0,30882	0,36765	0,42647	0,47059
18	0,24183	0,29412	0,34641	0,41176	0,45098
19	0,22807	0,28655	0,33333	0,39181	0,43860
20	0,22105	0,27368	0,32632	0,37895	0,42105
21	0,20952	0,26667	0,31429	0,37143	0,40952
22	0,20346	0,26407	0,30736	0,35931	0,39394
23	0,20158	0,25692	0,29644	0,35178	0,39130
24	0,19565	0,24638	0,28986	0,34058	0,37681
25	0,19333	0,24000	0,28667	0,33333	0,36667
26	0,18769	0,23692	0,28000	0,32923	0,36000
27	0,17949	0,23077	0,27066	0,32194	0,35613
28	0,17989	0,22751	0,26455	0,31217	0,34392
29	0,17241	0,22167	0,26108	0,31034	0,33990
30	0,17241	0,21839	0,25517	0,30115	0,33333
31	0,16559	0,21290	0,25161	0,29462	0,32473
32	0,16532	0,20968	0,24597	0,29032	0,32258
33	0,16288	0,20455	0,24242	0,28788	0,31439
34	0,15865	0,20143	0,23708	0,27986	0,31194
35	0,15630	0,19664	0,23361	0,27731	0,30420
36	0,15238	0,19365	0,23175	0,27302	0,30159
37	0,15015	0,19219	0,22823	0,26727	0,29730
38	0,14936	0,18919	0,22333	0,26316	0,29161
39	0,14710	0,18758	0,21997	0,26046	0,28745
40	0,14359	0,18462	0,21795	0,25641	0,28462
41	0,14146	0,18049	0,21463	0,25366	0,28049
42	0,14053	0,17770	0,21254	0,24971	0,27526
43	0,13843	0,17608	0,20930	0,24695	0,27353
44	0,13742	0,17336	0,20719	0,24313	0,26850
45	0,13535	0,17172	0,20404	0,24040	0,26667
46	0,13237	0,16908	0,20193	0,23865	0,26377
47	0,13228	0,16744	0,19889	0,23589	0,25994
48	0,12943	0,16667	0,19681	0,23227	0,25709
49	0,12925	0,16327	0,19558	0,22959	0,25340
50	0,12653	0,16245	0,19184	0,22776	0,25061

Table D – Pour un nombre de valeurs propres $n = 2$ à 20, chacune des colonnes présente le pourcentage de variance associé aux valeurs propres successives, selon le modèle du bâton brisé. Tiré de Frontier (1976a), avec l'autorisation de l'auteur et d'Elsevier Biomedical Press, Amsterdam.

$n =$	2	3	4	5	6	7	8	9	10	11	12	13	14	15	16	17	18	19	20
	75,00	61,11	52,08	45,67	40,83	37,04	33,97	31,43	29,29	27,45	25,86	24,46	23,23	22,12	21,13	20,23	19,42	18,67	17,99
	25,00	27,78	27,08	25,67	24,17	22,76	21,47	20,32	19,29	18,36	17,53	16,77	16,08	15,45	14,88	14,35	13,86	13,41	12,99
		11,11	14,58	15,67	15,83	15,61	15,22	14,77	14,29	13,82	13,36	12,92	12,51	12,12	11,75	11,41	11,08	10,78	10,49
			6,25	9,00	10,68	10,85	11,06	11,06	10,96	10,79	10,58	10,36	10,13	9,90	9,67	9,45	9,23	9,02	8,82
				4,00	6,11	7,28	7,93	8,28	8,46	8,51	8,50	8,44	8,34	8,23	8,11	7,98	7,84	7,71	7,57
					2,78	4,42	5,43	6,06	6,46	6,70	6,83	6,90	6,92	6,90	6,86	6,80	6,73	6,65	6,57
						2,04	3,35	4,21	4,79	5,18	5,44	5,62	5,73	5,79	5,82	5,82	5,81	5,78	5,74
							1,56	2,62	3,36	3,88	4,25	4,52	4,71	4,84	4,92	4,98	5,01	5,03	5,02
								1,23	2,11	2,75	3,21	3,56	3,81	4,00	4,14	4,25	4,32	4,37	4,40
									1,00	1,74	2,29	2,70	3,02	3,26	3,45	3,59	3,70	3,78	3,84
										0,83	1,45	1,93	2,30	2,60	2,82	3,00	3,15	3,26	3,34
											0,69	1,23	1,65	1,99	2,26	2,47	2,64	2,78	2,89
												0,59	1,06	1,43	1,73	1,98	2,18	2,34	2,47
													0,51	0,92	1,25	1,53	1,75	1,93	2,09
														0,44	0,81	1,11	1,35	1,56	1,73
															0,39	0,71	0,98	1,21	1,40
																0,35	0,64	0,88	1,09
																	0,31	0,57	0,79
																		0,28	0,51
																			0,25

Explications dans le texte, tome 2 p. 124.

LEXIQUE FRANÇAIS-ANGLAIS DE L'ÉCOLOGIE NUMÉRIQUE

Ce lexique a pour but de permettre à l'écologiste, utilisateur des méthodes de l'écologie numérique, (1) de recourir à une terminologie exacte et française lors de la rédaction de ses publications et aussi (2) de comprendre avec plus de facilité les nombreux travaux rédigés en langue anglaise. Par conséquent, seuls sont inclus les termes techniques, dont ne font pas mention les dictionnaires courants. Le lexique est divisé par thèmes, qui correspondent sensiblement aux différents chapitres du présent ouvrage.

1. Ordinateurs — Computers

Français	English
banque de programmes	subrouting package, software package
carte perforée	punched card
format	format
liste	listing
logiciel (au sens collectif)	software
logiciel (un logiciel particulier), progiciel	package
matériel	hardware
organigramme, ordinogramme	flow-chart, flow-diagram
programmation	programming
sous-programme	subroutine
tableau	array

(Pour les autres termes d'informatique, l'écologiste pourra se référer aux dictionnaires et lexiques tels ceux de Ginguay, 1981a et 1981b, ou de Drieux & Jarlaud, 1977).

2. Algèbre matricielle - Matrix algebra

Français	English
élément diagonal	diagonal element
expansion de Laplace	Laplace expansion, expansion by minors
forme canonique	canonical form
indice	subscript
matrice	matrix
adjointe	adjoint m., adjugate m.
carrée	square m.
conforme	conformable m.
définie positive, semi-définie positive	positive definite m., p. semidefinite m.
des cofacteurs	m. of cofactors
diagonale	diagonal m.
identité, unité	identity m., unit m.
inverse	inverse of a m., inverse m., reciprocal of a m.
nulle, zéro	null m., zero m.
orthogonale	orthogonal m.
orthonormale, orthonormée	orthonormal m.
régulière	nonsingular m.
scalaire	scalar m.

singulière	singular m.
symétrique	symmetric m.
transposée	transpose of a m.
triangulaire supérieure, inférieure	upper triangular m., lower t. m.
normalisation	normalization, normalizing, scaling
produit scalaire	inner product, dot p., scalar p., (vector p.)
valeur propre, racine, λ	latent root, characteristic r., eigenvalue, λ
vecteur propre, facteur	latent vector, characteristic v., eigenvector
vecteur	vector
colonne	column v.
ligne	row v.
normalisé	normalized v.
normé	normalized v., scaled v.

3. Analyse dimensionnelle — Dimensional analysis

abaque	chart
échelle	scale factor
essai	test
grandeur	quantity
matrice dimensionnelle	dimensional matrix
modèle (à petite échelle), maquette	(small-scale) model
non-dimensionnel, sans dimension	dimensionless
prototype	prototype
série complète	complete set
variable fonction	dependent variable
variable fonction adimensionnelle	dependent dimensionless variable

4. Données quantitatives — Quantitative data

analyse de covariance	analysis of covariance
analyse de variance	analysis of variance, ANOVA
à un (deux) critère (s) de classification	one-way (two-way, two-factor) ANOVA
multidimensionnelle	MANOVA, multivariate ANOVA
analyse multivariable d'un descripteur nominal	multivariate nominal scale analysis
causalité fermée	causal closure
colinéarité	collinearity
corrélation	correlation
coefficient de c. linéaire	coefficient of linear c.
coefficient de c. multiple	coefficient of multiple c.
coefficient de c. partielle	coefficient of partial c.
fausse c.	spurious c.
degré de liberté	degree of freedom
détermination, coefficient de	coefficient of determination
diagramme de dispersion	scattergram, scatter diagram
diagramme des coefficients de direction	path diagram
distribution	distribution
binormale	bivariate normal d.
conditionnelle (liée) de variables multinormales	conditional d. of multinormal variates
marginale de variables multinormales	marginal d. of multinormal variates
multinormale	multinormal d., multivariate normal d.
écart normal z	normal deviate z
écart type	standard deviation
ellipse (ellipsoïde) de probabilité	concentration ellipse (ellipsoid)

Français	English
épreuve (*voir* test)	
hétéroscédasticité	heteroscedasticity
homoscédasticité	homoscedasticity
hypothèse	hypothesis
alterne H_1	alternative h. H_1
principale H_0	null h. H_0
matrice	matrix
de corrélation	correlation m.
de dispersion, des variances-covariances	variance-covariance m, covariance m., dispersion m.
moindres carrés	least squares
multiplicateur de Lagrange λ	Lagrangian multiplier λ
multivariable (*voir* variable)	multivariate
non-paramétrique	nonparametric
normalisation	normalization
ordre causal	causal order
papier à échelle fonctionnelle normale, papier probit	normal probability paper, probit paper
régression	regression
à partir des composantes principales	r. on principal components
avec variables factices binaires	dummy variable r.
coefficient de r. partielle	partial r. coefficient
linéaire multiple	multiple linear r.
linéaire simple	(simple) linear r.
modèle I, modèle II de r.	model I, model II r.
multivariable	multivariate r.
non-linéaire	nonlinear r.
pas à pas	stepwise r.
par la méthode des trois groupes de Bartlett	Bartlett's three-group method
par l'axe majeur	major axis r.
par l'axe majeur réduit, par la droite des moindres rectangles	reduced major axis r.
polynomiale, curviligne	polynomial r., curvilinear r.
pseudo-orthogonale	ridge r.
test (*ou* épreuve)	test
bilatéral	two-tailed t.
d'adéquation	t. of goodness of fit
d'hypothèse	hypothesis testing
statistique	statistical t.
unilatéral	one-tailed t.
théorème de la limite centrale	central limit theorem
variable	variable
aléatoire	random v., variate
centrée réduite	standardized v., standard score, *z*-score
multidimensionnelle	multidimensional v., multivariate
variance généralisée	generalized variance

5. Données semi-quantitatives — Semi-quantitative data

Français	English
coefficient	coefficient
de concordance	c. of concordance
de corrélation de rang (*ou* non-paramétrique)	rank correlation c., rank-order correlation c., nonparametric correlation c.
diagramme	diagram
de dispersion	scattergram, scatter d.
qualitatif-rang	qualitative-rank d.
rang-rang	rank-rank d.

observations liées	tied (*ou* ex aequo) observations
relation monotone	monotonic relationship
statistique non-paramétrique	nonparametric statistics

6. Données qualitatives — Qualitative data

bâton brisé	broken stick
chevauchement de niches	niche overlap
coefficient	coefficient
de cohérence	coherence c.
de contingence	contingency c.
d'incertitude	uncertainty c.
d'information réciproque	reciprocal information c.
diagramme rang-fréquence	rank-frequency diagram
diversité spécifique	species diversity
élimination descendante (*ou* régressive)	backward elimination
entropie	entropy
conditionnelle	conditional e.
inconditionnelle	unconditional e.
équitabilité (*voir* régularité)	
échantillonnage	sampling
aléatoire simple	simple random s.
par degré	nested s., subsampling
plan d'	s. design
stratifié	stratified s.
systématique	systematic s.
espérance	expectation, expected frequency
essergie, exergie	essergy, exergy
khi carré, χ^2	chi-square, χ^2
mesure d'écart	deviate
modèle	model
linéaire général	general linear m.
linéaire logistique (*ou* logit)	logistic (logit) m.
log-linéaire	log-linear m.
nombre de diversité d'ordre *a*	diversity number of order *a*
rapport de vraisemblance	likelihood ratio
redondance	redundancy
régression logistique	logistic regression
régularité	evenness, equitability
indice de r. fonctionnelle	functional evenness index
sélection ascendante (*ou* progressive)	forward selection
sortie motrice unitaire, SMU	behavior pattern
tableau de contingence	contingency table
à deux variables	two-way c. t.
à plusieurs variables, multidimensionnel	multiway c. t., multidimensional c. t.
tamisage des effets	effect screening
théorie de l'information	information theory

7. Coefficients d'association — Association coefficients

bloc tridimensionnel de données	data box
classe d'abondance	abundance class
codage	coding
coefficient	coefficient
d'association	association c.
de communauté	c. of community
de corrélation de rang	rank correlation c., rank-order correlation c.

Français	English
de dépendance	c. of dependence
de différence des pourcentages	percentage difference c.
de distance, de dissimilarité	distance c., dissimilarity c.
de divergence	c. of divergence
de ressemblance	c. of resemblance
de ressemblance raciale	c. of racial likeness
de similarité	similarity c.
de simple concordance	simple matching c.
non-métrique	nonmetric c.
probabiliste	probabilistic c.
cote d'abondance	abundance score
descripteur (attribut, variable, caractère, item)	descriptor (attribute, variable, character, item)
binaire	binary d.
continu	continuous d.
discontinu, discret	discrete d.
méristique	meristic d.
multiple	multi state d.
non-ordonné	nonordered d.
ordonné	ordered d.
qualitatif, nominal	qualitative d., nominal d.
quantitatif	quantitative d., measurement d.
semi-quantitatif	semi-quantitative d., rank-ordered d.
description, modalité, (état)	state
différence moyenne des descripteurs	mean character difference
différence de pourcentages	percentage difference
distance, dissimilarité	distance, dissimilarity
euclidienne	Euclidean d.
généralisée de Mahalanobis	Mahalanobis generalized d.
métrique	metric d.
moyenne	average d.
non-métrique	nonmetric d.
semimétrique, pseudométrique	semimetric d., pseudometric d.
indice	index
de coïncidence	coincidence i.
d'association	i. of association
mesure de corde	chord distance
métrique géodésique	geodesic metric
objet (échantillon, localité, parcelle, observation, prélèvement)	object (sample, location, quadrat, observation, sampling unit, subject)
similarité	similarity

8. Groupement — Cluster analysis

Français	English
analyse	analysis
associative	association a.
de dissimilarité	dissimilarity a.
informationnelle	information a.
par groupement	cluster a.
par réseau	network a.
axiome, propriété ultramétrique	ultrametric axiom, property
chaîne de liens primaires (*ou* externes), arbre de longueur minimum, dendrites, réseau de Prim, squelette arborescent	shortest (*ou* minimum) spanning tree, minimum-length tree, Prim network, dendrites
coefficient d'efficacité	efficiency coefficient
corrélation de matrices	matrix correlation
dendrogramme	dendrogram
groupe	cluster

Français	English
groupement	clustering
à liaison entière	integer-link linkage c.
à liaison moyenne	average linkage c.
à liaison proportionnelle	proportional-link linkage c.
à liens complets	complete linkage c., furthest neighbor sorting
à liens intermédiaires	intermediate linkage c.
à liens simples	single linkage c., nearest neighbor c.
à poids proportionnels	weighted c., WPGMA
centroïde	unweighted centroid c., UPGMC
combinatoire	combinatorial c.
flexible	flexible c.
médian	weighted centroid c., WPGMC
par division	divisive c.
par la somme des carrés	sum of squares c.
selon la ressemblance absolue	absolute resemblance c.
selon la ressemblance relative	relative resemblance c.
selon l'association moyenne	arithmetic average c., UPGMA, group-average sorting
groupes empiétants, classes empiétantes	overlapping clusters
indice	index
de cohésion	cohesion i.
de déviation	deviation i.
de singularité	singularity i.
inversion	reversal
mesure de consensus	consensus index (*ou* function)
profil d'horizon	skyline plot
sériation, réarrangement de la matrice	seriation, matrix rearrangements
sous-graphe	subgraph, linkage diagram
connexe	connected s., connected l. d.

9. Ordination en espace réduit — Ordination in reduced space

Français	English
analyse	analysis
de gradient	gradient a.
en composantes principales	principal component a.
en coordonnées principales, a. factorielle d'un tableau de distances	principal coordinate a.
factorielle (exploratoire, confirmatoire)	factor a. (exploratory, confirmatory)
(factorielle) des correspondances	correspondence a., contingency table a., RQ-technique, reciprocal averaging, reciprocal ordering, dual scaling, homogeneity a.
orthogonale de Procruste	orthogonal Procrustes a.
axe-descripteur	descriptor axis
axe principal	principal axis
barycentre	barycenter, center of gravity (of a set of vectors)
bâton brisé	broken stick
cadrage (multidimensionnel) métrique	metric (multidimensional) scaling
cadrage multidimensionnel non-métrique	nonmetric multidimensional scaling, proximity analysis
cercle de contribution équilibrée des descripteurs	equilibrium circle of descriptors
communauté, variance commune	communality
coordonnée, position d'un objet par rapport à un axe principal	component score (of an object)
cosinus directeur	direction cosine
dimension réduite	reduced dimensionality, low dimensionality

Français	English
double projection	biplot
effet Guttman; forme arquée, en fer à cheval, en arche	Guttman effect; horseshoe shape; Kendall's horseshoe; arched, bowed pattern
espace réduit	reduced space
facteur	factor
commun	common f.
spécifique	specific f., unique f.
isogone	isogonal
matrice	matrix
des produits scalaires de variables (descripteurs) centrées	m. of sums of squares and cross-products, SSCP m.
transformée des composantes principales	m. of component scores, m. of transformed variables
ordination polaire	polar ordination
pointage	score
pondération	weighting
positionnement multidimensionnel	*en général* : reduced-space ordination; *en particulier :* principal coordinate analysis
saturation, poids	loading
structure simple	simple structure
unicité, spécificité, variance spécifique	uniqueness, specificity, specific variance
variable hypothétique sous-jacente	hypothetical underlying variable

10. Interprétation des structures — Structure analysis

Français	English
analyse	analysis
canonique	canonical a.
canonique de redondance	canonical redundancy a.
de classification multiple	multiple classification a.
des coefficients de direction	path a.
discriminante discrète	discrete discriminant a.
discriminante (multiple)	(multiple) discriminant a., canonical variate a.
multivariable d'un descripteur nominal	multivariate nominal scale a.
axe	axis
canonique	canonical a.
discriminant	discriminant a.
coefficient	coefficient
de non-détermination	c. of nondetermination
de redondance	redundancy c.
corrélation canonique	canonical correlation
diagramme des coefficients de direction	path diagram
échelle optimale	optimal scaling
fonction	function
de classification	classification f.
d'identification	identification f.
discriminante	discriminant f.
méthode des moindres carrés alternés	alternating least squares method
multicolinéarité	multicollinearity
prédiction	prediction
prévision	forecasting
variable canonique	canonical variate

11. Séries — Series

Français	English
analyse	analysis
en composantes principales des spectres multivariables	principal components in the frequency domain
harmonique	harmonic a.
spatiale	spatial a.
spectrale	spectral a.
spectrale par entropie maximum	maximum entropy spectral a., MESA
autocorrélation, corrélation en série	autocorrelation, serial correlation
autocorrélation spatiale	spatial autocorrelation
autocovariance	autocovariance
bruit	noise
coefficient	coefficient
d'autorégression	autoregression c., autoregressive c., prediction error filter c.
de direction de la dispersion	c. of dispersal direction
cohérence	coherence, coherency
contingence avec retard	lag contingency, cross-contingency
contrainte de contiguïté spatiale (temporelle)	space (time) contiguity constraint
corrélation	correlation
avec retard	lag c., cross-correlation
de Kendall avec retard	Kendall's cross-correlation
en série (*voir* autocorrélation)	serial c.
corrélogramme	correlogram
cospectre	co-spectrum
covariance avec retard	cross-covariance
D^2 au centre	D^2 to the centroid
données à intervalles égaux	equispaced data
donnée résiduelle, résidu	residual (data)
étendue d'une moyenne mobile	extent of a moving average
fenêtre	window
des décalages	lag w.
d'observation	observational w.
spectrale	spectral w.
filtrage	filtration
filtre	filter
fonction	function
de gain	gain f.
de transfert	transfer f.
groupement chronologique	chronological clustering
lissage	smoothing
matrice de proximités	adjacency matrix
méthode	method
analytique	analytical m., m. of polynomial-fitting
d'entropie maximum, MEM	maximum entropy m., MEM
des différences successives	variate-difference m.
des moyennes itératives	m. of iterative averages
des moyennes mobiles	m. of moving averages
des moyennes mobiles pondérées	m. of weighted moving averages
modèle	model
autorégressif	autoregressive (AR) m., all-pole m.
de moyennes mobiles	moving average (MA) m.
mixte autorégressif et de moyennes mobiles	autoregressive-moving average (ARMA) m.
mixte intégré autorégressif et de moyennes mobiles	autoregressive-integrated-moving average (ARIMA) m.

nombre d'onde	wavenumber
pas	lag
périodogramme	periodogram
de contingence	contingency p.
de Schuster, analyse harmonique, régression périodique	Schuster periodogram, harmonic analysis, periodic regression
préblanchiement	prewhitening
recoloration	recolouring
régression selon les fréquences	frequency regression
repliement	aliasing
série	series
de Fourier	Fourier s.
filtrée	filtered s., detrended s.
stationnaire	stationary s.
temporelle, chronologique	time-series
spectre	spectrum, power spectrum
d'amplitude avec retard (amplitude du spectre)	amplitude of s.
de cohérence	coherence s.
de phase	phase s.
de quadrature	quadrature s.
de variance	variance s.
structure agrégée, agglomérée, en taches, en plaques	patchiness
table de Buys-Ballot	Buys-Ballot table
tache, touffe (*voir aussi* structure agrégée)	patch
tendance	trend
test des signes	sign test
test par permutations	randomization test
transformation rapide de Fourier	fast Fourier transform, FFT
transformée	transform
visage de Chernoff	Chernoff face

12. Processus de Markov — Markov process

chaîne	chain
ergodique	ergodic c.
irréductible	irreducible c.
réductible	reducible c.
classe de taille	size class
ensemble fermé	closed set
état	state
initial	initial s.
final	final s.
transitoire	transient s.
matrice	matrix
de transition, stochastique	transition probability m., transition m., stochastic m.
irréductible	irreducible m.
réductible	reducible m.
probabilité de transition	transition probability
processus	process
aléatoire, stochastique	random p., stochastic p.
de Markov	Markov p.
en chaîne	chain-process
sous-ensemble cyclique	cyclic sub-set

INDEX ALPHABÉTIQUE DES AUTEURS

Les pages en *italiques* se rapportent au tome 1

INDEX ALPHABÉTIQUE DES MATIÈRES

Les pages en *italiques* se rapportent au tome 1

Composantes principales 107

ALSO p 168 et suiv.

MASSON, Editeur.
120, boulevard Saint-Germain
75280 Paris Cedex 06
Dépot légal Octobre 1984

IMPRIMERIE LOUIS-JEAN
av. d'Embrun, 05002-GAP
Dépôt légal 420-Sept 1984